中华水文化专题丛书

中外水文化比较

◎ 刘冠美 编著

中国水利水电出版社
www.waterpub.com.cn

内 容 提 要

世界文明是因水而生的文明，作为人类最古老且具有母体性质的文化，在经济全球化和世界多元化的浪潮中，中外水文化比较对繁荣和发展中华水文化具有重要意义。本书以水工美学的视野从基因学、哲学、河流、工程、建筑、诗歌、绘画、园林、雕塑、音乐等领域对中西水文化进行了全面深入的探讨和分析，旨在建立中华民族的文化自信和文化自觉，以便更好地继承和弘扬中华民族的优秀水文化，为建设社会主义文化强国贡献力量。本书适合于水利行业职工、水文化研究学者、社会大众的阅读。

图书在版编目（CIP）数据

中外水文化比较 / 刘冠美编著. -- 北京：中国水利水电出版社，2015.6
（中华水文化专题丛书）
ISBN 978-7-5170-1972-5

Ⅰ．①中… Ⅱ．①刘… Ⅲ．①水－比较文化－中国、国外 Ⅳ．①K928.4

中国版本图书馆CIP数据核字(2015)第155243号

书　　名	中华水文化专题丛书 中外水文化比较
作　　者	刘冠美　编著
出版发行	中国水利水电出版社 （北京市海淀区玉渊潭南路1号D座　100038） 网址：www.waterpub.com.cn E-mail: sales@waterpub.com.cn 电话：（010）68367658（发行部）
经　　售	北京科水图书销售中心（零售） 电话：（010）88383994、63202643、68545874 全国各地新华书店和相关出版物销售网点
书籍设计	李菲
排　　版	中国水利水电出版社微机排版中心
印　　刷	北京嘉恒彩色印刷有限责任公司
规　　格	170mm×230mm　16开本　28.75印张　541千字
版　　次	2015年6月第1版　2015年6月第1次印刷
印　　数	0001—3000册
定　　价	58.00元

凡购买我社图书，如有缺页、倒页、脱页的，本社发行部负责调换
版权所有·侵权必究

《中华水文化书系》编纂工作领导小组

顾　问： 张印忠　中国职工思想政治工作研究会会长
　　　　　　　　　中华水文化专家委员会主任委员
组　长： 周学文　水利部党组成员、总规划师
成　员： 陈茂山　水利部办公厅巡视员
　　　　　孙高振　水利部人事司副司长
　　　　　刘学钊　水利部直属机关党委常务副书记
　　　　　　　　　水利部精神文明建设指导委员会办公室主任
　　　　　袁建军　水利部精神文明建设指导委员会办公室副主任
　　　　　陈梦晖　水利部新闻宣传中心副主任
　　　　　曹志祥　教育部基础教育课程教材发展中心副主任
　　　　　汤鑫华　中国水利水电出版社社长兼党委书记
　　　　　朱海风　华北水利水电大学党委书记
　　　　　王　凯　南京市水利局巡视员
　　　　　张　焱　中国水利报社副社长
　　　　　王　星　中华水文化专家委员会副主任委员
　　　　　王经国　中华水文化专家委员会副主任委员
　　　　　靳怀堾　水利部海委漳卫南运河管理局副局长
　　　　　　　　　中华水文化专家委员会副主任委员
　　　　　符宁平　浙江水利水电学院党委书记

领导小组下设办公室
主　任： 胡昌支
成　员： 李　亮　淡智慧　周　媛　杨　薇　李晔韬　王艳燕　刘佳宜

《中华水文化书系》包括以下丛书：
《水文化教育读本丛书》
《图说中华水文化丛书》
《中华水文化专题丛书》

《中华水文化专题丛书》编委会

主　任　李中锋
副主任　周　媛
委　员（按姓氏笔画排序）
王国永　王瑞平　毛佩琦　史月梅　史鸿文　白音包力皋　朱海风　伍海平　刘少华　刘　军
刘树坤　刘冠美　邱艳艳　张宇明　张艳斌　张朝霞　陈文学　相玉梅　侯全亮　饶明奇
董文虎　靳怀堾　翟志强　魏天辉

丛书主编　李宗新

《中外水文化比较》编写人员

刘冠美　编著
李宗新　主审

责任编辑：周　媛
美术编辑：李　菲

丛书各分册编写人员

《水与治国理政》：毛佩琦　刘少华　魏天辉　翟志强　著／靳怀堾　主审
《中外水文化比较》：刘冠美　编著／李宗新　主审
《水与水工程文化》：董文虎　刘冠美　编著／李宗新　主审
《水与文学艺术》：朱海风　史月梅　张艳斌　著／舒　怀　主审
《水与生态环境》：刘树坤　白音包力皋　陈文学　编著／王晓松　主审
《水与民风习俗》：王瑞平　史鸿文　邱艳艳　编著／王培君　主审
《水与流域文化》：刘　军　侯全亮　靳怀堾　伍海平　张宇明　相玉梅　编著／李宗新　主审
《水与哲学思想》：李中锋　张朝霞　著／朱海风　主审
《水与制度文化》：饶明奇　王国永　著／尉天骄　主审

弘扬先进水文化
推进治水兴水千秋伟业
——《中华水文化书系》总序

水是人类文明的源泉。我国是一个具有悠久治水传统的国家，在长期实践中，中华民族创造了巨大的物质和精神财富，形成了独特而丰富的水文化。这是中华文化和民族精神的重要组成，也是引领和推动水利事业发展的重要力量。面对当前波澜壮阔的水利改革发展实践，积极顺应时代发展要求和人民群众期盼，大力推进水文化建设，努力创造无愧于时代的先进水文化，既是一项紧迫工作，也是一项长期任务。

水利部党组高度重视水文化建设，近年来坚持从水利工作全局出发谋划水文化发展战略，着力把水文化建设与水利建设紧密结合起来，与培育发展水利行业文化紧密结合起来，与群众性宣传教育活动紧密结合起来，明确发展重点、搭建有效平台、突出行业特色，有力发挥了水文化对水利改革发展的支撑和保障作用。特别是2011年水利部出台《水文化建设规划纲要（2011—2020年）》，明确了新时期水文化建设的指导思想、基本原则和目标任务，勾画了进一步推动水文化繁荣发展的宏伟蓝图。

水文化建设是一项社会系统工程，落实好规划纲要各项部署要求，必须统筹协调各方力量，充分发挥各方优势，广泛汇聚各方智慧，形成共谋文化发展、共建文化兴水的强大合力。为抓紧落实规划纲要明确的编纂水文化丛书、开展水文化教育等任务，中国水利水电出版社在深入调研论证基础上，于2012年组织策划"中华水文化书系"大型图书出版选题，并获得了财政部资助。为推动项目顺利实施，水利部专门成立《中华水文化书系》编纂工作领导小组，启动了编纂工作。在编纂工作领导小组的组织领导下，在各有关部门和单位的鼎力支持下，在所有参与编纂人员的共同努力下，经过历时一年的艰辛付出，《中华水文化书系》终于编纂完成并即将付梓。

《中华水文化书系》包括《水文化教育读本丛书》《图说中华水文化丛书》《中华水文化专题丛书》三套丛书及相应的数字化产品，总计有26个分册，约720万字。《水文化教育读本丛书》分别面向小学、中学、大学、研究生和水利职工及社会大众等不同层面读者群，《图说中华水文化丛书》采用图文并茂形式对水文化知识进行了全面梳理，《中华水文化专题丛书》从理论层面分专题对传统水文化进行了深刻解读。三套丛书既有思想性、理论性、学术性，又兼顾了基础性、普及性、可读性，各自特色鲜明又在内容上相互补充，共同构成了较为系统的水文化理论研究体系、涵盖大中小学的水文化教材体系和普及社会公众的水文化知识传播体系。《中华水文化书系》作为水利部牵头组织实施的一项大型图书出版项目，是动员社会各界人士总结梳理、开发利用中华水文化成果的一次有益尝试，是水文化领域一项具有开创意义的基础性战略性工程。它的出版问世是水文化建设结出的丰硕成果，必将有力推动水文化教育走进学校课堂、水文化传播深入社会大众、水文化研究迈向更高层次，对促进水文化发展繁荣具有十分重要的意义。

文化是民族的血脉和灵魂。习近平总书记明确指出："一个国家、一个民族的强盛，总是以文化兴盛为支撑的，中华民族伟大复兴需要以中华文化发展繁荣为条件。"水文化建设是社会主义文化建设的重要组成部分，大力加强水文化建设，关系社会主义文化大发展大繁荣，关系治水兴水千秋伟业。我们要以《中华水文化书系》出版为契机，紧紧围绕建设社会主义文化强国、推动水利改革发展新跨越，认真践行"节水优先、空间均衡、系统治理、两手发力"新时期水利工作方针，不断加大水文化研究发掘和传播普及力度，继承弘扬优秀传统水文化，创新发展现代特色水文化，努力推出更多高质量、高品位、高水平的水文化产品，充分发挥先进水文化的教育启迪和激励凝聚功能，进一步深化和汇集全社会治水兴水共识，奋力谱写水利改革发展新篇章，为实现"两个一百年"奋斗目标和中华民族伟大复兴的中国梦提供更加坚实的水利支撑和保障。

是为序。

2014 年 12 月 28 日

丛书序

文化，是一个国家和民族的灵魂和精神家园，是民族凝聚力和创造力的重要源泉，是国家发展和民族振兴的精神支撑，是衡量社会文明和人民生活质量的显著标志。文化是一种软实力，是一个国家或地区凝聚力、生命力、创造力、传播力、感召力和影响力的根基。人类历史充分表明，一个国家，一个民族，如果没有先进文化的积极引领，没有人民精神世界的极大丰富，没有全民族创造精神的发挥，就不可能屹立于世界民族之林。当今时代，文化在综合国力竞争中的地位日益重要，谁占据了文化发展的制高点，谁就能在激烈的竞争中更好地掌握主动权。灿烂的文化之花必然结出丰硕的经济之果。因此，提高国家文化软实力已成为重要的发展战略。

水文化，是以水为载体、以人与水的关系为纽带形成的一种独特的文化形态，是中华文化的重要组成部分。水是生命之源、文明之母、生产之要、生态之基。我们的祖先很早就以文化的眼光来看待水。早在2600多年前，管仲在《管子·水地篇》中说："水者，何也？万物之本原也，诸生之宗室也。"老子在《道德经》中说："上善若水，水善利万物而不争，处众人之所恶，故几于道。"孔子在《论语》中说："智者乐水"，如此等等，不胜枚举，都说明水具有显著的文化意义。

水文化，作为文化领域的一个重要方面，逐步成为全国乃至全球关注的热门话题。2006年，联合国为第十四个世界水日确定的主题为"水与文化"。水文化之所以越来越为人们所重视，是因为在当今社会中，人与水的矛盾、人类所面临的水问题，比以往任何一个时代都更为突出。为了实现人与水的和谐相处，在科技手段之外，需要借助文化的视野进行思考和定位。当前，我国水利事业正面临着前所未有的历史机遇和新的挑战。水利事业的发展需要以先进文化和科学理论为引领，形成新的工作思路，开创新的局面。加强水文化研究和建设正适应了现实社会的客观需求。

文化的功能不仅取决于其内容和形式的独特魅力，还取决于传播能力的强弱。20世纪人类最大的嬗变是文化传播对人类社会和人类生产生活的全面渗透。水文化在传播过程中有着增值功能，主要是继承和传播、选择和创造、积淀和享用。在水利部和财政部的大力支持下，由中国水利水电出版社组织各方力量，以庞大的阵容和宏大的规模实施的"中华水文化书系"及其数字化项目，对挖掘、整理、弘扬和传承先进的中华水文化具有重要的现实意义和深远的历史意义，是我国水文化传播史上的空前壮举。"中华水文化专题丛书"作为项目的三大丛书之一，选取博大精深的水文化中若干重大课题进行较为深入的探讨，对于深入了解中华水文化的丰富内容，构建中华水文化的理论体系有着十分重要的作用。经过广大作者的艰苦努力，"中华水文化专题丛书"终于同广大读者见面了，这是一件可喜可贺的大好事。

水文化的精髓是水的哲学和水的精神。我国著名学者北京大学教授王岳川，在美国马里兰大学和乔治梅森大学以"中国文化的美丽精神"为题的讲演中说："只有认识了中国文化中的几个'关键词'，才能认识中华文化。其中最重要的一个'关键词'就是水，因为水体现了中华文化精神的几大美德：公正、勇敢、坚韧、洁净；体现出了生命时间的观念。'水的哲学、水的精神'是中国人在人与人、人与自然、人与社会的和谐中把握自己本真精神的集中体现。了解了水文化，就了解了中华文明的根本。"

老子说"上善若水"，认为水具有"居善地，心善渊，与善仁，言善信，正善治，事善能，动善时"等七种美德；孔子说"智者乐水"，认为水具有"德、仁、义、智、勇、察、贞、善、正、度、意"等十一种美德。这些都是"水的哲学、水的精神"

的生动体现。在波澜壮阔的新中国水利事业中发扬光大这些"水的哲学、水的精神",成为中华民族核心价值观的重要内容,成为一座照亮人们心灵的精神灯塔,在这种核心价值观和精神灯塔的照耀下,人们为国家、为民族、为事业、为自己去创造更加美好的未来。发扬光大中华水文化的哲学和精神,对建立我们对中华文化的自觉、自信和自豪,创新和发展先进的中华文化;对坚定中华民族追求"真、善、美"的信仰,重振民族精神雄风;对践行社会主义核心价值观,铸牢中华文化之魂都有十分重要的意义。

加强水文化建设是发展和繁荣水文化的根本途径。水文化建设不仅是水利行业的大事,也是全社会都应关注的大事。水文化和一般文化一样,有其落后和糟粕的一面,但我们倡导和弘扬的是先进和优秀的水文化,这种水文化的主旋律是一曲颂扬水伟大、水贡献、水精神的高亢赞歌,是一幅描绘人水相亲、人水和谐、人水共荣愿景的美好蓝图,是一部记述人们爱水、治水、管水、护水思想智慧的鸿篇巨制。因此,我们要大力加强水文化建设,促进水文化的发展繁荣。

为加强水文化建设,促进水文化的发展繁荣,就要通过大力传播水文化,动员和吸引全社会特别是水利行业的职工,更加积极地投入水文化建设的行列,有计划、有步骤地实施水文化建设的各项任务。在当前和今后一个时期,水文化建设任务的重点是:培育全社会"人水和谐"的生产生活方式,增强全社会的水意识;弘扬优秀的"水的哲学、水的精神",培育和践行社会主义核心价值观,全面提高人民思想道德素质和科学文化素质;践行"节水优先,空间均衡,系统治理,两手发力"的治水新思路,奋力开创水利事业新局面;不断充实民生水利的文化内涵,使水利工作真正做到保障民生、服务民生、改善民生;加强水生态文明建设,为建设"美丽中国"做出应有贡献;提高水工程的文化品位,满足人民精神文化需求;繁荣水文化事业,发展水文化产业,增强水文化实力;保护和整理优秀的水文化遗产,服务当代水利建设;加强水文化研究,构建水文化的理论体系;加强水文化教育和传播,扩大水文化在国内及国际上的影响力,为人类文明的进步做出更大贡献。

恩格斯在《自然辩证法》中说:"一个民族想要站在科学的最高峰,就一刻也不能没有理论思维。"(《马克思恩格斯选集》第三卷467页)水文化研究正是一项艰苦的理论思维活动。一个拥有五千年中华文明,又在为实现中华民族伟大复兴的"中国梦"而奋斗的伟大民族,在攀登水文化科学最高峰中一定会大有作为!"中华水文化书系"及其数字化项目告成以及"中华水文化专题丛书"的出版,必将使水文化常青的理论之树开出鲜艳的实践之花,为推进我国水事业的改革发展、为建设社会主义文化强国做出新的贡献!

李宗新

2014年12月

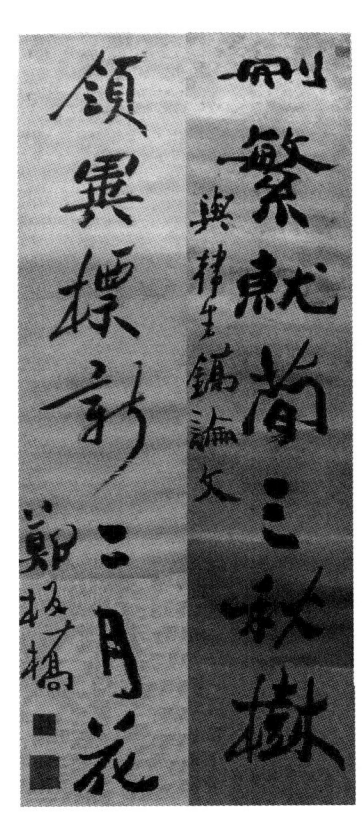

郑板桥的书法作品（杨秀芬 摄）

卷前语
——郑板桥对联的启迪

在博物馆看到郑板桥的对联——"删繁就简三秋树，领异标新二月花。"面对"六分半"书，我沉思良久，猛然茅塞顿开，仿如醍醐灌顶。

做学问就应该有"领异标新"的勇气。"异"区别于"同"，"新"区别于"旧"，"异"可以是完全不同，也可以是部分不同；而"新"则是一种创新、创造，它是指完全未出现过的东西，所以"领异标新"就是敢于打破常规，敢于向世俗挑战，它是一种和而不同的君子风范。郑板桥就是"领异标新"的典范，他的书法不仅打破篆、隶、正、行、草等各种书体的界限，将楷、隶相参；而且打破书画的界限，将画竹画兰之法融入书法。

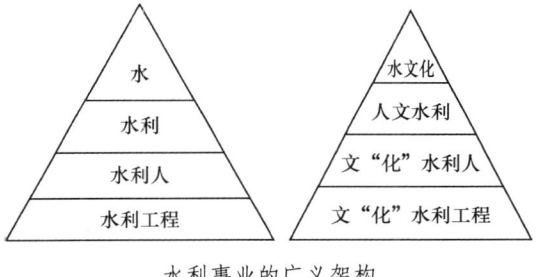

水利事业的广义架构

做学问删繁就简就是要删去不必要的枝叶，抓住基本逻辑不放，明晰逻辑主干、逻辑关系、逻辑过程，直奔主题，方能达到"三秋树"的境界。这里将涉及已有观点的综合、传统观点的挑战和新颖观点的论证。

运用郑板桥的"三秋树"的逻辑，可将水文化与水利事业的广义架构简化为：

水、水利、水利人、水利工程，叠列成一、二、三、四的金字塔形结构，是水利事业基本的广义架构，而三角形是多边形中最稳定的结构。处于塔尖的"水"是生命之本、生产之要、生态之基、文明之源、文学之根、艺术之魂；处于第二层的"水利"是利国利民的基础产业；处于第三层的"水利人"，是结构中最活跃的因素，它的精神定位是创新、负责、求实、奉献、勇敢、执着；而处于最底层的"水利工程"是水、水利、水利人的载体，人与水的互动、交流、和谐相处是通过水利工程来实现的。从《道德经》给出的"道生一，一生二，二生三，三生万物"的演变规律可看出，这个水利事业的广义架构，各层相生、相合，各层之间通过物质、信息、能量的交换，确保系统稳定运行和良性循环。在该系统中，注入文化元素，便形成了水文化、人文水利、文"化"水利人和文"化"水利工程。

因此中西水文化比较将涉及水利事业广义架构中的水、水利、水利人和水利工程。中外水文化比较需要"水贯中西"，贯者，沟通、交流、穿越、透彻理解是也。

目 录

弘扬先进水文化　推进治水兴水千秋伟业
——《中华水文化书系》总序

丛书序

卷前语——郑板桥对联的启迪

第一章　中西文明的水基因　001

第一节　黑格尔与魏特夫的观点　003
第二节　海洋动力学与河流动力学　007
第三节　主控因素单一化与多元化　009
第四节　边界约束的相对稳定与相对模糊　012
第五节　文明基因对建筑的影响　014
第六节　文明基因对文学的影响　019
第七节　文明基因对艺术的影响　022
第八节　中华文明对文明基因的彰显　024

第二章　中西水哲学比较　029

第一节　世界本源的一元论和多元论　030
第二节　水性论　032
第三节　河流论　043
第四节　海洋论　047
第五节　构建中西水文化比较学　052

第三章　中西河流文化比较　057

第一节　中国河流文化　058
第二节　西方河流文化　067
第三节　中西河流文化比较　076

第四章　中西水工程文化比较　081

第一节　灌溉工程　082
第二节　湖泊工程　090
第三节　运河工程　094
第四节　给水工程　102
第五节　桥梁工程　106
第六节　水电工程文化比较——建坝与拆坝之争　112
第七节　水闸工程　122

第五章　中西建筑大师的水概念设计　129

第一节　水对建筑理念的诠释　130
第二节　水对建筑意象的生成　137
第三节　水对造型灵感的激发　144
第四节　水对建筑环境的营造　148

| 第五节 | 水对文化底蕴的阐发 | 156 |
| 第六节 | 中西方建筑大师水概念的差异 | 160 |

第六章　中西诗歌的水诠释　165

第一节	中西诗歌比较	166
第二节	《荷马史诗》与《诗经》	170
第三节	水理诗	190
第四节	河流篇	196
第五节	海洋篇	208

第七章　世界名画中的水意象　223

第一节	中西绘画比较	224
第二节	水的意象	233
第三节	河的意象	244
第四节	水工程意象	252
第五节	海的意象	261

第八章　世界名园的水景观　277

第一节	文明基因对中西园林的影响	278
第二节	中国园林的水景观	279
第三节	西方园林的水景观	286
第四节	中西园林水景观比较	303
第五节	日本园林的水景观	319
第六节	伊斯兰园林的水景观	329

第九章　中外典型的水雕塑　337

第一节	水利雕塑概述	338
第二节	中西雕塑文化比较	347
第三节	具象雕塑	352
第四节	抽象雕塑	362
第五节	意象雕塑	372
第六节	建筑的雕塑化和雕塑的建筑感	393

第十章　世界名曲的水旋律　405

第一节	中西音乐比较	406
第二节	河流曲	412
第三节	海洋曲	427

后记　436

第一章 中西文明的水基因

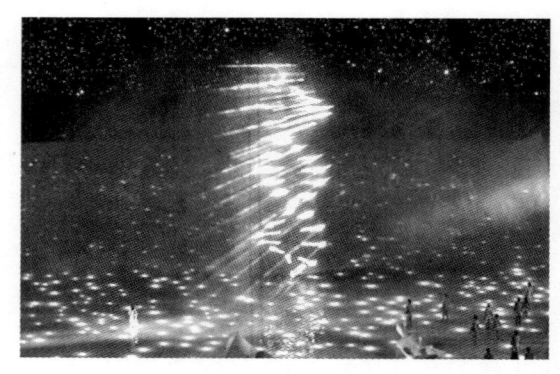

雅典奥运会开幕式的 DNA 造型

众所周知，生物基因的遗传与变异，是生物界的普遍规律和现象，也是物种形成和生物进化的基础。基因遗传和变异是对立的统一体，遗传使物种得以延续，变异则使物种不断进化。早在20世纪50年代，美国人类学家克罗伯和克拉克洪就开始设想"文化基因"的概念。他们试想在不同文化中是否具有像生物世界里的"生物基因"那样具有控制性状的遗传因子——文化基因。1976年，在英国演化生物学家理查德·道金斯出版的《自私的基因》一书中，开始提出一个新的概念Meme，用以表达一个"文化传递单位"的概念。人类学家经过研究发现，与生物意义上的基因一样，文化基因是一种复制因子，其功能和作用在某种程度上可以和生物基因相类似。

文化基因和生物基因一样，具有独特性、遗传性、规定性和变异性的特点。如果说生物基因的遗传是生物个体将遗传物质脱氧核糖核酸（DNA），由亲代传递给子代的过程的话，那么，文化基因是人类族群通过知识、思想、技能、习性、民俗等文化形式进行传承。虽然作为生物个体的人既是文化的传承者，也是文化的创造者，但文化基因遗传是通过社会群体方式进行的。从人类发展的历史来看，人类早期由于受到空间、地域、语言、环境等多重因素的制约，文化基因形成的过程是相对独立和封闭的，尤其是东西方文化基因的形成几乎是独立发展的。

在2004年雅典奥运会的开幕式上，DNA双螺旋光影造型在水面上翩翩起舞，同时也投射出一个巨大的问号：文明的基因在哪里？

学者余秋雨用"三不"对中华先民的心态作了概括，即不喜欢远征，不喜欢失控，不喜欢走极端。试问：铸成这些心态的深层次原因在哪里？有人说儒家塑造了中华民族的精神世界，那么儒家的理论又是如何形成的？如果说是先贤孔子总结中华民族的生存发展史而上升为理论层面，那么孔子的思想又来源于哪里？这岂不陷入"蛋生鸡—鸡生蛋"的怪圈吗？我们认为，精神的源头应该从物质中去寻找。

第一节　黑格尔与魏特夫的观点

水是生命之源，河海是文明之母，动力学是文明的基因。我们在讨论中西方水文化的差异之前，先看看黑格尔和魏特夫的相关观点。

一、黑格尔的观点

1. 文明的分类

黑格尔在柏林大学开设的"历史哲学"讲座中，按高程把世界分成三个区域：高地、平原流域、海岸区域，他认为："现在我们必须规定那些比较特殊方面的地理上的差别，我们要把这些差别看作是思想本质上的差别，而和各种偶然的差别相反对"。"第一种是实体的、不变的、金属的、高起的区域，闭关自守，不易达到，但是也许宜于把冲动送到其他各地；第二种是文明的中心，而且还没有开发的独立性；第三种是表现和维持世界的联系。"[1] 注意，他把"地理的差别"看作"思想本质上的差别"。

值得一提的是，黑格尔对中华文明的评价认为汉字阻碍了中国科技的发展，以致对德国数学家莱布尼茨崇拜中华古典文化的行为冷嘲热讽，表现出无知与傲慢，但黑格尔对水元素的二重性的分析还是颇有见地的。

2. 水的二重性

黑格尔的讨论背景是古代西方人对海的认识，他们认为海水分隔陆地是神赐的自然秩序，因而，航海被看作是一件渎神的行为，因为它试图去"搅扰古老的女神"，把大自然分开的东西连接起来。对这一古老的自然秩序的认识决定了古代特殊的政治共同体的构建形态——城邦。水元素的自然性质在15—16世纪大航海时代被重新界定，与古代相反，水不再是分隔陆地，而是把陆地连接起来了，这种崭新的认识直接为后世所有哲学的探索和政治的追求奠定了地理基础。

黑格尔对"水元素"的自然本性予以重新勘定："一条江河可以把全境划成许多区域，海洋自然更是如此。因此，我们惯常于把水看作是分隔的元素，尤其晚近以来，人们坚持主张，以为国家必须按照自然的形态来划分。可是，反过来说，也可以提出这样一个基本的原则，认为那结合一切的，再也没有比水更重要的了，因为国家不过是河川流注的区域。"[1] 既分隔又结合，这是水的二重性，马克思由商品的二重性出发构建资本论，而黑格尔则由水的二重性出发构建文明论。

3. 海洋对海洋文明的塑造

"大海给了我们茫茫无定、浩浩无际和渺渺无限的观念。人类在大海的无限里感到他自己的无限的时候，他们就被激起了勇气，要去超越那有限的一切。大海邀请人类从事征服，从事掠夺，但是同时也鼓励人类追求利润，从事商业。"重商、重利、重冒险、重征服、重掠夺，黑格尔把这一切看作海洋的恩赐，直言不讳，毫无羞涩。

"平凡的土地、平凡的平原流域把人类束缚在土地上，把他卷入无穷的依赖性里边，但是大海却挟着人类超越了那些思想和行动的有限的圈子。航海的人都想获利，然而他们所用的手段却是缘木求鱼，因为他们是冒了生命财产的危险来求利的。因此，他们所用的手段和他们所追求的目标恰巧相反。这一层关系使他们的营利、他们的职业，有超过了营利和职业而成了勇敢的、高尚的事情的可能。从事贸易必须要有勇气，智慧必须和勇敢结合在一起。因为勇敢的人们到了海上，就不得不应付那奸诈的、最不可靠的、最诡秘的元素，所以他们同时必须具有权谋——机警。"[1]黑格尔认为，他找到中西方民族气质差异的源头，即生产方式决定生活方式。

"这片横无边际的水面是绝对柔顺的——它对于任何压力，即使一丝的风息，也是不抵抗的。它表面上看起来是十分无邪、驯服、和蔼、可亲，然而正是这种驯服的性质，将海洋变做了最危险、最激烈的元素。人类仅仅靠着一叶扁舟，来对付这种欺诈和暴力，他所依靠的完全是他的沉着与勇敢。他便是这样，从一片巩固的陆地上，移到一片不稳的水面上，随身带着他那人造的地盘——船，这个海上的天鹅，它以敏捷而巧妙的动作，破浪而前，凌波以行——这一种工具的发明，是人类胆力和理智的最大光荣。"[1]物质决定精神，海洋对西方民族性格的塑造起了决定性作用。

4. 地中海中心论

黑格尔认为："地中海是地球四分之三面积结合的因素，也是世界历史的中心。号称历史上光芒的焦点的希腊便是在这里。""这个海口便是地中海。组成旧世界的三大洲相互之间保持着一种本质上的关系，形成一个总体。这三大洲的特征是：它们围绕着这个海，因此有一个便利的交通工具。""地中海是全世界的心脏，因为它是全世界成立的条件，又赋予全世界以生命的东西。没有地中海，'世界历史'便无从设想。"[1]在这里，黑格尔提出的地中海是世界文明中心的观点是片面的，实际上人类文明不是单一中心，而是多中心。

5. 河流对西方文明的影响

"大海所引起的活动，是一种很特殊的活动。因为这个缘故，许多海岸地，就算它们中间有一条河做联系，差不多始终和内地各国相分离。所以荷兰和德意志分开，葡萄牙和西班牙分开"。显然，海是联系欧洲各国的中介，而河流则不是。

6. 山水对亚洲文明的影响

黑格尔说："高原四周的大山，高原的本身和大河流域，这三者便是亚细亚洲在物质上和精神上的特征。但是这三者自己并不是具体的、真实的历史元素。"他突出强调山水对亚洲文明的影响。

7. 中国对海洋的认识

黑格尔指出："这种超越土地限制、渡过大海的活动，是亚细亚各国所没有的，就算他们有多么壮丽的政治建筑，他们自己也只以大海为界——就像中国就是一个例子。在他们看来，海洋只是陆地的中断，陆地的天限，他们和海洋不发生积极的关系。"黑格尔对海洋的文学化的想象、哲学化的思考，解读大河文明和海洋文明的区别：海洋是陆地的中断，还是陆地的联系？依赖土地限制，还是超越土地限制？

黑格尔在大学讲堂上对大航海时代认识的演变过程进行了哲学总结："占有耕地的人民既然闭关自守，并没有分享海洋所赋予的文明（无论如何，在他们的文明刚在成长变化的时期内），既然他们的航海——不管这种航海发展到怎样的程度——没有影响于他们的文化，所以他们和世界历史其他部分的关系，完全只由于其他民族把它们找寻和研究出来。"

黑格尔的观点对近代中国地理文化学产生重要影响，在梁启超的人文地理学著作《中国史叙论》、《地理与文明之关系》、《中国地理大势论》、《亚洲地理大势论》、《欧洲地理大势论》中，我们都可看出黑格尔的影子，至于黑格尔的名句"水性使人同，山性使人塞；水势使人合，山势使人离"，则是梁启超的概括和总结，并赋以中国古诗五言绝句的格式。

二、魏特夫的观点

1957年美国的卡尔·A.魏特夫在《东方专制主义——对极权力量的比较研究》一书中，以治水作为观察视角，解读世界文明。他采用"亚细亚生产方式"的框架，观察东方人的治水活动，提出"治水社会"、"治水政治"、"治水经济"、"治水文化"等概念。

在此书中，他还把世界分为治水核心区、边缘区、次边缘区，把四大文明古国古埃及、两河流域、印度、中国列为核心区，把拜占庭、俄罗斯、土耳其、中国宋代的辽国、玛雅列为边缘区，把日本、希腊、罗马列为次边缘区。

1. 治水社会

魏特夫提出:"历史条件相同时,重大的自然差别可能导致决定性的制度差别","如果灌溉耕作取决于有效地管理大量的水源供应,那么水的明显的特性——大量聚集——就在制度上变成为具有决定性意义的事情了"。[2] 这种决定性意义体现在由灌溉推动形成了一个特殊的治水社会政治形态。

治水社会的形成是因为处于缺水的自然环境中的人们必须努力寻求一种社会的方式控制治水。魏特夫指出:"水源过少或者过多并不一定导致政府对水利的控制,同时政府控制水利也并不一定意味着要实行专制的治国手段。只有在以耗取大量自然资源为生的经济水平之上,只有在远离雨水农业的强大中心之外,只有在没有达到以私有财产为基础的工业文明的水平之下,对水源不足的环境有特殊反应的人类才会朝着特殊的治水生活秩序前进。"[2]

2. 治水政治

魏特夫提出:"治水强度是衡量制度强度的重要方法","绝对的权力使人绝对地腐化",极权力量"缺乏有效的宪法约束"和"缺乏有效的社会制约"[2] 等一系列观点有一定的积极意义。

3. 治水经济

魏特夫指出,治水社会的分工特点,不是一个可以小觑的事情,"因为治水的组织和工作方式对治水国家的管理者的作用具有决定性影响"。

"治水经济的特点很多,但是最重要的有三点:治水农业包含特殊类型的劳动分工。它促使耕作加强。它必须进行大规模的合作。"[2] 治水农业中的劳动分工、协作、一体化,方能保证治水经济的健康发展。"在中国,传说中的政府治水工程的开辟者大禹,据说是从一个最高的治水工作者做到国王的,据最早的史籍记载,他后来成为第一个世袭王朝夏朝的奠基人。"[2] 他指出大禹治水是政府工程,由治水走向治国,这一观点还是符合实际的。

4. 治水文化

"治水政权使国家中占优势地位的宗教附属于它","在治水社会中,占优势地位的宗教在任何地方都没有成为一个全国性的或者国际性的整体化自主教会而不受国家权力的管辖","治水社会世俗统治者的地位、命运和威信是与他们的神圣守护者的地位、命运和威信紧密地联系在一起的。毫无例外,政治统治者都渴望强调他们的超自然支持者的伟大,用以巩固和保障他们的合法地位和威严。不论政府的首脑是世俗的君主或是教士兼国王,他们发号施令的中心总要千方百计地为至高无上的神及其在其间的体现者提供适当的膜拜和居住环境"。[2] 魏特夫道出一个事实,国家力量在治水活动中，常借助宗教的力量统一思想、引导舆论、动员群众。

长期以来，中外学者对书中内容褒贬不一，尤其是魏特夫的"治水导致专制"的论点，我们听起来格外刺耳。国内学者异口同声、口诛笔伐，近期方有学者作些中性评述。实际上，以治水作为基本逻辑，观察治水对社会的形成、世界各大文明的走向，不失为一个较好的视角。至于"治水导致专制"论，我们可以设想，在远古时代，生产力极其低下，要开展大规模治水活动，没有统一组织、统一行动，不强调集体本位，是不可能实现的。

第二节 海洋动力学与河流动力学

黑格尔用地理高程和距海的远近为要素对人类文明进行分类，魏特夫用治水考察人类文明进程。与黑格尔、魏特夫不同，本书探讨中西方文明的思路将从水流动力学出发分析中西方文明基因的产生，从水流动力学方程式中挖掘出文化密码，指出河流动力学与海洋动力学的不同之处在于：主控因素的单一化与多元化、边界约束的相对固定与相对模糊。这两个动力学差异对大河文明和海洋文明的社会形态、民族性格、建筑风格、思维方式、文学艺术表现均产生了深远影响。

一、海洋动力学

海洋动力学的研究对象是海洋力场及其引起的各种机械运动，大尺度海洋运动由下面的无量纲方程组来描绘：

$$\frac{\partial u}{\partial t}+u\frac{\partial u}{\partial x}+v\frac{\partial u}{\partial y}+\omega\frac{\partial u}{\partial z}-\frac{1}{\varepsilon}v+\frac{1}{\varepsilon'}\frac{\partial p}{\partial x}=\gamma_1\Delta_3 u \tag{1}$$

$$\frac{\partial v}{\partial t}+u\frac{\partial v}{\partial x}+v\frac{\partial v}{\partial y}+\omega\frac{\partial v}{\partial z}+\frac{1}{\varepsilon'}u+\frac{1}{\varepsilon}\frac{\partial p}{\partial y}=\gamma_2\Delta_3 v \tag{2}$$

$$\frac{\partial p}{\partial z}=-\rho \tag{3}$$

$$\frac{\partial u}{\partial x}+\frac{\partial v}{\partial y}+\frac{\partial \omega}{\partial z}=0 \tag{4}$$

$$\frac{\partial T}{\partial t}+u\frac{\partial T}{\partial x}+v\frac{\partial T}{\partial y}+\omega\frac{\partial T}{\partial z}=\gamma_3\Delta_3 T \tag{5}$$

$$\frac{\partial S}{\partial t}+u\frac{\partial S}{\partial x}+v\frac{\partial S}{\partial y}+\omega\frac{\partial S}{\partial z}=\gamma_4\Delta_3 S \tag{6}$$

$$\rho=\rho_{\text{ref}}[1-\beta_T(T-T_{\text{ref}})+\beta_S(S-S_{\text{ref}})] \tag{7}$$

其中：未知的函数是 (u, v, ω)、ρ、p、S、T，(u, v, ω) 为三维的速度，ρ 为密度，p 为压强，S 为盐度，T 为温度，ε' 为 Rossby 数，$\gamma_i > 0$（$1 \leq i \leq 4$）为黏性系数，ρ_{ref}、T_{ref}、S_{ref} 分别为密度、温度和盐度的参考值，β_T、β_S 为扩散系数，Δ_3 为三维的 Laplacian 算子。由于考虑大尺度海洋运动，所以地球的曲率可以不考虑。采用直角坐标系，其中3个坐标轴为 Ox、Oy、Oz，Ox 为东西向，Oy 为南北向，Oz 为垂直方向。[①]

从上述海洋动力学方程式中可以看出：海洋力场包括大气界面层的力场、海底岩层的力场和海洋水体的力场。在大气界面层中，主要是海－气相互作用所引起的海洋气象和物质迁移；海底岩层的力场，主要是因海底扩张、火山爆发、壳层塌陷或断裂等引起的动力学效应；海洋水体的力场引起的各种运动过程，是海洋动力学中的基本内容。

海洋水体的动力学过程大体如下：

（1）海洋潮汐由天体引潮力所引起，最显著的是月球和太阳的引潮力。由于月球、太阳和地球三者的相对位置有规律地不断变化，引潮力时强时弱，故潮汐变化有大有小，而且有规律地变化。通常农历每月的朔（初一）和望（十五或十六）出现大潮，上弦（初八或初九）和下弦（二十二或二十三）出现小潮。

（2）海流主要指风和热盐效应引起的、沿一定途径的大规模海水流动，包括大洋环流、浅海海流等。

（3）海浪常指由风产生的海水波浪，包括风浪、涌浪和海洋近岸波等。

（4）海洋湍流指海洋水体中不稳定的紊乱流动。

以上过程的动力学计算方法，都建立在经典的牛顿力学基础上。海洋动力学非常复杂，已有的力学模型还有待于深化认识。

二、河流动力学

河流动力学主要研究水流与河床的相互作用规律，包括研究水流内部运动特征及运动要素的空间分布；研究泥沙冲刷、搬运和堆积的机理；研究河流的河床形态、演变规律以及人为干扰引起的再造床过程；研究预测水流、泥沙运动及河床冲淤演变的方法。

影响水流和河床相互作用的因素有水量、沙量、比降、地质等，水量、比降因素决定水流挟

---

① 黄代文，郭柏灵. 关于海洋动力学中二维的大尺度原始方程组. 应用数学和力学，2007（5）

沙能力，水量、沙量因素决定挟沙数量，地质因素决定抗冲刷能力。

能量方程为

$$h_i + v_i^2/2g = h_{i+1} + v_{i+1}^2/2g \tag{8}$$

式中：h_i、v_i 为 i 断面的水深、流速；h_{i+1}、v_{i+1} 为 $i+1$ 断面的水深和流速；g 为重力加速度。

明渠均匀流的流量基本公式为

$$\left. \begin{array}{l} Q = Av \quad v = 1/n\,(R^{2/3} i^{1/2}) \\ Q = AC\,(Ri)^{1/2} \quad C = 1/nR^{1/6} \end{array} \right\} \tag{9}$$

式中：A 为过水面积；v 为断面流速；R 为水力半径；n 为糙率；i 为比降。

河床稳定系数为

$$\varphi'_h = \frac{d}{HJ} \tag{10}$$

式中：d 为河沙粒径；H 为水深；J 为比降。

从上述河流动力学方程中，可以看出河流的动力因素是 g，即地球引力，比降即高差造成河水的运动，糙率反映边界约束，流量与糙率成反比，与比降的平方根成正比，河床稳定与河流动力因素呈反比关系。河流动力学方程隐藏着文化密码，揭示着大河文明的基因。

第三节　主控因素单一化与多元化

通过上述对海洋动力学与河流动力学的简单介绍，可以看出两者有较大的差异。

对河流动力学而言，控制河流流动的主要因素是地球引力，就是我们常说的人往高处走，水往低处流，呈现单一化。

对海洋动力学而言，控制海流流动的主要因素则呈现多元化，光是造成潮汐的引力就有三个：地球、月球、太阳，除此以外，还有热盐效应、地壳运动、火山爆发、地震、季风和地球自转等。海水运动的形式主要有波浪、潮汐和洋流。

洋流按成因可分为风海流、密度流（又称地转流或梯度流）、补偿流；按海水温度的差异又可分为暖流和寒流；按其流经的地理位置又可分为赤道流、大洋流、极地流及沿岸流等。

对中西思维方式综合与分析的产生的源头，众说纷纭，有些学者认为分析源自先民狩猎时对动物的解剖。这种解释难以服人，因为中西先民的生活方式都是从渔猎开始的，或许从水流动力学中我们能找到答案。就形态学而言，海洋的面状辐射、方向上的多向性，体现空间感、现实感，在思维方式上倾向解析、分解。航海中方向感的分解不是四个（东、南、西、北）或八个，而是分解到度、分、秒方能确保达到目的地；中国河流的线状贯通、方向上的单向性体现历史感、时间感，在思维方式上倾向整合。

西方重分析。反映在语言上，其语言具有精密的语法，性、数、格之类一应俱全，主、谓、宾、定、状、名、动、形、数、量、代、副、介词等，词性界定，毫无苟且；语态分主动、被动，时态分过去时、现在时、将来时、完成时等，句法严密，词序井然，故具有极强的逻辑形式因素，其逻辑暗示诱导力亦极强。

中国重综合。反映在语言上，语言本身的逻辑形式因素不明显，文字太直观，图画性强，故对中国人的逻辑暗示诱导力不强，逻辑思维能力不强，理论就难以具有系统性，所以中国的理论都是短论，缺长篇巨制，无长诗，其理在此。中国语言的综合性使中国文化具备了较强的超前性和想象力，因此，许多的科技成果、发明创造都是由中国的科学家们率先发明创造出来的。同理，中国文化的综合性及其超前性，又注定使它在精密性和条理性方面相对减弱，而正是在这一点上，西方文化强于中国文化。[①]

值得玩味的是，雅典奥运会开幕式用一池海水展示历史，拓展空间；而北京奥运会的开幕式却用一轴画卷展示历史，揭示时间。两个开幕式，两种时空观，恰如其分地反映出海洋文明和大河文明在动力学上的差异。

一、对社会结构的影响

主控因素的单一化和多元化对不同文明的社会形态和民族性格产生重要影响。管子对河流动力学早有认知："夫水之性，以高走下。"讲的就是河水沉动的主控因素。"是以圣人之化世也，其解在水。故水一则人心正，水清则民心易，民心正则欲不污，民心易则行无邪。是以圣人之治于世也，不告人也，不户说也，其枢在水。"所谓"化世"，"其解在水"；"治于世"，"其枢在水"，讲的正是河流动力学对大河文明的深刻影响。

无论"溥天之下，莫非王土。率土之滨，莫非王臣"（《诗经·小雅·北山》），还是"君为臣纲、父为子纲、夫为妻纲"的家国同构、礼法同构，都深深铭刻着主控因素单一化、大一统的烙

[①] 辜正坤. 中西方文化比较导论. 北京：北京大学出版社，2007

印，金字塔式的超静定、超稳态的社会结构由此构成。

海洋动力学上的主控因素多元化在西方的直接表现就是，由早期的三权分立，如国君有君权、教会有教权、贵族有王权，发展到后期的立法权、行政权和司法权相互独立、互相制衡，彰显出开放、多元的梯形结构、静定结构。

在各类社会结构中，三角形结构最稳定，是几何不变体，重心最低，是高度的三分之一（金字塔的四面体的重心是高度的四分之一）；梯形结构是几何可变体，重心在高度的二分之一和三分之一之间，视上底和下底的比例而定。

河流的长度，体现流域面积的大小，对文明的统一性、整体性产生重要影响；河流的流量、水量是河流的生命，对文明的寿命产生至关重要的影响；河床的稳定系数表示河流的稳定程度，对文明的稳定产生重要影响。

二、对民族心理和思维方式的影响

主控因素单一化与多元化反映在姓名学上，西方把名字放在前面，姓则置于后，突出的是个体，在英文人称代词中唯有"我"，无论在句中什么位置均使用大写"I"，其他人称均是小写如我们（we）、你（you）、他（he）等，极力突出自我；中国则把姓放在前面，名字或号放在后面，突出的是群体和家族，称自己是"在下"、"鄙人"等，甚至连皇帝也称自己是"寡人"，以示自谦。

中国的地势是西高东低，长江、黄河、珠江等主要水系皆自西向东入海，下游平原又有利于开掘运河，形成水系网络。水系的统一性，是文化和政治的大一统的基因。宋人李之仪词云："我住长江头，君住长江尾。日日思君不见君，共饮长江水。"一头一尾，显示系统性；"共饮长江水"，揭示统一性。

水系的统一性、主控因素的单一性、河流的单向的线状贯通映射到思维方式上，就是整体思维：强调对宇宙整体观念的把握，这种思维特征既表现在对整个自然的思考上，又表现在对社会自身的思考上。

以文字为例，人类的文字均从图画开始，中国走向了象形文字，是对图画的抽象，维持并提取了"象"的要素，汉字是浓缩的自然、抽象的自然、概化的自然，潜移默化地沟通着人与自然，天人合一的思想也就顺理成章被诱导出来；而西方则走向字母文字，是对图画的解构与颠覆，彻底消灭了"象"，"象"的有无和运用对中西方的文学、艺术产生了重要影响。如果说具有会意、具象、隐喻功能的东方汉字闪耀着整合思维的光辉，那么由腓尼基人开创的西方字母文字就是解析思维的胜利。在汉字文化圈的历史演变过程中，由中原地区向西传播，产生了比汉字更繁复的西夏文字；由中原地区向东传播，产生了日本文字、朝鲜文字、越南文字，它们均是对汉字的字母化、离散化，日本的平假名、片假名尤为突出，这种现象令人深思，折射出海洋文明的解析思维的魔力。

第四节　边界约束的相对稳定与相对模糊

一、对生产方式、生活方式的影响

边界相对稳定的大河流域，提供了得天独厚的农业生产场地，中华民族世世代代在这里耕耘收获，繁衍生息，农业经济得到了高度发展。《诗经·大雅·生民》所云"蓺之荏菽，荏菽旆旆。禾役穟穟，麻麦幪幪，瓜瓞唪唪……"就是注重农业生产的典型写照，由此构成中国社会的"以农为本"的特征，亦是立国之本。因此，从东周后期开始，中国的统治者就开始奉行重农抑商、重本抑末政策。

中国的农业社会虽有洪水的惊恐，但没有海上的冒险和随时葬身海底的恐惧，往往是日出而作，日落而息，看到的是皎日澄星、依依杨柳，听到的是鸡鸣狗吠、蝉噪鸟鸣，长年累月，按部就班，人们的生计全靠大自然的恩赐。人们终日与田园山水和睦相处，亲切感、尊敬感、畏惧感、依赖感油然而生，人们并不企图与上天作对，而渴望上天的保佑，竭力追求人与自然的和谐，形成了天人合一的自然观。

在希腊半岛上农业很难大显身手，但大海却赐予财富。因此，人们谋求生计、获取财富主要依靠海上贸易。商品经济的高度发展，最终形成了以工商业城邦为中心的古希腊社会经济的商业性特征，自古希腊为之奠基后，便形成了西方社会不同于中国社会的一个显著特征。

西方社会的商业性特征和中国社会的农业性特征，皆对其社会政治及文化心理产生了决定性的影响。中国的农业型经济，则产生了与之相适应的宗法制度。从事农耕的人们聚族而居，长期固定生活在某块土地上，很少迁徙和流动，在血缘关系的基础上逐渐形成了以宗法关系为基础的"家"，随着贫富的分化和阶级的出现，又以"家"为基本细胞建立了"国"。宗法系统直接导致了封建专制集权制度的形成和发展，在宗法关系网的牵制和重农抑商政策的压制之下，人们很少背井离乡去从事农业以外的其他工作，从而保证了劳动力集中于农业，对农业经济起到了巩固作用。

在商品经济中，贸易是最重要的经济活动。在茫茫大海中战狂风、斗恶浪的满载商船，随时都有可能被巨浪掀翻，被暗礁触沉，被巨鲨吞没。在古希腊人看来，自然界总是与人类作对，在尖锐的天人对立中，生存的本能迫使人们去与大自然搏斗，用自己的智慧去战胜各种困难和挑战，天人对峙的自然观也就油然而生。而要战胜大自然，就必须了解大自然，揭开大自然的奥秘，遂使各种自然科学勃然而兴。自然科学的发达，必然影响到当时的文学艺术和文艺理论。[1]

二、对民族性格的影响

就河流而言，由于长度和宽度的大比例，两岸的边界约束就突现出来了，这将塑造大河文明的特质：内向、含蓄、内敛、谦和、隐忍、做事不张扬；不喜欢远征，不喜欢失控，不喜欢走极端。河流局部失稳如裁弯取直、改道等并不能改变边界约束的相对稳定的特性。中国的农业型经济与宗法制政治，则将中华民族塑造成了一种截然不同的民族品格。封闭式的农业经济，使人们眼界狭窄，乐于安贫守旧，不肯冒险；严格的宗法政治，压抑着人们的个性自由，更无民主平等可言。

就海洋而言，由于体量和尺度的关系，海洋的边界约束相对模糊，这将塑造海洋文明的特质：重民主、尚个体、开放、外向，一望无际的海洋极易激发出人类的冒险精神、征服精神、开拓精神。商业性经济和民主政治制度的土壤和气候培育起了古希腊人的民族性格和价值观。商业经济和民主政治，使西方人崇尚个人的自由平等、个性的发展、个体的创造、个人的奋斗，崇尚个人的财富、个人的爱情、个人的享乐以及个人英雄和个人冒险，排斥外在的人为束缚，将物质利益作为言行取舍的准则，将自我利益放在核心地位。勃兰克斯指出："对于英国人来说，大海一向是自由的伟大象征。"[2] 这句话更准确的表达是：对海洋民族而言，"大海一向是自由的伟大象征"。

大河文明的边界约束的相对稳定的基因使中华民族在血液中就没有侵略、扩张的倾向；而西方的外向、自傲、张扬、冒险、征服、开拓精神成就了他们管控一切的使命感，这一点在以后对《圣经》分析中将进一步论证。

三、对社会结构的影响

从水流动力学看，水流的动力因素与边界条件是相互独立的两个要素，但它们成为文明基因，

---

[1] 曹顺庆. 中西比较诗学. 北京：中国人民大学出版社，2010
[2] [丹麦] 勃兰克斯. 十九世纪文学主流. 徐式谷，等译. 北京：人民文学出版社，1984

转化为社会元素、文化密码时，两者又发生联系，相互依存，主控因素单一化与边界约束相对固定之间、主控因素的多元化与边界约束相对模糊之间，均存在同步性。

社会约束的多与少，对社会结构产生重要影响。相对于西方社会的静定结构，中国古代社会就是超静定结构。

结构力学的常识告诉我们：静定结构的内力只用静力平衡条件即可确定，其值与结构的材料性质以及杆件截面尺寸无关。超静定结构的内力与结构的材料性质以及杆件截面尺寸有关。

在静定结构中，除了荷载作用以外，其他因素，如支座移动、温度变化、制造误差等，都不会引起内力。在超静定结构中，任何上述因素作用，都将引起结构变形，而此种变形由于受到结构的多余联系的限制，因而往往使结构中产生内力。

静定结构在任一联系遭到破坏后，即丧失几何不变性，因而就不能再承受荷载。而超静定结构由于具有多余联系，在多余联系遭到破坏后，仍然维持其几何不变性，因而还具有一定的承载能力。如两个支座的简支梁，若一个支座约束被破坏，整个结构将失稳；而三个支座的连续梁，若一个支座约束被破坏，整个结构仍将维持稳定，只不过为力分布发生了变化。

超静定结构由于存在多余约束，局部荷载作用对超静定结构比对静定结构影响的范围大。从结构的内力分布情况看，超静定结构比静定结构要均匀些，刚度和稳定性都有所提高。

与西方的社会结构相比，中国的封建社会结构是金字塔，重心最低，相对其他类型的社会结构是最稳定的。此外由于多余约束的存在，中国的封建社会结构同时也是超静定结构，这些约束体现在政治、经济、军事、文化、思想等各方面。正是多余约束的存在，社会结构的内力较为均匀，当部分约束破坏后，使社会结构受力不再均匀，产生冲突力、摩擦力；正是多余约束的存在，社会形态大致维持"几何不变"，仍能在亚稳定状态下运行。这从另一侧面也可以解释中华文明历史上多次受到外族入侵、农民起义、社会大动荡冲击时，社会结构并未崩溃，仍能维持下去的原因。

边界约束的相对稳定与相对模糊影响了民族性格和思维方式，而民族性格和思维方式给文学艺术的特征打上了深深烙印，随后将作深入讨论。

第五节　文明基因对建筑的影响

大河文明和海洋文明的基因深刻影响着各自的建筑，并形成了不同的建筑文化。不同的建筑材料、不同的社会功用，使得中国与西方的古典建筑有了不同的"艺术语言"。不同的语言，表达着不同的思想，流露出不同的情感；不同的建筑，承载着不同的文化，体现着不同的信念。

一、不同文明对建筑材质的选择

建筑材料的不同，体现了中西方物质文化、哲学理念的差异。大河文明的建筑史是木头的史书，而海洋文明则是石头的史书。

梁思成总结中国古代建筑的特点为：木构、梁柱式、斗栱、高台、翼展屋顶等，这些特点均与大河文明的水息息相关，木构——拜河流所赐，水生木，就地取材；梁柱式——源于干栏式，建于水之上；斗栱——构件融合，环环相扣，上下迭落、层层咬合，承上启下，传力节点结成一体，倒置的金字塔，象征社会的结构；高台——为防洪之用；翼展屋顶——为排水之用，"上尊而宇卑，则吐水疾而溜远"。中国人将木材选作基本建材，正是重视了它与生命的亲和关系，重视了它的性状与人的生活关系的结果。

莫奈《门》（1869年）

西方建筑用石头，在海洋文明的形成中，礁石与海水的搏斗，石克水，给西方先民以深刻印象，他们选择了石头作为自己的建材，为神建造永恒的天国。很多西方画家对水石的激荡做了富含哲理的透视。

对建材的不同选择，是由文明方式决定的，不同的材质具有不同的性格：石头真率、质朴、刚硬、雄壮；木材细致、深秀、坚韧、柔美，这些特点深深影响着中西方民族的心态。

二、主控因素的单一化和多元化对建筑布局、形制的影响

主控因素单一化，造成中国大型宫室建筑布局上强调中轴线、强调主次，中轴线上的宫室

巍峨宏伟，且有多层级纵深，形成渊湛、富赡的特点，两旁有附属性建筑左右对称摆放。这里体现着中国政治文化体系中的君臣秩序、长幼尊卑之节。有稳定、中庸、内敛、保守与和谐的内在特质。

主控因素单一化和整体性，造成中国传统建筑的艺术风格以"和谐"之美为基调。《周礼》云："匠人营国，方九里，旁三门。国中九经九纬，经涂九轨左祖右社，前朝后市，市朝一夫"。在规划思想上体现主控因素单一化。

通过对中西方城市空间的差异比较，可看出中国城市整体性强，南北中轴线定位，主次分明，对称排列；市中心设王城，无公共广场，建筑呈平面展开，曲线有内收感，与自然和谐；西方古代城市无一定轴线，道路结构呈环形辐射，布局自由，开放式布局，有中心广场，市中心有高耸建筑，尺度雄伟，体量宏大，呈外张感，与自然对峙。

尽管我国先秦时期的建筑也曾有过高台榭、美宫室，气势磅礴、壮丽辉煌的阳刚之美，但随着儒家"中和"思想的影响，汉代以后，中国传统建筑这种展现对抗力度的阳刚之美逐步走向"和谐"与含蓄之美。以内封闭的内部空间组合，纡余委由的建筑序列层次，婉转、舒缓的建筑节奏韵律和凝重、自然的建筑装饰设计，给人以亲切、温馨、安闲、舒适的审美心理感受。

在中国传统建筑多数是向平面展开的组群布局，个体服从于整体，追求和谐。正如李泽厚先生所言："中国建筑最大限度的利用了木结构的可能和特点，一开始就不是以单一的独立个别建筑物为目的，而是以空间规模巨大，平面铺开，相互连接和配合的群体建筑为特征的。它重视的是多个建筑之间的平面整体的有机安排。"

主控因素单一化，造成中国建筑形制的相对稳定，梁柱组合的木构框架从上古一直沿用到近代，这是中国建筑艺术系统稳定与守成的最有说服力的例证。

主控因素多元化造成西方建筑是开放的单体的空间格局，向高空发展。以相近年代建造、扩建的北京故宫和巴黎卢浮宫比较，前者是由数以千计的单个房屋组成的波澜壮阔、气势恢宏的建筑群体，围绕轴线形成一系列院落，平面铺展异常庞大；后者则采用"体量"的向上扩展和垂直叠加，由巨大而富于变化的形体，形成巍然耸立、雄伟壮观的整体。而且从古希腊、古罗马的城邦开始，就广泛地使用柱廊、门窗，增加信息交流及透明度，以外部空间来包围建筑，以突出建筑的实体形象。

主控因素多元化造成西方建筑艺术风格多变，如古希腊式、古罗马式、哥特式、文艺复兴、巴洛克、浪漫主义、洛可可、现实主义、功能主义、后现代主义等各种形式，百花竞艳，但没有一种风格能够具有绝对的统治地位，造成这种情况的最主要原因是战乱，无论是古埃及、古希腊、古罗马还是强大的拿破仑帝国，都只是昙花一现，王国的四分五裂使西方的建筑传承呈现多样性。

三、边界约束的相对稳定和相对模糊对建筑风格的影响

边界约束的相对稳定，造成对约束来源——大地的认同，东方的建筑如四合院、皇家的紫禁城，全是群体的建筑，俯向大地的，它追求的不是高度和单体，而是群体连接的广度，追求优美，天人合一的实质是对地的认同，是天地人合一。

边界约束的相对稳定，造成中国的四合院、围墙、影壁等显示出内向的封闭心态，甚至有人认为"封闭的庭院象征着我们封闭的社会"。而西方强调以外部空间为主，把中心广场称为"城市的客厅"、"城市的起居室"等，有将室内转化为室外的意向。中国人往往将后花园模拟成自然山水，用建筑和墙加以围合，内有月牙河，三五亭台，假山错落……表明有将自然统揽于内部的取向。可以说，这是某些文化心态在建筑上的反映和体现。

天坛对大地的依附

边界约束的相对模糊，造成西方建筑的开放、轩敞、一览无余。这与中国围墙文化的封闭、内敛、深藏不露又形成鲜明的对比。西方建筑原型古希腊神庙，不强调内部空间，却以外部空间为主，四周开敞的柱廊形成心理上的外向社会的离心空间。西方建筑从正面一个方向即可获取主体印象，庶几可窥得全貌。即使加上草坪、花园，也在开阔之处。中国的宫室建筑要在空中俯瞰的审视才可获取整体轮廓，此外大门口还要加上照壁，所以才有"庭院深深深几许"的诗句。

边界约束相对模糊造成西方古建筑的空间序列采用向高空垂直发展，挺拔向上的形式。同时，西方古典建筑突出建筑个体特性的张扬，横空出世的尖塔楼，孤傲独立的纪念柱处处可见。每一座单位建筑，都不遗余力地表现自己的风格魅力，绝少雷同。这反映了西方传统文化中重视主体意识，强调个体观念。

边界约束的相对模糊，造成对约束来源——大地的反抗，西方建筑大量哥特式建筑，是单体的，向天的，竭力摆脱地心引力，追求永恒的自由和个体的尊严。[①] 在建筑的形体结构方面，西方古典建筑以夸张的造型和撼人的尺度展示建筑的永恒与崇高，以体现人之伟力。那些精密的几何比例，那些充满张力的穹窿、尖拱、扶壁，那些傲然屹立的神殿、庙坛，处处皆显示出一种与自然的对立和征服，从而引发人们惊异、亢奋、恐怖等审美情绪。西方建筑无论是古代的大型神庙，还是中世纪的大教堂，抑或是近现代的摩天大楼，往往以巨大的单体建筑而取胜，在巨大的体量之中，将同一幢建筑分割为不同的空间区域、单元去完成各种各样的功能。

科隆大教堂对大地的挣脱

西方的石制建筑一般是纵向发展，直指上苍的。这样一来，能否将高密度的石制屋顶擎入云霄，便成为建筑艺术的关键所在，而执行这一任务的柱子也便成了关键中的关键。所以，西方建筑的"基本词汇"是柱子，即那些垂直向上、顶天立地的石头。如果说柱子是西方建筑艺术的"基本词汇"，那么屋顶则是其"主要句式"。屋顶的不同，导致了其风格类型上的差异，如希腊式、罗马式、拜占庭式、哥特式、巴洛克式等。

与西方的石制建筑不同，中国古代的木制建筑以斗拱为"基本词汇"。所谓斗拱，是将屋檐托起的交叠的曲木，它可以将纵向的力量向横向拓展，从而构造出多种多样的飞檐。同西方建筑的屋顶一样，作为中国古代建筑的"主要句式"，飞檐也有许多类型，或低垂，或平直，或上挑。其不同的形式制造出不同的艺术效果，或轻灵，或朴实，或威严。不仅亭、台、楼、阁都要用飞檐来标明自己的身份，表达自己的情感，而且飞檐的高低、长短往往会成为建筑设计的难点和要点。正所谓"增之一分则太长，减之一分则太短"，飞檐的设

---

① 刘月.中西建筑美学比较论纲.上海：复旦大学出版社，2008

计必须恰到好处才能显得轻灵而不轻佻，朴实而不机械，威严而不呆板。屋顶是房屋与天空的分界线，中国的飞檐与西方的尖顶寓意是不同的："飞檐"是融入天空，"尖顶"是刺破天空，在小小的屋顶设计上，就已经体现了天人合一与天人对峙的分野。

总之这些基因深刻影响着各自的建筑，形成不同的建筑文化。主控因素单一，造成布局上中国大型宫室建筑强调中轴线、强调主次，造成中国传统建筑的艺术风格以"和谐"之美为基调，造成中国建筑形制的相对稳定性，布局的统一性、封闭性，系统的守成性。主控因素多元化造成西方建筑是开放的单体的空间格局向高空发展，造成西方建筑艺术风格多样性，布局的开放性、放射性，系统的变易性。

第六节　文明基因对文学的影响

一、概述

大河文明与海洋文明基因：主控因素单一化和多元化、边界约束相对固定和相对模糊对中西文学的审美心态、文化形态、文化内涵产生重要影响，从而决定了审美理想、审美趣味、文学精神、审美表达和艺术风格等方面的差异。

中国文化内涵为内向型，和谐精神，群体意识；西方文化内涵为外向型，对立精神，个体精神。中国文化精神重伦理、崇道德；西方文化精神重科学，求民主。

农耕的生活方式决定了"情"是中国文化的主旋律。中国是最讲人情的国家，情感渗透于社会生活的各个方面，情感缔结了人际关系，情感制约着人的价值取向和心理机制。而这种情感，主要是一种伦理情感，是以血缘为根基的。

外向型经济方式、商贸的生活方式决定了"理"是西方传统文化的基调。理是一种认识方式，也是一种思维模式，其基本构成和发生过程是通过概念、判断、推理来认识和思考社会、自然和人生等，其基本特征是注重思维的逻辑性、科学性，强调对事物作冷静、理性、抽象的把握。

"忧患意识"是中国传统文化积淀形成于民族审美意识的美善结晶。中国文化心理结构的核心是群体意识，在伦理传统上是"群体"对自我的决定，不像西方文明的伦理传统是行为中的自我决定论。

"乐生意识"是西方文化积极进取精神的延伸。"乐生"源自西方文化的自由追求意识。这里的"乐生"指在审美理想和审美情趣上，注重生命意志，注重生活情趣，追求自我发展，追求自我实现。

　　中国文学审美理想之"空灵"，更表现为对意境的追求。中国美学具有两种最高境界：一是以儒家为代表的强调社会关怀和道德义务的境界；二是以佛老为代表的注重内心宁静平和与超越现实的境界。从而，中国文学多注重情趣与意象的契合之诗境、情境与处境的揉和，谓之意境。

　　"追寻意识"是西方文学和审美意识中崇尚自由、追寻、发展精神的集中体现。我们知道，古希腊的科学型、自由型文化精神，经过文艺复兴、启蒙运动的传承，赞美生活，歌颂人生，讴歌人类勇敢、聪明和智慧；站在宇宙的高度审视人与自我的搏斗，从而礼赞人性悲壮的崇高，体现以人为本、执着现实、积极进取、勇于追求的乐观精神和人本精神。

　　表现与再现，中国文学在审美表达上以表现为主，叙事文学注重传神写意，重情含蓄。西方文学在审美表达上以"再现"为主，如西方诗大半以爱情为中心，主要是缘于个人主义和自由意识，以及乐生的文化心理。在表现手法上，西方诗歌善于详尽地描叙，人物的容颜、体态、风采、服装都作客观描绘，重在形似，所以长篇诗较多，给人一览无余之感。诗风上热情奔放、率真大胆，富含文思哲理，幻想奇特，境界开阔。

　　意境化与典型化。意境论，是中国文学追求的重在表现的美学思想的结晶。中国的古典美学思想从一开始就注重物感说，重在抒情和表现，认为文艺的本质在于创造形象以写意抒情，意境是性格的组成部分，性格也是作家创造意境的手段。

　　西方文学在审美表达上注重写实，即典型化的手法。西方传统文学不论是诗歌，还是小说、戏剧，都注重直白地叙述，而情感的表达则注重直抒胸臆，善于构筑曲折复杂的情节，并注重结构的奇妙与完整，同时，善于捕捉和挖掘人物心灵，注重心理刻画和描写。①

二、水解中国文学史

　　对中国文学的时间序列考察，王国维在《宋元戏曲史序》中给出中国文学史的基本架构："凡一代有一代文学：楚之离骚，汉之赋，六代之骈语，唐之诗，宋之词，元之曲，皆所谓一代之文学，而后世莫能继焉者也。""所谓一代之文学，而后世莫能继焉者"则是构建的标准，按此标准我们可将文学史补叙为：诗经、楚辞、先秦散文、汉赋、唐诗、宋词、元曲、明清小说。《诗经》

---

① 张沁文．文化观·美意识：中西文学比较谈．汉中师范学院学报，2003（1）

的时代最早，所以入列，楚之离骚和先秦散文的时代重叠，但体裁有别，故楚辞与先秦散文并列。

对中国文学进行空间序列考察，就会发现中国文学史围绕黄河流域和长江流域展开，考察文学的水文化属性，应从作者的籍贯和经历以及作品的内容和风格着手。诗经、先秦散文是黄河文明的结晶，汉赋上承楚辞下接六朝骈文，是长江文明的楚文化的奇葩，唐诗是黄河文明与长江文明交相辉映、并蒂双莲的艺术巅峰，宋词则是江南水乡的产物，元曲是草原文明与大河文明的融合的盛景，揭示黄河文化向长江文化的转移，明清小说则展示黄河文明与长江文明的链结——大运河的宏大历史画卷。

对中国文学空间风格考察，刘熙载在《游艺约言》中对散文的风格作了区分："《国策》之文尚意，《史记》之文尚气，《左氏》之文尚物"。金学智在《中国书法美学》中对中国书法史作了划分："商周尚象，秦汉尚势，晋代尚韵，南北朝尚神，唐代尚法，宋代尚意，元明尚态，清代尚质"。吴为山将中国传统雕塑风格总结为八风："原始朴拙意象风、商代诡魅抽象风、秦俑装饰写实风、汉代雄浑写意风、佛教理想造型风、宋代俗情写真风、帝陵程序夸张风、民间朴素表现风"。

如果把中国文学史当作中华民族认识史的不同阶段，考察不同阶段、不同体裁对水这个基本逻辑的诠释，就会发现中国文学史各时期的奇葩，对水的深刻和精彩有着不同的解读，这就是：诗经——水态，楚辞——水喻，先秦散文——水理，汉赋——水象，唐诗——水意，宋词——水境，元曲——水情，明清小说——水事。

三、西方海文学的演变

海文学是西方文学史的缩影，如果把西方各时期的文学家当作一个认识主体，把西方海文学史当做这个认识主体的不同认识阶段，考察对人海关系这个基本逻辑的各层面的揭示，大致可分为：海怨、海斗、海赞、海驭、海谐，即怨恨、搏斗、赞美、征服、和谐。

远古时期人海关系中，由于人类尚处于蒙昧阶段，大海作为人类强大而又神秘的伙伴，是被高度人格化和神格化的。饱受海洋磨难的古代海洋民族将他们对大海的怨恨倾注到他们的文学作品中，这一点在《荷马史诗》中得到淋漓尽致的表现，掌管大海的海神波塞冬是宙斯的兄弟，他脾气暴躁，性格贪婪，是被注入了妖魔化的性格特征和凶险四伏的形象特征。《奥德赛》中主人公俄底修斯身处绝境，在危机四伏的大海中，在勇敢搏击中掌握自己的命运。

进入18世纪，伴随着工业文明，西方社会对自然的征服能力大大提高，人与海的关系中人的主观意志显著增强。人类经过历史上几个世纪对海的探索，到了丹尼尔·笛福的《鲁滨孙漂流记》

(1719年),海的形象一如既往,但人类接受挑战,顽强生存的自信心与日俱增。此后,大海就成为人类的强者亲近与征服的对象,也成为西方人自身价值和意志的体现。

到了19世纪,海洋已经作为一种审美形象进入文学,海洋精神得到空前绝后的张扬,海洋文学达到了繁荣的巅峰。俄罗斯诗人普希金的咏海名作《致大海》就是这一时期海洋文学的典型代表。这首诗气势豪放、意境雄浑、思想深沉,是诗人作品中广为传诵的名篇。它以大海作为自由精神的象征,表达了诗人与大海相通的自由精神。诗人借大海自由奔放的壮美形象,生发联想,尽情抒怀,表达了渴求自由的愿望。

19世纪后半期,儒勒·凡尔纳的《海底两万里》属于海洋通俗小说的科幻门类,书中的尼摩船长是个海上堂·吉诃德式的人物,为了民族的仇恨而漂泊海底。海洋通俗小说进一步表现了人类认识和驾驭海洋的信心,展示了人类意志的坚韧和勇敢。

20世纪美国的海明威的《老人与海》是对西方海文学的传承。悲剧感是西方文学的核心部分,海的形象起到了烘托与推波助澜的作用。海明威曾经说过:"我要描写一个真正的老人,一个真正的孩子,真正的大海,一条真正的鱼和许多真正的鲨鱼,然而,如果我能使他们足够逼真的话,他们也会代表其他事物。"在海明威笔下,大海具有了人类社会的一切特征。西方海文学中的人与大海往往是主观和客观的对立,其具体的表现形式就是人与大自然的搏斗。海明威在这部作品中集中展示了人类面对困难不屈不挠的大无畏精神,表现了对人类命运的关注。以《老人与海》为代表的20世纪海洋文学,将大海的文化意蕴渗透到了人类的心灵,人与海这种新型的和谐相处的关系,使得海明威在西方海文学中独树一帜,也必然成为新的海洋文学的主旋律。[①]

第七节　文明基因对艺术的影响

一、文明基因对中西绘画的影响

河流动力学机制,对依托大河文明的中华山水画家的视角产生深远影响。恰恰是相对稳定的边界,对视线产生约束和阻断,为破除这种约束、超越这种阻断,想象力是极其重要的,散点透视应运而生。

---

① 晓丹. 从《老人与海》之海看西方海文学. 和田师范专科学校学报,2008(5)

中国山水画构图与西方绘画不同，讲究"神与物游，不为所累"。借助的是散点透视。仰山巅，窥山后，望山远，故有高远、平远、深远的散点构图。这种构图完全突破了透视学的视力局限，可使咫尺之图，纳千里之景，以有限表达无限。散点构图使画家具有多方位的视点，从而获得了更多的创作自由，能得到新颖、丰富多彩而又富于节奏、韵律的浪漫构图。内容和形式、具象和抽象、现实和浪漫在散点构图中对立统一、相辅相成。散点透视体现着时间的轨迹，将不同瞬间的画面组合在同一画面中，由春而夏而秋而冬。散点透视的视角和视点在不断地运动，这意味着画面的各部分往往是并列的，鉴赏者可从不同位置自由进入画面，画面的各部分是时空一体的、有机的、连续的。画面的运动并非是平均的，而是有动有止，有快有慢，在移动中的停驻处，画家在此作较为详尽的描绘，意境由此展开、丰富、深化，画面的虚实、详略，节奏的轻重、缓急，由此形成。

浩瀚辽阔的大海对西方画家的视角产生深远影响。《圣经》就谈到海对视角的影响："宝座前好像一个玻璃海，如同水晶。宝座中和宝座周围有四个活物，前后遍体都满了眼睛。"

海洋是西方美学的源泉，柏拉图在《会饮篇》中道出其中的奥妙："这时候他会用双眼注视美的汪洋大海，凝神观照，他会发现在这样的沉思中能产生最富有成果的心灵对话，能产生最崇高的思想，能获得哲学上的丰收，到了这种时候他就全然把握了这一类型知识，我指的是关于美的知识"（《柏拉图读本》）。

西方绘画的构图是立体透视或称焦点透视，绘画构图是在二维平面上表现出三维空间的立体感。借这种透视，在构图上表现出纵、横、高的立体效果。画境似可走近，似可触摸。其构图源自"物我对立"，即景物与空间是画家立在地上平视的对象，其结果貌似客观，实颇主观。这种立体透视"在平面上幻出逼真的空间构造，如镜中影、水中月，其幻愈真，则其真愈幻。逼真的假象往往令人更感为可怖的空幻"（宗白华《美学散步》）。

二、文明基因对中西园林的影响

河流动力学的稳定的边界约束、河流九由的形态对中国园林的构图产生重要影响，景藏则境界大，景显则境界小。中国较为强调曲线与含蓄美，即"寓言假物，不取直白"。园林的布局、立意、选景等，皆强调虚实结合，文质相辅。或追求自然情致，或钟情田园山水，或曲意寄情托志。工于"借景"以达到含蓄、奥妙、姿态横生；巧用"曲线"以使自然环境与园林在个性与整体上互为协调、相得益彰而宛若天开。"巧于因借，精在体宜"的手法，近似于中国古典诗词的"比兴"或"隐秀",重词外之情、言外之意。看似漫不经心、行云流水,实则裁夺奇崛、缜密圆融而意蕴深远。

受海洋的大尺度和潮汐的规律运动的影响,西方园林则以平直、外露、规模宏大、气势磅礴为美,比如开阔平坦的大草坪、巨大的露天运动场、雄伟壮丽的高层建筑等,皆强调轴线和几何图形的分析性,平直、开阔、外露等无疑都是深蕴其中的重要特征,与中国园林的象征性、暗示性、含蓄性等有着不同的美学理念。

三、文明基因对中西音乐的影响

《乐记》有云:"大乐与天地同和","洋洋乎若江河"说的便是指中华民族音乐与河水的关系。其曲式结构在统一中求对比,张孔山的《流水》琴曲就很典型,他创用"大滚圆"、"七弦大绰"、"滚拂"、"隐复伏调",描绘流水的各种态势:"起首二、三段叠弹,俨然潺湲滴沥,响彻空山。四、五段,幽泉出山,风发水涌,时闻波涛,已有汪洋浩瀚不可测度之势。至滚拂起段,极腾沸澎湃之观,具蛟龙怒吼之象,息心静听,宛然坐危舟,过巫峡,目眩神移,惊心动魄,几疑此身在群山奔赴,万壑争流之际矣。七、八、九段,轻舟已过,一势就淌洋,时而余波激石,时而漩伏微洑,洋洋乎!诚古调之希声者也!"如古琴曲《潇湘水云》就是一首具有展衍性的变奏曲式。它以一个核心旋律贯穿整首乐曲,音乐和它的变体是以不同的手法数十次出现在曲中九个段落,以达到不变中求变,万变不离其宗,真正达到了统一中求对比的目的。

海洋潮汐的规律运动对西方音乐产生深刻影响,西方交响乐的曲式结构,在对比中求统一,一般分为呈示部、展开部、再现部,即所谓 A-B-A 式,是对潮汐的小潮、大潮的模式的模仿。呈示部中强调主部主题和副部主题的矛盾对立,使得音乐在一开始就处于矛盾冲突之中,以此调动听众引起听众强烈的情绪反应;展开部是把呈示部的矛盾对立引向更加复杂化和戏剧化,在最紧张的冲突顶点(即整体结构的黄金分割点)偏向一方,从而进入解决矛盾的一连串过程;再现部对矛盾的冲突进行总结,主部主题再现,而副部主题最终融入主部主题。两个主题的矛盾冲突是海洋动力学主控因素多元化的反映。

第八节　中华文明对文明基因的彰显

古埃及、两河流域、古印度文明的中断是由各种因素决定的,其中一个重要的因素就是人们面临环境条件变化时无能为力和治水的失败。

尼罗河流向自南向北，尼罗河文明初创时期，气候条件还是相当优越，在公元前12000—公元前3000年，经历了两个干旱周期，公元前13世纪，河水泛滥，古埃及先民无法进行有效的治理，造成灌区全部放弃，以致尼罗河文明在后王朝时期日渐衰落，最终导致文明中断。

两河流域流向自西北向东南，气候变化，日趋干旱，植被退化，水土流失加剧，面临灌溉系统的淤塞和土壤的严重盐碱化，两河文明的先民们，无所作为，在治水问题上败下阵来，只有眼睁睁看着农业的崩溃，最古老的文明也就退出历史舞台，苏美尔人的文学作品中就揭露出人面对洪水的无奈："猖獗的洪水呀，没人能和它对抗，它使苍天动摇，使大地颤抖"，"只有人，它的寿命不会很长，无论他做什么，只是一场虚空"。

印度河的流向自东北向西南，恒河的流向自西北向东南，古印度两大河流主流向相互垂直，与黄河、长江的"四同"构成鲜明的对比。两大流域的对峙，造成古印度文明的多样性、宗教性和分裂性。

为什么同样是大河文明，唯独中华文明凸显出主控因素单一和边界约束相对稳定的两大特征，而其他大河文明的这两个特征并不显著？这主要是由三个要素决定的：

一、黄河、长江的"四同"

黄河、长江具有"四同"：同源，发源地均在青藏高原；同向，均由西向东流动；同归，均注入太平洋；同国，全程均分布在中国境内。黄河文明和长江文明的"四同"，极大地增强了中华文明的认同感和同一性，造成文明形态的同频共振，大大加强了文明基因的规定性、稳定性和遗传性。自隋代以来修建的大运河，沟通了黄河流域和长江流域，加速了黄河文明与长江文明的融合。

相对于黄河、长江的"四同"，黑格尔认为："参差不同是希腊精神的元素"，指出地理单元的破碎、河流的分散对西方民族性格、心态的深刻影响，黑格尔指出："希腊全境满是千形万态的海湾。这地方普遍的特质便是划分为许多小的区域，同时各区域间的关系和联系又靠大海来沟通。我们在这个地方碰见的是山岭、狭窄的平原、小小的山谷和河流；这里并没有大江巨川，没有简单的'平原流域'；这里山岭纵横，河流交错，结果没有一个伟大的整块。这里看不到东方所表现的物质的权力——没有恒河、印度河等江流，在这些大江流域上的种族，因为它的天边永远显出一个不变的形态，因此习于单调激不起什么变化；相反地，希腊到处都是错综分裂的性质，正同希腊各民族多方面的生活和希腊'精神'善变化的特征相吻合。""这就是希腊'精神'基本的性格，这种性格使文化起源于各独立的个体——在这一种情形之下，各个人都保持他自己的地位，并不从开始就依靠家长制那样团结于'自然'的约束之下，而是通过了别的媒介——通过了'精神'所认可的'法律和风俗'所造成的结合。""活跃在希腊民族生活里的第二个元素就是海。"[1] 黑格尔道出了中西文化差异的环境要素和物质基础。

二、大禹治水对文明基因的固化和强化

司马迁在《史记》中记述大禹治水时，是这样行文的，首先是综述，然后道九州，道九山，道九川，其后分析治水效果，最后通过禹和舜、皋陶等人的对话对治水进行总结：

"帝舜谓禹曰：'女亦昌言。'禹拜曰：'於，予何言！予思日孳孳。'皋陶难禹曰：'何谓孳孳？'禹曰：'鸿水滔天，浩浩怀山襄陵，下民皆服于水。予陆行乘车，水行乘舟，泥行乘橇，山行乘檋，行山刊木。与益予众庶稻鲜食。以决九川致四海，浚畎浍致之川。与稷予众庶难得之食。食少，调有余补不足，徙居。众民乃定，万国为治。'皋陶曰：'然，此而美也。'"从"下民皆服于水"到"众民乃定，万国为治"，道出治国先治水的铁的定律。

在治水的庆功大典上，君、臣高歌："元首明哉，股肱良哉，庶事康哉！"反复吟唱的主题仍是大一统。这种统一规划、统一指挥、统一行动的群体治水的社会行为，将河流动力学因素社会化，这是世界上其他文明所不具备的，而为中华文明所独有。

《史记》中关于大禹的记载与此前的历史文献和出土文物是一致的。西周盨铭文曰："天命禹敷土，随山浚川，迺差地设征"，可以对照《尚书》中的《禹贡》："禹敷土，随山刊木，奠高山大川。"还有《尚书序》："禹别九州，随山浚川，任土作贡。"这些文字还可参看《尚书·益稷》："禹曰：洪水滔天，浩浩怀山襄陵，下民昏垫。予乘四载，随山刊木。……予决九川，距四海；浚畎浍，距川。"还有《诗经·长发》："洪水芒芒，禹敷下土方。"所用词语，都是一致的，说明大禹治水在中国历史上是实实在在、真真切切的，是不容置疑的。

三、延续的文明对文明基因的彰显

在四个大河文明古国中，唯有中华文明没有中断，是连续的大河文明，而其他大河文明如古埃及、两河流域、恒河文明均发生中断，因此大河文明的两个基本特征也随之削弱，外来文明的特质的掺入使大河文明固有特质模糊化。文明基因决定文明形态，但不能保证文明的延续，而文

明的延续却能保留和彰显文明基因。

如果说河流动力学机制构造了大河文明的基因,那么中华民族开国之初的大禹治水则催生、强化、固化了这一基因。

清乾隆皇帝更对大禹治水情有独钟,遂有"玉禹山"巨型玉雕问世,其高224厘米,宽96厘米,重达5300公斤。根据宋代绘画《大禹治水图》雕琢而成,从设计到制作耗时八年,它的正面钤刻乾隆的"五福五代堂古稀天子宝"大方印,背面刻"八征耄念之宝"方印,下方还有长篇御制诗及注文。

诚如乾隆题诗所云:"功垂万古德万古,为鱼谁弗钦仰视。画图岁久或湮灭,重器千秋难败毁"。乾隆花如此大的本钱将这一不朽题材雕刻在价值连城的巨玉上,就是要向世人昭示:大禹治水塑造了中华民族之魂,并为构建大一统的国体和超稳定的社会结构所作出的重大贡献。

参考文献

[1] 黑格尔.历史哲学.北京:商务印刷馆,1963.
[2] 卡尔·A.魏特夫.东方专制主义——对极权力量的比较研究.北京:中国社会科学出版社,1989.
[3] 张瑞瑾.河流动力学.武汉:武汉大学出版社,2007.
[4] 吴持恭主编.水力学.北京:高等教育出版社,1979.
[5] 任福安.海洋动力学.大连:海事大学出版社,2001.
[6] 刘冠美.水工美学概论.北京:中国水利水电出版社,2006.
[7] 贺毅.中西文化比较.北京:冶金出版社,2007.

第二章 中西水哲学比较

在中外经典水论中，有不少对水、河流、海洋的论述，从这些论说中，通过文本细读，我们可以探求中西方文明的共通之处和差异之处，加深对这些文明的理解。

通过中西经典水论的分析，揭示出中华先民的水文化的世界本原观具有一元性，水文化的水性观表现为儒家"敬水"、道家"静水"、佛家"净水"，水文化的河流观具有伦理性、实践性，水文化的海洋观具有隔离性、附加性、封闭性；西方的水文化的世界本原观体现为多元性，水文化的水性观表现为"控水"，水文化的河流观体现为逻辑性、科技性、法律性，水文化的海洋观具有冒险性、竞争性、掠夺性。

第一节 世界本源的一元论和多元论

一、中华先民的一元论

"太一生水，水反辅太一，是以成天"（《郭店楚简》）。管子在《水地篇》中开宗明义提出："水者何也？万物之本原也，诸生之宗室也，美、恶、贤、不当、愚、俊之所产也。"中华先民对世界的本原采用一元论。黄河文明和长江文明具有的"四同"，极大增强中华文明的认同感和同一性，是世界本原一元论的地理环境基础。

表面上看佛家对世界本源亦持一元论，如提婆菩萨释楞伽经中《外道小乘涅盘论》（后魏菩提流支译）第十八服水师论说："水是万物根本，水能生天地，生有命无命一切物。下至阿鼻地狱上至阿迦尼咤天，皆水为主。水能生物，水能坏物，名为涅槃。是故外道服水论师说，水是常名涅槃因。"[1]在20种心外求法的外道中，能生万物的不仅仅有水，还有"风造万物能坏万物"，"以无形相而能生诸有命无命一切万物"，"微尘是常能生一切物"，"男女和合生一切物"，"自在天常生一切物"，"自然是常生一切物"，"时作一切物"等，《俱舍论记》卷六说："一因生法，决定无有。"[1]

《华严经》卷三十说："彼诸佛子如是知，一切法性常空寂，无有一法能造作，同于诸佛悟无我。"[1]显然否认"第一因"或一元论，强调多因、多元论的合理性。

佛家在世界本源问题上，虽也明确"水是涅槃因"，始终采用多元论，可以是二十元，也可以是五元，这和印度的多元文化有着必然的联系。

美国历史学家斯塔夫里阿诺斯在其著作《全球通史》中也指出:"印度与中国不同,在中国,是长期的帝国统一间隔以短暂的分裂;而在印度,则恰恰相反,是短暂的统一和长期的分裂。"地理的隔绝,造成了经济的闭塞和政治的分裂,这又影响了印度文化的走向,形成了印度文化的诸多特点,主要是它的多样性和包容性。印度有 177 种流行的语言、544 种地方语言,在一张十卢比的纸币上,要印上 12 种文字,这正是印度文化多样性的生动写照。恒河文明和印度河文明虽都是大河文明,但恒河的流向自北、西北至东南,汇入孟加拉湾,印度河的流向自东北至西南,汇入阿拉伯海,两大河流的主流向相互垂直,两大流域反映不同的特征。黑格尔就指出两大流域的对峙:"在印度人当中就不同了,成为他们的根本特性的,不是中国这种'统一',确是纷纭的'区分'",[3] "印度河上又住着属于武士阶层的真正印度部落","和印度河不同的,就是恒河有很多大王国,因为它们的科学十分发达,所以恒河边上的各邦比印度河上的各邦更为著名"。[3]

二、西方的多元论

西方古典哲学在世界本原问题上,同佛教一样,采用多元论。希腊哲学家泰勒斯提出了:"水是万物的始基、本原于实体,万物从水中而来,是水的变形,万物又都复归于水。水包围着大地,大地在水上漂浮,不断从水中吸取它所需要的营养。"① 黑格尔在《哲学史讲演录》中称西方第一个哲学家泰勒斯的思想为"哲学命题,哲学是从这个命题开始的"。

"水是世界的始基(本原)",在泰勒斯看来,水是万物统一的基础和原因,万物从水产生的,又还原为水,世界万物形形色色、千变万化,惟有水是不生不灭的。米利都学派的学者、泰勒斯的学生阿那克西曼德提出"无定"本原说,以保证万物物质转化的逻辑上的可能性,"无定"中包含了无尽的彼此对立的属性,经过分化才形成各自的特性,而万物之灭亡也就化归于"无定"。米利都学派的第三位学者、阿那克西曼德的学生阿那克西美尼提出了"气"本原说,认为本原必有一定的形象和属性,认为本原应当有一定属性同时又兼具无限性;爱非斯学派的创始人赫拉克利特提出了"火"本原说,其他一切由火生成,宇宙生成的过程是火生气,气生水,水生土,土还原成火,火可以化生一切,一切又复归于火。[2]

纵观西方的世界本源论,单就一个学者而论是一元论,但若将这些哲学家师生群体视为一个认识主体,他们对世界本源的认识就是多元论。相对于印度的整体多元论,西方就是群体多元论。

值得注意的是,从《圣经》"创世纪"中,可看出上帝造了天地,却独独不说造了水,只是说:

---

① 汝信,王树人,余丽嫦主编.西方著名哲学家评传.济南:山东人民出版社,1984

"诸水之间要有空气，将水分为上下。"作为一神论的《圣经》，在此却出现理论体系的缺口。《黄帝内经》对大智慧的人作了分类："真人"，"提挈天地，把握阴阳"；"至人"，"游行天地，和于阴阳"；"圣人"，"天地之和，精神不散"；"贤人"，"法则天地，逆从阴阳"。按理说，《圣经》的作者应是具有大智慧的真人、至人，不可能没有意识到这个显而易见的逻辑矛盾，但却偏偏不说上帝造了水来弥补这一缺口。

如果从地球中水的起源分析着手，或许能勘破一些端倪。地球中水的起源有多种学说，大致可分为内在说和外来说。外来说的主要观点是：地球中的水来自含水的行星（或彗星）的碰撞，同时造成地球自转的偏转，从此地球出现四季。《圣经》中提到地球只有一次，"上帝坐在地球大圈之上，地上的居民好像蝗虫。他铺张穹苍如幔子，展开诸天如可住的帐棚"。然而就这一次却把上帝的坐标定位了，显而易见，上帝创世的参照系是地球，地球外的东西，上帝是不太关心的。也许《圣经》的作者对水的来源有特异感知，默认了上帝与水同在的逻辑，方造成这一千古迷局。《启示录》对水的来源的外来说——小行星撞击地球，就有具体的描述："第三位天使吹号，就有烧着的大星，好像火把从天上落下来，落在江河的三分之一和众水的泉源上"。

第二节 水性论

一、中华先民的水性论

概括起来，儒、释、道的水论，即儒家"敬水"，道家"静水"，佛家"净水"。

（一）儒家的"敬水"

1. 孔子——水之乐

子在川上曰："逝者如斯夫！不舍昼夜"（《论语·子罕》），把水视为时间变量，因水的流逝感悟生命，生命的体验、生命的欢乐、生命的永恒，由此提出"知者乐水，仁者乐山，知者动，仁者静。知者乐，仁者寿"（《论语·雍也》），构筑一种理念，营造一种情怀，享受生命、珍爱生命。

2. 孟子——水之观

孟子曰："人性之善也，犹水之就下也。人无有不善，水无有不下"，（《孟子·告子上》）"民之归仁也,犹水之就下,兽之走圹也。"(《孟子·离娄上》)由此构建"性善"论和"仁爱"论。

孟子提出水之观,"孔子登东山而小鲁,登泰山而小天下。故观于海者难为水,游于圣人之门者难为言。观水有术,必观其澜。日月有明,容光必照焉。流水之为物也,不盈科不行。君子之志于道也,不成章不达"(《孟子·尽心上》)。"原泉混混,不舍昼夜,盈科而后进,放乎四海。有本者如是,是之取尔。"(《孟子·离娄下》)"观水有术"的"术",是角度、高度、广度,是视野,是方法论,是世界观。首先是"观于海者难为水",是追求大视野;其次是"必观其澜","说文"云:"大波为澜",《初学记》云:"风吹水涌曰波,(亦曰浪)大波曰涛,小波曰沦,平波曰澜,直波曰泾。"波澜者,必有源头,必有动力,方能生成大波,观澜就是观其源头,查其动力,着眼根本,鼓励人们积极向上,奋发进取。

3. 荀子——水之德

荀子由"性恶"论,提出水之德进行教化:"孔子观于东流之水,子贡问于孔子曰:君子之所以见大水必观焉者是何?孔子曰:夫水,大偏与诸生而无为也,似德。其流也埤下,裾拘必循其理,似义。其光光乎不屈尽,似道。若有决行之,其应佚若声响,其赴百仞之谷不惧,似勇。主量必平,似法。盈不求概,似正。淖约微达,似察。以出以入,以就鲜絜,似善化。其万折也必东,似志。是故君子见大水必观焉"(《荀子·宥坐》)。

荀子一生"游齐"、"适楚",他对"大水"的九大特征的总结,实际上是对黄河、长江上中下游不同形态的概括,"其流也埤下",揭示河流动力学机制,水流的动力就是高差;"其光光乎不屈尽",讲的是水源的保证;"若有决行之,其应佚若声响,其赴百仞之谷不惧"讲的是河流上游的形态;"主量必平"、"淖约微达"讲的是河流下游的形态;"其万折也必东",讲的是河流的地理大势。

所谓水之九似,似德、似义、似道、似勇、似法、似正、似察、似善化、似志等,几乎涵盖了中华民族全部的道德标准。显而易见,如果荀子观的是池水、静水,而不是观大水,是不可能得到这样的感悟的。

荀子观大水,还着眼于水与承载物的相互作用:"君者,舟也,庶人者,水也,水则载舟,水则覆舟"(《荀子·王

敧器

制》)。他提出水蕴含的"载"和"覆"二重性,所谓"载"是指社会整体的稳定和社会结构的维持,所谓"覆"是指社会整体的失稳和社会结构的解体。针对水"覆"舟的动力机制,荀子又提出"欹器"论,着眼于水与器相互作用的动态过程。

"孔子观于鲁桓公之庙,有欹器焉。孔子问于守庙者曰:此为何器?守庙者曰:此盖为宥坐之器。孔子曰:吾闻宥坐之器,虚则欹,中则正,满则覆。孔子顾弟子曰:注水焉。弟子挹水而注之,果中而正,满而覆,虚而欹。孔子喟然而叹曰:吁!恶有满而不覆者哉!"(《荀子·宥坐》)"虚而欹、中而正、满而覆",这是荀子对欹器的结构进行的受力分析。

就形状而言,欹器是开口向上的倒置钟形结构。在所有的空间体中,金字塔式的四面体重心最低,其位置在距底面的高度的四分之一处;长方体、圆柱体的重心,其位置在距底面的高度的二分之一处;其他多面体的重心,其位置在距底面的高度的二分之一处至四分之一处。

空载时欹器的重心位置亦位于高度的二分之一和四分之三之间,而欹器的重心略高于支点位置,这就造成"虚而欹"。当向欹器注水时,水位与支点位置齐平时,注水欹器的重心低于支点,造成"中而正"。继续注水时,注水欹器的重心逐步升高,最终高于支点,而注水时欹器的微小摆动会形成倾覆力矩,造成"满而覆"。后世思想家从欹器中得到的启示主要偏重于道德修养,如"满招损、谦受益"等。实际上,欹器揭示了社会结构失稳的动态过程,民怨的沸腾、社会结构重心的上升最终导致整体失稳。

总之,儒家观水崇尚至动、至刚、至德,而孔子、孟子、荀子各有不同:孔子观动水,从水的流动中感悟时空的变迁,获得心灵感动、启迪人生、开发智慧,将仁与智挂钩;孟子观波澜,从充满活力、气势磅礴、扩张"有本"的动势中,获得积极进取、入世有为的动力,将仁与义相联;荀子观大水,导出道德教化的标准,观水舟、水器,着眼于水与物的相互作用,悟出社会稳定的真谛,将仁与德统一。后世宋代画家宋廸将儒家三贤观水之道综合为"画水者先观其源,次观其澜,又次观其流也"(《广州画跋论山水画》)。

(二)道家的"静水"

1. 老子——水之道

在老子的思维里,水成了道的象征和载体,道家讲水,老子讲水之道:

"渊兮,似万物之宗"(《老子·第四章》),"大道汜兮,其可左右"(《老子·第三十四章》)。

水善:"上善若水,水善利万物而不争,处众人之所恶,故几于道",是以水论证宇宙的基本法则。以水的流动性比喻形而上之道。

水弱:"天下莫柔弱于水,而攻坚强者莫之能胜"(《老子·第七十八章》),"天地相合以降甘露,民莫之令而自均。……譬道之在天下,犹川谷之于江海"。(《老子·第三十二章》)。这里与水相关的意象,上有"甘露",下有"川谷",以及处于天地之间的循环中介"江海"。

水下:"江海所以能为百谷王者,以其善下之也,故能为百谷王"(《老子·第六十六章》)。

总之,老子把"水性"归结为伦理之道、管理之道、治国之道。

2. 庄子——水之美

庄子把"水性"归结为"养神之道"。在庄子的思维里,水不再是具体的物象,而是综合的整体的环境:"长于水而安于水,性也;不知吾所以然而然,命也"(《庄子·达生》)。在他的世界里,水一般都不是具体而微的水,而是整体的水。庄子喜欢从游水中体悟人生境界,即逍遥的境界。

水静:"水静则明烛须眉,平中准,大匠取法焉。水静犹明,而况精神且圣人之心静乎且天地之鉴也,万物之镜也。夫虚静恬淡寂漠无为者,天地之平而道德之至,故帝王圣人休焉"(《庄子·天道》)。由水静导出"虚静"、"恬淡"、"寂漠"、"无为"道家的基本哲学要义。

水清:"水之性,不杂则清,莫动则平;郁闭而不流,亦不能清,天德之象也。故曰,纯粹而不杂,静一而不变,惔而无为,动而以天行,此养神之道也"(《庄子·刻意》)。由水清导出"无为"继而"养神"的修身法则。

水美:庄子文字的汪洋恣肆,意象的雄浑飞越,想象的奇特丰富,情致的滋润旷达,用水建立自己的美学,"天地有大美而不言",《秋水》表现水之"大美":"秋水时至,百川灌河,泾流之大,两涘诸崖之间,不辨牛马。于是焉河伯欣然自喜,以为奭然四解,沦于不测;无东无西,始于玄冥,反于大通"。"原天地之美,而达万物之理","淡然无极而众美从之"。"朴素而天下莫能与之争美",无论是得意忘言的境界美,还是"顺物自然"的自然美;无论是"复归于朴"的朴拙美,还是大道至简、虚实相生的简约美,"精诚之至"的真诚美,庄子的美学命题,均由水的静、清、淡等特性演绎而出。

同是道家观水,老子、庄子又有不同。老子的"水善"、"水弱"是用无为求有为,为统治者出谋划策;庄子的"水静"、"水清"是用无为求无为,为大众解脱心灵的束缚;老子重逻辑,用水的势态的变化推演出帝王术;庄子重感悟,用水的静、虚实现时空的超越,悟出宇宙的大美。[11]

(三）佛家的"净水"

心性论是佛教的核心理论，也是佛教哲学与中国固有哲学的主要契合点。被禅宗依奉为经典的《楞严经》在论述"行阴"（即五遍行中思心所）时，以水设论，以水性诠释禅宗的核心理论——自性论。

"阿难。譬如暴流，波浪相续，前际后际。不相逾越。行阴当知，亦复如是。阿难，如是流性，不因空生，不因水有，亦非水性，非离空水。即是阿难，若因空生，则诸十方无尽虚空成无尽流，世界自然俱受沦溺。若因水有，则此暴流性应非水。有所有相今应现在。若即水性，则澄清时，应非水体。若离空水，空非有外，水外无流。是故当知，行阴虚妄，本非因缘，非自然性。"[1]

"水性不定，流息无恒。""性水真空，性空真水，清净本然，周遍法界。""佛问圆通，我以水性一味流通，得无生忍，圆满菩提，斯为第一。"[1]

"譬如清水，清洁本然。即彼尘土灰沙之伦，本质留碍。二体法尔，性不相循。有世间人，取彼土尘，投于净水。土失留碍，水亡清洁。容貌汩然，名之为浊。汝浊五重，亦复如是。"[1]

性觉："菩提自性，本来清净，但用此心，直了成佛"（《坛经》）。"菩提自性"指的是人的自性具足成佛智慧，具有觉悟性。"富楼那如一水中现于日影，两人同观水中之日，东西各行则各有日，随二人去一东一西，先无准的不应难言。"[1] 说的是对水中之象的各自顿悟。

性净："性水真空，性空真水，清净本然，周遍法界。""澄浊水贮于净器。静深不动沙土自沈清水现前。名为初伏客尘烦恼。去泥纯水名为永断根本无明。明相精纯一切变现不为烦恼。"指的是心性本来是寂静、明净、寂灭的，心性虽会为烦恼所遮蔽，但其明净的本性是不变的。

性有："如是流性，不因空生，不因水有，亦非水性，非离空水。"水的动力流性，不从虚空而生，也不是水自身具有，更不是水一定要流，但是又离不开空间与流水作用，即包含性有又包含性空。心性是本觉的、有知的、性有灵明常住不空之体。

性空："水性"有如下特征：一"不定"，二"同一"，三"真空"，以诸法无性为性，性空指心性有空寂的一面。

在"自性"的问题上，印度佛教与中国佛教的区别是性净和性觉、性空和性有。[10]

《华严法界玄镜》提出四法界：事法界、理法界、理事无碍法界、事事无碍法界。用"水波"分析事与理的关系，共五对：理事相遍对、理事相成对、理事相害对、理事相即对、理事相非对。分十门阐述，一理遍于事门："以海喻理，以波喻事"；二事遍于理门："水不守水自性故而能成波"，"若无水则无有波。""大海全遍一波时，余诸波处，为有大，为无大海，若波外有海，则非全体遍一波，若波外无海，则非全体遍一切波"；三依理成事门："波揽水以成动。水望于波能成立"；第四门事望理："离水无波，波起现水"；五以理夺事门："水夺波ество无不尽。此则水存已坏波令尽"；六事能隐理门："水成波动显静隐"；七真理即事门："水即波无动。而非湿故即水是波"；八事法即理门："波动相举体即水"；九真理非事门："波之水非波，以动湿异故"；十事法非理门："全水之波，波恒非水，以动义非湿故。"[1]

华严宗用"四法界"说明一切事物相互联系，宇宙统一于一心。

"事法界"指生灭纷纭、千差万别、五光十色的现象界，即具体的、局部的事物；"理法界"讲本体皆为真如，平等无别；"理事无碍法界"，对本体与现象的关系进行研究，诸法与实相是一而非二，如波即水，水即波，相互交彻，圆融无碍，本体无自性；"事事无碍法界"是华严宗的最高境界。华严宗指出，宇宙万象皆由理所显现，其所显现的诸法也是融通无碍的。譬如离波无水，离水无波，水波无碍，水和水、波和波也无碍，表现出了华严宗调和、消除一切差异、对立、矛盾，以摆脱、超越各种烦恼、困惑、痛苦的愿望。

二、西方的水性论

（一）《圣经》论水

从水文化角度研究宗教，主要是"三观"、"两看"。"三观"是水性观、河流观、海洋观，以这"三观"为坐标，透视不同文化、不同文明的共同点和不同点，诠释各种文明的思维方式和价值观。"两看"是指钻进去看和跳出来看。"钻进去看"是看"在讲什么"，"跳出来看"是看"什么在讲"。

圣经、古兰经、佛经的作者应该说都是大智慧的先知，也许有某种特异功能、特异感知。圣经中无论是神的旨意也好，还是摩西、耶稣的言论，或是神人的对话，都应视为西方文明的一个认识主体，从认识整体论来考察他们的观点，即西方主流社会的思维方式和价值观。这就是所谓的"跳出来看"的含义。所以西方主流社会的思维方式和核心价值观都在《圣经》中有所反应。

上帝不说造水，但却改变水的物性，将隐形变为显性，混沌态变为明晰态，散漫状变为集聚状，于是就产生了"水分为上下"和"水要聚在一处"的分聚形态变化。于是上帝用水创造世界，规划陆地、海洋、山川、河流，"他将星辰置于他指定的位置，而且知道它们有多少。他知道海底最深处有什么，知道那里的宝藏。他量过大海和海中的一切。他只凭话语就确定了海域，把陆地置于水上。他铺展开天空,把它牢牢地固定在水上,就像一个穹庐。他把泉眼放在沙漠中,把湖泊置于高山上,以便水流入江河,浇灌大地"(《次经·以斯拉下》)。

有神学家认为,在创世的六日中,前两日最为重要,因为第一日上帝创造了光,意味着代表混沌的"黑暗"被管治;第二日上帝把水分为上下,于是出现了天空与水面,意味着代表混沌的"水"被规限。所谓"空气以下的水"是指水被规限在大地以下,即汪洋大海的深处,而希伯来人相信此处是阴间所在,是邪恶之源。在整本圣经中,海就是死亡、阴间、邪恶的代名词。所谓"空气以上的水"是指苍穹之外的空间,苍穹之外被大水所包围。在挪亚的时候,上帝因人类犯罪而降洪水在大地上,滔滔不绝的大水正是从苍穹之外而来。正因为代表混沌的"黑暗"与"水"分别被管治,世界于是有了秩序。可见水的被整治是上帝"从混乱到有序"的创造过程中一个极有象征性的步骤。

上帝也离不开水。"创世纪"的开篇语说:"地是空虚混沌,渊面黑暗;神的灵运行在水面上",按理说,上帝是无处不在的,而上帝的灵偏偏运行在水面上,而不是飘浮在空中,行走于陆地上,潜伏在水下、地中,可见上帝对水是情有独钟的。"水面"是天、地的中介和连系,"神的灵运行在水面上",便于上帝对天地的把控,这便是上帝不创造水、又离不开水的缘由。

上帝用水创造万物及人类:上帝说:"水要多多滋生有生命的物;要有雀鸟飞在地面以上,天空之中"(创1:20)。"上帝就造出大鱼和水中所滋生各样有生命的动物,各从其类;又造出各样飞鸟,各从其类。上帝看着是好的"(创1:21)。"上帝就赐福给这一切,说:'滋生繁多,充满海中的水;雀鸟也要多生在地上。'"(创1:22)。"主创造了人类,而且赐给每一个人心灵。他赐给他们生命、呼吸和知识,这些是万能上帝之灵。上帝创造了万物,他知道世间的一切秘密,能看清任何隐藏的地方。我的民众啊主知道你们谋划的每一件事,知道你们心中隐秘的思想"(《次经·以斯拉下》)。

《圣经》中上帝把水分成活水、生命水、洗礼水、诅咒水、盐水等,各有不同功能。

活水:新约记载当年耶稣曾在住棚节的最后一天,在圣殿里,"站着高声说:'人若渴了,可以到我这里来喝。'信我的人就如经上所说:从他腹中要流出活水的江河来。"

生命水:"因为宝座中的羔羊必牧养他们,领他们到生命水的泉源;上帝也必擦去他们一切的眼泪"(启7:17)。在基督教信仰中,水象征了上帝的"救恩"与"爱"的源源不断,它是耶稣所说的"活水",是生命之泉。

洗礼水:"我必用清水洒在你们身上,你们就洁净了。我要洁净你们,使你们脱离一切的污秽,弃掉一切的偶像"（结36：25）。佛家受洗是自主进行，没有施洗者，群体在恒河中沐浴，不论水清、水浊。基督教则不同，受洗者并非自我完成，而是由施洗者执行；是以圣父、圣子、圣灵的名义实施；洗礼不仅仅是洁身，而是"脱离一切的污秽，弃掉一切的偶像"，洗礼的水要用清水。

诅咒水：《民数记》第五章耶和华教摩西"疑妻不贞试验法"时说："祭司要取圣水盛在瓦器里，又从帐幕的地面取点尘土放在水中"，"手里要拿着那能招致咒诅的苦水"，"祭司要写这咒诅的话，将所写的字抹在苦水里"，"这致咒诅的水入你的肠中，要叫你的肚腹发胀，大腿消瘦"（民5：21）。诅咒水一要圣水，二要放土，三要化字，这和中国古代道士除灾祛病的画符水颇相似，水里加了土，本身就不卫生，再加之心理威慑，肚胀是免不了的。

盐水："他出到水源，将盐倒在水中说：'耶和华如此说："我治好了这水，从此必不再使人死，也不再使地土不生产"'"（王下2：21）。在《旧约》中，盐是立约的对象，盐约是神圣不可亵渎的，而盐水是治水的标志，可救人性命，可使土地生产。

（二）水与人类性格

在公元5世纪Hippocrates就写过名为《大气、水和环境的影响》的论文，这篇论文收在《医学上的希波克拉底学派》的文集里，希腊人早就开始对水与人的关系进行探讨：

"人类的人相学可以分为树木茂密和水分充足的山岳型、土地贫瘠的缺水型、草地沼泽型、开阔的排水良好的低地型。……在多山多石而雨量充足的高山地区，气候的季节变化很大，这里的居民易于有巨大的身躯，生来适于勇敢和坚韧。……在布满潮湿草原的闷热的洼地地区，居民习惯于热风而不习惯于寒风，习惯于饮温水，因此他们的身体既不巨大，又不瘦长，而是很结实，多肉而且黑发，面容黧黑而不白，在生理组织上多胆汁而少黏液质。他们在天赋的性格里勇敢和坚韧的成分不一，但由于其组织特征，也可以产生出来。……在起伏多风而雨量充分的高原区的居民，一定是身材粗大而彼此很类似，在性格上有些懦弱而驯良。……你会发现人的身体和性格大部分都随着自然环境的不同而有所不同。"①

西方的人相学将水与人类的身体联系起来，又将水、身体与性格联系起来。而早在公元前700年，管子在《水地篇》指出水态、水质对人类性格的影响："人，水也。男女精气合，而水流形。""水者何也？万物之本原也，诸生之宗室也，美、恶、贤、不肖、愚、俊之所产也。何以知其然也？夫齐之水，道躁而复，故其民贪麤而好勇。楚之水，淖弱而清，故其民轻果而贼，越之

---

① 汤因比．历史研究（上）．曹未风，等 译．上海：上海人民出版社，1986

水,瘘重而洎,故其民愚疾而垢。秦之水泔最而稽,淤滞而杂,故其民贪戾,罔而好事。齐晋之水,枯旱而铉,淤滞而杂,故其民谄谀而葆轴,巧佞而好利。燕之水,萃下而弱,沈滞而杂,故其民愚戆而好贞,轻疾而易死。宋之水,轻劲而清,故其民闲易而好正。"就地理水环境决定论而言,中国提出的理论比西方要早得多,要全面得多,要细致得多,涉及河流形态、水量大小、水质变化等。

(三)水的二重性

西方对水性的理解是水的二重性,黑格尔对于"水元素"的自然本性予以重新勘定:"一条江河可以把全境划成许多区域,海洋自然更是如此;因此,我们惯常于把水看作是分隔的元素,尤其晚近以来,人们坚持主张,以为国家必须按照自然的形态来划分。可是,反过来说,也可以提出这样一个基本的原则,认为那结合一切的,再也没有比水更重要的了,因为国家不过是河川流注的区域。"[3]

俄国社会地理学派的著名代表人物梅契尼柯夫的代表作《文明与伟大的历史河流》,把人类历史划分为河流文化时期、地中海文化时期和大洋文化时期,力图证明水路交通(大河、海、洋)是社会发展和文明传播的决定性力量,曾经指出:"水不仅仅是自然界中活动的因素,而且是历史的真正动力。不仅仅在地质学界和植物学界的领域中,而且在动物和人类的历史上,水都是刺激文化发展,刺激文化从河流系统地区向内海沿岸,并从内海向大洋过渡的力量。"[7]他把"水"这个要素提到"历史的真正动力"的高度来认识,显示出其远见卓识。

法国的存在主义诗人蓬热对水有独到的诠释:"(水)它无色,闪亮,无定形,消极但固执于它唯一的癖性:重力。为了满足这种癖性,它掌握非凡的手段:兜绕、穿越、浸蚀、渗透。水是不安分的,最轻微的倾斜都使它运动。下楼梯时,它并起双脚往下跳。它是愉快而温婉的,你只要改变这边的坡度,它就召而来。"[8]诗意的水力学,西方诗人对水性的透视体现逻辑性和科技性。

三、水观

(一)中华先民的水观

孟子云"观水有术,必观其澜",《荀子》说孔子见大水必观之,由此得出水之九似,似德、似义、似道、似勇、似法、似正、似察、似善化、似志等，几乎涵盖了中华民族全部的道德标准。儒家不观池水，而必观大江、大河，并由此导出儒家的伦理观。水的教化功能，跃然纸上。儒家看重的是大江大河的气势澎湃的激励功能，佛家用一潭清水，作水观、水想，向内求悟心，与儒家的"水观"明显不同。

《楞严经》云："有佛出世，名为水天。教诸菩萨修习水观，入三摩地。观于身中，水性无夺。"[1]《楞严经》在这里提出"水天"、"水观"、"水性"、"水身"、"水海"的概念，由"水通"求"圆通"。显而易见，"清水"是"水观"的充分必要条件，水的体量大小尚属其次，由清而静，进而寂，方能忘其所以。

《佛说观无量寿佛经》在"十三观"中提出"水想"："次作水想，见水澄清，亦令明了，无分散意。既见水已，当起冰想。见冰映彻，作琉璃想。此想或已，见琉璃地，内外映彻，下有金刚，七宝金幢，擎琉璃地。其幢八方八楞具足，一一方面，百宝所成。一一宝珠，有千光明。一一光明，八万四千色，映琉璃地，如亿千日，不可具见。琉璃地上，以黄金绳，杂厕间错，以七宝界，分齐分明。一一宝中，有五百色光，其光如华，又似星月，悬处虚空，成光明台。"[1]

由"水想"、进而"冰想"、再而"琉璃想"，此三想虽均有透视功能，但层级逐步提高，透视最初看到的是"八方八楞"的全方位，进而看到的是百宝，最终由百宝看到"八万四千色"的"一一光明"。有心而观称作"想"，"无心"而观称作"照"。无心而观，故能"无私轻重"，"平理若衡"，达"玄鉴"之妙。

（二）西方的水观

柏拉图在《会饮篇》中讲道："这时候他会用双眼注视美的汪洋大海，凝神观照，他会发现在这样的沉思中能产生最富有成果的心灵对话，能产生最崇高的思想，能获得哲学上的丰收，到了这种时候他就全然把握了这一类型知识，我指的是关于美的知识。"[4]柏拉图的思路是很清楚的，显然大海是美的，大海又是美的源泉，美学的产生是通过"凝神观照"，通过"沉思"，通过"对话"产生的。显然西方先民的水观与印度、中国不同，其"水观"是观大海，虽然途径不同，但"凝神观照"是共通的，其结果是"心灵对话"、"产生崇高"、"获得哲学"，与儒家、佛家有异曲同工之妙。

车尔尼雪夫斯基曾说："水，由于它的形状而显出美。辽阔的、一平如镜的、宁静的水在我们心里产生宏伟的形象。奔腾的瀑布，它的气势是令人震惊的，它的奇怪突出的形相也是令人神往的。水，还由于它的灿烂的透明，它的淡青色的光辉而令人迷恋；水把周围的一切，如画地反映出来，把这一切屈曲地摇曳着，我们看到水是第一流写生画家。水由于它的晶莹的透明而显得美；浪花之所以美，是因为它反映着太阳光，当波浪迸散的时候，浪花就像尘雾一样飞溅开去。"[6]"水是第一流写生画家"，车尔尼雪夫斯基在这里提出水创造艺术的著名论断，它的美体现在形状、气势、光线、反射上。

四、水浴

水浴是人与水的交流，世界上各民族都喜欢水浴，但洗的方式却不一样，反映出不同的文化观。

（一）中华先民的水浴观

中华先民对水浴采用实用主义，"沧浪之水清兮，可以濯吾缨；沧浪之水浊兮，可以濯吾足"（屈原《渔父》）。干净水洗头，不太干净的水洗脚，以保证身心健康为目的，上下皆洗，清浊均用。

《佛说大乘无量寿庄严经》"泉池功德第十七"谈及水浴：佛家的水浴有以下特点：一是"其水清净"；二是佛教的水浴是自主完成的，"若彼众生，过浴此水"；三是水浴要彻底、全面，"欲至足者，欲至膝者，欲至腰胺，欲至颈者，或欲灌身，或欲冷者、温者、急流者、缓流者，其水——随众生意"，冷热交错，缓急相间，由浴身进而浴神、浴心；四是生态环境和谐，"又水两岸，复有无数栴檀香树，吉祥果树，花卉恒芳光明熙耀"，足以"开神悦体，净若无形，宝沙映澈，无深不照，微澜徐回，转相灌注"；五是水声交融，"波扬无量微妙音声，或闻佛法僧声、波罗蜜声、止息寂静声、无生无灭声、十力无畏声、或闻无性无作无我声、大慈大悲喜舍声、甘露灌顶受位声。""声"若有若无，时隐时现，忽实忽虚，如此闻声方达到"其心清净，无诸分别，正直平等，成熟善根"的极乐世界。[1]

（二）西方的洗礼观

水在基督教中的一个重要功能是洗礼，《圣经》中多有表述："这水所表明的洗礼，现在藉着耶稣基督复活也拯救你们；这洗礼本不在乎除掉肉体的污秽，只求在上帝面前有无亏的良心。"[2]从上述《圣经》对洗礼的叙述，可看出洗礼有以下特征：受洗者并非自我完成，而是由施洗者执行；是以圣父、圣子、圣灵的名义实施；洗礼不仅仅是洁身，而是"脱离一切的污秽，弃掉一切的偶像";洗礼是重要的宗教仪式,施洗后"天忽然为他开了,他就看见上帝的灵仿佛鸽子降下,落在他身上。"[2] 达到顿悟,在水浴方向上,区别于儒家的上下皆宜和佛家的自下而上,西方的洗礼是自上而下。

第三节 河流论

大河文明与海洋文明在水流动力学机制上的不同,主要体现在主控因素的单一化和多元化、边界约束的相对稳定和相对模糊,这两大差异对中西文明的政体形式、思维方式、文化艺术均产生了重要影响。

一、中华先民的河流观

管子对河流动力学早有认知:"夫水之性,以高走下",讲的就是河水流动的主控因素。"是以圣人之化世也,其解在水。故水一则人心正,水清则民心易,民心正则欲不污,民心易则行无邪。是以圣人之治于世也,不告人也,不户说也,其枢在水。"所谓"化世","其解在水","治于世","其枢在水",讲的正是河流动力学对大河文明的深刻影响。

先秦诸子纷纷用水构建自己的理论框架,首先表现在对水的不同理解、涉水概念的建立和引申上。孔子的"水之乐",孟子的"水之观",老子的"水之道",荀子的"水之德",庄子的"水之美",墨子的"水之工",管子的"水之治",孙子的"水之动",要言妙道,精彩纷呈,奇思妙想,美不胜收。孔子、孟子、荀子、老子、庄子读水,务其虚,体现伦理性;墨子、管子、孙子读水,务其实,体现实践性。

佛教传入中国后,开始用中华的地缘政治包装自己,进入中国化的轨道。其河流观也是如此,《五灯会元》卷十二记载慈明禅师言论,"问:'如何是佛?'师曰:'水出高原。'问:'如何是南源境?'师曰:'黄河九曲,水出昆仑。'问曰:'如何是境中人?'师曰:'随流人不顾,斫手望扶桑。'""问:如何是佛法大意?师云:洞庭湖里浪滔天。"在此公案中,慈明把"佛"、"境"、"境中人"、"法"统统与水挂钩,体现逻辑的一致性,这在禅宗还是少见的。"水出高原"揭示的是河流的基本动力特性——重力流,即单一的主控因素——高差造成流动;"黄河九曲"揭示的是河流的另一基本动力特性——边界相对稳定,由此构成"南源境";"随流人不顾,斫手望扶桑"揭示的是大河文明特质、农耕民族特性及中华民族认定目标执著奋斗的精神。禅宗已把"水出高原"这一命题上升到佛的至高无上的地位，从另类的角度阐述、认定大河文明的基因。

《佛说除盖障菩萨所问经》（经集部卷十四）在解释103种修行时，每种修行均按十法展开，对"水性"有具体的解说：

"菩萨若修十种法者即得如水，一者善法如水流润赴下，二者种植诸善法种，三者信乐欢喜，四者渍坏诸烦恼根，五者自体无杂清净，六者息除烦恼炎炽，七者能止诸欲渴爱，八者深广无涯，九者高下充满，十者息诸烦恼尘垒。"

纵观"如水十法"，水的功能可分为自然和社会两大类，"流润赴下"、"种植诸善法种"、"深广无涯"、"高下充满"为自然功能；"信乐欢喜"、"渍坏诸烦恼根"、"自体无杂清净"、"息除烦恼炎炽"、"止诸欲渴爱"、"息诸烦恼尘垒"为社会功能，涉及休闲、娱乐、教化。在十法中，自然功能与社会功能交融，物质功能与精神功能转化。

《宗镜录》（卷七）对水的解析更为深刻："夫水喻真心者。以水有十义。同真性故。一水体澄清。喻自性清净心。二得泥成浊。喻净心不染而染。三虽浊不失净性。喻净心染而不染。四若泥澄净现。喻真心惑尽性现。五遇冷成冰。而有硬用。喻如来藏与无明合。成本识用。六虽成硬用。而不失濡性。喻即事恒真。七暖融成濡。喻本识还净。八随风波动。不改静性。喻如来藏随无明风。波浪起灭而不变自不生灭性。九随地高下排引流注。而不动自性。喻真心随缘流注。而性常湛然。十随器方圆。而不失自性。喻真性普遍诸有为法。而不失自性。"[1]

与《佛说除盖障菩萨所问经》不同，《宗镜录》（诸宗部卷四十八）对水的诠释有自己的特色，由物理推演事理，再归入佛理。

河流动力学主要研究水流与河床的相互作用规律。内容包括：研究水流内部运动特征及运动要素的空间分布；研究泥沙冲刷、搬运和堆积的机理；研究河流的河床形态、演变规律以及人为干扰引起的再造床过程；研究预测水流、泥沙运动及河床冲淤演变的方法。

《宗镜录》的水有十义，恰恰是按照河流动力学的诸要素展开论说：一至四义讲水、沙的此消彼长，造成水态的差异；五至七义讲水、冰的转化造成物相的变化；八至十义讲边界条件对水的影响和制约，分别是"随风波动"、"随地高下"、"随器方圆"，这里的风、地、器恰恰就关系边界条件。这可视为河流动力学的佛学版。

佛教的河流观无论是水观、水浴、水想，还是对河流动力学的诠释，都带有强烈的宗教色彩，无一不是和自性挂钩，和修行相联系，体现其河流观的宗教性和内省性。

二、西方的河流观

希腊哲学家赫拉克利特提出:"我们不能两次踏进同一条河。"赫拉克利特的学生克拉底鲁修正他老师的观点,提出"人一次也不能踏入同一条河流",反映西方的水文化河流观的思辨性、逻辑性。这些论点强调了河流千变万化的瞬时性,最终导致不可知论。①

《圣经》"创世纪"中,上帝在指导诺亚进行抗洪救灾时首先提出:"我却要与你立约,你同你的妻,与儿子、儿妇,都要进入方舟"[2]《圣经》在这里第一次提出契约思想,契约精神是西方文明社会的主流精神,是构建法律社会的基石。这清楚地表明,西方的先民从水文化出发,构建法律社会。

《柏拉图读本·伊安篇》说:"抒情诗人创作出那些可爱的诗句自己也不知道,他们一旦登上和谐与韵律的征程,美酒被酒神所俘虏,酒神附在他们身上,就像酒神狂女凭着酒神附身就能从河水中吸取乳和蜜。""诗人们不是告诉我们,他们给我们带来的诗歌是他们飞到缪斯的幽谷和花园里,从流蜜的源泉中采来的"。[4] 显然柏拉图认为,河流是诗人创作灵感的源泉。

黑格尔在谈到河流形态对文明的影响时说:"这地方(指希腊)普遍的特质便是划分许多小的区域,同时各区域间的关系和联系又靠大海来沟通。我们在这个地方碰见的是山岭、狭窄的平原、小小的山谷和河流;这里并没有大江巨川,没有简单的'平原流域';这里山岭纵横,河流交错,结果没有一个伟大的整块。这里看不到东方所表现的物质权力——没有恒河、印度河等江流,在这些大江流域上的种族,因为它的天边永远显出一个不变的形态,因此习于单调,激不起什么变化;相反地,希腊到处是错综分裂的性质,正同希腊各民族多方面的生活和希腊'精神'善变化的特征相吻合。"[3] 他指出,交错的小河流域和大河流域文明的不同特质,即分裂和统一。

三、大禹治水与诺亚避水

大禹治水和诺亚避水体现了中西方水文化不同的世界观。

(一)大禹治水

《史记·夏本纪》记载了大禹治水的故事:"禹乃遂与益、后稷奉帝命,命诸侯百姓兴人徒以傅土,行山表木,定高山大川。禹伤先人父鲧功之不成受诛,乃劳身焦思,居外十三年,过家门不

---

① 北京大学哲学系外国哲学史教研室. 西方哲学原著选读(上卷). 北京:商务印书馆,1981

敢入。薄衣食，致孝于鬼神。卑宫室，致费于沟淢。陆行乘车，水行乘船，泥行乘橇，山行乘檋。左准绳，右规矩，载四时，以开九州，通九道，陂九泽，度九山。令益予众庶稻，可种卑湿。命后稷予众庶难得之食。食少，调有馀相给，以均诸侯。禹乃行相地宜所有以贡，及山川之便利。"这段记载为解读大禹治水提供了宝贵的素材。

大禹的治水理论与实践是中华民族宝贵的精神遗产，主要表现为：艰苦奋斗、科学规划、系统思维、综合治理。

艰苦奋斗。"劳身焦思，居外十三年，过家门不敢入"，别妻治水，忘我、自律的集体本位思想，成就中华民族的核心价值观。

科学规划。"路行乘车，水行乘船，泥行乘橇，山行乘檋。左准绳，右规矩"，说明大禹是制器高手，既发明测量工具"规矩"、"准绳"，以提高治水的准确性；又发明交通工具"车"、"船"、"橇"、"檋"，以提高治水的效率，这是大禹的水工程之器。

系统思维。宋人洪迈在《容斋随笔》对大禹治水的指导思想进行了分析："《禹贡》叙治水，以冀、兖、青、徐、扬、荆、豫、梁、雍为次。考地理言之，豫居九州中，与兖、徐接境，何为自徐之扬，顾以豫为后乎？盖禹顺五行而治之耳。冀为帝都，既在所先，而地居北方，实于五行为水。水生木，木东方也，故次之以兖、青、徐。木生火，火南方也，故次之以扬、荆。火生土，土中央也，故次之以豫。土生金，金西方也，故终于梁、雍。所谓彝伦攸叙者此也。与鲧之汩陈五行，相去远矣。此说予得之魏几道。""禹顺五行而治之"，这是魏几道、洪迈的核心观点，其立论的推演源于《尚书·洪范》："箕子乃言曰：我闻在昔，鲧堙洪水，汩陈其五行。帝乃震怒，不畀《洪范》九畴，彝伦攸斁。鲧则殛死，禹乃嗣兴，天乃锡禹《洪范》九畴，彝伦攸叙。"按五行相生排列，治水空间序依次是北、东、南、中、西，实际上是先下游、再中游、后上游，先下游，出口问题解决了，洪水也就很容易消退。这是大禹治水的大局观，大局观正确是成功的先决条件。确定治水时空序的五行方略实际上是《连山易》中的五行理论的推演和具体实践。

综合治理。《尚书》的"虞书大禹谟"篇记载了禹对治水的总结："德惟善政，政在养民。水、火、金、木、土、谷惟修，正德、利用、厚生惟和，九功惟叙，"五行观跃然纸上，五行的生克制化，确确实实既是大禹的世界观又是方法论。宋代学人陆游在《禹庙赋》中对大禹治水的方法论作过精彩评点："世以己治水，而禹以水治水也。以己治水者，己与水交战，决东而西溢，堤南而北圮。治于此而彼败，纷万绪之俱起。则沟浍可以杀人，涛澜作于平地。此鲧所以殛死也。以水治水者内不见己，外不见水，惟理之视。""以水治水"是循水之理，"以己治水"是逆水之理。

（二）诺亚避水

西方的先民面对大洪水时，采取与中华民族不同的方式，《圣经》就洪水的成因、洪水的规模、对洪水的态度等给出了具体的解答。

首先，《圣经》把洪水的成因，归结为上帝的惩罚，《创世纪》明确道出："看哪，我要使洪水泛滥在地上，毁灭天下；凡地上有血肉、有气息的活物，无一不死。"《圣经》中神可以创造天地，但独独不提创造水，而神却要运行在水面上，离不开水；《圣经》不提治水，神却要管控江河湖海，表现出强烈的使命感。

其次，西方的先民在洪水面前的态度是等待和躲避，"诺亚就同他的妻和儿子儿妇都进入方舟，躲避洪水"，中华民族的先民以大禹为代表的态度是治理和斗争，这铸就了中华民族的灵魂和精神，我们就此可以鄙视西方的等和躲，但如果换个角度，就可发现诺亚的聪明和现实，因为他知道他们离海近，等水退下去，是最省力的、效率最高的；如果说大禹告别妻子，义无反顾地走向治水的战场是集体本位的集中体现，把疏导水放在第一位，那么"诺亚就同他的妻和儿子儿妇都进入方舟，躲避洪水"，就是以人为中心的个体本位的集中体现，把疏散人放在第一位。

再次，西方先民在洪水面前做了周密的准备，《创世纪》对方舟的建造有详细记载："你要用歌斐木造一只方舟，分一间一间地造，里外抹上松香。方舟的造法乃是这样，要长三百肘，宽五十肘，高三十肘。方舟上边要留透光处，高一肘。方舟的门要开在旁边。方舟要分上，中，下三层"，可见设计的周全。

最后，《创世纪》最早提出"契约"思想："我却要与你立约，你同你的妻，与儿子，儿妇，都要进入方舟。"神与人在洪水面前要签合同，"契约"意味着签约双方的地位的平等。"契约"思想贯穿《圣经》的始终，是圣经思想的核心。在圣经中，契约分神与人立约和人与人立约，在摩西十诫的契约中，前四诫是神与人立约，后六诫是人与人立约。

第四节　海洋论

一、中华先民的海洋观

黑格尔认为中华先民对海的认知是："海只是陆地的中断，陆地的天限。"中华先民虽未背弃海洋，但也从未真正关注过海洋，汉代刘熙《释名》对海的解释是："海，晦也"，晋代张华在《博物志》持相同观点："海之言，晦昏无所睹也"，在中华先民眼中，海意味着苦难、灾难、凶险、蛮荒之所。儒家、道家对海的理解停留在"兴渔盐之利"、"海纳百川，有容乃大"（《尚书》），孔子云："道不行，乘桴浮于海"（《论语·公冶长》）。原来孔子是在政治失意的时候才想到了大海，不过却是把它当成了隐居避世的处所。孟子说："观于海者难为水，游于圣人之门难为言"（《孟子·尽心上》）。把辽阔无限的海洋当成了叹为观止的对象。战国时期阴阳家学派创始者邹衍说："中国外如赤县神州者九，乃所谓九州也。于是有裨海环之，人民禽兽莫能相通者，如一区中者，乃为州。如此者九，乃有大瀛海环其外，天地之际焉。"[9] 视海洋是"天地之际"，为边界，是祭祀、敬畏的对象，其海洋观具有隔离性、附加性、封闭性。

佛家的海洋观又有不同，《法海经》论海之八德：第一德："大海之水，无满不满"，第二德："大海潮水，寻以时而来，不失常处"，第三德："大海之水，唯有一味"，第四德："大海既深而广，无能限者"，第五德："大海之中，金银琉璃水精珊瑚车磲马瑙摩尼之妙，无不备有"，第六德："大海之中，神龙所居，沙竭龙王"，第七德："大海吞受百川万流，江恒之水，无不受之"，第八德："大海清净，不受死尸"。[1] 与此类似还有《佛说除盖障菩萨所问经》《华严经》中海云比丘与善财童子的对话谈到对海的"十思"。

上述三经对海的解说大致相同，恰恰是按照海洋动力学的诸要素展开论说：基本上从海的自然属性出发诠释海洋文明的特性：大、广、深、包容、吞受。佛家对海的诠释有自己的特色，由物理推演事理，再归入佛理。由自然海，度生死海，入佛智海。佛教视海洋为佛堂、修身之所，其海洋论具有浪漫性、想象性、宗教性。

庄子在《秋水》篇中讲了一个著名的寓言："秋水时至，百川灌河；泾流之大，两涘渚崖之间不辨牛马。于是焉河伯欣然自喜，以天下之美为尽在己，顺流而东行，至于北海，东面而视，不见水端。河伯始旋其面目，望洋向若而叹曰：野语有之曰：'闻道百，以为莫己若者。'我之谓也。且夫我尝闻少仲尼之闻，而轻伯夷之义者，始吾弗信，今吾睹子之难穷也，吾非至于子之门，则殆矣，吾长见笑于大方之家。"

北海若曰："井蛙不可以语于海者，拘于虚也；夏虫不可以语于冰者，笃于时也；曲士不可以语于道者，束于教也。今尔出于崖涘，观于大海，乃知尔丑，尔将可与语大理矣。天下之水，莫大于海。万川归之，不知何时止而不盈；尾闾泄之，不知何时已而不虚；春秋不变，水旱不知。"

河伯与北海若的对话，是大河文明向海洋文明学习和请教，是对大河文明进行反思。这是庄子区别于其他诸子的高明之处。河伯"顺流而东行，至于北海。东面而视，不见水端"，遂有"见笑于大方之家"，检讨、审视故步自封、坐井观天的思维定式。令人意外的是，对话不是阐述大河文明应如何向海洋拓展，而是由河、海的大小，论及物之贵贱，引申出道之终始，最后理顺天人关系"谨守而勿失，是谓反其真。"问答的核心是拓宽视野、改变思路、荡涤心灵。

庄子的反思并没有使封建统治者惊醒，典型的例子是明朝。明朝是世界海洋历史的开始。在当时的中国，无论从国家到社会，中国都有巨大的潜力成为世界海洋大国。"郑和下西洋"足以证明了当时王朝的物质能力，但其目的不是扩张，而是炫耀国威。在社会层面，海洋商业趋于发达，当时所谓的东南沿海盛行的"倭寇现象"，实际上是中国海洋经济和贸易力量的体现。有两个因素阻碍了这种潜能的发挥：第一是意识形态。海洋从来就没有成为中国基于农业之上的王朝政治的意识形态。第二是既得利益。既得利益集团害怕海洋经济会损害其庞大的利益。陈旧的意识形态和庞大的既得利益的有机结合，使得中国在明朝失去了成为海洋强国的机遇。

近代中国的有识之士企图摆脱中国传统的封闭的海洋观。梁启超提出："海也者，能发人进取之雄心者也……彼航海者，其所求固自利也，然求之之始，却不可不先置利害于度外，以性命财产为孤注，冒万险于一掷也。故久于海上者，能使其精神，日以勇猛，日以高尚，此古来濒海之民，所以比于陆居者，活气较胜，进取较锐，虽同一种族而能忽成独立之国民也。"[①] 孙中山提出："自世界大势变迁，国力之盛衰强弱，常在海而不在陆，其海上权力优胜者，其国力常占优胜。"[②] 梁启超认为海洋对民族性格的铸造至关重要，孙中山认为国力之强弱在海而不在陆，很可惜这些论断，因中国内乱及应付北方威胁，无法作为国策而付诸实施。

二、西方的海洋观

（一）柏拉图的海洋观

《柏拉图读本·国家篇》说："如果这种生意要到海外去，那么我们需要许多懂得海外贸易的行家。"[4]《柏拉图读本·美涅克塞奴篇》说："第三位国王是大流士，他把这个帝国的疆域拓展到西徐亚，又用他的舰队控制了海洋和岛屿。无人敢与之争锋，所有人的心灵都被他慑服，世上

---

① 梁启超. 饮冰室合集. 北京：中华书局影印，1989
② 孙中山. 孙中山全集（第二卷）. 北京：中华书局，1981

许多尚武的强大民族都在波斯人的力量面前屈服。"[4]"我们也还要公正地提到把所有蛮夷从海上彻底清除掉、为希腊人的解放做出贡献的人。"[5]柏拉图的种种表述，表明西方先民在海洋观上先知先觉，早就意识到海洋是交通线、贸易线、生命线，海洋是大有用武之地的。

（二）黑格尔的海洋观

黑格尔在《历史哲学》中准确表达西方民族对海的理解："大海给了我们茫茫无定、浩浩无际和渺渺无限的观念；人类在大海的无限里感到他自己的无限的时候，他们就被激起了勇气，要去超越那有限的一切。大海邀请人类从事征服，从事掠夺，但是同时也鼓励人类追求利润，从事商业。"[3]可见，西方海洋文明视海洋为沟通世界的桥梁，是财富、是征服，具有冒险性、竞争性、掠夺性。

（三）《圣经》的海洋观

1. 海陆并重战略

《圣经》中说："我要使他的左手伸到海上，右手伸到河上。"（诗89：25）"他手里拿着小书卷，是展开的。他右脚踏海，左脚踏地"（启10：2）。显然，上帝一手抓陆地，一手抓海洋，两手都要抓，两手都要硬。

2. 海战决胜负

"法老的车辆、军兵，耶和华已抛在海中；他特选的军长都沉于红海"（出15：4）。"法老的马匹、车辆，和马兵下到海中，耶和华使海水回流，淹没他们；惟有以色列人在海中走干地"（出15：19）。"主必赶出他，打败他海上的权利；他必被火烧灭"（亚9：4）。"我必除灭以法莲的战车和耶路撒冷的战马；争战的弓也必除灭。他必向列国讲和平；他的权柄必从这海管到那海，从大河管到地极"（亚9：10）。对海洋文明而言，海战的胜负，决定国家的命运。

3. 海运通贸易

"沿海的居民，就是素来靠航海西顿的商家得丰盛的，你们当静默无言"（赛23：2）。"你由海上运出货物，就使许多国民充足；你以许多资财、货物使地上的君王丰富"（结27：33）。可见，海上贸易是海洋国家的生命线。

4. 海魂铸文明

"你将我投下深渊，就是海的深处；大水环绕我，你的波浪洪涛都漫过我身"（拿2：3）。"诸水环绕我，几乎淹没我；深渊围住我；海草缠绕我的头"（拿2：5）。"愿海和其中所充满的澎湃；愿田和其中所有的都欢乐"（代上16：32）。"你管辖海的狂傲；波浪翻腾，你就使他平静了"（诗89：9）。"愿天欢喜，愿地快乐！愿海和其中所充满的澎湃！（诗96：11）""江河都往海里流，海却不满；江河从何处流，仍归还何处"（传1：7）。"甚愿你素来听从我的命令！你的平安就如河水；你的公义就如海浪"（赛48：18）。海有博大的胸怀。海对竞争者是公正的，谁战胜了海，谁就是王者。

5. 海权控一切

亨廷顿在《文明的冲突》中指出基督教和伊斯兰教有强烈的使命感，这种使命感在《圣经》中集中体现在上帝对江河湖海的召之即来、挥之即去。"海洋属他，是他造的；旱地也是他手造成的"（诗95：5）。"我要使洪水泛滥在地上，毁灭天下；凡地上有血肉、有气息的活物，无一不死。""耶和华这样说：我要用我手里的杖击打河中的水，水就变作血。""摩西向海伸杖，耶和华便用大东风，使海水一夜退去，水便分开，海就成了干地。""我要使他的左手伸到海上，右手伸到河上。"这种管控一切、推销一切的宗教使命感已经牢牢铸刻在西方主流社会的思维方式和价值观上，这和中华先民对海的敬畏是完全不同的。西方的海洋观具有冒险性、竞争性、掠夺性。美国的马汉于1890年提出海权论："海权即凭借海洋或者通过海洋能够使一个民族成为伟大民族的一切东西。"海权构成的六要素：地理位置、自然结构、领土范围、人口数量、民族特点、政府性质，马汉的海权论实际上是《圣经》海洋观的延伸和具体化。

中国文化的世俗本质也是其独特的地方，它没有改变他人的使命。在国际事务上，这反映在中国人对主权的理解。主权在西方意味着同质性和趋同化，中国则强调多元化的和谐。西方国家有改变其他国家政体来符合它们标准的倾向，中国强力反对这样的做法，并重视不同文化的共存。

基辛格在其新书《中国论》通过"围棋"和"象棋"的不同，比较了中西战略文化的不同。西方是"象棋"逻辑，是一种绝对游戏或者零和游戏的概念，即国家间的游戏更多的是一场"你死我活"的游戏。中国所秉持的则是一种"围棋"逻辑，这是一种相对游戏，或者是非零和游戏。

文明或者文化本身并不会导致冲突和战争，但一旦代表不同文明和文化的主权国家频繁互动，就会产生巨大的能量，既有合作的能量，也有冲突的能量。这两种文化首先表现为两种不同的思维方式。

中国的数千年历史，使得中国具备了一个其他大国很少有的大历史观，善于从宏观的角度来看问题，也往往能够从长远的角度来考虑长远的问题。

西方文化无论是基督教文化还是穆斯林文化都是宗教文化，是一种排他性的使命感文化。使命感文化的一大特征就是要去改变"他者"，使"他者"转化成为自己；如果改变不了，那么这个"他者"就很容易被视为是"敌人"。而中国大河文化则是世俗文化，没有使命感，并且具有包容性。中国文化不仅从来就没有想去改造"他者"，更重要的是始终持开放的态度，来主动接受并且包容"他者"和"他者"的文化。

主权概念兴起于西方，传播到包括中国在内的非西方国家。尽管主权的概念来自西方，但在中国做了根本性的转型。西方的主权国家概念里包含有"同质性"和"趋同化"的意义，因此西方国家总是努力想改变其他国家的政体形式，使得其他国家形式和西方的趋同。这明显表现在西方向非西方国家推行"民主自由"政体的努力上。多年来，西方的"人权"高于"主权"的概念也仅仅是西方文化的表现。

与此不同，中国人所理解的"主权"仍然具有浓厚的"和而不同"的传统。中国人所理解的"主权"意味着一个国家不应当欺负另一个国家，一个国家不应当强求其他国家接受自己的各种制度形式。

第五节　构建中西水文化比较学

一、建立中西水文化比较学的思路

形成中西水文化差异的原因是多方面的，差异也是精彩纷呈的。诺亚方舟和大禹治水为我们呈现了中西水文化的美丽景观，引导我们走向中西文化差异的源头，启发我们思索中西文化的特质和精髓，促使我们相互借鉴、彼此"扬弃"。使"娴静"的中国传统文化与"跃动"的西方文化相映，使东方的责任意识和西方的权利思想相辅，从而生成绚丽多彩的人类文明图画。

我们常说，只有民族的才是世界的，这是民族自尊心、自信心的体现，但是我们不能拒绝世界文化，否则就是民族自卑的表现。这句话的准确表述权，应归鲁迅："有地方色彩的，倒容易成为世界的。"[①]

我们只有认同世界文化，才能为世界所接受。从这一基点出发，研究中外水文化的异同、优劣，取长补短，构建现代的中华水文化。

在甲骨文中，由两个"人"可组成四个字，分别是 "从"、"比"、"北"、"化"。两个"人"的造型组合相应为：同向、反向、相背、倒置，或是轴对称，或是中心对称，寓意学习、思维的四阶段：摹仿思维、比较思维、反向思维、倒置思维或转化思维。中国向西方学习的过程也经历了这四个阶段，我们现在需要的是"化西"，而不是"西化"。鲁迅说过："外之既不后于世界之思潮。内之仍弗失固有之血脉，取今复古，别立新宗"（《文化偏至论》）。成功的化西，一要立足中华，二要面向世界，三要立足于批判继承世界水文化。我们既不能妄自菲薄，也不能夜郎自大，我们在肯定自己的优势，发扬自己的传统的同时，也要有学习对手的勇气，因为这才是一个伟大民族应有的胸襟和气度。

二、融合还是拼合

在中西文化的关系问题上，近现代中国学者大致上可分为三大派：守成派或者叫本土派、融合派和西化派。守成派的学者如明朝的李王棨、许大受，清朝的阮元、纪晓岚、允禄，近代的熊十力、牟宗三、孙家鼐、伦父等，另外还有张之洞，他提出了"中学为体，西学为用"的观点，其实这种观点是守成与融合思想兼而有之。融合派有徐光启、梁启超、钱穆、孙中山、冯友兰等，其思想也是以中国文化为本位，吸收西方文化，融合为一体。西化派有胡适、陈独秀、鲁迅等。

在中西文化是否应融合的问题上，辜正坤提出中西文化拼合互补论。[12] 从色彩学上看，在红、黄、蓝三原色中，如果把红色和蓝色融合起来，就得到了紫色，得到紫色的同时却失掉了原来的红色和蓝色；蓝色和黄色融合得到绿色，同时失掉了原来的蓝色和黄色。

生物杂交后产生的杂交品种可以和没有杂交的其他品种同时存在，而文化杂交后，杂交倡导者却往往只倡导所谓杂交品种存在，主张淘汰掉原来的文化形态。中西文化融合出的文化既不是西方文化，也不是中国文化，是兼两者之长的一种新的文化。实际上这种文化很可能会既失掉了中国文化的长处，又失掉了西方文化的长处。

融合是合二而一，拼合是和而不同。《国语·郑语》对"和"与"同"的关系有精辟论述："夫

---

① 鲁迅. 鲁迅全集. 北京：人民文学出版社，1981

和实生物，同则不继。以他平他谓之和，故能丰长而物归之；若以同裨同，尽乃弃矣。"中国传统文化存在方式就体现了拼合。比如儒、释、道三教鼎立。而西方就是信奉一教，不允许别的宗教存在。中西医是拼合，中国水墨画和西方油画是拼合，一国两制是拼合，日本的文字也是拼合。拼合法体现文化的多样性，意味着设立了参照系统，有了比较就有了鉴别系统，拼合的双方容易互动与互补。正如费孝通所说："各美其美，美人之美，美美与共，天下大同。"[13]

三、"河殇"与"海殇"

如果说大河文明有自己的"河殇"，那以海洋文明同样也有自己的"海殇"。

"河殇"体现在余秋雨概括的"三不喜欢"和"三不在乎"。"三不喜欢"是不喜欢远征，不喜欢极端，不喜欢失控；"三不在乎"是不在乎公共空间、不在乎实证、不在乎创新精神。这是由大河文明的基因形成的，处于温带的自西向东的黄河、长江为中华先民提供了稳定的生产方式和生活方式，无需像西方先民在惊涛骇浪的海洋中进行殊死的搏斗，因其稳定无需侵略，因其稳定也无需创新。公共意识的缺乏，没有对公共空间的尊重意识。中国人在公共空间少理性，多情绪，只谈忠孝，忽略了在朝廷和家庭之间，还有那么大的辽阔的公共空间。利玛窦从一个欧洲人的视角总结出了"中国皇帝非常满意自己的一切，没有远征企图"。中国人往往喜欢对已经功成名就的老人甚至各个领域的专家，采取"无争议"的态度，对原有的规范缺乏挑战和创新精神。黑格尔曾经说过："平凡的土地，平凡的平原流域，把人类束缚在土地上，把他们卷入无穷的依赖性里边，但是大海却挟着人类超越了那些思想和行动的有限圈子。这种超越土地限制，度过大海的活动，是亚细亚洲各国所没有的。"

"海殇"体现在西方世界开放而不包容，对内多元而对外普世的双重标准，进取与破坏相伴相生。这均是由海洋文明的基因所决定的，边界约束的模糊化造成经济、人口、思想、文化等方面全方位的开放，主控因素的多元化造成在政治实体内部容许个体发扬自身的个性，大海的环境造成进取、拼搏精神的诞生；宗教的一元化造成不包容其他异类文化，上帝管控一切的意志造成对外普世的强力推销；征服自然的理念造成对自然的伤害。

四、大河文明走向河海文明、海洋文明

海洋正在成为人类的第二生存空间，谁拥有海洋谁就拥有未来。海洋是一个巨大无比的资源

宝库，中国是个海洋大国，中国拥有 1.8 万多公里的海岸线，拥有约 300 万平方公里的管辖海域，沿海岛屿 6500 多个，有 4 亿多人生活在滨海地区，沿海地区 GDP 占全国的 60% 左右，而且其所占份额将越来越大。中国的经济社会发展将越来越多地依赖于海洋，中国的未来将与海洋息息相关且日趋紧密。我们除了立足于曾经创造辉煌文明的广袤大陆外，更要依赖于蓝色国土——海洋，因为那里有取之不尽、用之不竭的宝藏。海洋是交通的要道，它为人类从事海上交通提供了最为经济便捷的蓝色通道，中国要走向世界，必须充分借助海上交通这一蓝色的桥梁。在全球经济一体化程度越来越高的今天，中华民族要实现伟大的民族复兴，就必须更新重陆轻海的传统国土观，树立全新的海洋观念，"以海为途"，以大开放的胸怀和气魄走向海洋，走向世界。

中国文明是世界上惟一的世俗文明，其文化的开放性和包容性，非其他基于宗教之上的排他性文明所能比拟。任何大国的外部崛起，都需要一种黑格尔所说的"时代精神"的元素，对 21 世纪的中国来说，这种时代精神正是中国文明的自信和复兴。中华文明起源于大河，复兴于大陆，而崛起于海洋。中华文明走向海洋，由单一的内陆文明走向"大河文明与海洋文明并重"的文明转型：在生产方式上，从农耕文明转向信息文明；在生活方式上，从天人合一转向文明和谐、文明包容、文明互鉴；在思维方式上，从地域性文明转向全球性文明；并通过自身文明的转型引领人类文明的转型。消除河殇，规避海殇；超越国家，关注社会；超越复兴，关注创新；超越民族，关注人类。塑造"传统中国"、"现代中国"、"全球中国"三位一体式的国家身份。复兴中华民族的原生文明——大河文明，催生中华文明中的海洋文明的种子，通过摒弃西方的普世价值而塑造人类的共同价值体系，创新人类文明，从而实现人类文明的永续发展。[13]

参考文献

[1] 大正藏. 台北白马精舍印经会，1975.

[2] 圣经. 中国基督教协会，2007.

[3] 黑格尔. 历史哲学. 上海：上海书店出版社，2006.

[4] 王晓明选编. 柏拉图读本. 北京：新世界出版社，2007.

[5] 北京大学哲学系外国哲学史教研室. 西方哲学原著选读（上卷）. 北京：商务印刷馆，1981.

[6] 车尔尼雪夫斯基. 车尔尼雪夫斯基论文学. 上海：上海译文出版社，1979.

[7] 考茨基. 唯物主义历史观（第四分册）. 上海：上海人民出版社，1964.

[8] 楼肇明选编. 世界散文诗精选. 杭州：浙江文艺出版社，2006.

[9] 史记. 北京：中华书局，1959.
[10] 方立天. 禅宗概要. 北京：中华书局，2011.
[11] 易中天. 先秦诸子百家争鸣. 上海：上海文艺出版社，2009.
[12] 辜正坤. 中西文化比较导论. 北京：北京大学出版社，2007.
[13] 王义桅. 海殇？欧洲文明启示录. 上海：上海人民出版社，2013.
[14] 罗安宪. 敬、静、净：儒道佛心性论比较之一. 探索与争鸣，2010（6）.

第三章 中西河流文化比较

河流是文明之母，世界上每一条河流都有自己的形态、自己的性格、自己的文化、自己的味道、自己的故事。

第一节　中国河流文化

大河文明为中国提供了异彩纷呈的河流文化，最早对河流文化进行比较的是管子，首先他对河流进行分类："水有大小，又有远近，水之出于山而流入于海者，命曰经水。水别于他水，入于大水及海者，命曰枝水。山之沟，一有水，一毋水者，命曰谷水。水之出于他水，沟流于大水及海者，命曰川水。出地而不流者，命曰渊水。"在《水地篇》中管子首先指出人水的同构："人，水也。男女精气合，而水流形。"随后对河流对民俗的影响及文化内涵作了深入剖析："水者何也？万物之本原也，诸生之宗室也，美、恶、贤、不肖、愚、俊之所产也。何以知其然也？夫齐之水，道躁而复，故其民贪麤而好勇。楚之水，淖弱而清，故其民轻果而贼，越之水，浊重而洎，故其民愚疾而垢。秦之水泔冣而稽，淤滞而杂，故其民贪戾，罔而好事。齐晋之水，枯旱而铉，淤滞而杂，故其民谄谀而葆轴，巧佞而好利。燕之水，萃下而弱，沈滞而杂，故其民愚戆而好贞，轻疾而易死。宋之水，轻劲而清，故其民闲易而好正。是以圣人之化世也，其解在水。故水一则人心正，水清则民心易，一则欲不污，民心易则行无邪。是以圣人之治于世也。不人告也，不户说也，其枢在水。"管子提到的水，主要是指黄河上、中、下游和长江中、下游。水质的好坏、河流形态的变化对人类性格、民俗、文化产生重要影响，管子重点揭示地域民俗人性"恶"的侧面，这和当时的社会背景有关，春秋战国时代社会大动乱，大动荡，人性的阴暗面得以充分暴露，这就为管子提供了分析水态影响人性的素材。

明代山水游记、笔记好作山水形胜比较，有比较方能鉴别，给人耳目一新之感。王思任有云："天下山水，有如人相"，"蜀得其险"，"秦得其壮"，"楚得其雄"，"吴得其媚"，"闽得其奇"，"滇粤得其丽"，"越得其佳"（《王季重十种·杂序·淇园序》）；杨慎云："玲珑剔透，桂林之山也；巉差窈窆，巴蜀之山也；绵衍庞魄，河北之山也；俊俏巧丽，江南之山也"；王士性评点天下山水名胜："天下名山，太华险绝，峨眉神奇，武当伟丽，天台幽邃，雁宕、武夷工巧，桂林空洞，衡岳挺拔，终南旷荡，太行迤逦，三峡峭削，金山孤绝"；"水则长江汹涌，黄河迅急，洞庭浩淼，巴江险峭，钱塘怒激，西湖妩媚，严陵清俊，漓江巧幻"（《广游志》卷下《杂志下》）。各色山水，特征独具,无一雷同,变幻莫测。

一、黄河文化

黄河流域界于北纬32°至45°,东经96°至119°之间,南北相差13个纬度,东西跨越23个经度,集水面积75.2多万平方公里,多年平均输沙量约16亿吨。含沙量大、几字弯纵跨13个纬度、地上河是黄河河流形态的主体特征。含沙量最多是黄河区别于世界上其他大河的独有特色。黄河文化具有先导性、开放性、多源一体性三个特点。水沙激荡演绎着黄河文明史,水来则沙来,沙来则造(河)床,沙淤则水溢,水溢则失稳,形成"善淤、善决、善徙"的独特形态。大漠的黄色,高原的黄色,水流的黄色,麦粟的黄色,种族的黄色,赋予了中华文明雄浑、沉稳、厚重的内涵。

李白的"君不见黄河之水天上来,奔流到海不复回"(《将进酒》)抓住一头一尾,揭示黄河大系统的雄浑;王维的"大漠孤烟直,长河落日圆"(《使至塞上》)描绘出黄河的圆直、纵横构图的雄奇;刘禹锡的"九曲黄河万里沙,浪淘风簸自天涯。如今直上银河去,同到牵牛织女家"(《浪淘沙》)演奏出水沙激荡旋律的雄壮,将黄河与银河并列,突出黄河的神圣和崇高。

整体来看,黄河文化是由三秦文化、中原文化和齐鲁文化组成。

在黄河上段,河与大漠伴行,北流造成13个纬度的跨越,造就农耕文明与游牧文明的碰撞、交叉、融合,形成三秦文化(亚文化河湟文化),杜甫的"回首可怜歌舞地,秦中自古帝王州"(《秋兴八首》其六)为三秦文化定位:粗犷、豪放和较为开放的特性;安土知足的处世态度;重农轻商的经济传统,务实、厚重的民俗文化传统;讲求实际,量入为出,奉行节俭,待人诚实,不讲客套,不慕虚名,不谈玄理的民风。

在黄河中段,由中州文化、三晋文化共同缔造的中原文化展现出祖根性(帝都文化)、延续性、创造性、兼容性;地上之悬河,寓意高高在上之君临天下的威严。激荡的壶口瀑布,犹如中华文明的源头与核心。黄河郑州段的特点为悬河头、华北轴、百川口、万古流。河洛文化则是该段黄河文化的核心,具有根源性、传承性、厚重性、辐射性四大特点。中原人的勇敢、

壶口瀑布

坚定、倔强、雄浑、宽厚决定了中原文化的厚重、博大、宽广的精神品格，也决定了中原文化生态的原生、多样、茂密和外衍的特点。

黄河下段流域面积虽然比较小，但由于黄河泥沙量大，下游河段长期淤积形成了举世闻名的"地上悬河"，黄河在出海口源源不断地造陆，彰显了齐鲁文化的创生性。几千年来，在华人意识形态领域高居统治地位的儒家学说就诞生于齐鲁大地。

黄河入海口

齐国"民阔达多匿智"（《史记·齐太公世家》），"其俗宽缓阔达，而足智，好议论，地重，难动摇，怯于众斗，勇于持刺故多劫人者，大国之风也"。"齐俗贱奴虏"，"逐渔盐商贾之利"，"齐、赵设智巧，仰机利"（《史记·货殖列传》）。

在《史记·货殖列传》中称鲁国为："其俗宽、缓、阔达而足智，好议论"，有"大国之风也。邹、鲁滨洙、泗，犹有周公遗风，俗好儒，备于礼"。其民"颇有桑麻之业"，"地小人众"，"好贾趋利"。

2500多年以前，孔子就指出了齐、鲁两种文化的差异："知者乐水，仁者乐山；知者动，仁者静；知者乐，仁者寿"（《论语·雍也》）。道出齐文化属于智者型，鲁文化属于仁者型。齐文化是沿海文化类型，达于事理而周流无滞，有似于水；鲁文化是大陆文化类型，安于义理而厚重不迁，有似于山。齐鲁文化的汇合正是仁智合。①

二、长江文化

如果说黄河文明连续不断，散发出阳刚之气，那么长江文明断而又续，却浸润着阴柔之美。

长江是世界第三长河，全长6397千米，水量位居世界第三。《国语》曰："川，气之导也"，水气交融揭示长江文明史，"水来则气来，水合则气止，水抱则气全，水汇则气蓄"（《山洋指迷》），蜀文化的"生气"，巴文化的"豪气"，楚文化的"大气"，吴越文化的"灵气"，江流气场的浑厚、冲和、曲流、汇水的千姿百态，上下天光的一碧万顷，岸芷汀兰的郁郁青青，赋予长江文明以坚

---

① 周立升，蔡德贵.齐鲁文化考辨.山东大学学报（哲学社会科学版），1997（1）

韧、灵动、博大的内涵。

如果说黄河流域贡献了以孔子为代表的儒家学派，而长江流域则贡献了以老子、庄子为代表的道家学派，以及孙武、范蠡、屈原等一大批思想家，楚文化、吴越文化和百越文化交相辉映，大大丰富了中国文化的思想宝库。中国道教四大胜地：湖北十堰的武当山、江西鹰潭的龙虎山、安徽黄山的齐云山以及四川都江堰的青城山，均分布在长江流域。

岷江源

在中国的地图上，黄河与长江的流向组成一个大鹏鸟的形状，上游是向西的鸟头，黄河的几字弯是鸟的右翼，长江的三角弯是鸟的左翼，中游构成鸟身，下游是散开的尾翼。这种构形和中华先民的图腾——太阳鸟（ ）不谋而合。蜀地金沙遗址的四鸟绕日图案，楚地高庙遗址的飞鸟载日图案，吴越良渚遗址的双鸟朝阳图案，说明长江文明均以鸟为自己部族的图腾，凸显出系统性和趋同性。

整体来说，长江文化由蜀文化、巴文化、楚文化和吴越文化组成。

蜀文化主要以川西成都平原为中心，巴文化起源于清江流域，楚文化以江汉平原为中心，吴越文化以为太湖流域中心。从源头上讲，如果说黄河文化的内涵是礼化，蜀文化就是仙化，巴文化就是鬼化，楚文化就是巫化①，而吴越文化就是神化。岷江水系的河流形态特征是：水出山而来、水态的树状分流、扇形扩张，浸润着"大道氾兮，其可左右"的"生气"。《水经注》误认岷江是长江正源，从另一侧面折射出对蜀水文化的认可。唐诗人齐己颂岷江曰："玉垒峨嵋秀，岷江锦水清"（《酬西川楚峦上人卷》），《水经注》云："岷山导江，泉流深远，盛为四渎之首"，《河图括地象》曰："岷山之精，上为井络，帝以会昌，神以建福"，岷江、岷山的神圣可见一斑，其主要地理特征是川西扇形冲积平原、城市建立在千里沃野之中。

巴文化的河流形态特征是水穿山而过，层岩叠嶂、险滩礁石，显示出通道式的输水形态，其以码头文化、航运文化，凸显出"高江急峡雷霆斗"的"豪气"（杜甫《白帝》）。韦应物说嘉陵江："凿崖泄奔湍，称古神禹迹"，"水性自云静，石中本无声。如何两相激，雷转空山惊"（《听嘉

---

① 谭继和.巴蜀文脉.成都：巴蜀书社，2006

陵江水声，寄深上人》）。李商隐云："千里嘉陵江水色，含烟带月碧于蓝"（《望喜驿别嘉陵江水二绝》）。《华阳国志·巴志》记载的巴人"其民质直好义。土风敦厚，有先民之流"，"重迟鲁钝，俗素朴，无造次辩丽之气"。三峡"且为行云，暮为行雨，朝朝暮暮，阳台之下"，"春冬之时，则素湍绿潭，回清倒影，绝多生怪柏，悬泉瀑布，飞漱其间，清荣峻茂良多趣味"（《水经注》）。《华阳国志》说："江州（今重庆）险，其人半楚，姿态敦重。"主要地理特征是峡江台地，城市建立在万里波涛之滨。

素湍绿潭，回清倒影

荆门在南，上合下开

楚文化的河流形态特征是弯多、湖多、支流多，沙洲林立，充溢着"楚塞三湘接，荆门九派通。江流天地外，山色有无中"的"大气"（王维《汉江临泛》）。"山随平野尽，江入大荒流"（李白《渡荆门送别》）。区别于蜀水文化的河流形态的树状分流、扇形扩张，楚水文化的河流形态则是"大荒"式的平面推进。《管子·水地》云："楚之水淖弱而清"，文学艺术的精灵注定要与"淖弱而清"的楚之水相匹配。《水经注》曰："楚谚云：洲不百，故不出王者。桓玄有问鼎之志，乃增一洲，以充百数"，可见河流形态对楚人的思维方式的影响。刘师培《南北文学不同论》云："大抵北方之地，土厚水深，民生其间，多尚实际。南方之地，水势浩洋，民生其际，多尚虚无，故所作文，多为言志、抒情之体。"

宋玉《对楚王问》说，"有客里巴人"于楚都，"国中属而和着数千人"。当代考古发现东巴地多楚墓，鄂西楚地多巴物等，都说明先秦两汉时三峡地区是巴楚文化混合区。

吴越文化的河流形态特征是溯江、环湖、濒海，弥漫着"水如棋局分街陌，山似屏帷绕画楼"水网交结的"灵气"。如果说巴蜀文化是"水来则气来"的模式，那么吴越文化则凸现"水汇则气蓄"的特质。江南山水的阴晴变化，更使山川景物淡妆浓抹，多姿多彩。《水经注》记载浙东临平湖时说："传言此湖草秽壅塞，天下乱；是湖开，天下平"，民间已意识到水生态的好坏与天下的治乱紧紧联系在一起。《世说新语·言语》记载，王武子和孙子荆各言其土地人物之美，王云："其地坦而平，其水淡而清，其人廉而贞。"孙云："其山崔嵬而嵯峨，其水㴆渫而扬波，其人磊砢而英多。"地灵人杰，有什么样的山水，就出什么样的人物。《资治通鉴》说唐代就有"扬一益二"的断语，将扬州与成都并列。苏轼云："吴蜀风流自古同。"长江头尾的文化的同质性，显示出长江文明的整体性和系统性。

"天下未乱蜀先乱，天下已治蜀后治"，语出明末清初人欧阳直公的《蜀警录》。《汉书·地理志》云蜀人"未能笃信道德，反以好文讥刺"，这十二个字是巴蜀人文性格的整体概括。

喜欢作翻案文章的郭沫若对"天下未乱蜀先乱，天下已治蜀后治"有自己的解释，他认为"能够先乱是说革命性丰富，必须后治是说建设性彻底"，一语中的，他还认为"四川人的丰富的革命性和彻底的建设性是由李冰启发出来的"，是李冰的建设、文翁的教化、诸葛武侯的治绩赋予了川人以开创性、超前性和风险性意识。它的社会根基正同巴人的冒险进取性、超前性与蜀人的追究完美性、稳定性的结合有密切关系。这两方面结合起来就是"先天下之忧而忧，后天下之乐而乐"的精神。[1]

首先，从蜀地地理环境看，其特征是"其地四塞，山川重阻"（《隋书·地理志》），相对封闭，可游离天下，治乱不与天下同步，如唐代安史之乱、五代、近代抗日战争等时期，显示了"天下大乱蜀未乱"。其次，从蜀人思维心态看，未乱先乱，蜀人具有前瞻性，对社会矛盾的积累、爆发的敏感度高、沸点低、洞察力强。《汉书·地理志》说蜀人："未能笃信道德，反以好文讥刺，贵慕权势"，"汉中淫失枝柱，与巴蜀同俗"（"枝柱者"，"言意相节却，不顺从也"），显示蜀人精神的独立性和质疑性；已治未治，是滞后性，对社会矛盾的解决方案持观望态度及求全责备，冰点亦低。再次，从蜀地的社会结构特征看，先乱后治从另一侧面说明蜀地社会结构性约束较弱，社会结构重心较高，社会风气较民主，易失稳、难维稳。蜀地是天下治乱的风向标、晴雨表、预警机。在近代，四川保路运动成为引发辛亥革命的导火线。孙中山高度评价四川人这种敢为天下先的历史功绩，他说："若没有四川保路同志会的起义，武昌起义或者要迟一年半载"。

与巴蜀文化既具革命性又具建设性不同，楚文化则突出革命性，吴越文化则彰显建设性。

---

[1] 刘茂才，谭继和. 巴蜀文化的历史特征与四川特色文化的构建. 西南民族学院学报（哲学社会科学版），2003（1）

姜亮夫从水文化角度提出:"大抵江汉之民习于水,故轻缥;而云梦缅缈,移人神思,故鬼神之事易感人。此两事结集,故其民多巧慧,能进取,易变化,情愫特易表暴,事多创造,不受故常。人喜艺术,重义气。故楚好多材,为一时之所重。"[1] 从"楚虽三户,亡秦必楚"的项羽到首义之都的武昌,即是楚文化革命性的明证。

董楚平从水文化视角指出,吴越文化个性气质"柔"源于水网纵横,"细"源于稻作、缫丝,"雅"对应富含艺术细胞,"从汉代开始,吴越文化的柔、细、雅的个性气质,更趋突出,到明清时期到了化境。这种文化个性,善于建设,拙于破坏;长于精雕细刻,而不适于扛大旗、抡板斧。正是这种深层次文化气质原因,使吴越地区的人在戊戌变法与辛亥革命时期没有走在时代的最前头,与该地区的经济、文化地位不相称"。[2]

三、珠江文化

珠江干流总长2214公里,流域面积为45.3万平方公里,海岸线长度为4963公里。每平方公里汇流面积的海岸线是中国大河中最长的,达到10.9米。河流的流向对河流文化产生重要影响,与黄河、长江的西东流向不同,珠江是多条江河自西、北、东向南而交汇珠江三角洲河网区,最后分别由八大口门(虎门、蕉门、洪奇沥、横门、虎跳门、磨刀门、崖门、鸡啼门)注入南海,整个水系呈扇状水系。江海汇流的形态,体现多元性和兼容性,多种文化在此相互碰撞、结合、交融形成江海一体的文化特质。

海岸线长短和出海口的多少是衡量河流文化开放性的重要标志,与黄河、长江不同,黄河只有一个出海口,长江有两个出海口,珠江是江海一体的,有八个出海口,还有许多小的出海口。众多出海口、海港码头与珠江水系密切连接,大量移民由此走向海外,海洋文化也最早由此涌入中华大地。由于地势上受南岭的隔绝,珠江文化受中原文化控制偏少,同时也由于中原文化与海洋文化及本土文化碰撞,造成珠江文化的变通性。珠江文化较鲜明的特性有五个方面:一是海洋性、共时性、领潮性;二是多元性、包容性、开放性;三是重商性、务实性、时效性;四是敏感性、变通性、机缘性;五是平民性、平等性、自在性。[3]

珠江文化以其多元、包容、开放的形态及实效性、适应性、发展性,与黄河文化、长江文化

---

[1] 萧兵. 楚辞文化. 北京:中国社会科学出版社,1990
[2] 董楚平,等. 广义吴越文化通论. 中国社会科学出版社,2012
[3] 黄伟宗. 珠江文化特质及其源流略论. 岭南文史,1998

等江河文化共同构成了多元一体的中华文化系统。珠江文化可以跟世界的"水文化"观念对接，也可以跟黄河文化、长江文化并列。正如黄河文化系统有始祖黄帝、哲圣孔子，长江文化系统有始祖炎帝、哲圣老子，珠江文化也用自己的始祖舜帝、哲圣惠能构建自身的文化系统。李白诗云："黄河之水天上来，奔流到海不复回"，写出了黄河文化的神圣、永恒；苏东坡词云："大江东去浪淘尽，千古风流人物"，写出了长江文化的慷慨、风流；珠江是江海一体，岭南第一诗人张九龄有诗云："海上生明月，天涯共此时"，意味着珠江文化的开放、包容，下笔即着墨于"海"，即从海的视野看明月、看天涯、看此时、念亲朋。从而可见张九龄与上列这些代表黄河文化和长江文化的诗圣最大不同之处，是以海为视野。而这恰恰也正是珠江文化与黄河文化、长江文化的最大区别所在。①

如果说黄河文化代表的是农耕文明，那么长江文化代表的是工业文明，而珠江文化代表的则是后工业文明。

梁启超在《中国地理大势论》中对珠江文化有绝妙的论述："粤人者，中华民族最有特性者也，其语言异，其习尚异，其据大江之下流，而啜其精华也，与北部之燕京，中部之金陵，同一形胜，而中流之纷错过之，其两面环海，海岸线与幅员比较，其长率为各省之冠，其于海外各国交通，为欧罗巴、阿美利加、澳斯大利亚三洲之孔道。五岭亘其北，以界于中原，故广东包广西而以自捍。亦政治上一独立区域也。他日中国如有联邦分治之事乎，吾知为天下倡者，必此两隅也。""自今以往，而西江流域之发达，日以益进，他日龙拏虎攫之大业，将不在黄河与扬子江间之原野，而在扬子江与西江之原野，此又以进化自然之运推测之，而不可以知其概者也。"

由于珠江流域水流和顺，丘陵娇媚，人们的性格也较为恭谦礼让，受水之影响，珠江文艺多具柔美之风。音乐悠扬婉转，绘画渔歌唱晚，诗词秀丽优美。这里多民族聚居，是百越文化、荆楚文化、中原文化和海外文化的融合地，其复合型文化多于其他地域文化。

四、其他流域文化

淮河是南北的分界线，又是南北的交汇点，还是南北对峙的界河，历代政治、军事冲突的结合部。淮河文化可视为南北文化的交融，具有极大的包容性、多元性和过渡性。

海河干流全长73公里，干流之短为全国之最。海河水系呈扇形拓展，单位河流长度的流域面积高达4359平方公里，是中国七大河流中最大的。单位河流长度的流域面积这个特征值折射出水文化承载力和蕴藏量。海河流域是世界文化遗产最多的河流。干流奇短，造成江海通津，南北荟萃，东西碰撞

---

① 黄伟宗. 珠江文化与海洋文化. 岭南文史，2013

的特有的文化景观。

松辽文化在格局上表现为水、草相长，其多样性、多层次性体现在松辽平原、松嫩平原的农耕文化，大兴安岭的畜牧文化，东北部肃慎系的渔猎文化或农、牧、渔兼有的混合型文化。如果说黄河、长江的自西向东的流向代表着主导的汉文化，而松辽文化中松辽水系流向的东西与南北交叉的形态则隐喻对这种固定、僵硬的汉文化模式的冲击，松辽流域少数民族多次挥戈南下，问鼎中原，统一中华。

五、三江并流

"三江并流"是指金沙江、澜沧江和怒江这三条发源于青藏高原的大江在云南省境内自北向南并行奔流170多公里，穿越担当力卡山、高黎贡山、怒山和云岭等崇山峻岭之间，形成世界上罕见的"江水并流而不交汇"的奇特自然地理景观。其间澜沧江与金沙江最短直线距离为66公里，澜沧江与怒江的最短直线距离还不到19公里。

长江第一湾

2003年，"三江并流"入录世界自然遗产。世界遗产委员会的评价是："三江并流国家公园在云南省西北部的多山地带，占地170万公顷，是具有七种地理学特征组合的保护区。亚洲三条大江长江、湄公河、萨尔温江的上游金沙江、澜沧江、怒江在此并行。它们由北向南，下穿3000米深的峡谷，上接6000米高的雪山。这里是中国生物多样化的中心，也是全球同具多样化生态条件区域中最富饶、温和的地区之一。"①

"三江并流"作为中国进入世界自然遗产的唯一的河流，其最大的特点是多样性，即地质的多样性、物种的多样性和文化的多样性。

"三江并流"地区是世界上蕴藏最丰富的地质地貌博物馆，"三江并流"地区被誉为"世界生

---

① "三江并流"满足世界自然遗产全部四条评定标准：构成代表地球演化史中重要阶段的突出例证；构成代表进行中的重要地质过程、生物演化过程以及人类与自然环境相互关系的突出例证；独特、稀有或绝妙的自然现象、地貌或具有罕见自然美的地带；尚存的珍稀或濒危物种的栖息地。

物基因库"，同时，该地区还是16个民族的聚居地，是世界上罕见的多民族、多语言、多种宗教信仰和风俗习惯并存的地区。长期以来，"三江并流"区域一直是科学家、探险家和旅游者的向往之地，他们对此区域显著的科学价值、美学意义和少数民族的独特文化给予了高度评价。

虽然"三江并流"于2003年7月2日在法国巴黎召开的联合国第27届世界遗产年会上被列入世界自然遗产。然而2004年世界遗产委员会就对该处发出了黄牌警告。原因是，2002年"三江并流"申报世界遗产时，并未提及要在怒江上修建大型水坝，但是申报世界遗产成功后当地政府准备在怒江上建13座大型水电站的计划被披露，其中的丙中洛水坝位于保护区内，另外12座非常接近保护区，将直接对遗产区产生影响。

后来在国家领导人指示下，这一水电开发计划暂时被搁浅，但围绕保护还是开发的争论却并没有结束。

第二节　西方河流文化

世界文化遗产是河流文化学的宝库，世界遗产委员会的评价为我们打开了探索中西水文化的奥秘之门，琳琅满目、绚丽多彩的各类河流案例提供了丰富的素材，供我们思考、学习、借鉴。入录世界文化遗产的较多，有必要从中选择样本，两两对比，比较中西河流文化的异同。

入录《世界文化遗产名录》的欧洲河流有匈牙利布达佩斯多瑙河（1987年）、法国巴黎的塞纳河（1991年）、法国的卢瓦尔河流域（2000年）、中上游莱茵河河谷（2002年）等。

一、塞纳河文化

塞纳河是法国第二大河流，发源于法国东部朗格勒高原的第戎市西北大约30公里处，河流向西北流，经巴黎，最后在勒阿弗尔附近注入英吉利海峡的塞纳湾，河流全长776公里，流域面积7.86万平方公里，多年平均流量500米^3/秒，径流量约158亿立方米。该河有540公里可供通航，货运量居全国之首。沿岸地区为法国经济中心，有运河与莱茵河、卢瓦尔河等相通。

法国塞纳河于1991年入录世界文化遗产。世界遗产委员会的评价是："从罗浮宫到埃菲尔铁塔或是从协和广场到大小凡尔赛宫，巴黎的历史变迁被看作源于塞纳河。当豪斯曼的宽阔广场和林荫道影响着19世纪末和20世纪全世界城市主义的时候，巴黎圣母院和圣徒教堂成为了建筑上的杰作。巴黎的美，在很大程度上归功于在城区缓缓流过的塞纳河，它将城市分为南北两部分，而且两岸的发展速度相同，这种现象在世界大城市中是极为罕见的。巴黎起源于塞纳河，城市的主要建筑大都集中在塞纳河的沿岸。因此，塞纳河堪称为巴黎的生命线。"

巴黎的桥是有名的，全市大小桥计有35座，总长度可达5公里。这些桥均有着各自的发展史，桥的规模及建筑风格也大相径庭，许多桥的命名是与历史上的重大事件有关，也有一些桥的名字取之于著名人物。由于塞纳河将巴黎分成两半，南北之间只有靠桥梁沟通，因此桥在巴黎人生活中的重要作用便显而易见。

塞纳河流经巴黎市区13公里，是巴黎的母亲河。塞纳河畔古迹众多，左岸有巴黎圣母院、埃菲尔铁塔、卢浮宫、奥赛博物馆等，右岸有国际广场、巴士底广场、卢浮宫美术馆、协和广场、凡尔赛宫、爱丽舍宫、戴高乐广场等。

巴黎的塞纳河畔

市区内有35座桥梁横跨塞纳河，最著名的是亚历山大三世桥，桥长107米，南北桥头竖立着四座塔桥，塔顶青铜飞马，展翼欲翔，桥上刻有"狮座情侣"，波光浮影，令人眼花意醉。

作为巴黎市中心的塞纳河两岸，是世界上最瑰丽壮观、最秀美动人、最富历史文化底蕴的景观。各个历史时期的建筑如哥特建筑、古典建筑、文艺复兴建筑和第二帝国主时期建筑等交相辉映、竞放异彩；建筑材料有石头、混凝土、玻璃、大理石、钢材等，五彩缤纷、争奇斗艳。右岸在19世纪根据"奥斯曼计划"修成的纵横有序宽广漂亮的林荫大道。所有这一切，构成了巴黎的古今交融、新旧并存的锦绣画卷。在这里，自然灵气与人类创造相得益彰，塞纳河的美是整体统一、和谐协调之美。

二、多瑙河文化

多瑙河是欧洲第二大河，也是世界著名的国际河流，发源于德国西南部的黑林山东南坡，干流向东南方向流经德国、奥地利、斯洛伐克、匈牙利、克罗地亚、南斯拉夫、罗马尼亚、保加利亚、乌克兰共9国，支流延伸至瑞士、波兰、意大利、波斯尼亚——黑塞哥维那、捷克、斯洛文尼亚、摩尔多瓦共 7 国，最后在罗马尼亚东部的苏利纳注入黑海，全长 2850 公里，流域面积 81.7 万平方公里，河口年平均流量 6430 米^3/秒，多年平均径流量 2030 亿立方米。

1. 匈牙利布达佩斯多瑙河

匈牙利布达佩斯多瑙河于 1987 年入录世界文化遗产。世界遗产委员会的评价是："这个地区保留有诸如阿昆库姆罗马城和哥特式布达城堡等遗迹，这些遗迹采用的是受到了好几个时期影响的建筑风格，是世界上城市景观中的杰出典范之一，而且显示了匈牙利都城在历史上各伟大时期的风貌。"

多瑙河右岸多山称为布达；左岸地势平坦，称为佩斯，两者风格迥异。布达依山而筑，秀丽的山顶上屹立着气势恢宏的皇宫、历史悠久的马加什教堂、造型奇特的渔人堡和 700 多年圣玛利亚教堂。建于不同年代、风格造型各异的大别墅、民居静悄悄地掩映在蜿蜒山道和翠柏青松之中。渔人堡山长 1.5 公里，最宽处 500 米，风格朴实、规模宏大，属新罗马式和新哥特式的混合体。塔楼高耸，石阶盘旋，回廊挺秀，造型别致，富有浪漫主义色彩，新增修的拱墙蜿蜒迂回，尖尖的堡塔耸入云霄。独特的构思、整体的威严、局部的玲珑三者结合，使城堡内外刚柔相济、浑然一体。

建于 1884—1904 年的议会大厦，长 265 米、宽 118 米、高 108 米，是一座典型的哥特式与巴洛克式建筑风格的综合体。建筑物巍峨壮丽、金碧辉煌，进口铜狮并列，中间是哥特式的圆顶，两边是两座大哥特式尖塔和 22 座小哥特式尖塔，在各梁托之间有 88 个匈牙利国王、名将及 2442 个表现民族故事的雕像，极尽繁雕华饰之能事。

布达佩斯多瑙河

对岸佩斯酒店林立，商业繁茂，交通发达，川流不息。一边是宁静、沉寂，一边是喧闹、沸腾，两种不同景象融为一体，可谓独出心裁、别具一格。

2. 罗马尼亚多瑙河三角洲湿地

罗马尼亚多瑙河三角洲湿地 1991 年入录世界遗产。世界遗产委员会的评价是："多瑙河奔流直下，汇入黑海，形成了欧洲面积最大、保存最完好的三角洲。多瑙河三角洲不计其数的湖泊和沼泽哺育着300多种鸟类和45种多瑙河及其支流中特有的鱼类。"

罗马尼亚多瑙河三角洲是一个仍在形成中世界，它散发着海草、湿土、飞鱼和鲜鱼子酱的蛮荒气味。三角洲目前的总面积已超过5500平方公里，多瑙河河长2850公里，平均流量6500米³/秒，挟带的淤泥每年约有2亿吨。作为欧洲仅次于伏尔加河的最大河流，它的汇水面积超过80万平方公里，它流经前南斯拉夫、罗马尼亚、保加利亚和乌克兰，欧洲中部和东南部、奥地利、德国以及匈牙利的河流都汇集其中。罗马尼亚多瑙河三角洲的陆地占13%，河流和湖泊占25%，剩下的全是长满了芦苇的沼泽地。这些沼泽地便成为以鹈鹕为首的各种候鸟栖息的最佳场所。每年春季大量鹈鹕都飞到这里产卵。多瑙河三角洲每年向黑海扩展40米，它逐渐成为欧洲第二大三角洲（伏尔加河三角洲是第一大三角洲），在世界的三角洲面积里排名第22位。目前在欧洲有798块湿地，多瑙河三角洲是欧洲最具有生态功能的一种湿地，它能调蓄洪水，净化水质，调节气候，对维护生态安全和保护生物多样性具有重要作用。

多瑙河三角洲有很多别称，如"欧洲最大的自然博物馆"、"动物和鸟雀的天堂"、"永不枯竭的渔场"、"天然动物园"、"自然实验室"和"欧洲最年轻的土地"等。三角洲曾是一个波涛万顷的海湾。这里风光绚丽、资源丰富，被誉为是欧洲最大的地质、生物实验室。三角洲河道纵横，泽地成片，几千条运河和水道构成了神秘的泽国，把坐落在它们中间的村庄、渔场、农田联结起来，犹如大自然中的一座水陆迷宫。两岸丛林密布，高大的橡树、白杨、柳树和各种灌木林到处可见。湖面碧波荡漾，湖水清澈见底，红白相间的水百合花和水蜈蚣随波起舞。"浮岛"是三角洲腹地的奇景之一。它表面像陆地，上面长着茂盛的植物，但下面却是一片湖泊。此外，三角洲还是鸟和动物的"天堂"。

总之，多瑙河三角洲作为世界上最著名的湿地，它强调人与自然的和谐，天、地、人、动植物的共生。

三、莱茵河中上游河谷文化

莱茵河是纵贯中欧、西欧的一条重要河流。发源于瑞士中部的阿尔卑斯山北麓，河流向西北流，经瑞士、列支敦士登、奥地利、法国、德国和荷兰共6国，在鹿特丹附近注入北海。全长1320公里，流域面积22.44万平方公里，流域年平均降雨量910毫米，河口多年平均流量2500米³/秒，年径流量790亿立方米，年输沙量350万吨。

莱茵河河谷于2002年入录世界文化遗产。世界遗产委员会的评价是："延绵65公里的中莱茵河河谷,和她沿途的古堡、历史小城、葡萄园生动地描述了一段同多变的自然环境相缠绕的漫长人类历史。这里发生了众多历史事件,演绎了许多传奇,几个世纪以来,为无数的作家、画家和音乐家提供了灵感。"

两千多年来,中莱茵河河谷作为欧洲最重要的运输线路之一,一直促进着地中海和北部之间的文化交流。中莱茵河河谷是一处与众不同的文化景观,这里不但环境优美,风景如画,而且积聚了两千年的丰厚文化底蕴,它的民居、运输设施、土地使用都有浓厚的传统文化色彩。欧洲还没有哪一段大河流域风光能像这一段50公里长的莱茵河中游那样,荟萃了如此密集的、有几百年历史的自然与人文浑然一体的景观。中莱茵河河谷是狭窄河谷中发展传统生活方式和通信方式的典范。

早在200年前,德国浪漫主义时期的诗人和思想家们就被莱茵河的魅力所倾倒,为她奉献了无数美丽的诗篇,因此有"200年莱茵浪漫"一说。1802年,克莱门斯·冯·布伦塔诺和后来成为他的连襟的阿希姆·冯·阿尔尼姆共同进行了一次莱茵文学之旅,沿途收集两岸民谣和传说,日后整理成民间诗集《魔术号角》,其中有著名的《魔女罗累莱》。20多年后,罗累莱通过浪漫主义诗人海涅之笔成为了莱茵河浪漫的象征。19世纪英国最伟大的风景画家、印象派先锋威廉·特耐尔曾于1817年带着素描本从科隆一路画到美因茨。无数的诗人、画家、音乐家使这条两岸点缀着古老城堡的河谷充满了神奇的色彩。"莱茵河静静地流着,暮色昏暗微风清凉。"海涅在《罗累莱》中这样咏唱着悠远流长的莱茵河。法国大文豪维克多·雨果曾经这样写道:"我最爱的河流是莱茵河。这条河,映照着整个欧洲的历史。"

四、卢瓦尔河流域文化

卢瓦尔河是法国最长的河流,发源于中央高原东部维瓦赖山,属阿尔代什省境。河流先向北流,至迪关转向西北流,经法国中部,至奥尔良后蜿蜒西流,在圣纳泽尔附近注入大西洋比斯开湾。河流全长1020公里,流域面积约11.8万平方公里,多年平均流量900米^3/秒,多年平均径流量284亿立方米。

法国的卢瓦尔河流域文化于2000年入录世界文化遗产。世界遗产委员会的评价是:"卢瓦尔河流域拥有最美最杰出的人文景观,其沿岸流域分布着大量的历史名城和村镇,壮丽雄伟的古代建筑,以及几个世纪以来人类在卢瓦尔河流域开垦的耕地,这是人类和自然环境相互作用、和谐发展的结果。这个地区还包括在1981年被列入世界遗产目录中著名的尚博尔城堡。"

卢瓦尔河流域

被列入世界遗产目录的理由是：卢瓦尔河流域拥有众多的历史名城，如布卢瓦、希农、奥尔良、索米尔和图尔，以诸如尚博尔城堡之类的古代著名建筑遗产而久负盛名。卢瓦尔河流域拥有杰出的人文景观，它见证了2000年来人类价值观念的更替和人类与自然之间的相互作用，和睦发展。卢瓦尔河流域的人文景观，特别是诸多的古代文化建筑，清楚阐述了文艺复兴和西欧启蒙运动时期的思想潮流和建筑设计理念。

辉煌的卢瓦尔山谷历史悠久，文物古迹众多。就像卢瓦尔是法国的大动脉一样，卢瓦尔河流域是法国文化生活的心脏。繁喧的城市、壮丽的景观和可口的食物、香醇的美酒，使这里成为资产阶级的伊甸园。

奥尔良是13世纪法国知识分子集中的地方，众多的艺术家、作家和抒情诗人云集至此。由于中世纪统治者喜欢四处周游，因此卢瓦尔河沿岸流域也就留下了许多宫廷建筑。尚博尔和舍农索城堡，雄伟壮丽，气势森严，是文艺复兴时期风格的杰出代表，在城堡内还有构思精巧的人工花园。图尔地理位置优越，浓厚的文化氛围和传统的饮食文化使之成为观光游客的首选之地，昂热次之。在古城昂热瓦斯，人们更能真切地感受到历史的气息。布卢瓦、索米尔、尼斯等一座座古城像项链上的明珠一般，沿卢瓦尔河流域相继出现，这些历史名城背山面水，古老的村镇点缀其间，中世纪的城墙若隐若现，更增加了卢瓦尔河流域古色古香的风采。

五、泰晤士河文化

泰晤士河是英国最大的一条河流，发源于英格兰南部科茨沃尔德丘陵靠近塞伦塞斯特的地方，河流先由西向东流，至牛津转向东南方向流，过雷丁后转向东北流，至温莎再次转向东流经伦敦，在伦敦下游河面变宽，形成一个宽度为29公里的河口，最后在绍森德附近注入北海。河流全长338公里，流域面积1.14万平方公里，多年平均流量60米^3／秒，多年平均径流量18.9亿立方米。

1. 文化富集区

在伦敦上游，泰晤士河沿岸有许多名胜之地，诸如伊顿、牛津、亨利和温莎等。泰晤士河的入海口充满了英国的繁忙商船,然而其上游的河道则以其静态之美而著称于世。

泰晤士河虽然不算长,但它流经之处,都是英国文化精华所在,伦敦的主要建筑物大多分布在泰晤士河的两旁,尤其是那些有着上百年、甚至三四百年历史的建筑,如有象征胜利意义的纳尔逊海军统帅雕像,葬有众多伟人的威斯敏斯特大教堂,具有文艺复兴风格的圣保罗大教堂,曾经见证过英国历史上黑暗时期的伦敦塔,桥面可以起降的伦敦塔桥等,每一幢建筑都称得上是艺术的杰作。这些建筑虽历经沧桑,乃至第二次世界大战那样的战争洗礼,但仍然保持了固有的模样,直至今天还在为人们所使用。

泰晤士河不仅塑造了英国的历史,也哺育了英国的灵魂。笛福、曼斯菲尔德、华兹华斯、斯宾赛、吉普银、詹森和佩皮斯等才华横溢的作家都钟情泰晤士河,将它视为海洋之子,画家康斯特布尔、特纳、惠勒以及法国印象派大师莫奈也都在画布上留下了它的身影。

2. 水污染治理

自从英国产业革命开始后,泰晤士河两岸盖起了许多工厂,大量污染物排入河中,美丽的皇家之河变成了臭气熏天的污水沟,到1850年时水生生物就基本灭绝了。

英国政府从20世纪60年代开始治理泰晤士河。首先是通过立法,对直接向泰晤士河排放工业废水和生活污水作了严格的规定。有关当局还重建和延长了伦敦下水道,建设了450多座污水处理厂,形成了完整的城市污水处理系统,每天处理污水近43万立方米。泰晤士河沿岸的生活污水都要先集中到污水处理厂,在那里经过沉淀、消毒等处理后才能排入泰晤士河。污水处理费用计入居民的自来水费中。根据有关法律,工业废水必须由企业自行处理,并在符合一定的标准后才能排进河里。没有能力处理废水的企业可将废水排入河水管理局的污水处,但要交纳排污费。检查人员还会经常不定期地到工厂检查,那些废水排放不达标又不服从监督的工厂将被起诉,受到罚款甚至停业的处罚。经过多年的艰苦整治,耗资20亿英镑,如今流经伦敦的泰晤士河已由一条死河、臭河变成了世界上最洁净的城市水道之一,泰晤士河终于又焕发了生机。

泰晤士河的治理成功,关键并不是采用了最先进的技术与工艺,而是开展了大胆的体制改革和科学管理,被欧洲称为"水工业管理体制上的一次重大革命"。他们对河段实施了统一管理,把全河划分成10个区域,合并200多个管水单位而建成一个新水务管理局——泰晤士河水务管理局。然后按业务性质作了明确分工,严格执行。在水处理技术上运用传统的截流排污、生物氧化、曝气充氧及微生物活性污泥等常规措施。处理后的废水用于养鱼、栽培等,从而给水务工作带来活力，其优越性主要表现为：

一是保护与开发并重。使水资源可按自然发展规律进行合理、有效的保护和开发利用，杜绝了水资源的浪费和破坏，提高了水的复用系数。

二是集中统一管理。改变了以往水管理上各环节之间相互牵制和重复劳动的局面，建成了相互协作的统一整体。

三是建立了完整的水工体系。从水厂到废水处理以至养鱼、灌溉、防洪、水域生态保护等综合利用，均得到合理配合，充分调动各部门的积极性。

3. 河流文化节

伦敦最大型的免费户外艺术节——伦敦市长泰晤士河畔节（Mayor's Thames Festival）于每年9月举行。该节日是一场户外庆祝活动，旨在庆祝伦敦及其泰晤士河的悠久历史，举办地点位于伦敦眼和伦敦塔桥之间的露天公共场地。

节日活动精彩纷呈，包括音乐、舞蹈、合唱团表演、狂欢会、盛宴聚餐、河上比赛、街头艺术等等。狂欢节的亮点之一是"桥上盛宴"（Feast on the Bridge），盛宴地点在南华克桥（Southwark Bridge），盛宴上的食物全部取材于英国最佳的可持续食品制造商。

"河上船队巡游"（River Parade）是节日中一项著名的水上活动，一列由新旧不一的船只组成的船队将从伦敦塔桥一直航行至威斯敏斯特桥。

"泰晤士河畔节日经典"活动将在圣凯瑟琳码头展出一批经典的木制帆船，而"驳船拉力赛"活动将再现进入蒸汽时代之前水手们在泰晤士河上操作满载货物的驳船的场景。狂欢节期间，音乐节目和街头戏剧表演丰富多彩，引人注目。有来自韩国的音乐和舞蹈表演，还有21世纪民间舞会。"为水而歌"活动将齐集来自英国各地的社区合唱团，他们演唱了一些特别的曲目，并为英国慈善组织——水援助组织募捐。著名作曲家乔纳森·多芙的新作《河流之歌》由1000名伦敦学童共同合唱。

2000多名舞蹈家、音乐家和带着化妆面具的人们穿上闪闪发光的服装，提着灯笼，排成美妙的队形，一起参加"狂欢之夜"活动。活动最后，一场焰火展作为狂欢节的终曲，焰火在位于滑铁卢桥和布莱克福利亚斯桥之间的泰晤士河段上的两艘驳船上燃放。

泰晤士河是英国文化的发源地、富集地，它对河流污染的长期、有效的治理和举办河流节的盛宴是泰晤士河文化突出特色，值得我们学习借鉴。

六、密西西比河文化

密西西比河是美国最大的河流,也是世界级的大河之一。若以发源于美国北部的艾塔斯卡湖的上密西西比河为河源,则全长 3767 公里。通常以发源于美国西部落基山脉的密苏里河支流红石溪(位于蒙大拿州)为河源,则全长为 6021 公里,居世界河流的第 4 位;流域面积 322 万平方公里,占美国本土面积的 41%,覆盖了东部和中部广大地区。河口平均年径流量为 5800 亿立方米(包括阿查法拉亚河),平均年输沙量为 3.12 亿吨。水量丰富,近河口处年平均流量达 1.88 万米^3/秒。

密西西比河源远流长,地域广阔,在 19 世纪上半叶,美国的地理中心是密西西比河流域,同时密西西比河又是这个年轻国家中部的交通大动脉。密西西比河有与湖海相连、四通八达的航道网,除干流外,整个水系有五大通航支流,干支畅通无阻。北经伊利诺伊水道,和密执安等五大湖相通,再经加拿大的圣劳伦斯通海水道,东出大西洋;南端有三条航道通墨西哥湾,在河口又和沿墨西哥湾海岸的内陆水道联结,向东可至佛罗里达半岛,向西可到墨西哥的边境。

密西西比河的河流形态不同于黄河、长江。干流呈北南流向,在所汇集的 250 多条支流中,西岸支流比东岸多而长,形成巨大的不对称树枝状水系,造成汇流面积西部远大于东部。密西西比河的文明基因受大河影响较小,其文化基因是移民带来的海洋文化,河流的北南流向和支流的强不对称对移民心理也产生了重要影响,形成了不甘于稳定、不满足平衡、激进、冒险的特质。同时,发达的航道网络凸显出密西西比河文化的开放性、包容性和流动性。

马克·吐温的故居(曹德成 摄)

马克·吐温作为美国 19 世纪后期最杰出的批判现实主义作家,被公认为美国本土文学的奠基人。马克·吐温被 H·L·门肯称为"真正的美国文学之父",被福克纳称为"我们大家的祖父",大文豪海明威曾说过从《哈克贝利·费恩历险记》开始才有美国文学。密西西比河宽广浩瀚,充满活力,清明透彻,奔腾不息,这与马克·吐温不羁束、追求不止的主体精神特征相契合。马克·吐温在密西西比河上做船长的时候,沿河航行 1200 英里,他在一封写给帕密拉莫菲特(Pame laMo ffett)的信中说:"有的时候,水面似乎变成了一本优美动人的书,对于那些没有受过教育的乘客而言,那书毫无意义。但它却毫不保留地对我述说着秘密,而且是那么清晰而流畅的语音,向我诉说。"《汤姆·索亚历险记》(1876年)、《密西西比河上》(1883年)和《哈克贝利·费恩历险记》(1884年),均为解读密西西比河文化提供了独特的视角。

马克·吐温在《密西西比河上》写道:"宽阔的河面在你面前打开。水面像玻璃一样平滑,泛着一圈圈幽幽的白雾。没有一丝风,树叶一动也不动,一切如此静谧,让人感到无限惬意。这一片河面好像一面镜子,树叶、曲折的河岸和那些渐远渐小的屋角,河中都有它们幽暗的倒影。啊,这实在太美了;清幽、柔和、美丽;太阳完全跃出了地平线,这边的灌木丛洒下一片粉红,那边一缕金光,还有最美不过的那一抹紫烟,于是你得承认这是真正值得记住的一幕。"这是一条被现代文明唤醒的"老人河"。

对马克·吐温来说,密西西比河被赋予了独特的意义,它是自由、冒险、变化、希望与理想的精神之所在,是恬静、幸福、美满的心灵的栖息地,同时也是丑陋现实的一面镜子。密西西比河总给人一种奇异的、流动的、梦境一般的安宁与祥和,那里有大自然的静谧与妩媚,有人与人之间的平等与友爱,有无拘无束、随心所欲的自由,那是现实之外的真正的天堂。①

第三节　中西河流文化比较

一、母文化与子文化

特殊的地理环境、气候条件、经济结构,不仅影响到民族的基本生活方式,而且还会对其社会政治形态、思想意识以及人们的心理结构发生或多或少的影响。对中西方而言,河流文化是母文化还是子文化,海洋文化是母文化还是子文化,这要从中西方不同的地理环境、生产方式、生活方式中寻找答案。

中华文明发展的第一个地理环境特点是,黄土高原的地理生态的相对同质性,同质的松散的黄土层,小型冲积平原,温带气候,最适宜于发展单一的自给自足的小农经济。我们从甘肃到山东东海之滨遍布的龙山文化的考古发掘中可以发现,先人生活遗址中器物上的大体雷同,表明了小农业生产方式及生活方式的近似性。小农业生产的单一性,决定了人们生产方式、生活习性、

---

① 徐常兰.马克·吐温与密西西比河.衡水学院学报,2006(12)

价值观念，以及社会组织结构诸多方面的同质性。

第二个地理环境特点是，在这些农耕共同体之间并不存在使它们长期彼此隔绝的天然地理屏障。散布在黄河流域与长江流域的这些同质的农业村社小共同体，均可以不受障碍地彼此沟通与相互影响。中华地理环境的相对无障碍性，可以使这一广大地区内的各部族、各诸侯国家的人们，在语言上、思想观念上交往相当自由，孔子、商鞅、韩非子周游列国，从来用不着随身带翻译，就是一个例子。当欧洲大地上，异质的小共同体发展为分属于不同的语言、风俗、宗教、语言的民族与国家时，而在中华大地上，正是小共同体之间这种不受阻碍的相互交流导致你中有我，我中有你，逐渐在文化上形成同质体的中华文明的大板块。

第三个地理环境特点是，中华文明与其他古代文明之间进行文化交往相当困难。首先，中华文明与其他古代文明相比，是旧大陆诸多文明中最远离古代文化交流圈的文明。众所周知，埃及文明、美索不达米亚文明、希腊罗马文明与印度文明之间，存在着广泛持久的文明互动与交流。印度虽然离地中海相对较远，但印度西北部的旁遮普的山口却很容易被外来的征服者打开，异族人只要进入这些山口，就可以如洪水般地涌入恒河平原。正因为如此，那些身材高大的亚利安人、追随亚历山大东征而来的希腊人，以及此后的突厥人、阿拉伯人、波斯人，甚至埃塞俄比亚人，都可以浩浩荡荡地进入印度文明的中心地带。相反，中华文明却远远孤立在东方一隅。除此之外，中华文明四周又被其东边的大海、北面的戈壁沙漠与西伯利亚寒流、西面的青藏高原、南面的热带丛林所环绕，这些在古代巨大的地理屏障切断了它与外部世界的广泛交流。我们可以把中华文明的这种封闭性称为巨大的地理"闷锅效应"。正是这种地理闷锅，使中华文明在成熟以前，极少从其他文明中获得异质文化的信息与营养的滋润。我们可以把这一地理环境内的生活形态大体雷同的、具有同质性的各部落与共同体，比喻为"闷锅里的芋艿"，而在这一闷锅的内部，在漫长岁月中彼此之间的战争与相互交流，如同慢火，使其中一个一个的同质的芋艿，逐渐煨熟成为"你中有我，我中有你"的芋艿糊。这一比喻可以形象地解释中华地理环境为什么会形成这一地区的文明走向大一统的趋势。这种同质个体在"闷锅效应"中的互动，最终导致板块型的中央集权帝国文明的出现。由于这个"闷锅"特别大，里面大大小小的"芋艿"特别多。一旦后来演变成统一的大帝国，这一文明共同体就具有巨大的规模效应。在前资本主义时代，农业帝国的巨大体量，可以抗衡外来民族冲击，保持民族长期生命持续力的巨大优势。

西方文明起源于欧洲。这个欧洲不是今天地域意义上的欧洲，而是指地中海沿岸。西方文明正是起源于此并向北发展，地中海岛屿星罗棋布，农业不像东方的大河流域那样发达，基本上属于农牧混合型经济，所产粮食甚至不能自给。在人口稠密的城邦如雅典等，要从黑海沿岸和埃及等地购进谷物。于是，西方文明发展成为商业文明。商业文明的产生基于市场意识，而市场意识又基于交换意识，交换意识又基于承认各自独立的平等意识，平等意识则来自于分立、独立意识。于是，西方对人显得相当的尊重，个人主义盛行。地中海美丽的波光海湾及希腊半岛贫瘠的土地、绵延的山岭造就了开放自由的古希腊文化，赋予希腊人不畏强暴、迎难而上的精神，同时也使他们认识到，在航海中，必须尊重和依靠科学，否则就会葬身鱼腹。古希腊的文化就在对海洋的挑战、应战中逐步走向成熟，铸成了海洋性的文化模式，自然条件的多样性引发经济多样化并进而促使思维的多样性。

对中西方而言，每种文明既有河流文化又有海洋文化，但有母文化与子文化之分。对中华文明而言，河流文化是母文化，海洋文化是子文化；对西方文明而言，海洋文化是母文化，河流文化是子文化。

二、河流形态比较

同样是河流文化，中西方又有差异。中国的河流文化是大河文化，西方（欧洲）则是小河文化。黄河、长江的长度、流域面积、年径流量等水力参数，远非欧洲的塞纳河、莱茵河、多瑙河等可比。黄河、长江的"四同"（同源头、同流向、同国度、同归宿），是区别欧洲河流形态的最大特点，也就造成中西河流文化内涵的巨大差异。从宏观水系来看，与欧洲水系不同，中国内陆水系具有明显的统一性。因为欧洲地势低平，所以河网密集，水流平稳（流速较慢）；欧洲轮廓破碎，河流短小；欧洲的气候（西欧）为温带海洋性气候，年降水均匀，所以河流流量季节变化不大；河流流经国家数量多，多为国际性河流；水流平稳，水位季节变化不明显，所以河流航运价值高，并且多人工运河。欧洲大陆从东北到西南斜贯着一条由乌瓦累丘陵、瓦尔代丘陵、喀尔巴阡山脉、阿尔卑斯山脉和安达卢西亚山脉构成的分水岭，使欧洲大陆形成两个斜面——北冰洋－大西洋斜面和地中海－黑海－里海斜面，因此欧洲水系是散向四方的。

梁启超通过比较中美两国的地理环境，探讨中美民族性格差异及其原因之所在。他认为，河流的走向与气候等因素结合在一起，会对民族性格产生影响。"凡河流之南北向者，则能连寒、温、热三带之地而一贯之，使种种之气候，种种之物产，种种之人情，互相调和，而利害不至于冲突。河流之向东西者反是，所经之区，同一气候，同一物产，同一人情，故此河流与彼河流之间,往往各为风气。"、"中国的河流基本上是东西向的,而美国的河流则大多是南北向的,这就造成中美两大民族性格的不同。"[1]

黄河、长江与密西西比河虽均属世界性大河,但密西西比河从本质上说是欧洲的移民文化,仅有 200 多年的历史。在河流形态的差异主要表现为,在流向上自西向东与自北向南的区别,在流经国家上有一个国家与两个国家的区别,在支流分布上有大致均衡与严重失衡的区别等。同样是大河文化在历史积淀上有悠久与短暂之分,在总体文化类型上又有河流文化为主与海洋文化为主、河流文化为辅的区别。

三、文化内涵比较

1. 统一性、开放性、多样性

中国的河流文化是统一性与多样性相结合,西方则是开放性与多样性相结合。中国河流文化的多样性体现在空间性上,黄河文化为北方文化,按上中下游又可分为三秦文化、中原文化、齐鲁文化;长江文化为南方文化,按上中下游又分为巴蜀文化、楚文化、吴越文化。

西方的河流文化的多样性体现在时间性上,如世界遗产委员会评价匈牙利布达佩斯多瑙河:"这些遗迹采用的是受到了好几个时期影响的建筑风格,是世界上城市景观中的杰出典范之一,而且显示了匈牙利都城在历史上各伟大时期的风貌"。突出文化在各个时期的积累,不同时期的建筑具有不同的风格,如希腊式、罗马式、哥特式、文艺复兴、巴洛克、古典主义、罗可可、浪漫主义、现代主义、后现代主义等,这些建筑反映时代的变迁。而在中国,历朝历代的建筑风格变化并不明显。

2. 文化遗产的分布差异

从世界文化遗产名录中,西方涉及整段河流的有塞纳河、莱茵河、多瑙河等,而中国入录世界文化遗产名录的没有整段河流仅是流域内的单个景点,如岷江的九寨沟、都江堰、峨眉山等,而"三江并流"也只是作为自然遗产入录的。这种现象说明中西在河流文化遗产分布上,前者是点状分布,后者是线状分布。

造成这种现象有以下几个原因:

一是由于中西在建筑材料的差异,前者是木构,不易保存,后者是石构,保存年代较为久远;

二是中国古代改朝换代时,为清除上一个朝代的影响,往往连文化遗存一并清除;

---

[1] 梁启超. 梁启超全集. 北京:北京出版社,1999

三是自然灾害造成历史文化遗存的消失，如开封历代都城遗存被黄河泥沙掩埋；

四是西方很早就重视对文化遗产的保护，相比之下，新中国建国之初，建筑学家梁思成提出保留老北京城的建议竟被视为异端邪说，被上升到"要把我们赶出北京"这样的政治层面加以批判，实在可叹。

四、世界遗产的保护与开发

对世界遗产的保护与开发，是中西方共同面临的课题。要么就不去争取入录世界遗产名录的荣誉；要么争取到这个荣誉，就要严格遵守遗产公约，切实保护遗产的真实性和完整性。德国德累斯顿易北河谷 2004 年入录世界文化遗产，2009 年又被除名，该案例教训尤为深刻。

2006 年，因德累斯顿政府计划在河谷上兴建一座被认为可能会破坏河谷风貌的现代桥梁，使河谷风貌出现危机。世界遗产委员会认为桥梁的建设会使易北河谷不再符合列名《世界遗产名录》的资格。因此，在 2006 年将易北河谷列入《濒危世界遗产名录》，并曾多次与德累斯顿市政府协商，但未能阻止建桥计划。2009 年 6 月 25 日，在西班牙塞维利亚召开年度会议的世界遗产委员会宣布，由于当地政府的建桥工程破坏了德国德累斯顿易北河谷的独特景观，决定将这一遗产地从《世界遗产名录》中去除。德国媒体评论说，这是德国文物保护的黑色一日。

值得注意的是，中国的"三江并流"于 2003 年入录世界自然遗产，2004 年却因在保护区规划修建水电站而被黄牌警告，并连续在 3 届世界遗产委员会会议上被列为重点监测保护项目，后因国务院的介入，修建水电站的计划才被冻结。

这两个案例揭示了遗产的保护与开发的矛盾在中西方是共同存在的，而结果却不同。前者选择了开发，而被除名；后者选择了保护，维持世界遗产的圣洁。

参考文献

[1] 李学勤. 黄河文化史. 南昌：江西教育出版社，2003.

[2] 李学勤. 长江文化史. 南昌：江西教育出版社，1995.

[3] 黄伟宗. 中国珠江文化史. 广州：广东教育出版社，2010.

[4] 齐清举. 河流的文化生命. 郑州：黄河水利出版社，2007.

[5] 刘冠美，王晓沛. 蜀文化概览. 郑州：黄河水利出版社，2014.

[6] 方楠，秋燕. 河流的故事. 北京：团结出版社，2006.

第四章 中西水工程文化比较

本章在比较中西水工程文化时，将主要以入选《世界文化遗产名录》的水工程为案例进行分析，包括灌溉工程、湖泊工程、运河工程、给水工程、桥梁工程、水电工程和水闸工程等。

第一节　灌溉工程

一、荷兰的灌溉工程

1. 贝姆斯特圩田

荷兰的贝姆斯特圩田于1999年入录世界文化遗产。世界遗产委员会的评价是："贝姆斯特圩田代表了人类创造力的优秀成果，将古典和文艺复兴的理念融入到圩田的设计中；独特的优美的圩田景致对欧洲及世界其他地区的圩田建设产生了深远的影响；贝姆斯特圩田的建成标志着在一个重要的社会经济发展历史时期内，人类在治水实践上所迈出的一大步。"

驱车在横贯贝姆斯特的A7高速公路上，贝姆斯特圩田田园牧歌式的乡村画卷便呈在眼前。早在17世纪，这里的田地就依照古典和荷兰文艺复兴的理念被设计成整齐的棋盘格子式样，道路和水渠呈直角相互交错，临近的两条平行道路或水渠间相距930米，将整个圩田地区分隔成许多方块。而每个方块又被分成5个长条状的小地块用于租让给农民和畜牧业主。这些在黄金时代推崇的对称设计理念在今天看来仍然不显得落伍。

同样的设计理念还体现在贝姆斯特地区的传统农舍上。农舍的房基一律为正方形，房子所有的功能和空间都集中在一个金字塔形的大屋顶下面，有些农舍的外部还按城里的风格加建了荷兰传统式样的山形墙。今天，这些农庄和农舍中的很大一部分由于其独特的设计风格而被列为国家级名胜古迹。

2. 阿姆斯特丹堤坝

荷兰的阿姆斯特丹堤坝于1996年入录世界文化遗产。世界遗产委员会的评价是："碧姆斯特德·洛马克里周垦地是具有开创性的杰出工程。在这项设计方案中，传统的古老思想与文艺复兴的理念被充分应用于土地开垦的规划中，围垦的创新独到、充满理智和幻想的地形构思在开垦工程方面对欧洲乃至更大范围的地区都产生了深远影响。"

荷兰围海造田工程浩大，举世闻名，除阿姆斯特丹堤坝外，还有斯霍克兰及其周边地区

（1995年入录）、贝姆斯特圩田（1999年入录）。

阿姆斯特丹堤坝修建于1883—1920年，阿姆斯特丹有"水都"之称，全市有165条运河，1292座桥梁，45座水闸，是一个错综复杂的水路网系统，全长135公里。

斯霍克兰及其周边地区，于1918年提出围海造田计划，1927年付诸实施，历时5年，围海大堤竣工，大堤长30公里，高出水面7.6米，底部宽90米，顶部宽50多米。修成后大坝改为高速公路，内海搞养殖。为了纪念修坝活动，政府在大坝中央

荷兰的阿姆斯特丹闸房

插上了荷兰国旗，修筑了一个躬身搬石填海的铜人，以示纪念。雕塑的体量经过精心设计，高不过一米的弯腰搬石的力士，与绵延的大坝形成了巨大的反差和对比，透出哲理，引人深思：人是渺小的，但人的智慧与意志又是无比强大的，这样一个举世罕见的伟大工程，其标志性纪念物却如此之小，但又如此震撼人心，完全是艺术的魅力。荷兰人民把智慧、坚忍、无畏、艺术巧妙而完美地结合在一起，为这个伟大工程作了漂亮的注释。

二、都江堰

中国的都江堰于2000年入录世界文化遗产。世界遗产委员会的评价是："建于公元前3世纪，位于四川成都平原西部的岷江上的都江堰，是中国战国时期秦国蜀郡太守李冰及其子率众修建的一座大型水利工程，是全世界至今为止，年代最久、惟一留存、以无坝引水为特征的宏大水利工程。2200多年来，至今仍发挥巨大效益，李冰治水，功在当代，利在千秋，都江堰不愧为文明世界的伟大杰作，造福人民的伟大水利工程。"

都江堰全景

都江堰竹笼、马杈

都江堰是三级调节的自动控制系统，水、沙的信息在系统内反馈流动，导引着物质的交换。都江堰的景观、人文美学的信息流动，自二王庙顺山而下，通过南桥至离堆公园，构成第二主题的信息的竖向、环向流动。由鱼嘴至飞沙堰、宝瓶口顺流而下的第一主题的信息构成穿环而过的纵向流动，由此形成两大主题的交织、信息交换。

都江堰由岷江分为内、外江，所谓"一生二"，内外江又生成鱼嘴、飞沙堰、宝瓶口，所谓"二生三"，遵循《道德经》的数学模型，民谣"分四六，平潦旱"实际上是阴阳比——2:3（《说卦传》云："参天两地而倚数"），也是该数学模型的具体运用。宝瓶口以下，仰天窝一分为二，二分为四：蒲阳、柏条、走马、江安，不断树状分流，遵循的是《易经》的数学模型。

现鱼嘴位置位于老鱼嘴（白沙邮）与宝瓶口连线的0.6066处（古鱼嘴位于古白沙邮附近，距今鱼嘴位置1650米，今鱼嘴位置距宝瓶口1070米）。宝瓶口的引水角为138°，均接近黄金分割0.618和黄金角137.51°。都江堰鱼嘴是自然选择的结果，李冰凿离堆时，利用山体原有的裂隙，扩充而成宝瓶口。李冰顺应自然规律，他的积极有为是对自然界的适度干预，维持生态平衡是"适度"的标准，而过度开发则是破坏生态平衡。

李冰继承大禹的历史遗产，他不仅为后人留下都江堰这个千古遗产，更重要的是他将大禹的哲学固化成治水的基本构件——竹笼。李冰时代可以修闸门，但他不修闸门，却采用取自天然、回归自然的竹笼、杩槎，这些基本构件具有深刻哲理。笼石结构以其柔性适应地基的变化及沉降，陆游有诗赞曰："西山大竹织万笼，船舸载石来亡穷。横陈屹立相叠重，置力尤在冰庙东。我登高原相其冲，一盾可受百箭攻。蜿蜒其长高隆隆，截如长城限羌戎"（《十二月十一日视筑堤》）。竹笼既阻水，又透水。竹属木、石属土、水生木、木克土、土克水，相生相克，竹柔石刚，以柔束刚，竹石合一；小水时，与水共存、友好相处；大水时自行溃决，以宣泄更大的洪水。竹笼是对"治"字诀的图解："左水右台，抬水为治，筑坝兴利；乙有山形，山下开口，禹疏洪患，冰凿离堆，其源于斯"。即阻又泄，这不仅是治水原则，也是治家、治国的原则。

现今的大坝、水闸的基本原理就是对竹笼哲理的演绎，就是对竹笼文化内涵的延伸，就是在竹笼阻水和泄水这一构造物上演化出来的水工建筑物。都江堰的鱼嘴、飞沙堰、宝瓶口的导、泄、引的功能，在和谐社会的构建中具有普适性。

离堆公园刻石

马杈实际上是正四面体（即金字塔结构）的框架，任何一面着地，均能保持物体重心最低（重心高度为四面体高度的1/4），是最稳定的结构，中国几千年的超稳态社会结构与此同构。

都江堰的水工程文化理念是"开"、是"放"、是"延"、是"引"，是耗散结构，系统在同外界进行信息、物质、能量的交换过程中，达到新的平衡，求得更高、更大、更快的发展，都江堰这一重要人文特性、哲学内涵，是中华水文化的精髓，也正是新时期民族精神的主体，正如著名学者余秋雨所说的："都江堰，解读中华文明的钥匙"。

三、哈尼梯田

以元阳县为代表的"哈尼稻作梯田系统"被称为"全球人工湿地典范"，哈尼梯田于2013年入录世界文化遗产。世界遗产委员会的评价是："红河哈尼梯田文化景观所体现的森林、水系、梯田和村寨"四素同构"系统符合世界遗产标准ⅲ[①]和标准ⅴ[②]，其完美反映的精密复杂的农业、林业和水分配系统，通过长期以来形成的独特社会经济宗教体系得以加强，彰显了人与环境互动的一种重要模式"。

哈尼梯田至今有1200多年的历史，规模宏大，分布于云南南部红河州元阳、红河、金平、绿春四县，总面积约100万亩，其中元阳县是哈尼梯田的核心区。

---

① 独一无二或至少是非常特别地代表了一种文化传统或是一种现存或已经灭绝的文明。
② 可作为传统的人类居住地或使用地的杰出范例，代表一种（或几种）文化，尤其在不可逆转之变化的影响下变得易于损坏。

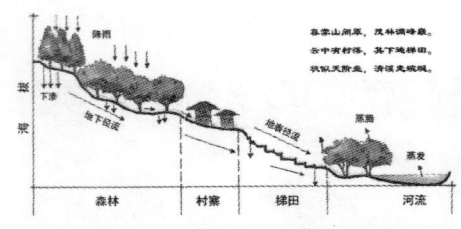

哈尼梯田四素同构景观剖面图①

1. 水生态自我循环的物质文化

元阳梯田堪称世界奇迹，有着"哈尼人的天梯"的美誉。它有四绝：第一绝是面积大，大大小小、形状各异的梯田连绵成片，每片面积多达上千亩，这种壮观的景象只有在元阳才能见到；第二绝是地势陡，从15°的缓坡到75°的峭壁上，都能看见梯田，这样险峻的梯田在世界上都是罕见的；第三绝是级数多，最多的时候能在一面坡上开出3785级阶梯；第四绝是海拔高，梯田由河谷一直延伸到海拔2000多米的山上，可以到达水稻生长的最高极限。

河水通过日照、蒸发、升空汇集到山顶，形成云雾、露珠，经由森林涵养，变成地下水，通过沟渠集结，灌溉梯田，余水又回归河流，如此循环反复，形成江河、村寨、梯田、森林四位一体的生态自动控制、自动修复系统。在这个自动控制系统中，位于系统顶端的森林和末端的河流，一旦任何一端消失或破坏，整个生态系统将会崩溃。这种水生态循环系统在世界文化遗产中是独一无二的。

2. 水资源管理的制度文化

哈尼族从古至今形成的梯田灌溉水源管理的特殊方法是木刻分水，即用刻有尺度的木器测量分水的方法，哈尼语称其为"欧斗斗"。哈尼族每个村寨都有水沟管理人员，叫作"沟头"。沟头任期一年，可以连任。村寨每年在栽插之际聚众祭沟会餐，清理水口，商讨管理事宜，改选沟头，完善管理制度，违者受罚。分水器木刻凹口的宽窄根据梯田灌溉的面积而定。分水器没有固定制作模式，各地大小不一，但都很注重木刻凹口的宽窄。

哈尼族族徽

木刻分水是哈尼族在长期的梯田农耕活动中形成的一种不成文的水规制度。其形式为：根据

---

① 高凯. 红河哈尼梯田文化景观的形与神. 昆明理工大学学报（社会科学版），2013（12）

一条沟渠所能灌溉的梯田面积，经过村与村，户与户有关田主集体协商，根据每份梯田应得水量的多少，在大家一致认同的前提下，按水沟源头、中部、部尾流经顺序，在梯田与水沟结合部设置一根横木，并在其上凿刻一定宽度以限制进水量。因枯枝落叶堵塞横木刻口不追究责任，若人为堵塞、移动横木而导致分水彼多此少的，则视为违规，要予以罚款。

为了维持哈尼梯田的灌溉系统正常运转，村寨设有专门的管水人员进行灌溉管理，由村寨支付其钱粮作为报酬。尤其是枯水季节，其沟渠来水量减少时，哈尼族人设立类似于现代农田水利的轮灌制度，以避免争水、抢水的水事纠纷。哈尼族人对水的管理充分体现水资源价值特性和水权的认识，哈尼族人将水视为资源具有较早的历史。在土司时代，引土司兴建的渠道水灌溉需按产量交谷物为引水报酬。即便相邻的田块，由于沟渠属于不同的主人，也不能随意引水进行灌溉。

哈尼族人自古就有岁修沟渠制度，平常沟渠破损，谁见谁修。但每年冬季，村村出动，疏沟通渠，砍除杂草，修葺如新，正是这种渠系维护制度，保证了千年哈尼梯田灌区完好如初。

哈尼族人居于半山，而梯田海拔大多低于村落海拔，加之梯田级数较多，梯田施肥较为不易。哈尼族人则充分利用山区来水，发明了科学省力的"冲肥"方法。冲肥分两种：一是冲村寨肥塘。哈尼族各村寨都设有专门水塘，平时家禽、牲畜粪便及人类生活垃圾积集于此。插秧时节，利用山水，搅拌肥塘，农家肥水顺沟而下，流入梯田。如果某家需要单独冲畜肥水入田，则通知别家关闭水口即可。二是冲山水肥。每年雨季来临期间，正是稻谷拔节抽穗之时，在高山森林中积蓄、堆沤了一年的枯枝、牛马粪便顺山水而下，流入山腰水沟，此时适逢梯田需要追肥，故村村寨寨、男女老少一起出动，把漫山而来的肥料疏导入田，此举古称冲肥和赶沟，并沿用至今。

哈尼族人自古就有利用梯田养鱼的传统。哈尼梯田仅耕作单季，水稻收割之后，梯田则不再种植其他作物，但此时梯田仍然尚有水的存在，哈尼族人则利用其梯田为养鱼之地，提高其水资源和土地资源的利用效率。

3. 水宗教崇拜的行为文化

哈尼村寨的选址其上方必须有森林，而且必须选择一片森林作为寨神栖息之地作为神林。寨神林是森林的缩影，哈尼族人年年祭祀寨神林，且寨神林平时不能随便出入，以防止人为的破坏。根植于哈尼族人心中的对森林的保护意识和保护手段，使得哈尼聚居区具有较高的森林覆盖率，这些森林涵养的水资源形成了库容巨大的绿色水库，从而成就了哈尼梯田。经过上千年的经验积累，哈尼族人对树种的水源涵养特性有相当程度的掌握，寨神林大多种植水源涵养特性较好的树种，包括五眼果树、喜树、椆木、榕树、木荷、水冬瓜树、多依树等树种。

哈尼族各支系普遍存在着对水的祭祀，各个村寨都要在一定的时间对水源头、水井、河流、河沟等进行全村性的祭祀活动，乞求水神保佑水源充足、五谷丰登。各地的哈尼族普遍使用水井蓄水，因此对水井的祭祀是水神祭祀中较为典型的。

哈尼梯田的水墨画（刘同尘 摄）

根据水文化的概念，哈尼族人在对水的趋利避害的过程中，创造的精神与物质财富都属于水文化的范畴，在哈尼梯田文化区则蕴含有丰富的水文化内容，可主要概括为：水资源的高效利用，水资源保护理念，合理的梯田灌区规划和管理思想。

4. 大地艺术的精神文化

哈尼梯田不仅是"全球人工湿地典范"，还是大地艺术的杰出典范，是世界摄影家朝拜的圣地。每当清晨四五点钟，大批游客冒着寒风抢占机位，只为在日出的一瞬间，抢拍到梯田的神韵。

就形而论，梯田层层叠叠，鳞次栉比，蜿蜒曲折，平如锦绣，坡似天梯，线条圆润，疏密相间，软硬得体，雄奇秀美、鬼斧神工。

就光而论，秋收完毕，田埂剔净，畦田满水，晶莹剔透，浓淡相宜，明暗对比，一片净空，犹如形神俱佳的水墨画。

就色而言，天渐放亮，白云似纱，村庄朦胧，梯田之上，山风微拂，云海渐开，夜幕渐褪，晨曦始现，天空射光，浮云染红，彩云反射，水面波光，红黄绚丽，犹如色彩斑斓的水彩画。春夏秋冬，景景各异，是不可多得的水工美学绝佳范例。

5. 哈尼梯田的告警

由于种种原因，1959—1989 年哈尼梯田的林地从 13.49 万公顷下降到 2.86 万公顷，森林覆盖率 54.9% 下降到 12.9%，29 条河流枯季流量近 20 年减少 31%~34%，林－田－寨的结构发生改变。同时，近年来当地人口和旅游的快速发展，资源环境压力不断增大。目前整个梯田文化区存在着水土流失、来水减少而灌溉水量不足、梯田崩塌等问题。作为哈尼民族文化重要组成之一的哈尼梯田水文化面临破坏的危险，这些问题势必会影响到哈尼梯田的世界自然文化遗产申报及保护工作。引以为戒的是菲律宾的科迪勒拉水稻梯田，1995年入录世界文化遗产，2001年被列入濒危遗产名单，原因是人类迁离。

联合国教科文组织驻华代表处文化项目官员卡贝丝女士针对哈尼梯田的保护，提出中国的地方政府应寻找一种平衡而有效的模式，在推动包括哈尼梯田在内的世界遗产所在地旅游经济发展的同时，尽最大可能保护遗产地的传统文化和生活方式。她说："保护好哈尼梯田就是要找到合适的方式，不让遗产地核心区梯田和建筑遭到破坏，同时还要让这片土地上生活的年轻一代仍然愿意保持原来的生活方式。"

对于遗产地的房屋建设和旅游开发，卡贝丝建议，首先要制定详细的遗产区地图，并且将核心区明确和显著地标识出来，提醒当地政府和老百姓远离这些地区搞开发建设，并确保该项制度得到贯彻执行。卡贝丝还表示，中国有些地方列入世界遗产名录后，当地政府大力开展旅游业，兴建了大量的旅游设施，导致各地景区千篇一律，缺少当地的特色和人文活动。这样的做法并不可取，哈尼梯田在未来的开发中应避免这样的方式。

卡贝丝认为，中国不缺文化传统，但是要注重教育，尤其是向年轻一代传输保护传统文化的理念，关键要让当地人合作并参与到遗产地的保护，使人们有自己的人生期待，为自己的文化传统骄傲，有意愿保护自己的文化和传统。

四、中西灌溉工程文化比较

从灌溉工程看，荷兰的阿姆斯特丹堤坝是征服自然、控制自然的杰作。荷兰海堤彰显的西方文化以人为中心，强调对自然的征服和改造，以求得人类自身生存与发展期，天人对立。一般的弧形闸门是竖向布置，垂直起吊，荷兰的弧形门却是水平布置，硕大的弧形门构成巨大的"人"字，给我们以深刻的启示。在自然界面前，人是可以有所作为的。

荷兰人字形闸门

水工程本身就是人类对自然的干预，是适度干预还是过度干预将决定维护生态平衡或破坏生态平衡。与西方的灌溉工程不同，哈尼梯田是顺应自然的典范。老子在《道德经》中说："天地相合，以降甘露，人莫之令而自均。始制有名，名亦既有，天将知止。知止不殆。譬道在天下，犹川谷与江海。"在这里，老子讲了"水"的三种形态："甘露"即天上水；"川谷"即地下水；"江海"即联系天地间的循环中介水。水的运动规律就是"三水"转化、循环规律，显然，老子在这里紧紧抓住"水"，就把握住天地间的联系，只有水这种介质在天地间才能上行下达。哈尼梯田的"三水"的有序循环，江河、村寨、梯田、森林四位一体的生态自动控制、自动修复系统，构建天、地、人、水的和谐。

中国的都江堰崇尚自然，布局象天法地，追求天意和理气，使水工程建筑和城市空间排列组合达到尽善尽美，显示出人适应自然的水平，演绎出道法自然、适度干预、生态平衡、人水和谐的模式，李冰凿离堆正是对自然适度干预的典范。都江堰鱼嘴水流呈"人"字形，而宝瓶口与飞沙堰的平面布置则呈"入"字形，实际上是化"人"为"入"，将"人"融"入"自然，达到天人合一的至高境界。

第二节 湖泊工程

一、新锡德尔湖／费尔特湖

奥地利的新锡德尔湖，匈牙利名"费尔特湖"于2001年入录世界文化遗产。世界遗产委员会的评价是："新锡德尔湖8000年以来一直是多种文化的汇集地，形成了自己丰富的景观，是人类行为和自然环境相互作用，逐步演变发展的结果。湖区周围出色的乡村建筑和几座18、19世纪的宫殿为该地区增添了浓厚的文化色彩"。

新锡德尔湖是欧洲内陆最大的平原湖。湖面海拔113米，面积323平方公里，平均水深1.5米。面积及深度随季节变化而变化。湖底浅平，没有一处超过1.8米深。新锡德尔湖有运河与匈牙利境内多瑙河支流雷普采河相通。湖岸芦苇茂密，栖有珍贵水禽，为国际禁猎地。新锡德尔湖四周由芦苇环绕，没有支流的湖水经过严重的蒸发略含咸味。由于地貌所致，新锡德尔湖是自然的天堂，250多种鸟类在这片自然保护区内自由自在地生活。

1957年由赫伯特·埃尔森发起创立的"湖上音乐节"，多年来从未间断过。每年的七、八月份，慕名而来的游客晚间的一项重要的活动就是在这里听湖上音乐会。夏季一到，仅有2300多人的小镇迎接着来自世界各地上万人次的游客,仅在一天晚上观看轻歌剧演出的观众人数就超过了2万。

二、西湖

中国的杭州西湖于2011年入录世界文化遗产。世界遗产委员会的评价是:"自公元9世纪以来,西湖的湖光山色引得无数文人骚客、艺术大师吟咏兴叹、泼墨挥毫。景区内遍布庙宇、亭台、宝塔、园林,其间点缀着奇花异木、岸堤岛屿,为江南的杭州城增添了无限美景。数百年来,西湖景区对中国其他地区乃至日本和韩国的园林设计都产生了影响,在景观营造的文化传统中,西湖是对天人合一这一理想境界的最佳阐释。"

三潭印月

西湖是中国历代文化精英秉承"天人合一"哲理,在深厚的中国古典文学、绘画美学、造园艺术和技巧传统背景下,持续性创造的"中国山水美学"景观设计的最经典作品,展现了东方景观设计自南宋以来讲求"诗情画意"的艺术风格。它在10个多世纪的持续演变中日臻完善,并真实、完整地保存至今,是世界独具一格的文化景观。

曲院风荷

1. 西湖的自然山水

西湖的自然山水是"西湖景观"的自然载体和组成要素。西湖自然山水中,外湖、小南湖、西里湖、岳湖、北里湖五片水域与北、西、南三座丘陵,湖水与群山紧密相依,低缓的群山呈马蹄形环布在西湖的南、西、北三面,层迭而舒展,天际线柔和委婉,群山环抱中的湖水盈满平静。旖旎的湖光三色激发了中国古代文人无限的创作灵感,成为中国山水画的重要题材,也是历代诗词文学的描写对象，西湖自然山水由此承载了丰富的历史文化内涵，是西湖文化景观不可替代的特征要素。

以西湖为中心，东面是靠近市区的湖滨公园；西南依次有南高峰、大慈山、龙井山、南屏山、凤凰山等山峰，总称南山；北面有灵隐山、北高峰、宝石山等，总称北山。山峰连绵，与西湖构成众星捧月之态。"两堤三岛景观格局"，由5个文物古迹"白堤"、"苏堤"、"小瀛洲"、"湖心亭"、"阮公墩"及它们所构成的西湖水域的观赏和交通格局共同组成。其中，"两堤三岛"是公元9—19世纪期间通过多次西湖疏浚工程不断增添营造而成的人工产物，景观格局是指由"两堤三岛"共同构成的西湖景观堤岛格局。它既是呈现为西湖景观的一种整体布局设计特色，又因其交通路线的内在关系而具备了湖山观赏的游览格局。它以纵和横两条长堤、点状分布的三岛分隔出5片水域，把西湖分隔为外西湖、内西湖、岳湖、小南湖等大小不等、比例适中的水面，既避免如太湖的浩瀚之感，又增加了层次和深度，共同构成景观框架。

这种以堤岛分割和组织空间的方式，是中国景观设计中营造适度的景观空间尺度的重要手法，并融合了中国江南特有的湖堤景观风貌，形成了西湖代表性的景观格局特征。湖中三岛象征了中国秦汉以降的"一池三山"的神话仙境形象，苏、白二堤是中国文化史上最著名的两位大文豪苏东坡、白居易所兴建，堤、岛格局成为西湖景观在中国和东亚影响和流传最为广泛的造园要素。

西湖白蛇传雕塑

2."西湖十景"

"西湖十景"题名景观，每个景观，前两个字写实，后两个字写意，两两相对，苏堤春晓——平湖秋月、曲院风荷——断桥残雪，描述春夏秋冬四季流转；柳浪闻莺——花港观鱼，双峰插云——三潭印月，雷峰夕照——南屏晚钟。以"西湖十景"为代表的西湖景观是园艺、绘画、诗词"三位一体"的关联性文化行为的创造物，表现出讲究诗情画意和天然图画的东方审美情趣，以及追求人与自然情景交融的和谐互动意境。各景观单元由五个基本元素组成：一是10个世纪以来世代传衍的由画家选择的特定观赏场所（视点）和视域范围；二是作为观赏场所的标志物——18世纪皇帝题写的景名碑刻，以及为保护碑刻建造的碑亭；三是10个世纪以来世代传衍的由诗人赋予的四字一组的景观名称"四字景目";四是在特定经典和景观视域范围内与景观单元直接关联的文物古迹、特色植物和自然景象;五是该景观单元在13世纪之后引发的文学艺术历史名作与相关历史人物故事,以及这些文艺作品与人物故事所代表的中国文化传统精神与情感关联。

"西湖十景"系列题名景观设计了春夏秋冬、晨晌昏夜、晴雾风雪、花鸟虫鱼等关于季节、时段、气象、动植物的景观特色以及堤、岛、桥、园林、宅院、佛寺、水上园林、佛塔、亭、台、楼、阁等极为丰富的景观元素,并各有侧重地表现出或生动、或静谧、或隐逸、闲在、冷寂、禅境、仙境等审美主题。

"西湖十景"是在南宋这一中国传统文化艺术的成熟期和鼎盛期创造的最重要的景观设计作品,它受北宋中国山水美学的理论影响,首创了以四季景物作为观赏特性的景观,突出地反映了中国古代文化艺术中诗、画、景在审美和哲学层面上的有机结合,达到完美统一的重大特质。它是中国古典园林史上重要的景观设计作品,是13世纪以来东方景观设计审美特征"诗情画意"的代表性作品。它不仅是中国现存最具代表性和影响力的"题名景观",同时还在中国古代的文学、艺术、园林等领域产生了广泛影响,并伴随着文化交流广泛传播到东亚各国,成为具有世界影响力的东方景观设计经典作品。

西湖的11个文化史迹分别见证了佛、道、忠孝、藏书、茶禅、印学等文化。如保俶塔、雷峰塔、六和塔、净慈寺、灵隐寺、飞来峰造像见证佛教文化;岳飞墓,忠孝文化;抱朴道院,道教文化;文澜阁,藏书文化;西泠印社,印学文化;龙井,茶文化。

3. 西湖特色植物

西湖特色植物如西湖两堤桃柳相间的景观以及春桃、夏荷、秋桂、冬梅的四季花卉及分布于西湖群山中承载了中国茶禅文化重要价值的传统龙井茶园以及其景观。

总之,杭州倚湖而兴、因湖而名、以湖为魂。一千多年来西湖一直保持着历史的原真性,其基本元素和符号既没有被湮灭,也没有被改变,始终具有鲜明的民族特征和时代特征。可以说,西湖是历史上最能体现中国传统文化核心价值的审美实体,是东方审美体系中最具经典性的文化景观。

三、中西湖泊文化比较

从湖泊工程看,作为文化景观,奥地利新锡德尔湖/费尔特湖是自然湖。毕达哥拉斯说过:"我们的眼睛看见对称,耳朵听见和谐"(托塔凯维奇《六概念史》),表明西方的美感主体是眼耳独尊，黑格尔更明确指出："艺术的感性事物只涉及视听两个认识性的感觉。至于嗅觉、味觉和触觉则完全与艺术欣赏无关"（黑格尔《美学》）。奥地利新锡德尔湖的湖文化的美学欣赏主要集中在视觉和听觉上，城堡和宫殿体现视觉的美学欣赏，"湖上音乐会"体现听觉的美学欣赏。

　　与西方的湖泊工程不同，西湖是一个自然湖，更是一个人文湖，是人与自然长期良性互动的产物。世界遗产委员会的评价强调了西湖作为文化景观的特质，西湖的文化景观由自然山水、"三面云山一面城"的城湖空间特征、"两堤三岛"景观格局、"西湖十景"题名景观、西湖文化史迹和西湖特色植物6大要素组成。西湖本质上是一个不断演进、生命力始终旺盛的文化自然形态。它的自然美折射出中国传统哲学、美学、人文、建筑等诸多文化理念，而它的人文美则渗透了许多自然的、物候的意象。西湖是历史上最能体现中国传统文化核心价值的审美实体，是东方审美体系中最具经典性的文化景观。西湖的原真性、独特性和唯一性，就是与世界上以自然景观著称的湖泊相比，西湖的人文景观也是最多的；与世界上以人文景观著称的湖泊相比，西湖的自然景观也是最美的。西湖的美感主体则是眼、耳、鼻、舌、身的五官整合体，是"身知其安也，口知其甘也，目知其美也，耳知其乐也。"（《墨子·非乐》）是全方位的审美，反应天、地、人的神、情、气、韵。

第三节　运河工程

一、欧美运河工程

　　欧美共有五条运河入录世界文化遗产，其中有法国米迪运河、荷兰的阿姆斯特丹运河、加拿大丽都运河、英国的旁特斯沃泰水道桥与运河、比利时中央运河上4座水力升降机。

1. 米迪运河

　　法国的米迪运河于1996年入录世界文化遗产。世界遗产委员会的评价是："米迪运河蜿蜒流淌360公里，各类船只通过运河在地中海和大西洋间穿梭往来，整个航运水系涵盖了船闸、沟渠、桥梁、隧道等328个大小不等的人工建筑，创造了世界现代史上最具辉煌的土木工程奇迹。运河是在1667—1694年挖掘出来的，它为工业革命开辟了一条航线。"

　　米迪运河突出的特点是联通地中海和大西洋创造了在技术上领先于其时代的工程业绩。其中最突出的有位于黑山山丘的圣费雷奥勒大坝。该大坝是当时最大的大坝（顶部长780米，底部长140米），运河所有的水都来自该大坝。63个在丰瑟拉恩，由8个船闸组成的阶梯延伸不足280米，其间的水位落差为21.5米；勒皮德尔引水桥是法国建造的第一个运河桥，也是当今世界上最古老的桥之一；马尔帕斯隧道，世界上第一个可以航行的地下运河河段，隧道长达173米。两个多世纪中，这条运河不负众望，给流经地区带来了繁荣，货物和旅客都沿河运送。运载葡萄酒的马拉大型平底船、小船和驳船往返于两岸间，船闸管理员、驾驶员、马车夫驳船船员、旅行推销员及商人则在岸上忙个不停。

如今，米迪运河已不再运送货物，但随着水路旅游业的发展，它又重现生机。成千上万的业余水手来到这里，沿着它弯曲、阴凉的航道漂流而下，他们在沿途会发现因技术的巧妙和建筑的精致而创造的奇迹，这一切都与周围的乡村和谐地融为一体。

2. 阿姆斯特丹运河区

荷兰的阿姆斯特丹辛格尔运河内侧17世纪运河区于2010年入录世界文化遗产。世界遗产委员会的评价是："阿姆斯特丹运河区作为一个历史市区是16世纪末至17世纪的一项新'港口城市'规划的结果。这一运河网络位于历史市镇及中世纪市镇的西面和南面，它们围绕着老城区，沿着防御边界向内延伸，直至辛厄尔运河。运河网络的修建是一个长期过程，主要任务是通过运河来排干同心弧形沼泽地，并填平中间的空地来扩大城市空间。这些新的空间可以用来统一发展建造商业房屋与大量的纪念性建筑。阿姆斯特丹的城市扩张是这一历史时期同类发展中规模最大，同时也是最均衡的。这个历史市区也是大规模城市规划的一个范例，直到19世纪它还仍然为世界各地所参考。"

阿姆斯特丹运河内景

运河区位于阿姆斯特丹北部，自16世纪末开始，这里一直是国家的重要港口。整个阿姆斯特丹有大小165条人工开凿或修整的运河道，运河总长度超过100公里，拥有大约90座岛屿和1500座桥梁，使得该市被称为'北方的威尼斯'。运河区由中心向外以"同心圆"形发展，运河纵横交错，构成别具一格的城市规划。这是国际城市规划的经典之作，经历4个世纪仍完好无缺。

阿姆斯特丹运河体系的大部分是城市规划的成功结果。17世纪初，在移民达到高峰之际，一个综合规划也付诸实施，即同时开挖了四条主要的同心的半环形运河，称为运河带。三条运河（绅士运河、皇帝运河和王子运河）的沿岸主要为住宅区，最外侧的第四条运河就是辛格尔运河，用于防御和水处理（今已转变为居住和商业发展）。这个规划还设计了辐射状运河，使这些主要运河相互联通。

　　这四大呈半圆形的核心运河区，是阿姆斯特丹最具风情的区域，运河旁名店、咖啡馆、高档餐厅及美观的住宅林立，形成市内一大特色。阿姆斯特丹运河边的房屋建于17世纪中期，大多为红砖建筑，梯阶尖顶外型精致优雅。乘玻璃船游览阿姆斯特丹才能真正体会水城的独特韵味。

　　运河区内主要的公共建筑还有王宫、市政厅、阿姆斯特丹大学、中央车站、阿姆斯特丹历史博物馆和公立图书馆等。

3. 丽都运河

丽都运河

　　加拿大的丽都运河于2007年入录世界文化遗产。世界遗产委员会的评价是："丽都运河建于19世纪初，全长202公里，北起渥太华，南接安大略湖金斯顿港，连通了丽都河与卡坦拉基河。在英美两国争相控制这一区域之际，为战略军事目的开通了这条运河。丽都运河是首批专为蒸汽船设计的运河之一，防御工事群是它的另一个特色。1826年，在运河建造初期，英国人选用'静水'技术，避免了大量挖掘工作，并建立了一连串的水库和50座大型水闸，将水位抬高到适航深度。丽都运河是北美保存最完好的静水运河样本，表明当时北美已大规模使用这项欧洲技术。丽都运河是惟一一条始建于19世纪初北美运河大兴建时代，流经途径至今保持不变，且绝大多数原始构造完好无损的运河。运河上建有六座'碉堡'和一座要塞，后来又在多个闸站增建防御性闸门和管理员值班室。在1846—1848年期间，为加固金斯顿港口的防御工事建造了四个圆形石堡。丽都运河见证了为控制北美大陆发起的战争，具有重要的历史价值。"

　　丽都运河建成，东达大西洋，西面则通往北美五大湖区，在当时来说，起着重要的运输作用。现今，运河已不能容纳大型船只通过，她贯穿整个市区，运河上有十座大桥横跨东西两岸。

河西称上城，居民多为英裔；河东称下城，居民多为法裔。当年河上的水闸、水坝等石砌工程，现在已成为历史性文物。

秀丽的丽都运河横贯全城，为首都平添了几分秀色。丽都运河也是首都重要的旅游资源，春、夏、秋三季可乘船游览观光，冬季，冰上健儿可以在此一展身姿。每年2月中旬渥太华举办为期十天的冬季狂欢节就在结冰的丽都运河上举行。它的特色除了有冰雕展、雪橇活动、破冰船之旅、冰上曲棍球赛、雪鞋竞走以及冰上驾马比赛等精彩活动。你可以在约9公里长的运河上悠游冰上世界。冰面上，各色的滑冰服穿梭来去，形成五彩人流。丽都河边几处公园中，屹立着严冬赐予人们的各式艺术品——除了独具匠心、玲珑剔透的冰雕外，还有巨大的、憨厚雄浑的雪雕，平添几多情趣。

夏天的丽都运河又是另一番风景，度假小艇悠闲穿梭，郁金香、番红花，姹紫嫣红，香气袭人。

4. 旁特斯沃泰水道桥与运河

英国的旁特斯沃泰水道桥与运河于2009年入录世界文化遗产。世界遗产委员会的评价是："位于英国威尔士的东北部，总长18公里，是工业革命土木工程技艺的典范，完成于19世纪初。由于运河横跨各种不同地形，因此需要建造技术出色而大胆，甚至不用闸门。水道桥为泰尔福德所设计，为土木工程与金属建筑划时代之创举，其使用生铁与锻铁强化弧形结构，重量轻但坚固。旁特斯沃泰水道桥与运河被誉为天才创意经典作品，显示出欧洲已经获得的综合专业知识，并启发了全球无数土木工程。"

旁特斯沃泰水道桥

旁特斯沃泰水道桥，这个已有200年历史的工程奇迹于2009年获得了"世界遗产"的称号。获此荣誉的还包括从奇克大河岸绵延到兰戈伦18公里长的兰戈伦运河。1795—1805年，托马斯·特尔福设计并建造了这条英国最长且最高的高架水道。水道桥身采用金属结构，墩身采用砌石结构，两种不同品质建材相得益彰，各得其所。航运不采用永久闸门，而用临时木门抬水，以利航行，大大降低运行成本。

5. 中央运河上的四部升降机

世界遗产委员会的评价是："四座水利船舶高架桥在拉卢维耶尔和勒勒短短的路程中是工业遗址中质量最高的。同时拉卢维耶尔和勒勒自身也与建筑结构联系在一起，它们得到良好的保护并组成 19 世纪末期工业风景的范例。在这个世纪开始和最后的时间，8 座船舶高架桥建立起来，其中仅有的一座仍然保留在最初的工业状态，四座在拉卢维耶尔和勒勒地区。因此，它们在这个世界上是独特的。"

比利时中央运河上的升降机

比利时中央运河上的四部升降机于 1988 年列入世界遗产名录在美学上的启示是意味深长的。对待工业遗址，不是简单的拆除，而是重新审视，重新定位，重新设计。工业革命的遗址除了做遗产博物馆向公众展示之外，还有多方面的价值，我们应该重新认识它的价值。复兴工业遗址，不是简单地开发房地产，还可以建立高科技园区以发展高科技产业，也可以发展文化产业，建设现代艺术馆、文化中心、公园等，可以把工业遗址中的水池变成儿童戏水池，也可以把钢架改造成攀援场所等。

追求时间的美，工业的美，野草的美、落差错愕的美，展示工业的张力；珍惜足下的文化，平常的文化，曾经被忽视而将逝去的文化，这正是重新设计工业遗址的理念。

二、京杭大运河

中国的京杭大运河于 2014 年入录世界文化遗产。世界遗产委员会的评价是："大运河是世界上最长、最古老的人工水道，也是工业革命前规模最大、范围最广的土木工程项目，它促进了中国南北物资的交流和领土的统一管辖，反映出中国人民高超的智慧、决心和勇气，以及东方文明在水利技术和管理能力方面的杰出成就。历经两千余年的持续发展与演变，大运河直到今天仍发挥着重要的交通、运输、行洪、灌溉、输水等作用,是大运河沿线地区不可缺少的重要交通运输方式,自古至今在保障中国经济繁荣和社会稳定方面发挥了重要的作用。符合世界遗产标准(i)[①]、(iii)[②]、(iv)[③]"。

此次申报世界文化遗产的大运河包括横贯中国中东部地区的隋唐大运河、京杭大运河和浙东运河,在春秋战国、隋朝及元朝时期都曾经历过大规模兴建。

依据历史分段和命名习惯,大运河共包括十大河段。申报的系列遗产分别选取了各河段的典型河道段落和重要遗产点,包括河道遗产27段,总长度1011公里,相关遗产共计58处。遗产类型包括闸、堤、坝、桥、水城门、纤道、码头、险工等运河水工遗存,以及仓窖、衙署、驿站、行宫、会馆、钞关等大运河的配套设施和管理设施,和一部分与大运河文化意义密切相关的古建筑、历史文化街区等。这些遗产分布在2个直辖市、6个省、25个地级市,遗产区总面积为2082.9公顷,缓冲区总面积为54263公顷。

京杭大运河是世界上开凿最早、里程最长的人工运河,它是古代中国人民创造的伟大水利工程,是我国历史上南粮北运、水利灌溉的黄金水道,是军资调配、商旅往来的经济命脉,是沟通南北、东西文化交融的桥梁,是集中展现历史文化和人文景观的古代文化长廊。它承载着上千年的沧桑风雨,见证了沿河两岸城市的发展与变迁,积淀了内容丰富、底蕴深厚的运河文化,是中华民族弥足珍贵的物质和精神财富,是中华文明传承发展的纽带,涉及文化品类极为丰富,有

京杭大运河杭州段

哲学、艺术、科技、景观、历史、民俗等,大运河是漕运文化、都市文化、民俗文化的复合型水工程文化,开放性与凝聚性的统一、流动性与稳定性的统一、多样性与一体性的统一是大运河水工程文化的深刻内涵。

---

① 代表一种独特的艺术成就,一种创造性的天才杰作。
② 能为一种已消逝的文明或文化传统提供一种独特的至少是特殊的见证。
③ 可作为一种建筑或建筑群或景观的杰出范例,展示出人类历史上一个(或几个)重要阶段。

中国的京杭大运河与所有已经列入世界遗产名录的其他运河完全不同，它同时具备了文化线路、文化景观、工业遗产等多种价值。

从控制论的角度来看，大运河出现以前，黄河流域系统和长江流域系统各自独立，彼此没有交集，是开环系统。大运河将两大流域沟通后，黄河、长江可视为同源，两大流域就组成同一系统，形成闭环反馈系统，网络流（物质流、能量流、信息流）可以与水流方向相同或相反。由于反馈的存在，利用输入和输出的比较，使系统本身能够随着环境条件或结构的不可预计的变化，自行调整或修改系统参量，从而保持系统的稳定性和正常运转。从这个意义上说，大运河贯通南北，连接东西，增强了中华民族的向心力和凝聚力。

大运河河道及其独特的工程设施、城镇网络、河政管理机制、社会结构与产业结构、商业发展等方面的特点及运河区域人们的心理意识、宗教信仰、生活习俗等方面的趋同，是中国运河区域文化的基本表现形态。

三、中西运河文化比较

从运河工程看，米迪运河被列入世界文化遗产，成为世界上第一条申遗成功的运河，米迪运河沟通大西洋与地中海，它是民用工程建设的标致性创造，也是产业革命时代重要的表达方式；荷兰阿姆斯特丹辛格尔运河内侧17世纪运河区是城市规划的范例，直到19世纪它还仍旧为世界各地所参考；丽都运河沟通的是安大略湖与大西洋，体现军事功能和静水河工技术；英国旁特斯沃泰水道桥与运河是工业革命土木工程技艺的典范，其天才创意经典作品，显示出欧洲已经获得的综合专业知识，并启发了全球无数土木工程；比利时中央运河上的四部升降机组成19世纪末期工业风景的范例。

从世界遗产委员会的评价看，欧美运河是科技的杰作，其和谐美体现在个体的完整，以科学技术、工程成就入录世界遗产名录。中国的京杭大运河在时空跨度、长度规模、科学技术、管理制度、文化形态、社会功能等方面远超欧美运河。

本次入录世界文化遗产的中国大运河长1011公里，距今已2000多年，是世界上最长、最古老的人工运河，而欧美最长的米迪运河长度为360公里，仅为大运河申报长度的1/3，是实际长度的1/8，它们均是西方近代工业革命的产物，距今也不过是200多年。

在科学技术、管理制度上，大运河是历代运河工程技术的集大成，是世界航运工程史上的杰作，破解六大世界性难题：创建了梯级船闸工程系统，到明代梯级船闸数量增至38座，就是靠着这 38 座船闸有序地不断提升水位又不断降低水位，浩荡的运输船队得以平稳地翻山越岭；创建了南旺分水工程，实现了"七分朝天子，三分下江南"的合理分流，确保了漕运船队顺利翻山越岭，体现了很高的航运枢纽规划水平和工程技术水平；创建了黄、淮、运交汇的清口水利枢纽工程；发明创造了航运节水工程澳闸和调节水柜，使部分水量可以重复使用，完全符合现代船闸的节水设计理论与实践；创建了航运安全工程系统，设置滚水坝和减水闸；创建了一整套工程建设管理系统，总结出一整套京杭大运河的工程建设指挥体系、运河管理指挥体系、漕运运输指挥体系，并制定了一套完善、严密的章程规划、制度措施，为保证京杭大运河历代浩大工程的建设目标得以成功实现和保持运道长久通畅提供了重要保障。

在文化形态上体现"活性"和"线性"的特征。山东济宁以南的部分仍在通航，在交通运输中发挥着无法替代的重要作用。其他一些河道转变成为景观河、灌溉河、排涝河，在当今依然发挥着重要作用。此外，大运河的"活"还体现在她始终是一条不断发展变化的运河。历史上，因为黄河改道等自然原因，大运河就曾多次变迁。近代以来，随着传统功能部分退化，运河的使用功能发生变化，管理维护设施不断更新，运河沿线城市面貌也持续改善，而这些变化共同为大运河作为活态文化遗产的价值做出贡献。

"线性"文化遗产是大运河遗产的又一显著特征。中国大运河完全具备了线性文化遗产的基本要素，是具有完整的起点和终点、具有一定长度和宽度的线性景观或网络系统，它具有毋庸置疑的突出普遍价值，是标志着民族文化身份的重要遗产。中国大运河体现了线性遗产"整体大于个体之和的价值"，能够连接时间、空间，跨越陆地和水域，除了促进商品和思想交流外，还推动文化区域内或各文化地区间的共同发展。大运河在历史上成为沟通多个文化地带的最繁忙的文化交流路线，融会贯通着沿线不同地域建筑、文学、大众文化、沿途习俗、仪式、衣食住行、生活方式和价值观。

在社会功能上，京杭大运河沟通的是黄河文明与长江文明，对中华文明的稳定发展和融合做出重要贡献。中国大运河的独特个性符号便是漕运，即财富和文化经由大运河集中、流动、再分配。大运河直到今天仍发挥着重要的交通、运输、行洪、灌溉、输水等作用，是大运河沿线地区不可缺少的重要交通运输方式，自古至今在保障中国经济繁荣和社会稳定方面发挥了重要的作用。大运河在历史上成为最有影响力和效率的南北经济资源交互传播线路。大运河在历史上成为最活跃和兴旺的国内外商贸路线，不仅直接促进了中国国内区域间的物流与人际交往，同时也影响到古代中国与世界的外交往来。

京杭大运河是文化的瑰宝、文化的集萃，其和谐美体现在整体的序结构，整体对个体的规定。

大运河承载的功能价值、自然价值、历史价值、审美价值和文明信息比欧美运河要丰富得多、复杂得多,以文化景观、人工水道等多种遗产类别入录世界文化遗产名录。

故宫博物院院长单霁翔指出,大运河和丝绸之路项目至少从六个方面彻底改变了以往人们对文化遗产的认知:过去是保护文化要素的东西,今天是保护人和自然共同创造的遗产;过去只保护那些静态的遗产比如长城等,大运河是流淌的,还在使用的,让人们认识到活态的遗产也要保护;过去保护的是一个点、一个面,比如一个桥、一个塔、一个古建筑群、一个历史村镇……这次是一条线,并且是上千公里的线;过去保护的是古代的、近代的,如今要保护当代的,今天中国的水利、交通部门为了改造大运河,对大运河新做的那些加强功能的贡献,仍然是未来的遗产,人们认识到要为未来保护今天;过去保护宫殿、古建筑群、寺庙等纪念性建筑,今天大运河、丝绸之路沿途的那些民间民俗的工业遗产、老字号、乡土建筑等都将得到保护;过去保护的是物质要素,今天大运河、丝绸之路带来的是非物质要素保护的观念——这两项成功申遗的文化遗产将带来世界文化遗产领域人们认知的革新。

第四节　给水工程

一、欧洲的给水工程

1.加尔水道桥

法国的加尔水道桥于1985年入录世界文化遗产。世界遗产委员会的评价是:"加德桥建于公元前夕,是为了长于约50公里的高架渠横跨加德河所建。这座桥计3层,高约50米,最长的地方为275米,设计出这座桥的水利工程师和罗马建筑师创造了技术上同时也是艺术上的一件杰作。"

法国尼姆的加尔水道原长近50公里,现存横跨加尔河谷的一段长约269米。渡槽离地49米,桥分上中下3层叠拱横跨加尔谷的构图对以后的建筑产生较大影响。3层拱桥底层为人行道,有6个拱门,长约142

加尔水道桥

米，高为22米，间距16~24米；中间层有11个拱门，长约243米，间距19米；上层有35个拱门，间距为4.6米，上层总高度为7.4米（含水道高），因拱跨较小，因而实体部分占较大比重。桥宽度：下层为6.4米，中层为4.5米，上层为3米。为抵御洪水，桥身呈轻度曲线，在桥墩底部设分水角，两侧石块表面不规则突起用来固定木脚手架。渡槽比降为1/3000，落差为17米。令人惊异的是底层的6个拱门中，只有一个跨越加尔河，而且是斜跨，同时每层的拱门都不一样。尼姆市最繁荣时有5万人口，加尔水道每天可供应市民人均400升水量。世界遗产委员会的评价特别强调水利工程师与建筑师的结合、工程与艺术的结合，这是提升水工程文化品位的必经途径。

2. 塞哥维亚古罗马输水道

世界遗产委员会的评价是："塞哥维亚古罗马输水道，大概建于公元50年前后，迄今完好，令人称奇。这一建筑以双层拱洞为特点，给人留下深刻的印象，成为塞哥维亚历史古城一道亮丽的风景线。在这里，人们还可以参观阿尔卡萨尔这一始建于11世纪，完成于16世纪的哥特式大教堂。"

塞哥维亚古罗马输水道，位于西班牙境内的卡斯蒂亚利亚—莱昂自治区，建于公元60年左右，长813米，由上下两层拱洞构筑而成，最高处距地28.5米，总共128个半圆拱，全部用花岗岩石砌成。

这一建筑以双层拱洞为特点，给人留下深刻的印象，上下两层拱宽一致，便于力的传递，两层高度比为0.57∶1，接近黄金分割比。长813米、高28.5米的双层

塞哥维亚古罗马输水道

花岗岩石网格，对空间进行分割，成为一个巨大的取景框，远处的楼群被分割、切碎，分中有合、合中有分，妙理无穷，成为塞哥维亚历史古城一道亮丽的风景线。

二、中国的给水工程

1. 西递、宏村供水系统

皖南古村落——西递、宏村供水系统于1999年入录世界文化遗产。世界遗产委员会的评价是："西递、宏村这两个传统的古村落在很大程度上仍然保持着那些在上个世纪已经消失或改变了的乡

村的面貌。其街道的风格，古建筑和装饰物，以及供水系统完备的民居都是非常独特的文化遗存。"

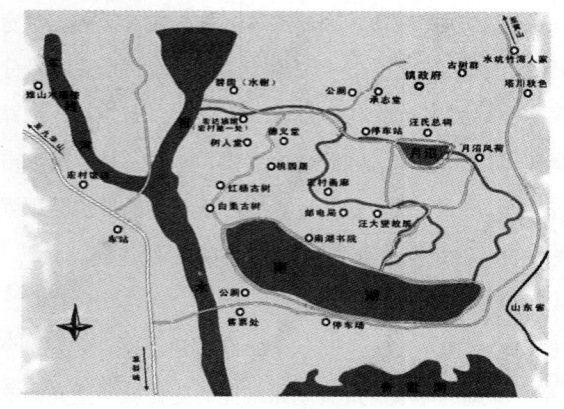

宏村水系布置图

西递四面环山，两条溪流从村北、村东经过村落在村南会源桥汇聚。村落以一条纵向的街道和两条沿溪的道路为主要骨架，构成东西向为主、向南北延伸的村落街巷系统。所有街巷均以黟县青石铺地，古建筑多为木结构、砖墙维护，木雕、石雕、砖雕丰富多彩，巷道和建筑的设计布局协调。村落空间变化灵活，建筑色调朴素淡雅，是中国徽派建筑艺术的典型代表。

宏村背倚黄山余脉羊栈岭、雷岗山等，地势较高，经常云蒸霞蔚，有时如浓墨重彩，有时似泼墨写意，真好似一幅徐徐展开的山水长卷，因此被誉为"中国画里的乡村"。宏村的古建筑均为粉墙青瓦，分列规整。"承志堂"是其中最为宏大、最为精美的代表作，被誉为"民间故宫"。它堪称一所徽派木雕工艺陈列馆，各种木雕层次丰富，繁复生动，经过百余年时光的消磨，至今仍金碧辉煌。

全村现保存完好的明清古民居有140余幢，古朴典雅，意趣横生。"承志堂"富丽堂皇，精雕细刻，可谓皖南古民居之最；南湖书院的亭台楼阁与湖光山色交相辉映，深具传统徽派建筑风格；敬修堂、东贤堂、三立堂、叙仁堂，或气度恢弘，或朴实端庄，再加上村中的参天古木、民居墙头的青藤老树，庭中的百年牡丹，真可谓是步步入景，处处堪画，同时也反映了悠久历史所留下的广博深邃的文化底蕴。

宏村人规划、建造的牛形村落和人工水系，是当今"建筑史上一大奇观"。整个村庄从高处看，宛若一头斜卧山前溪边的青牛。巍峨苍翠的雷岗为牛首，参天古木是牛角，由东而西错落有致的民居群宛如庞大的牛躯。一条400余米长的溪水盘绕在"牛腹"内，被称作"牛肠"，流入村中半月形的池塘称为"牛胃"后，经过滤流向村外被称作是"牛肚"的南湖。人们还在绕村的河溪上先后架起了四座桥梁，作为牛腿。这种别出心裁的村落水系设计，不仅为村民解决了消防用水，而且调节了气温，为居民生产、生活用水提供了方便，创造了一种"浣汲未防溪路远，家家门前有清泉"的良好环境。宏村供水系统完备的民居都是非常独特的文化遗存，体现出给排水工程文化的魅力。

2. 丽江古城

中国云南的丽江古城于1997年入录世界文化遗产。世界遗产委员会的评价是："古城丽江把经济和战略重地与崎岖的地势巧妙地融合在一起，真实、完美地保存和再现了古朴的风貌。古城的建筑历经无数朝代的洗礼，饱经沧桑，它融汇了各个民族的文化特色而声名远扬。丽江还拥有古老的供水系统，这一系统纵横交错、精巧独特，至今仍在有效地发挥着作用。"

丽江水车

临河就水，可观古城水情。古城充分利用泉水之便，使玉河水在城中一分为三，三分成九，再分成无数条水渠。使之主街傍河、小巷临渠，使古城清净而充满生机。水系组织聚散合理，配置得当，再加上石、石桥、木桥、花鸟虫鱼、琴棋书画、民风民俗，生发出无穷意趣，使古城独具魅力。"三眼井"是纳西族生态用水的独创，最上面的水井是饮用水，中间水池用于洗米、洗菜，最下游的水池用于洗衣，一水多用，各安其位，卫生节水的系统自然生成。白天为市，傍晚关闭西河水闸，利用高差使西河水自动冲洗四方街，洗街之水归入中河，灌溉农田，清洁、灌溉两不误，用水文化如此精致，令人叹为观止。

三、中西给水工程文化比较

从给水工程看，法国加尔水道桥和塞哥维亚古罗马输水道的造型艺术很注意对象的富有逻辑的几何可析性。毕达哥拉斯认为："由于数，一切事物看起来才是美的"，柏拉图认为："尺度和比例的保持总是美的"，亚里士多德认为："美的主要形式是秩序和比例的明确"。（托塔凯维奇《六概念史》）西方的先哲们重视形式逻辑在美学中的地位，他们的观点是：是美的东西都是几何的、可析的，美的建筑是由明确的几何形体关系、几何比例关系，以及确定的数量关系所构成的，建筑就应当是由这些确定的几何体所形成的独立的实体，这一组合的实体又可分解为一个个简单的几何体。塞哥维亚古罗马输水道给人留下深刻的印象，这一建筑以双层拱洞为特点，上下两层拱宽一致，便于力的传递，两层高度比为 0.57:1，接近黄金分割比。长813米、高28.5米的双层花岗岩石网格，对空间进行分割，成为一个巨大的取景框，远处的楼群被分割、切碎，分中有合、合中有分,妙理无穷,以个体的张扬体现和谐,以数和比例实现和谐。

与西方的给水工程不同,西递、宏村的村落选址、布局和建筑形态,都以《周易》风水理论为指导,体现了天人合一的中国传统哲学思想和对大自然的向往与尊重。那些典雅的明、清民居建筑群与大自然紧密相融,创造出一个既合乎科学,又富有情趣的生活居住环境,是中国传统民居的精髓。西递、宏村独特的水系是实用与美学相结合的水利工程典范,尤其是宏村的牛形水系,深刻体现了人类利用自然,改造自然的卓越智慧。

宏村独特的水系和村落实现园林化,其美学特征是"中"与"和"。水系由水口、水圳、月沼、南湖、水院组成。月沼为宏村的公共中心体现了美学的"中";水口高程得当、朝抱有情,水环境虚实相生、动静皆宜;水圳九曲十弯、宽窄相间;水院均衡分布、沿街随院,带来生气、灵气、文气。外部山水环境"枕山、环水、面屏",水体的多样形态,民居"楼台近水,倒影浮光"呈现出水墨画卷,三者在风水理念的指导下实现了原生态的"和合",以整体对部分的规定,体现工程与自然的和谐。

第五节　桥梁工程

一、欧洲的桥梁工程

1. 维斯盖亚桥

西班牙的维斯盖亚桥于2003年入录世界文化遗产。世界遗产委员会的评价是:"维斯盖亚桥横跨毕尔巴鄂西面的伊拜萨巴河口。这座桥由巴斯克建筑师阿尔贝托·德·帕拉西奥设计,于1893年完工。桥高45米,跨度160米,融合了19世纪的钢铁传统和当时新兴的螺纹钢筋轻质技术。维斯盖亚桥是世界上第一座供行人和车辆通过的高空拉索桥,欧洲、非洲和南、北美洲的很多大桥都是仿照该桥建造的,不过保存至今的为数不多。由于别出心裁地使用了螺纹钢

西班牙的维斯盖亚桥

筋轻质技术，维斯盖亚桥被誉为工业革命时代最杰出的钢铁建筑之一。"

维斯盖亚桥是西班牙进入该名录的首个工业类景观。说它是桥，但是它却没有桥面，桥身高出河面很多，下面悬挂着一个吊篮。中间的部分可以停放车辆，两侧是用来运送乘客的座舱。这座独特的大桥建于 1898 年，是世界上第一座能够同时在吊篮内运送人员和车辆的桥梁，也是目前世界上惟一一座仍在使用的此类桥梁，它被世界遗产委员会誉为是功能性和建筑美学的完美结合。

2. 乔治铁桥区

英国的乔治铁桥区于 1986 年入录世界文化遗产。世界遗产委员会的评价是："众所周知，乔治铁桥区是工业革命的象征，它包含了 18 世纪推动这一工业区快速发展的所有要素，包括矿业和铁路工业。附近有 1708 年建成的煤溪谷的鼓风炉，以纪念此地焦炭的发现。连接铁桥峡上的桥是世界上第一座用金属制成的桥，它对科学技术和建筑学的发展产生了巨大影响。"

英国的乔治铁桥

建于 1779 年的英国大铁桥是一个拱形结构，跨度 30.48 米，高 15.8 米，宽 5.48 米，全部用铁浇铸，重达 384 吨，重量与罗德岛的巨人像可相抗衡。作为世界上同类大建筑中的第一座，英格兰的科尔布鲁克代尔的塞文河上的大铁桥有一种完全适合 18 世纪的古典的匀称和雅致，它预示了将要出现的事物，吹响了工业革命的号角。

二、中国的桥梁工程

1. 安济桥

安济桥俗名大石桥、赵州桥，是位于中国河北省赵县城南五里洨河上的一座石拱桥，设计者是隋代杰出的工匠李春，建造于大业六年（610 年）。安济桥是目前世界上最古老、现存完好的大跨度单孔敞肩坦弧石拱桥，桥长 50.82 米，宽 9 米，南北向横跨洨河之上，基本上是一座 1/4 圆拱桥，在同等跨度的情况下，1/4 弧拱桥的弧长比半圆弧拱桥的弧长短 43%。因此安济桥桥身所用石料，要比同跨度的半圆拱桥节省 40% 以上，既减轻桥身的自重和应力，又使桥面坡度比较平坦。

四个小桥券分布在桥两端,每端两个。这种建筑式样,称为"敞肩空撞券",也是李春独特的创举,既能节约石料二百多立方米,又能减轻桥身1/5的重量,发大水时还可以起到分洪作用,减轻了洪流对桥身的冲击力量。由于安济桥在工程设计上的许多优点,所以经历了十次洪水、八场战争和多次地震,依然能保留到现在。李春能在1300多年前的隋代,建成这种跨度大、扁平率低的单孔1/4圆拱桥梁结构,是世界建筑史上的一个奇迹。而欧洲到19世纪中叶才出现类似的敞肩空撞券桥。

安济桥

安济桥上各部件的装饰也十分精美,顶部,塑造出想象中的吸水兽,寄托大桥不受水害、长存无疆的良好愿望;栏板和望柱上雕刻着精美的石雕群像,各式蛟龙、兽面、花饰、竹节等,尤以蛟龙最为精美。蛟龙或盘踞游戏,或登陆入水,变幻多端,神态极为动人。雕作刀法遒劲有力,艺术风格新颖豪放。

从唐代到明代,安济桥屡见于文献,其中最著名的数唐玄宗开元年间中书令张嘉贞所作《赵州桥铭》,对安济桥有生动的描述:"赵州交河桥,隋匠李春之迹也。制造奇特,人不知其所以为。试观乎用石之妙,楞平砧斫,缄穿隆崇,豁然无楹……又详乎刘插骈,磨砻致密……腰铁栓蹙。两涯嵌四穴,盖以杀怒水之荡突……"。

2. 鱼沼飞梁

又称"十字桥",位于山西太原晋祠博物馆内,是我国现存古桥中惟一的一座十字形桥梁。始建于北魏时期,距今已有1500多年的历史,桥面呈十字形,把圣母殿和献殿连为一体,给人以一种展翅欲飞的感觉。

3. 北京颐和园十七孔桥

建于清乾隆二十年,长150米,宽8

颐和园十七孔桥

米，共 17 拱，是中国园林最长的石桥。远远望去像一道长虹飞跨在碧波之上。桥正中的额栏上，北面写着"灵兽偃月"，南面写着"修蝀凌波"。桥上的石雕装饰极为精美，桥栏的望柱上共雕有神态不同的狮子 500 百余只。桥的两头有 4 只石刻异兽，形象威猛异常，极为生动。

4. 卢沟桥

卢沟桥的狮子

卢沟桥始建于金大定二十九年（1189年），明正统九年（1444年）重修，清康熙时毁于洪水，康熙三十七年（1698年）重建，由于 1937 年 7 月 7 日卢沟桥事件的"爆发"，这座古老的桥又增添了新的意义。桥加卸道全长 266.5 米，桥面宽 7.5 米，桥身全用坚固的花岗石建成，下 11 个券孔，中间的券孔高大，两边的券孔较小。10 座桥墩建在 9 米多厚的鹅卵石与黄沙的堆积层上，坚实无比。桥墩平面呈船形，迎水面设分水尖，形似船头，分水尖上还安置了一根边长约 26 厘米的锐角朝外的三角铁柱，以减少洪水和冰块的冲击，人们把三角铁柱称为"斩龙剑"。桥墩顺水面做成流线型，并向内收进如船尾，洪水一出券洞即被分散，大大减弱了洞内水流压力。其次，每一桥墩都肩挑两拱，拱拱相连，构成整体，共同承受负重。桥为石砌连续圆拱，桥墩、拱券等关键部位嵌有带棱角的铁锭榫，把石间紧紧相连。据有关部门测试，直到现在，桥的负重仍可达 439 吨，这在世界建桥史上实属罕见。

卢沟桥两旁有 281 根汉白玉望柱，柱头刻着莲花座，座下为荷叶墩。望柱中间嵌有 279 块栏板，栏板内侧与桥面外侧均雕有宝瓶、云纹等图案。每根柱头上都有雕工精巧、神态各异的石狮，或静卧、或嬉戏、或张牙舞爪，更有许多小狮子，或爬在雄狮背上，或偎在母狮膝下，千姿百态，数之不尽。桥东的碑亭内立有清乾隆题"卢沟晓月"汉白玉碑是"燕京八景"之一，看晓月要在黎明时分，站在古桥上，凭栏远眺，西山叠翠，月色妩媚。意大利旅行家马可·波罗在他的游记中称赞"它是世界上最好的、独一无二的桥"。金、元、明、清、民国各个时期雕刻的石狮使卢沟桥变成了历朝石雕艺术的博物馆。

5. 广济桥

在京杭大运河余杭段的塘栖古镇上，是大运河上保存较好的薄墩联拱 7 孔实腹拱桥，也是大运河上保存至今规模最大的薄墩联拱石桥。初建于明弘治年间（15 世纪末），现在的桥为清康熙年间（17 世纪末）重修。曾名通济桥、碧天桥，俗称长桥。广济桥全长 78.7 米，面宽 5.2 米，7 孔，拱券纵联并列分节砌筑，拱券上刻有"弘治二年"纪年。现在，保存完好的广济桥势如长虹，造型秀丽，历经 500 余年仍雄踞大运河之上。

广济桥

三、中西桥梁工程文化比较

1991 年美国土木工程师学会（American Society of Civil Engineers）将赵州桥定为国际土木工程历史古迹。迄今为止，中国只有赵州桥和万里长城获选。1996 年国家文物局向联合国教科文组织提交赵州桥申遗报告，提名理由为"赵州桥首创敞肩圆弧拱桥，在世界桥梁建筑史上占据重要的地位"。现已列入联合国教科文组织世界文化遗产候选名录第 95 号。

国内外学界对赵州桥有很高的评价。梁思成说："河北赵县赵州桥……可称为中国工程界一绝。"李约瑟说："在西方圆弧拱桥都被看作是伟大的杰作，而中国的杰出工匠李春，约在 610 年修筑了可与之辉映，甚至技艺更加超群的拱桥。"桥梁专家福格·迈耶（H.Fugl-Meyer）说："罗马拱桥属于巨大的砖石结构建筑……独特的中国拱桥是一种薄石壳体……中国的拱桥建筑，最省材料，是理想的工程作品，满足了技术和工程双方面的要求。"西方第一座真正的敞肩圆弧拱桥直到 19 世纪才出现，那是法国工程师保尔设计的阿道尔夫桥，足足晚了安济桥 1200 年。除了敞肩圆弧拱，中国的筏式基础的雏形的出现和浮式架桥法的运用也被称为世界桥梁的奇迹。

桥是陆地和陆地的连接纽带，是水与天空的中介。从入录世界文化遗产的欧洲桥梁看，西方的桥梁是工业革命的象征，维斯盖亚桥是世界上第一座供行人和车辆通过的高空拉索桥，英国大铁桥是世界上第一座用金属制成的桥，具有高科技的含量。而中国的古桥除了有科技含量外，更具文化内涵，从战国时期李冰在成都"修七桥，上应七星"，到明代汤绍恩在绍兴修三江闸上应二十八宿，即在水工程规划阶段就已经赋予桥文化内涵，历史传统悠久，即在设计、施工阶段，凡桥必有雕塑，必有装饰，或牌坊，或楼阁。像赵州桥、颐和园十七孔桥、卢沟桥、晋祠鱼沼飞梁等莫不如此，均承载着深厚的文化底蕴。

中国的古典美学，重写意、重表现、重行情，思维方式上也偏于以具体形象性思维方式；而西方是重写实、重再现、重模仿的古典美学，抽象思维是其主要的思维方式。不同的审美趣味和思维方式，是造成中西桥梁艺术反差的直接原因。这种艺术反差主要体现在装饰设计上，因为桥梁在造型和空间比例方面的限制性，使得中外桥梁造型艺术表现差距不大，地域特色的表现也就不甚明显，桥梁的装饰图案是设计者自由创作的部分，这才是地域特色最主要的体现，也是分析中西古桥梁艺术差别的重要部分。

西方古代桥梁装饰图案的时代特征十分突出，每种装饰图案风格的持续时间较短，不似中国古桥梁这般因经过几千年的发展而造就出内容的丰富多彩。早期的西方古代桥梁甚至根本不重装饰，直到古希腊时期才稍有改善，偶有的桥梁装饰图案多是以自然界中的花、草、叶、卢苹、藤蔓等为原型，将它们艺术加工后的编织纹样作为装饰的主要图案。罗马时期桥梁增加了塔什干柱式、混合式柱式的装饰题材，但因为此时受维特鲁威的"适用、坚固、美观"建筑观念的影响，桥梁装饰的运用有所节制，图案相对较少。中世纪时期，教会在西方占绝对统治地位，并逐渐影响桥梁建筑，桥梁装饰一改早期的简朴，变得复杂华丽，但因装饰图案的目的是昭显宗教教义，所以图案却多是圣徒像或者《新约》故事为内容，题材未免过于单一。至文艺复兴时期，西方桥梁变得以装饰为美，图案内容的选取范围逐渐扩大，不过天使之类宗教元素还是重要组成部分。

与西方古桥梁比较，中国古代桥梁的装饰图案更为丰富多彩，拥有丰富的动物、植物图案装饰，图案写实，栩栩如生，并且拥有一定的信仰意义，装饰内容含蓄而丰富。桥梁装饰的动物图案较常使用的形象是龙、狮、象、犀牛、孔雀、猴、鹤、凤凰、麒麟等珍禽瑞兽，它们可以分为两类：一是厌胜灵兽，例如犀牛、龙、狮子；另一种是祈福灵兽，例如猴、孔雀。植物中的松柏、古樟、莲花、百合、万年青、葡萄等花草树木是常用图案，松柏、古樟、万年青寓意桥梁和人都平安长寿，莲花形容人品行高洁，百合指代喜事临门，葡萄则是祈求人丁兴旺的象征。除了这些形象的植物图案外，中国古代桥梁装饰图案中也有和西方相似的卷叶花草艺术图案，中国卷叶花草图案最有名的古代桥梁是河北赵县的永通桥，当地流传着"大石桥看功劳，小石桥看花草"的俗语，其中大石桥指的赵州桥，小石桥指永通桥。中国古桥装饰中不但有单独采用动、植物形象的图案，也有多种动、植物相结合形成的组合图案。这类装饰图案比起单独的动、植物图案更能形象地表达出吉祥的寓意，例如松树与仙鹤组合称之为"松鹤延年"；龙与凤相组合寓意"龙凤呈祥"；喜鹊、梅花组合则隐喻"喜上眉梢"等。当然中国丰富的装饰图案不仅仅局限于动植物之上，宗教器物、历史故事、神话传说等都是中国古桥的装饰内容，这是西方古代桥梁装饰所无法比拟的。[①]

中国历代文人墨客留下大量咏桥的诗词歌赋，成为中华桥文化的璀璨篇章。从《诗经》的周文王"亲迎于渭，造舟为梁"（《诗经·大雅·大明》）到汉赋的扬雄的"两江珥其市，九桥带其流"（《蜀都赋》）；从唐诗李白的"锦水东流绕锦城，星桥北挂象天星"（《上皇西巡南京歌十首》）和刘禹锡的"洛水桥边春日斜，碧流清浅见琼砂"（《杂曲歌辞·浪淘沙》），到宋词吴泳的"最关情、疏雨画桥西"（《满江红》），再到元曲的马致远的"小桥流水人家"（《天净沙·秋思》）。诗人以桥记事，以桥抒情，以桥议政，以桥说史，以桥寄思，桥是渡水的桥，桥是送别的桥，桥是聚散两依依的桥，桥是物是人非的桥，桥是见证历史的桥。

第六节　水电工程文化比较——建坝与拆坝之争

中西水电工程文化比较的核心莫过于中美的建坝与拆坝之争。

世界上一直有人反对建坝，要求"让江河自由奔流"。到20世纪六七十年代，呼声日渐高涨，形成势力，发源于美国，波及全球，包括中国。通过反坝人士的呼吁和媒体的宣传，在中国产生一定影响。

一、美国的拆坝

（一）总体概况

据统计，截至2003年美国拆除的水坝大约500座。查明坝高者均值约6米，大部分坝长不详，约100座查明坝长者均值约65米。这500多座拆除的水坝以修筑在支流、溪流上的年代已久，丧失功能的废坝、弃坝为主，因为经济或安全原因而被拆除。超过15米的坝占5%左右。1980年以来已拆除水坝350座，1995—2000年就拆除了140座，数量和被拆坝的高度都有所增加。在过去的总部设在华盛顿特区的环保组织，美国河流于2004年7月21日发布的报告中估计到2004年底

[①] 丁媛. 中国古代桥梁文化专题研究. 华中师范大学硕士学位论文，2013

将拆除60座大坝。加利福尼亚州文图拉县耗资1.1亿美元的流域恢复计划包括拆除美国迄今有待拆除的最大的坝。目前已拆除水电站的例子有爱德华兹坝和斯梅特黑尔坝。另外还有桑比恩坝、格朗吉威尔坝，另一座刘易斯顿坝因为建大的新水电站而遭部分拆除，还有几座计划在未来几年拆除的水电站大坝，最具影响者当数华盛顿州的艾尔瓦坝和格莱因斯卡因坝，两坝均位于艾尔瓦河上。现已计划2008—2009年拆除艾尔瓦坝，格莱因斯卡因拆坝何时实施尚未确定。计划5年内拆除的电站还有俄勒冈州的康帝特电站、布尔阮电站，缅因州的威兹电站、格瑞德沃克斯电站、佛特哈里法克斯电站，犹他州的佛克电站等。①

美国现在考虑拆除1963年建起的216米高的格伦峡谷大坝，因为它对峡谷地区的生态环境造成了严重破坏。此外，为提升日益稀少的鲑鱼族群的存活率，2002年9月美国陆军工兵部决定在蛇河回游河道进行改善工程，而不会完全拆除蛇河下游的四座水坝。在做出这项决定之前，一份新报告曾主张，拆除水坝将可创造工作机会，因此并不会对西北地区的经济造成损害。就美国目前的拆坝现象来看，在建坝方面居世界之先的美国如果再在大河上建坝，已成为不易通过的计划。

（二）原因分析

美国拆坝的焦点主要反映在三个方面：大坝安全因素、大坝功能丧失、考虑洄游性鱼类生长及环境要求。美国目前已拆除坝的服役期多数为50～140年，坝高一般不超过3～10米。在对已拆除坝的技术经济比较中发现，有些坝的除险加固费用远超过继续运行所发挥的效益或拆除所需的费用。在美国西部地区，考虑到为具有较高经济价值的鲑鱼、鳟鱼等洄游性鱼种提供更好的生存条件，对一些作用不是很大的坝也采取了拆除处理。

1. 水坝建设的负效应

水坝建设可能带来生态和环境等多方面的问题。建水坝产生的生态问题除了泥沙和移民问题之外，最难以回避的就是水坝影响鱼类和生物多样性的问题。修建水坝将河流切断以后，对水生物的影响可能比较大，尤其是对洄游鱼类，危害更大。大坝拆除前后岸边动物群体及栖息地变化的方式和速度是我们最需要解决的。

以尼罗河上修建的阿斯旺大坝为例。在大坝建成后20年，工程的负面作用就逐渐显现出来，并且随着时间的推移，大坝对生态和环境的破坏也日益严重。这使得流域的生态和环境持续恶化，而且给全国的经济社会发展带来了负面影响。如果水坝建设后产生了巨大的负面影响，水坝的拆除

---

① 王正旭. 美国水电站退役与大坝拆除. 水利水电科技进展，2002（22）

将成为解决这一问题的最佳方法。

2. 水坝自身的使用寿命

水坝自身也有使用寿命，大坝的平均寿命是 50 年。当然我们不能笼统说一座坝有多少年寿命。早年修建的小土坝技术水平低，寿命必然短。如果按现代的科学技术设计施工，维护良好的水坝，运行时间就很长。但是无论坝工水平多高，我们建设的水坝一定会面临拆除的结果，时间长短都是次要的，因为它存在一个使用寿命的问题。

在美国，1/4 的水坝都已经超过 50 年，到 2020 年，比例会大幅升至 85%，很多水坝拦河堰都已经失去效益。而随着人口增长，很多人发现他们原来是居于这些陈旧、病险水库的下游，人身安全备受威胁。所以拆除病险水坝成为了其中一个出路。在很多情况下，拆坝可能比维修水坝更经济，尤其是在水坝的效益已经不存在的时候。

维修成本以及构成的安全威胁与日俱增。对一些大坝，修复的费用将超过拆除它们的支出；即使是两者的费用不相上下，拆掉大坝也可免除未来的维护成本。对于病险水库，不维修就无法正常运行，而维修费用远高于拆坝费用，一般为拆坝费的 3~5 倍，甚至高达 10 倍；有的坝已存在安全隐患，为保障公共安全而拆除的坝共 100 多座，占美国拆坝总数的 1/4 左右。

事实上，美国拆除大坝主要是拆除那些没有存在价值、构成潜在威胁的水库，和我国一些小型水库因淤积、质量低劣、效益很小或自然受损等原因造成的自然废除比较类似。

但是如今在美国要新建一座大坝，已经很难得到各方的认可。所以大坝建设也可以换一个角度看，采用其他可满足人类寻求的方法来解决问题。此外，广泛存在的移民生活和就业问题、自然景观消失问题，历史、文化资源流失等遗留问题，都使得大坝建设困难重重，综合考虑后大坝的建设必然会受到制约，而已建设的水坝也会面临着拆除。①

二、中国的建坝

在中国，建坝与反建坝的争论从三门峡到三峡一直就没有停止过。

（一）三门峡之争

三门峡工程从规划阶段开始，就有一些专业人士反对在三门峡建设大坝。其中以清华大学教

---

① 林启才．美国拆坝现象的原因分析及其哲学思考．黑龙江水专学报，2007（3）

授黄万里最具代表性，他在水利部召集的学者和水利工程师会议上反对修建三门峡大坝，并批评中国政府邀请的苏联专家的规划，指出三门峡大坝的主要技术是依靠苏联列宁格勒水电设计院，而该院并没有在黄河这样多沙的河流上建造水利工程的经验。黄河泥沙淤积等一系列问题决定了三门峡水利枢纽的建设是不符合实际的决策。

持不同意见的另一位水利专家是现任黄河水利委员会设计院的温善章，他主要针对原先三门峡大坝设计的"高坝"方案，主张"低坝、小库、滞洪、排沙"方案，旨在放弃一点大坝高度，减少若干库容，少淹一点上游的土地，尽量保护关中平原百姓的利益，将移民人数降低到 15 万以下。他觉得当时水利专家对于下游的灾害看得重了，相反，对于上游百姓可能遭受的损失，尤其是移民的问题看得轻了。

除此之外，当时《中国水利》杂志编辑部对 1957 年 6 月 10—24 日召开的"三门峡水利枢纽讨论会"会议记录中，可查阅到 70 名水利专家学者有温善章、黄万里、叶永毅、梅昌华、方宗岱、张寿荫、王潜光、王屯、杨洪润、严恺、李蕴之等十多人，明确表示了不同意三门峡 360 米高坝方案。对黄万里关于"潼关以上将大淤，并不断向上游发展"，张寿荫的"回水离开西安 40～50 公里，淤积也可能在西安附近发生"，以及梅昌华关于移民等问题的警告等发言都有记录。尽管出席会议的专家，几乎都预见三门峡大坝今后可能出现的所有问题，但 1957 年正值"反右运动"最盛的时候，大部分与会者受到政治因素的影响，并不太愿意公然对三门峡大坝的技术问题提出反对意见。

1958 年，在三门峡工程开工一年后，陕西仍在极力反对三门峡工程。理由是：沿黄流域水土保持好就能解决黄河水患问题，无须修建三门峡工程。但三门峡工程并没有因此停止。1960 年，大坝基本竣工，并开始蓄水。到 1962 年 3 月其上游渭河潼关河床就抬高了 45 米，渭河成了地上悬河，严重危害着关中平原的安全。1973 年河道淤积延至临潼以上，距西安只有 14 公里，又威胁到西安的安全。关中平原的地下水无法排泄，田地出现盐碱化甚至沼泽化。

2003 年 8 月 27 日至 10 月，渭河流域发生了 50 多年来最为严重的水灾。有 1080 万亩农作物受灾，225 万亩农作物绝收。这次洪水造成了多处决口，数十人死亡，515 万人口受灾，直接经济损失达 23 亿元。但是这次渭河洪峰仅相当于 35 年一遇的洪水流量，因而陕西省方面将这次水灾的原因归结为三门峡高水位运用，导致潼关高程居高不下，渭河倒灌以至于"小水酿大灾"。

水利界意识到问题的严重性，2003 年 10 月 11 日，水利部召集陕、晋、豫三省相关部门及部分专家学者，在郑州召开了"潼关高程控制及三门峡水库运用方式专题调研会"（以下简称郑州会议）。在郑州会议上，水利部副部长索丽生指出，有必要对三门峡水库的运行方式进行调整，三门峡水库的防洪、防凌、供水等功能可由小浪底水库承担。

紧接着，10月31日，国内资深水利专家、92岁高龄的中国科学院、中国工程院院士张光斗和前水利部部长、80岁高龄的中国工程院院士、全国政协原副主席钱正英，在接受中央电视台《经济半小时》栏目采访时也共同呼吁：三门峡水库应该尽快停止蓄水和发电。

三门峡大坝从立项到建成至今的数十年里，围绕大坝的利弊，各方一直是争论不休，反映着生存之争与利益之争。陕西方面是为了自己的利益和生存而争，而三门峡水电站也是同样的处境。作为三门峡水库调度的负责人，三门峡水利枢纽管理局水库调度科科长张冠军对于水位的感受有着最深刻的体会：要发电，就需要保持高水位，但上游地区将因此出现严重的泥沙淤积。如果降低水位，又无法发电。他无奈地表示："水位是三门峡水利枢纽管理局的一道生死线。"

三门峡水电站作为新中国第一项大型水利工程，有人说是一个败笔。但作为新中国治理黄河的第一个大工程，其探索方法、积累经验的作用是不可小看的，丹江口、小浪底、葛洲坝、三峡等大工程都从它那里得到了极其宝贵的经验教训。但是，同样不能因此就拒绝做深刻的反思。例如决策与管理的科学性、民主性，例如部门之间的协调机制。在我国的水利建设史上，没有一个工程像三门峡这样，从工程设计到建设，从运行到管理，历经曲折，既有规划、决策的教训，也有建设和运行管理的经验，坎坎坷坷，风风雨雨，不时成为全国水利界乃至于全社会关注的焦点。党和国家领导人数次亲临现场，亲自协调，重视程度之高，力度之大，十分罕见。

三门峡之争，是水工程文化的一种典型现象，既有水工程决策文化，也有水工程管理运用文化，而且这一水工程文化之殇，将会给水工程业界留下永久的记忆。正如潘家铮院士所说："按照最初的规划要求来衡量，三门峡工程无疑是失败的，而经过反复探索多次改造后，仍发挥了一定的效益，更重要的是它留给我们极其可贵的经验。"

（二）三峡决策之争

1958年南宁会议上，关于三峡辩论支持方林一山从汉朝贾让治水谈起，历数长江洪水灾害给百姓和国家带来的损失以及至今存在的众多隐患；讲到长江流域丘陵地区也有的旱灾；讲到水力发电是我国工业的主要来源，以及为了15年内赶上英国，我国钢铁工业的发展要求与电力增长要求之间的比例；林一山还谈到了三峡工程投资的可行性和技术上的可能性。

反对方李锐则首先对黄河与长江不同的水量、洪水及泥沙量、最大与最小流量之差做了比较，说明长江自古以来就是一条好河，想以三峡工程一下子解决百年、千年一遇的洪水是不现实的。

李锐还提出，修建三峡工程需要移民 100 多万，极为困难。他还讲到，左右三峡修建的时间是国家财力、经济发展的需要，是电力而不是防洪，而三峡这样大的电站，要在几十年后才可能有此需要。另外，还有地质情况及工程技术等问题不容有任何疏忽，三峡工程同国防与世界形势也有不容忽视的关系。

及至在 20 世纪 80 年代开始的新一轮三峡工程论证中，反对意见的代表人物是李锐和黄万里。黄万里多次上书中央反对修建三峡工程，主要观点有："三峡坝有四大工程本身的错误，还有两大生态环境的错误，不知床沙输的是卵石，而按悬移的泥沙一般处理。"提出五大问题：造坝后对于河道和流域的生态环境影响，大坝和航船上下的工程技术问题，社会影响或社会效益的合理性和可行性，工程经济可行性是否成立，三峡建坝对于国防安全的考虑。

地方政府也积极介入方案论证，重庆市对坝高提出异议，认为 150 米方案，大坝抬高水位有限，水库回水末端仅在忠县至长寿之间，长寿至重庆间的航道不能改善，万吨级船队不能直达重庆。重庆市希望将正常蓄水位提高至 180 米。

在 1985 年 3 月召开的全国政协七届三次会议上，三峡工程问题列为会议的重要议题。一些政协委员从关心国家建设的角度提出了不同意见，并引起争论。

中共中央和国务院鉴于重庆市和社会各界人士对三峡工程的兴建还有不同意见，认为应当充分体现决策的民主性和科学性，乃于 1986 年 6 月联合发出《关于长江三峡工程论证工作有关问题的通知》。通知要求：（1）由水利电力部广泛组织各方面的专家，对"150 米方案可行性研究报告"进行深入论证和修改，根据论证意见重编报告；（2）成立国务院三峡工程审查委员会，负责审查新编报告，再经中共中央和国务院批准，最后交全国人大代表会议审议。水利电力部随即成立了长江三峡工程论证领导小组。

1989 年 3 月，长江委根据各专题论证报告重新编制的三峡工程 175 米方案可行性报告经论证领导小组研究通过。

1990 年 7 月 6—14 日，国务院在北京召开三峡工程论证汇报会，听取论证领导小组关于论证工作和新编可行性报告的汇报。出席会议的有中央领导、民主党派负责人、一些学会的理事长、国务院有关部委与湘、鄂、渝等长江中上游沿江省市及地区的负责人以及特邀代表、专家共 178 人。会上，绝大部分人同意论证的结论"建比不建好，早建比晚建更为有利"，少数人有不同意见。会议认为：新编可行性报告已无原则问题，可报请国务院三峡工程审查委员会审查。

1990 年 12 月，国务院三峡工程审查委员会第一次会议决定组织力量审查新编报告，并于次年 6 月审毕。

1991 年 7 月中旬，国务院三峡工程审查委员会第二次会议决定将新编报告上报国务院批准，再转报全国人民代表大会常务委员会审议通过。

1992 年 4 月 3 日，全国人民代表大会七届五次会议，根据对议案审查和出席会议代表投票的结果，通过了《关于兴建长江三峡工程的决议》，要求国务院适时组织实施。其时，出席会议的代表 2633 人。下午 3 时许，大会宣布投票结果：赞成 1767 票，反对 177 票，弃权 664 票，未投票 25 票，持不同意见的占 1/3。

三峡工程建成后取得了很大成绩，也暴露出一些问题，争论仍在继续，主要议题仍集中在环境、气候、水质、淤积、地质、下游湖泊水量等。

三、建、拆坝的水文化思考

2013 年《中国能源统计年鉴》公布 2012 年中国发电量构成、能源生产构成和能源消费构成：

2012 年中国发电量构成火电 77.8%，水电 17.4%，核电 2.0%，其他 2.8%。

2012 年中国能源生产构成：煤 76.5%，原油 8.9%，天然气 4.3%，水电、核电及其他能 10.3%（发电煤耗计算法）。

2012 年中国能源消费构成：煤 66.6%，原油 18.8%，天然气 5.2%，水电、核电及其他能 9.4%（发电煤耗计算法）。

从上述数据可以看出，在中国能源生产和消费中，对环境污染较严重的能源如煤和原油占据绝大部分，而相对清洁的能源水电和核电所占比例仅 10% 左右，要想控制环境污染和改善空气质量，应从改变能源结构着手。

把水电开发放到中国能源结构调整的重要地位，这是由中国能源发展的国情决定的。《中国的能源政策（2012）》白皮书指出："积极发展水电。中国水能资源蕴藏丰富，技术可开发量 5.42 亿千瓦，居世界第一。按发电量计算，中国目前的水电开发程度不到 30%，仍有较大的开发潜力。实现 2020 年非化石能源消费比重达到 15% 的目标，一半以上需要依靠水电来完成。在做好生态环境保护、移民安置的前提下，中国将积极发展水电，把水电开发与促进当地就业和经济发展结合起来，切实做到'开发一方资源，发展一方经济，改善一方环境，造福一方百姓'。完善水电移民安置政策，健全利益共享机制。加强生态环境保护和环境影响评价，严格落实已建水电站的生态保护措施，提高水资源综合利用水平和生态环境效益。做好水电开发流域规划，加快重点流域大型水电站建设，因地制宜开发中小河流水能资源，科学规划建设抽水蓄能电站。到2015年，中国水电装机容量将达到2.9亿千瓦。"

我国是世界第二大能源生产国，也是世界第二大能源消费国，还是以煤炭为主要能源的国家。以煤炭为主的能源结构，决定了我国燃煤机组在总体电源构成以及火电中的主体地位。燃煤发电在我国煤炭终端消费中占56%，是煤炭能源转换的主要环节。燃煤发电厂的二氧化硫排放占到全国总排放量的50%以上，是造成酸雨污染的主要原因之一。据有关部门统计，我国二氧化硫的年总排放量已超过2500万吨，造成1/3的国土遭受酸雨污染，每年经济损失达1000亿元以上，直接威胁13亿人口和16亿亩耕地的安全。

以煤炭为主的能源结构，使得电煤资源与运输之间的矛盾越来越突出，环境问题日趋严重。目前我国煤炭运输已占铁路货运能力的1/3以上。一方面，我国铁路交通水平与国际存在较大差距；另一方面，我国西煤东运、北煤南运的大跨度、超负荷的运输格局，更加剧了运力紧张。煤炭的污染不仅存在于煤炭的终端消费，而且在煤的前期开发过程中。据有关专家估计，每开采1吨煤就会破坏2.5吨地下水，对我国这样一个水资源严重短缺的国家来说，形势十分严峻。煤炭开采后还会造成地表塌陷，废水、废气和废渣以及矽肺病等。因此，中国能源发展如何千方百计减少燃煤数量，以缓解资源短缺和减少相应的环境污染，已成为当务之急，而积极开发水电是解决这一问题的有效途径之一。

水电是一种经济、清洁的可再生能源，之所以说它经济，是因为水电与风能、太阳能等可再生能源相比是很好的调节电源，开发水电的同时还可以实现开发火电、核电等能源所没有的防洪、灌溉、供水、航运、养殖业和旅游业等综合效益；之所以说它清洁，是因为在水力发电过程中与太阳能、风能一样，不排放有害气体，不污染水资源，也不消耗水资源，没有核辐射危险。发展水电与燃烧矿物资源获得的电力能源相比较，无论在资源方面还是在环境方面，都有利于可持续发展。与煤电相比较，每1千瓦时的水电电量大约可以减少原煤用量500克和二氧化碳排放量1100克。以三峡开发工程为例，从生态角度说，三峡工程本身就是一项环保工程。作为清洁能源，水电是最清洁的，如果将三峡水电站替代燃煤电厂，相当于7座260万千瓦的火电站，每年可减少燃煤5000万吨，少排放二氧化碳约1亿吨、二氧化硫200万吨、一氧化碳约1万吨、氮氧化合物约37万吨以及大量的工业废物，这对减轻我国和周边国家及地区的环境污染和酸雨等危害有巨大的作用。由于水电的能源属性使开发水电成为常规能源优质化、高效化利用的重要途径之一，开发水电对于建立可持续发展的能源系统也就具有重要的意义。因此，水电开发应该放在中国未来能源发展的优先地位。

开发水电可以有效改善我国能源结构。从我国能源供应结构来看，目前我国能源供应以煤为主，石油、天然气资源短缺，人均资源量约为世界平均水平的10%，能源发展受到资源短缺和环境污染的双重约束，调整能源结构，减少煤炭在一次能源消费中的比重，是一项十分重要的任务。我国水能资源理论蕴藏量近7亿千瓦，占我国常规能源资源量的40%，是仅次于煤炭资源的第二大能源资源，是世界上水能资源总量最多的国家。根据勘测设计水平，我国水电有2.47万亿千瓦时的技术可开发量。如果开发充分，至少每年可以提供10亿~13亿吨原煤的能源。由此可见，开发水电可以有效改善我国能源结构，利用好丰富的水能资源是我国能源政策的必然选择。

恩格斯在《自然辩证法》中告诫："我们不要过分陶醉于我们人类对自然界的胜利。对于每一次这样的胜利，自然界都对我们进行报复"。

大自然是伟大的，它的丰富与创造力无与伦比；大自然也是狂暴的，它的残酷与破坏力也登峰造极。面对慷慨与狂暴的大自然，人类实在该有些反思。今天的退耕还林、封山、种草、恢复湿地、清理江河都是在还历史旧账。

特别是随着人类环境意识的提高和可持续发展理念的加强，人们终于开始重新审视和反思水电大坝带来的一系列问题。因此，对于水利工程的生态效应问题需要进行全面分析，忽视水利工程生态负面效应和对水利工程的生态作用进行全面否定的观点都是片面的。

人类建设水利工程，开发利用水资源的历史由来已久，水利工程满足了人们对于供水、防洪、灌溉、发电、航运、渔业及旅游等需求，对于经济发展和社会进步发挥了重要作用。在生态影响方面，水利工程也发挥了一定的正面作用。水资源时间分配不均匀的平衡调节有利于农作物生长，水利工程通过径流调节有效促进了农业的发展，拦蓄洪水在保护人类和社会安全的同时，也抵御了洪涝灾害对生态系统的冲击，水库蓄水增大水体的表面积，局部气候条件的变化对植物群落产生有利影响等。

与此同时，水利工程对河流生态系统也产生了不同程度的负面效应，在生态学中称为对生态系统的胁迫。主要表现为水利工程的屏障作用和径流调节作用对水流、水质及水生生物的不利影响。屏障作用是指水利工程建设造成了河流水流、物质和生物等在纵向和横向上的不连续，从而影响了河流生态系统物质能量循环及动植物的种群隔离。

我们不是一概而论反对建设大坝，为了经济建设的需要，在一些水力资源蕴藏丰富的地方进行水利建设。对于拆坝现象要冷静分析，不能用单一的标准衡量，一定要有逻辑思考。大坝与生态不是对立的矛盾，而是在发展之中寻求协调，社会、经济与环境的协调发展原则可以作为看待和处理水利工程与生态环境关系的标尺。在具体的实现途径上，还需要继续进行深入的探索和实践。就当前的观念而言，水电是目前人类惟一能够大规模商业化开发利用的可再生清洁能源。中国提出了必须在高度重视生态问题的同时积极进行大坝建设，优先发展水电是中国能源发展的重要方针。

事实上，国际上对大坝建设看法不同，是经济社会发展不同阶段的客观反映。一般而言，国际上对大坝问题的看法主要有两种观点：发达国家不同意修大坝，认为大坝建设将对生态造成影响；发展中国家主张修大坝，认为不修大坝经济无法发展。

国际上的两种观点针锋相对，是有其原因的。当前，大多数发达国家的水电开发率极高，有的国家甚至高达90%以上，水电资源开发已接近饱和，而发展中国家的水电资源开发水平极低，一般在10%左右，按最近水能资源普查结果看，中国水能资源开发也只达到百分之十几。另外，发达国家的人均能源消耗远远高于发展中国家，以美国为例，其人均用电量是中国的十几倍，水库拦蓄水资源量的比例，远远高于我国。因此，发展中国家要进一步发展，要解决电力能源问题，不修大坝是不现实、也是不可能的。我国提出2020年要实现国内生产总值比2000年翻两番的目标，据测算，届时国家需电力装机9.3亿千瓦，其中水电装机要在当前基础上增加1.7亿千瓦，达到2.5亿千瓦。这意味着今后平均每年要新增水电装机1000多万千瓦，才能满足翻两番的能源需求。更何况大坝还承担着防洪和水资源配置的任务。在这种情况下，我们必须在高度重视生态问题的同时积极进行大坝建设。

在不同的河流、不同的河段、不同的坝址上建坝，带来的生态问题是不同的，一定要认真做好生态环境评估报告，具体问题具体分析，不要一概否定建坝。由于社会经济发展的需要，到2020年我国水电装机需要增加到2.5亿千瓦。那时我国水电能源的开发率基本达到50%。总体开发达到50%以后，速度会慢慢下降。按世界上发达国家的情况看，水电开发最终可能达到60%~70%的水平。在今后的20~25年的一段时期内，我国水电开发将迎来一个高峰。我们对水电发展的宏观形势要有一个清楚的认识。但在对每一条河、每一个大坝进行规划设计时，都要十分慎重地对待生态问题，认真做好生态环境评估报告。只有充分重视每一座大坝的生态问题，才能实现水电大发展的宏伟目标。

修大坝要慎重，拆大坝同样要慎重。如果认为修建大坝就能解决一切问题的主张是沿用了"人定胜天"的思想，那么认为拆掉大坝就能恢复原来生态的观点同样也是一种"人定胜天"的思想。因为拆掉大坝也有可能破坏既成的、现实的生态系统，带来新的生态问题。因此，建大坝有一整套严格的批准程序，拆大坝也同样需要有一整套严格的批准程序。当前应逐步建立大坝报废退出机制，完善配套法规，严格程序管理。[1]

　　水利水电工作者要勇于挑起大坝建设与生态保护两副重担。在以往的工作中，我们水利水电工作者考虑较多的是如何建大坝，对相关的生态问题考虑得不够。应该认识到，任何水利水电工程，从本质上说都是生态工程。如果在水利水电建设中对生态问题不能正确地对待、科学地处理，很可能会影响到整个国家的经济社会发展。因此，勇于挑起水利水电建设与生态保护两副重担，这是历史赋予我们的重要责任。广大水利水电工作者要切实负起责任，促进我国水利水电建设事业快速健康地发展。

第七节　水闸工程

一、西方典型水闸工程文化

（一）泰晤士河防洪闸

　　英国的泰晤士河防洪闸是 20 世纪 80 年代建成的著名工程。英国自从 1953 年遭受暴风潮袭击，造成泰晤士河堤在伦敦下游决口后，有关方面就提出了修建防洪闸的建议，但遭到很多人的怀疑和反对。经过 10 多年的反复议论，有关方面提出论据充分的可行性报告，国会终于在 1972 年通过《泰晤士河挡潮闸及防洪法》。1974 年防洪闸动工，1984 年建成，于 1985 年获英国的技术成就皇后奖。

泰晤士河防洪闸

　　泰晤士河防洪闸由 10 个扇形闸门组成，平时平卧在河床的凹槽内，当风暴潮信号传来时，可在 30 分钟内，扇形闸门旋转 90°，完成挡水任务。在防洪闸南岸修建了观景平台，防洪闸全景尽收眼底，岸上设有酒吧、纪念展览厅及商店，展厅里有防洪闸模型，为参观者进行演示，并放映其历史、功能及建造过程的电影。

---

[1]　汪恕诚．大坝与生态．中国水利，2004（8）

闸墩上的机器间用木材做成弧形构架，表面镶贴波纹状的不锈钢饰面，在阳光的照耀下熠熠生辉，与泰晤士河的粼粼碧波相映成趣。高6.5米的闸墩宛似一艘艘整装待发的巨轮，又像一只只守护泰晤士河的怪兽。

（二）荷兰水闸

鹿特丹新水道挡潮闸是世界第一大单孔节制闸。它位于鹿特丹新水道河口，是保护三角洲地区不受北海风暴潮袭击的大规模防潮工程的最后一部分，于1996年竣工。该闸设计新颖、技术先进，横卧在宽360米、深17米的新水道上，由两个庞大的支臂组成，在支臂顶端各装有一扇高22米，内设压载水箱的空腹式弧形闸门。两支臂与固定在河道两端的两个各重600吨的球形联轴节相连，并以其为中心转动。当两支臂在河心合龙时，即可将河道封闭，将海潮阻挡在闸门以外。该闸闸体平时停靠在河道两岸的泊坞内，需要关闭时随着其支臂的合龙，先将闸体浮移主河道就位，然后再向其内压载水箱充水，使其沉至建造在河床上的闸门底槛上。开闸时，先将闸体内的水排出，使其浮起，然后随着其支臂的移动再将其浮移回原停靠位置。该闸可抵御高至70000吨的潮水冲击力，即相当于可抵御万年一遇风暴潮的袭击。它的建成在三角洲地区形成了防御北海风暴潮的一个完整的封闭圈，减轻了当地防潮洪的压力，足以保证该地区长远可持续发展的需要。弧形闸的造型，水平运动，大开大合，人字构图，寓意深刻。

与此外形相似的还有2008年建成的常州钟楼防洪控制工程，在闸门运行方式、运行设备、清淤方式、支铰结构上各有不同。马斯兰特挡潮闸自建成后，就一直占据着世界第一大单孔节制闸的地位。而钟楼防洪控制工程的建成后，则占据了亚洲第一大单孔节制闸的地位，并跻身为世界第二大单孔节制闸。

（三）日本水闸

日本的一些水闸虽小，但在文化氛围上，颇费心思，或造型独特，或色彩缤纷，或着意作画，不一而足。

1. 荒川水闸

构形特点：① 楼梯间置于左侧，柱状玻璃幕墙透空；② 底部连续梁呈波浪起伏，充满动势；③ 闸房横截面为梭状，带窗贯通，中间弧形悬挑，像漂浮在太空中的宇宙飞船，游弋在大洋中的鱼雷或潜艇。

日本荒川水闸

日本旧岩渊水闸

2. 旧岩渊水闸

日本旧岩渊水闸用色的大胆超出人的想象,闸门通体红透,门机红框镶嵌,启闭机点点红云,与灰色的闸墩形成鲜明对比。门机位于右,启闭机居左,形成左右呼应、高下相倾之势。

3. 三岭水闸

日本三岭水闸的闸房一反带状布置,以点房出现,连续的中断,一变为三;闸门的彩虹画面,弥补了闸门提出水面时对空间的分割而造成的隔阂感。把闸门当画布,信笔涂洒,别有情趣。

二、中国水闸工程文化

(一)任仁发的水闸

上海元代水闸遗址被评选为"2006年度中国十大考古发现之一"。它是元代著名水利专家兼书画家任仁发设计的,据古书记载任仁发在上海共设计建造了10处水闸。

水闸设置的目的在于利用潮汐原理配合开闸放闸,使泥沙不再淤积于主河道影响航行,进而利用人类和大自然的合力实现水网疏浚。在考古发掘中,专家们揭开元代水闸真面目的同时,元代水利工程施工工艺也得到了还原,通过计算机技术复原并呈现了这座水闸的数十道建设工序:先打下1万余根木桩,木桩上铺木梁,木梁上再铺木板,木板之上最后铺石板。整个工程管理十分精确,已经达到了令人惊叹的地步,建造水平绝不逊于当今任何一件获得鲁班奖的作品。为了确保桩位施工精密度,每根木桩都由工匠用毛笔蘸墨汁用元代盛行的八思巴文编号,古代的施工人员根据天干地支的计数方法对上万根桩进行了编号。"一桩一位一编号",保证基础工程做得有章法,其施工监理的严格程度甚至超过了现代钢筋混凝土建筑工艺,令人敬畏。最上层的石板之间则用金元宝形状的铁榫固定,确保了石板的"无缝连接"。

另一种与水闸相关的施工技术叫"上灰浆","灰浆"是用糯米、石灰等材料制成的古代"黏合剂",一般在古城墙等建筑工艺中较为常见,在对元代水闸的研究中也发现了这种糯米浆的神奇作用。在石板与石板的连接处,凡依靠"金元宝"形状的铁锭榫卯加固的部位,表面都发现了涂抹"灰浆"的痕迹,这种"黏合剂"比现代的胶水牢固多了,而且有防腐功能,以至于当700多年后用现代机械向下打桩时,依然难以撼动水闸的坚固实体。

任仁发主持疏浚吴淞,功绩卓著,水利专著有《浙西水利议答录》十卷。明初顾彧在《竹枝词十二首》中这样赞颂道:

元代水闸遗址

"不是青龙任水监,陆成沟壑水成田。"任仁发还擅长国画,与赵孟頫齐名,许多创作灵感来自治水生涯。他设计的水闸体现了功能美和造型美的有机统一。闸室的缩放、消力池石板的无缝对接、海曼群桩的星形布局,无不浸润着美学的追求。

(二)外苏州河闸

外苏州河闸,虽是单孔平板闸门,其闸墩与门槽分离,采用渐收的棱台,横梁处内缩,又渐放至屋顶,收放自如,凹凸有致,造型设计仿汉代牌楼。闸墩通体黑色,屋顶用米黄色条带进行分割,横梁用条块和方块装饰,闸墩用米黄色竖条点缀,栏杆配汉白玉,河岸立面用棕色块石砌筑,整个建筑古朴大气、端庄醒目。

(三)曹娥江大闸

曹娥江大闸继承了中国古代桥文化的传统,高起点、新创意,将大闸建设成展示现代水利科技和水文化风貌的水工建筑精品。工程景观主要有：下层设大闸工作通道，可观赏大闸工程的外观；中层为大闸工作桥，并可欣赏护栏上雕刻的二十八星宿文化和曹娥江名胜与典故；上层是观光廊道，专供游人登临观潮赏景。

曹娥江大闸（绍兴水利局 摄）

三、中西水闸工程文化比较

  水闸是陆地的连接，架空的房屋，水上的构筑，它近水而非水，似陆而非陆，架空而非空，是天、地、水三系统的交叉点和聚焦点。水闸这种水工建筑物与水的关系是横卧、跨越、拦蓄、导向、分流，其构型特点也由此而生。横卧，表示长高比较大，其尺度，长远远大于高或宽；跨越，表示其位于水天之间，近水远天，云在闸上飘，水从闸下流，水天一色的背景给人以空旷、穿透的视觉；拦蓄、导向、分流，表示其水型特点是闸前有水面、闸后有水道。闸、桥与水的关系在横、跨这两点上是相同的，不同的是桥不具备拦、导、分的功能，桥的跨度远大于闸的跨度，因此在空间造型设计上基准点是不同的；闸、坝与水的关系在横、拦这两点上是相同的，在跨、导、分上是不同的。跨越不同于横卧，水从其下流，并不阻水。

  泰晤士河防洪闸藏闸门于河床，将闸门的垂直起落变成转动；荷兰马斯兰特挡潮闸、常州钟楼防洪控制工程藏闸门于两岸，将闸门的垂直起落变成水平移动，这两种方式既利于通航，又不遮蔽水面空间，在水工美学的设计上采用消去法，即将闸门在环境中隐身，不遮挡人们视线，对水上空间处理干净、空灵。但多数闸门在环境中无法隐身，对人们的视野形成隔断，只有采用突出法，使其成为环境中的景观或地标式建筑，从而抓住人们的眼球，这将涉及造型和色彩的设计，而具有水文化含金量。

  近代西方的工业革命，推动水工程科学的发展，与水工程息息相关的学科如水文学、水力学、土力学、材料力学、结构力学、地理学、测量学、电工学、农田水利学等的建立及混凝土这一建筑材料的横空出世，使西方水工程产生了建立在定量分析的实验科学基础上的伟大革命，超大型水工程相继问世，极大地影响了水工程文化的发展。

20世纪以来，中国也由于混凝土的广泛应用及相关的水科技理论的发展，并在西方科技尺度的统一作用下，近现代水工程呈飞跃式的发展，其质、其形、其意与传统水工程相比，发生了明显的变化。虽然水工程领域出现工程材料同质化（最基本的工程材料是钢筋、混凝土）、技术手段通用化、技术标准统一化、水下形体的趋同化的现象，但水工程文化的多样化依然存在，在水工程上部建筑、水利景观的营造上，仍呈现出百花齐放、多姿多彩的文化氛围。

泰晤士河防洪闸墩形如西方神话中的怪兽，日本荒川水闸状如潜艇，日本三岭水闸在闸门上绘制海画，这是西方水闸工程揭示的海洋文化内涵及底蕴。

外苏州河闸厚重、古朴的闸墩采用汉代牌楼造型，曹娥江大闸通透、圆融、空灵的造型传达出如诗如画的意境，护栏上文化典故历史的雕刻，无不显露出中华水文化的特质。正如基层水利工作者概括的那样："水下工程要质量，水上工程抓形象"。

西方在对待人与自然的关系表现为"天人对峙"，有强烈的自我扩张意识，强调人是大自然的主人，弘扬人的伟大与崇高，相信人的智慧与力量，重视现实世界和人的个性，形成了崇尚人文主义的思想。对自然科学的研究和注重技术的改进，如罗马人发明了券和尖拱，以解决石材建筑的大跨度问题，显示了人驾驭自然的本领。将人工趣味的几何形式与由山野树木形成的自然轮廓线呈现对立与相互反射之势，尤其是宗教建筑，运用林立向上的尖塔，凌空飞架的飞扶壁，使教堂显示出一种向上与向四周伸展的外张性格，似乎努力挣脱自然的束缚，使自身肢体得以充分的伸展。这与中国的表现手法迥然不同，中国建筑是以建筑的屋脊、屋角及屋面等处所形成的曲线，与山峦的起伏、树木的姿态等自然轮廓存在着某种暗合，与自然环境浑然一体，在体量上也是"适形而止"，表现出对大地的依附。

中西水工程的美学价值彪垂史册，从世界文化遗产的角度，评委们从都江堰看到世界文明，从宏村看到独特的文化遗存，从米迪运河看到运河与环境的和谐美，从丽都运河看到科技和历史，从阿姆斯特丹堤坝看到文艺复兴和创新，从杭州西湖看到美学，为我们展现出水工程的深刻、丰富多彩的文化内涵，为发掘、展示水工程的文化内涵提供了杰出的范例和多种途径与手段，值得深入研究。

世界文化遗产名录中的中西水工程彰显出不同的文化特色、不同的美学特征。以都江堰和法国米迪运河为代表的水工程充分说明发掘并表现水工建筑的文化内涵已成为世界潮流，水工程的美学价值已为世界所认可。入录世界文化遗产的水工程，在美学上各具特色。法国巴黎的塞纳河畔、匈牙利布达佩斯多瑙河以历史悠久的世界著名建筑闻名，而立足世界遗产名录；罗马尼亚的多瑙河三角洲彰显湿地生态、多样性的自然之美；中上游莱茵河透出历史、文化的沉淀，散发出陈年佳酿的芬芳；加尔水道桥、西班牙的塞哥维亚古镇及水道桥揭示单一水工建筑的结构形式美；英国的大铁桥、比利时中央运河上的四部升降机是工业革命的奇迹，围绕工业建筑，形成市镇、构造景观、建博物馆、公园，充分发挥其旅游、休闲、教化功能；奥地利的新锡德尔湖和费尔特湖将历史、文化、生态之美糅合在一起，城堡与酒齐名，湖水与音乐交响；中国皖南古村落——西递、宏村供水系统的天人合一，揭示哲理之美；中国都江堰水利工程、米迪运河、荷兰的阿姆斯特丹堤坝、加拿大的丽都运河是真正意义上的水工建筑，让世界惊叹人类的创造力之美。

参考文献

［1］ 董文虎.刘冠美.水工程文化内涵与品位的提升途径.苏州：苏州大学出版社，2012.
［2］ 刘冠美.水工美学概论.北京：中国水利水电出版社，2006.

第五章 中西建筑大师的水概念设计

我们可以从建筑大师的作品中领悟出东、西方大师的水概念设计的真谛。王澍的"山水"，贝聿铭的"风水"（中银大厦）、"园林水"（苏州博物馆），安藤忠雄的"池水"，高迪的"意向水"（米拉之家），伍重的"海帆的激荡"（悉尼歌剧院），盖里的"水与火"（古根海姆博物馆），中澳合作设计的"水立方"，奥斯卡·尼迈耶的"两碗水"（巴西议会大厦），扎哈·哈迪德的"水石交响"（广州歌剧院），理查德·迈耶的"洗礼水"（罗马天主教堂），福斯特的"跨水"（千禧桥），卡拉特拉瓦的"水鸟"，皮亚诺的"海与风的对唱"（芝贝欧文化中心），赖特的"流水"（流水别墅），霍尔的"三峡理念"（成都来福士广场），一水一境，水水各异，美不胜收。

世界建筑大师用水对建筑理念的诠释、对建筑意象的生成、对造型灵感的激发、对建筑环境的营造、对文化底蕴的阐发，构想奇特、绚丽多彩，谱写出气势磅礴的建筑水文化交响诗。

第一节　水对建筑理念的诠释

一、王澍的山水情结

2012年普利兹克建筑奖授予中国的王澍，中国美术学院建筑艺术学院院长。王澍解读他获奖之道是："我们对现代和传统的冲突、对材料和地方工艺的继承和消化、对生态和可持续发展等问题的探讨，是超越国界的。""本土情怀、国际视野"是王澍式的硬币的两面。

王澍认为："在我看来，中国传统上唯一的建筑体系是一种景观建筑体系，城市与建筑首先取决于以自然之道为约束的人文地理和以'山'、'水'为沉思对象的景观诗学"。[1]

他从未在国外留学，也没有显赫的外国建筑作品，但他的文化自信和文化自觉，对提升水工程文化的品位，颇有启示。

王澍的文化自信表现在他对中国山水画的理解和运用上。"中国的传统山水绘画大量地包含着对地形、地貌，甚至还有对风水的研究，它变成了一个富氧。"他的文化自觉表现在他对中国传统文化信息系统的解构与重构中。他对"解构"的诠释是："用看似弱小的并平凡的事物，把这个巨大的形象给打碎掉去做，我肯定不会做出一个巨大的、气势逼人的、非常有权力感的东西出来。"

他把山水画解构为"营造的想象"："山水画的本意更像是对'被固定，被指定在一个（知识阶层）场所，一个社会等级（或者社会阶级）的住所'的逃离，但这种逃离显然不是夺门而去，怒不可遏或是盛气凌人的那种，而是在平淡之中，另一种想象物开始了：那就是营造的想象。"[2]

他从倪瓒的《容膝斋图》发掘出中西建筑、景观学的差异，西方是先造房子后配景观，王澍则提出"造房子，就是造一个小世界"，"在那幅画中，人居的房子占的比例是不大的，在中国传统文人的建筑学里，有比造房子更重要的事情"。[4] 中国美术学院象山校区像《千里江山图》那样绵延、起伏、回转，从建筑内部延伸到外部，从建筑外部向建筑内部穿梭的走廊，宛如江山图中的盘山路，而构成建筑主题的S形，又像是山脉的远景推拉，从而构成连续的运动，为了让这种运动有节奏如蛟龙卧在丘陵上，王澍用人工的方式为建筑垫起山坡。象山校区像山一样的屋顶的大山房建筑，几乎就是北宋后

中国美术学院象山校区与《潇湘奇观图》对比

期的米友仁《潇湘奇观图》的直接照搬。他在作威尼斯双年展的"瓦园"时就是借助五代董源"溪岸图"的水意，大片瓦面如同一面镜子，如同威尼斯的海水，映照着建筑、天空和树木。他从南宋刘松年画的临安四景图中悟出"无定所"的空间意象。他直接从《五泄山图》树洞中隐含的扭曲变化看见了宁波滕头馆，采用了特殊的"切片式"的设计方法，及通过多个空间切面来反映在不同空间状态下建筑形态和人活动方式的变化，找到了所观想的全部语言要素。他从韩拙的画论中提炼出山体类型学，从而把建筑视为山体类型学的演绎。王澍还从书法结体的规律悟出建筑平面布置的真谛。建筑语汇在他的手中，被打乱，被穿插，然后又重新组合成一种崭新的气象。王澍这样表达对水和声的理解："浓荫在风中有声，其下必要有水。'泉眼无声暗自流，树阴照水爱晴柔。'杨万里的这句诗经常出现在我心里，它是那种能穿越时间的诗句能粉碎心中所有坚硬冰凉的东西。这样的水必不大，且很浅，它没有说出的字是影子。碎影随风而轻动，需要大片简单的墙，反向抑制着建筑的形体。"[3]

中国的山水画是王澍创新的源泉，对传统文化信息系统的解构与重构、深度发掘与解读，将迸发出创作的灵感，由此重建当代中国本土建筑学。

二、贝聿铭的"园林水"、"风水"

美籍华人贝聿铭是1983年普利兹克奖获得者。老家在苏州的贝聿铭17岁时便去美国求学,中西合璧在他作品中得到绝妙的统一。他处理建筑作品与环境的关系时,或隐去,如日本美秀博物馆;或突出,如法国卢浮宫和卡塔尔伊斯兰博物馆;或融合,如苏州博物馆。贝聿铭常说:"建筑和艺术虽然有所不同,但实质上是一致的,我的目标是寻求二者的和谐统一。"

苏州博物馆水境　　　　　　　　　　苏州博物馆的山水画

1. 苏州博物馆的"园林水"

贝聿铭对苏州博物馆的定位是"中而新,苏而新"。所谓"既是苏州的,也是世界的;既是传统的,又是现代的。"这是贝聿铭在设计之初对苏州博物馆新馆的定位。苏州博物馆在拙政园、忠王府旁动土,这是世界级的挑战,"太大是粗暴,太高是傲慢",贝聿铭形容新馆的特色是"不高不大不突出",与拙政园、忠王府在一起,新馆既不能喧宾夺主,也不是绿叶衬花,而是要相得益彰,相互呼应,同时保持自己独特的个性和魅力。

贝聿铭的"苏州博物馆",正方形、矩形和金字塔形等元素构成的几何模块相接又堆叠,墙和屋顶的界限模糊化,墙升华而蜕变成屋顶;灰白的主色调述说着自身的文化内涵;室外水面的分隔和围合散发出幽幽的园趣,室内水幕墙和荷花池焕发出潺潺的水韵;以壁为纸,以石为绘,借拙政园素墙为纸,选泰山石切片,高低错落,砌于墙前,营造北宋米芾水墨山水画意境。新旧园景,笔断意连,无不彰显出他的深厚中华水文化素养。

在中国园林中,园和建筑是合为一体的,但在西方,园是园,建筑是建筑,它们在精神上互相分离。贝聿铭希望这次在结合中西两种风格的时候,能够避免在香山饭店设计中曾经出现过的"庭院虽然有传统园林色彩,但建筑本身并没有多少园林味"的遗憾,"希望保留真正的中国庭院传统，并重新思考建筑在其中应有的风格"。所以他既不想要一个完全西式的平屋顶，也不想要一个完全苏式的灰瓦飞檐。"我需要一些新的东西来替代灰瓦发展建筑的体量"，让墙"爬"上了屋顶。按理说，屋顶铺小青瓦是苏州传统建筑的特色，但贝聿铭认为，小青瓦易碎易漏，且要经常更换，最终，他选择了产自山西与内蒙古交界地带的花岗石"中国黑"。这种石材，晴天是灰色的，下雨后就变成黑色，太阳一照又变成了深灰色，不仅使用寿命长，而且与苏州建筑传统的黑灰白三色形成默契，为粉墙黛瓦的江南建筑符号增加了新的诠释内涵。为了让新馆建筑在现代几何造型中既能体现错落有致的江南特色，又能充分利用自然光线，贝聿铭设计了由几何形态构成的坡顶，既继承了苏州城古建筑综合交错的斜坡屋顶，又突破了中国传统建筑"大屋顶"在采光方面的束缚，充分体现了"让光线来做设计"的理念。

贝聿铭的观点是，植物之美要让观众看到、听到、闻到。在主园西侧，乌芽竹叠翠如盖，竹间要错落有致，叶间要疏密有度，树种要华贵有别，眼观竹，耳听风，鼻闻香，调动人体所有感官，全方位享受美。

在苏州博物馆新馆，树和石头是两大有着生命的元素，也是贝聿铭对新馆建筑的点睛之笔。虽然新馆内的树并不多，但每一棵树都有来历和讲究。贝聿铭对树的

博物馆园林禅意

要求是，姿态要优美，线条要柔和，树站立的位置也有讲究，因为建筑本身是硬的，只有刚柔相济，才能相得益彰。贝聿铭最骄傲的是紫藤园内那棵文征明手植紫藤，虬龙盘旋，气派非凡，那是从拙政院内当年文征明手植紫藤上嫁接过来的，一支藤条，成为沟通古今的时光隧道，延续了苏州文脉。

2. 美秀美术馆的"桃花源记"意境

贝聿铭设计的日本美秀美术馆建在山中，通过斜拉桥和隧洞，到达80%在地下的美术馆。

贝聿铭熟读陶渊明的《桃花源记》："忽逢桃花林，夹岸数百步，中无杂树，芳草鲜美，落英缤纷；渔人甚异之。复前行，欲穷其林。林尽水源，便得一山。山有小口，仿佛若有光；便舍船从口入。初极狭，才通人；复行数十步，豁然开朗。"

秀美美术馆的桃花源意境

中银大厦的造型

他巧用"桃花源"中的意境，紧紧抓住"若有光"这个设计核心，充分利用"初极狭"和"豁然开朗"的强烈对比，和业主达成共识，用车代船，用隧洞代水洞，以平面弧形的布局，先抑后扬，此洞不是彼洞，此境还是彼境，深得陶渊明心法。他把馆埋于山中，保持自然植被，将建筑隐去。

从远处眺望，露在地面部分屋顶与群峰的曲线相接，好像群山律动中的一波。它隐蔽在万绿丛中，和自然之间保持应有的和谐。

从"垂樱"枝条的茂密程度，可以想见春暖三月时的似锦繁花。樱林道的尽头连着一段穿山隧道，接着又是一座极具现代质感的斜拉索跨峡谷吊桥。对面广场的远端，两座日式平房一前一后，高耸的屋顶似乎占去整个屋高的2/3。其形状宛如举行各种"祭"的时候，日本人所戴传统帽子上方的冠突。别小看这两座连体"平房"，其建筑面积竟达9240多平方米。不过，80%的建筑体积被藏入"地下"，亦即山体中了。花岗岩从广场一直铺到美术馆门前斜坡上的三段台阶，进门之后就全是大理石地面了。只见馆厅一律玻璃落地门窗，钢框条把门窗分隔成一整排透明的"屏风"，"连环画屏"映印着远山、碧树、红叶、翔鹰，景色美不胜收。欲入展览厅，就得先下一层楼。日光透过天窗照射在楼梯上，因此有足够的亮度。往里走，展厅内就全靠灯光照明了。壁灯发出茶色的幽柔的光，似乎带领我们穿越时间隧道，从现代回到悠悠远古。

贝聿铭向我们展现的是这样一个理想的画面：一座山，一个谷，还有躲在云雾中的建筑，许多中国古代的文学和绘画作品，都围绕着一个主题：走过一个长长的、弯弯的小路，到达一个山间的草堂，它隐在幽静中，只有瀑布声与之相伴……那便是远离人间的仙境。到达此地山高路险，这正是那些寻道者的旅途。

贝聿铭一向喜欢将隐藏在造型中的几何形提纯。这个入门建筑，细看屋顶的框架线，由大小正方形和三角形构成，它们互相交错像是一幅几何形错觉绘画。然而到此并没有完。如果你将屋顶中最大的一个三角形的腰边，向两边延伸，就会自然与台阶两边的围墙斜边相连接，这时我们所看到的是一个巨大的、稳定的正三角，这便是贝聿铭的妙笔所在。在注入日本文化的元素后，凸显清晰的轮廓和剪影效果。

3. 中银大厦的"风水"

著名电视节目主持人杨澜采访建筑大师贝聿铭，请他谈谈对"风水"的看法，贝聿铭则直截了当地说："建筑师都是讲风水的"。他设计的香港中国银行大厦，造型独特，别具一格，四个组合在一起的高度递增的三棱柱，类似一个多面水晶体。它的体型看上去似乎很复杂，但它的平面却是一个简单的正方形，这个正方形被两条对角线分成4个相等的等腰三角形，每个三角形上升到不同高度，并分别向外倾斜，体现"芝麻开花节节高"的隐喻。一个正方平面，对角划成4组三角形，每组三角形的高度不同，节节高升，使得各个立面在严谨的几何规范内变化多端。

在环境设计上，他有意运用风水理论，引水束环绕中银大厦，取山环水抱必聚气的理念，可谓水来则气来，水合则气止，水环则气全，水汇则气蓄。他照顾到中国传统文化中把"×"字视为错误、灾难、处死等观念，把结构支撑中所必需的"×"形多数掩盖起来，必须外露的部分巧妙地装饰成交叉的宝石，赢得业主的赞赏。

贝聿铭的中银大厦在香港引起风水之争。很多香港人认为这个三棱刀式的大厦是不吉利的建筑风水，旁边的居民都装反光镜，要把这个刀光反射回去；汇丰银行上面，架了个水泥的机关枪；港督府种柳树来去煞。对此贝聿铭的解释是："建筑师都相信建筑风水的。不是迷信的建筑风水，建筑风水有好几种，比如说我们建筑要摆房子，要背山傍水，这也是建筑风水。我觉得建筑风水我们应该相信的，可是建筑风水如果弄得太过分一点，那就变成迷信了，这个我反对。"贝聿铭最初曾经设计过有一股泉水，是从后门进去前门出来，按风水说是破财，最终采用在高楼庞大地基的两侧设计倾斜式喷泉，两旁都有水，视为源，形成回流，水汇成池，池养鱼，在风水学上把出财变成纳财。

大厦东西两侧各有一个庭园，园中有流水、瀑布、奇石与树木、流水顺着地势潺潺而下。水在此具有双重意义，实质方面，水声可以消灭周围高架道路的交通噪声，另一方面水流生生不息，隐喻财源广进，象征为银行带来佳运。西南角处耸立朱铭的"和谐相处"铜塑，对着的两个巨大青铜像在灰色的花岗岩衬托下甚是抢眼，铜塑的位置正是到香港观光胜地山顶缆车站的必经之处，颇有点睛之妙。贝聿铭的因地制宜、居中守正、顺势而变、无法为法的设计理念已达到炉火纯青的境界。

4. 卢浮宫的"泉水"

1988年建成的卢浮宫扩建工程是世界著名建筑大师贝聿铭的重要作品。贝聿铭将扩建的部分放置在卢浮宫地下，避开了场地狭窄的困难和新旧建筑矛盾的冲突。扩建部分的入口放在卢浮宫的主要庭院的中央，这个入口设计成一个边长35米、高21.6米的玻璃金字塔。这是贝聿铭研究周围建筑物的心得："卢浮宫整个建筑我根本不动，根本不动它。金字塔这是很小的一个东西，金字塔并不是重要的，老实说，大家都说金字塔并不重要，进门以后下面那个是最重要，将来你到卢浮宫不要看金字塔，进了金字塔看底下怎么走。"

卢浮宫的泉水

卢浮宫的进口大厅

金字塔的底边长35.4米，底边与建筑物平行，亦即与方位平行，与埃及金字塔的布局相同，强化了与环境的关系。金字塔的体形简单突出，而全玻璃的墙体清明透亮，没有沉重拥塞之感。起初许多人反对这项方案，但金字塔建成之后获得广泛的赞许。玻璃金字塔周围是另一方正的大水池，水池转了45度，在西侧的三角形被取消，留出空地作为入口广场，以三个角对向建筑物，构成三个三角形的小水池，这三个紧邻金字塔的三角形水池池面如明镜般，在云淡天晴的时节，玻璃金字塔映照池中与环境相结合，又增加了建筑的另一向度而丰富了景观。在转向的方正水池的角隅，紧邻着另外四个大小不一的三角形水池，构成另一个正方形，与金字塔建筑物平行，每个三角形水池有巨柱喷泉，像是硕大的水晶柱烘托着晶莹的玻璃金字塔。贝聿铭将建筑与景观完整地合成为一体。

在进口下方大厅中，倒置的玻璃空心大金字塔与正立在地面上的花岗岩实体小金字塔，塔尖对塔尖地对峙着，象征传统与时尚、古代与现代的融合。

第二节　水对建筑意象的生成

一、安藤忠雄的"一池禅水"

日本的安藤忠雄是 1995 年普利兹克奖获得者。安藤在设计宗教建筑时，针对不同的宗教，用不同的具象的水概括出有序的自然，表达出各自的哲学内涵。安藤忠雄从斯卡帕对水的创造性运用中获得启示："通常我们见到的水很一般，但斯卡帕的水却是您能听到、触及到的水，水在他那里可以唤起一种感觉，并暗喻一种精神上的宁静。"[4]

1. 本福寺水御堂

本福寺的水御堂是佛教分支真言宗的一个新的主殿，它坐落在淡路岛一座可以观览大半海碗景观的小山丘上。在由直墙面和弧形墙面限定的前导空间里，沿缓坡而上，随着弧面墙体弧度的增加，狭隘的空间逐渐变阔，然后终止于前方的一片高大树林，到达弧面墙体的端部，左转，一

水御堂的水造型[4]

个椭圆形大水池迎面呈现。由空间的狭隘逐渐变阔的过程就像禅宗所讲的"渐悟"的过程一样，而左转的豁然开朗恰如禅宗的"顿悟"，这一处空间的感受完美地诠释了禅宗的义理。

水御堂大厅位于地下，其上是一个覆满绿莲的椭圆形大水池。当人们沿着水池中央的楼梯向下走，顿时柳暗花明，水御堂大厅就在水面下。缝隙状的楼梯通道与开阔的水御堂正厅也形成了有限与无限的对比，荷花池引发人对生命的思考。荷花池四季荣枯，轮回不息，而天空和水面万古不变，生命的短暂和天地的永恒在这里交织。大厅内部是一个用木头柱子做格网分割的圆形空间，室内和柱子漆成朱红色，每当夕阳的余晖洒向御堂，列柱向深深的室内投下长长的影子，大厅就充满红光，给人一种神圣的错觉。

日本佛教建筑的巨大屋顶一直是最具象征意义的要素，在水御堂设计中，安藤另辟蹊径，选

择水和水生植物荷花作为象征要素,并把它们安排在人流主导空间序列上。

常见的宗教建筑大多是向上走,以表达宗教修养的提升和对上天的接近,反观水御堂的设计,在莲花池的包围中慢慢进入庙宇,其实有着洗涤心灵的意味。莲花池畔宁静中带有禅意,神寺里又透露出一股不可轻犯的庄严。

庙宇亦利用了象征性的几何形状:卵形池塘象征着诞生和再生,而圆形大殿则象征生生世世,循环不息的轮回。而大殿的方框屏风,排成方阵的柱子,承继了日本传统建筑,隐隐地透出禅意。

水御堂内的满堂红[4]

安藤忠雄常用的三个自然元素:天、水、光,在水御堂的设计中被充分利用。当你站立在两堵混凝土墙之间,世间一切都被隔开,能看到只是上面的天空变化。水的元素有两个,远处的海作为大背景,莲花池作为入口。安藤忠雄用光的流动引导观众,纯白色的墙把人的心灵从尘世拉回。进入莲花池后,步下阶梯,蓝光渐弱,直至全黑,进入大殿后突然被满堂的红色唤醒。白、蓝、黑、红的强烈视觉冲击,象征了净化、死亡和重生的全过程,象征思维由两眼茫茫的混沌到豁然开朗的顿悟的全过程。

安藤的设计作品透出日式建筑崇尚谦逊与淡泊的品质。当人们第一眼看到安藤设计的建筑时,多半会感觉到浓郁的宗教气息,禅意扑面。那种寒索枯涩的美,那种简单纯粹的美,在《源氏物语》时代,已为日本人所钟爱。他往往将西方建筑的豁达和东方文化的婉约巧妙地糅合在一起,使之产生出神奇的建筑效果。也许正是由于在这种东西方文化的碰撞交织,他的建筑风格才体现了清新典雅、独树一帜的独特风韵。

2.水的教堂

水的教堂位于北海道夕张山脉东北平原处,安藤以水为主题营造宗教氛围,首先他建造一个90米×45米的人工湖,水池的深度是经过精心设计的,以使水面能微妙地表现出风的存在,甚至一阵小风都能

水的教堂的水环境打造[4]

兴起涟漪。

水池尽头，兀自立着著名的教堂。安藤精心设计进出路线，参观者沿着水池长长的一侧走过，听着水发出轻轻的声音，看着水面淡淡的涟漪。这是一个从现实到非现实的过程：穿过建筑侧面不起眼的入口，先上台阶，再往下走，逐渐昏暗，人渐沉静。水声消失，人影不在，只听到脚步声；在昏暗和空洞的脚步声里，油然期待那方才的光亮。三面实墙的大厅里，有一整面墙消失了，代之一块巨大的玻璃，透露了外面所有的景色，青天、碧水、绿树；目光的正中心，是一个伫立在水中央的白色十字架。

安藤忠雄依据人的意念，把水、光和风从原生的自然中抽象出来，使它们趋向神性。在安藤忠雄设计的水的教堂中的人工湖的长宽尺寸与深度经过仔细推敲后，一方面使水面能表现出风和气流的运动，另一方面使水池可以倒映北海道四季变化的自然景色。天空、树木、水池与水中矗立的十字架共同构成的教堂神坛空间，成功地营造出空间的纯净感和神圣感。

光的教堂位于大阪城郊茨木市北春日丘一片住宅区中，是现有一个木结构教堂和牧师住宅的独立式扩建。讲坛后面便是在墙体上留出的垂直和水平方向的开口，阳光从这里渗透进来，从而形成著名的"光的十字"。黑暗中，爱透过圣洁的十字中洒落人间，直抵人心。即使身在黑暗之中，只要心中有爱，总会有一处光，指引你前进的方向。

风的教堂位于神户地区的六甲山顶，一组40米长的连廊连接着教堂和钟塔，两侧开敞的拱形的连廊引导人流、引导视线、引导风流、引导情绪，风的教堂由此得名。

虽然都是宗教建筑，虽然同样用水，但安藤忠雄依据不同的教义，作了不同的处理。佛教讲究圆通、圆融、圆满，他在设计水御堂时，采用荷花点缀的椭圆形水池，图解《华严经》的名言："犹如莲华不著水，亦如日月不住空"，用封闭的空间，引导人们去追求涅槃。他在设计水的教堂时，用开阔的水面映射上天的景色，构造纯洁、神圣的宁静，用水面上的洁白的十字架把人们引向天国。水面反射着天空、云彩，倒影在水中，"天光云影共徘徊"，以不变应万变，"无为而无不为"在这里诠释着宗教的神奇。

二、盖里的古根海姆博物馆——"水、火的交织"

美国的盖里是1989年普利兹克奖获得者。深受洛杉矶城市文化特质及当地激进艺术家的影响，盖里早期的建筑锐意探讨铁丝网、波形板、加工粗糙的金属板等廉价材料在建筑上的运用，并采取拼贴、混杂、并置、错位、模糊边界、去中心化、非等级化、无向度性等各种手段，挑战人们既定的建筑价值观和被捆缚的想象力。其作品在建筑界不断引发轩然大波,爱之者誉之为天才,恨之者毁之为垃圾,盖里则一如既往,创造力汹涌澎湃,势不可挡。终于,越来越多的人容忍了盖里,理解了盖里,并日益认识到盖里的创作对于这个世界的价值。

从内维隆河北岸眺望城市,古根海姆博物馆是最醒目的第一层滨水景观。面对如此重要而富于挑战性的地段,盖里给出了一个迄今为止建筑史上最大胆的解答:整个建筑由一群外覆钛合金板的不规则双曲面体量组合而成,其形式与人类建筑的既往实践均无关涉,超离任何习惯的建筑经验之外。在盖里魔术般的指挥下,建筑这一已凝固了数千年的音乐又重新流动起来,奏出令人瞠目结舌的声响。

古根海姆博物馆的奇特造型

在邻水的北侧,盖里以较长的横向波动的三层展厅来呼应河水的水平流动感及较大的尺度关系。因为北向逆光的原因,建筑的主立面终日将处于阴影中,盖里聪明地将建筑表皮处理成向各个方向弯曲的双曲面,这样,随着日光入射角的变化,建筑的各个表面都会产生不断变动的光影效果,避免了大尺度建筑在北向的沉闷感。于是,只要有光,这座建筑的"肌肤"就会反射出耀眼的光芒,在建筑的里里外外幻化出惊人的光影效果。层叠、缠绕的曲线好似身畔纳尔温河的水波、漩涡。而周身富有金属光泽的银灰色,仿佛强调着毕尔巴鄂作为工业城市的身份。尽管有人批评这座建筑有太过鲜明的个人色彩,但毫无疑问,今天的它已与周遭的一切和谐共处,融为一体。宁静的水波、妩媚的曲线为这座披着金属外衣的建筑平添温柔气息。

在南侧主入口处,由于与19世纪的旧区建筑只有一街之隔,故采取打碎建筑体量过渡尺度的方法与之协调。更妙的是,盖里为解决高架桥与其下的博物馆建筑冲突的问题,将建筑穿越高架路下部,并在桥的另一端设计了一座高塔,使建筑对高架桥形成抱揽、涵纳之势,进而与城市融为一体。以高架路为纽带,盖里将这栋建筑沛然莫御的旺盛生命活力辐射入城市的深处。

博物馆的室内设计极为精彩,尤其是入口处的中庭设计,被盖里称为"将帽子扔向空中的一声欢呼",它创造出以往任何高直空间都不具备的、打破简单几何秩序性的强悍冲击力,曲面层叠起伏、奔涌向上，光影倾泻而下，直透人心。

在此中庭下，人们被调动起全部参与艺术狂欢的心理准备，踏上与平庸的经验告别的渡口。有鉴于赖特在纽约古根海姆博物馆设计中对艺术展品不够尊重的教训，盖里的展厅设计简洁静素，为艺术品创造一个安逸的栖所。

盖里把鱼形饰物作为个人符号，童年时常在浴盆中玩鱼，自己又喜爱游泳，自称"我是个水手，我是水人"。建筑界的"毕加索"盖里设计的西班牙的古根海姆博物馆集中体现了他的建筑新理念："建筑是实用的艺术，也是抽象的艺术。"在这座奇特的建筑中，无对称、无比例、无正立面、无屋顶与墙的划分，整个建筑在颤抖、歪扭、坍塌，仿佛一切被火焰融化了，金属的块体在随意的弯曲、扭动，内景成了力的旋涡，混沌世界在这里重现。盖里在处理水环境要素时，邻水的北侧，以较长的横向波动的三层展厅来呼应河水的水平流动感，绽开的金属玫瑰与静谧的水面构成强烈的视觉冲击。盖里的作品近似中国书法的狂草，其流动奔放之势、异想天开之形，可用孙过庭"书谱"中的名句来概括："宇宙坠石之奇，鸿飞兽骇之馆姿，鹤舞蛇惊之态，绝岸颓峰之势"。

1996年普利茨克建筑奖得主、哈佛大学教授、西班牙著名建筑师拉斐尔·莫尼欧对它由衷叹服道："没有任何人类建筑的杰作能像这座建筑一般如同火焰在燃烧。"

在20世纪90年代人类建筑灿若星河的创造中，古根海姆博物馆无疑属于最伟大之列，与悉尼歌剧院一样，它们都属于未来的建筑提前降临人世，属于不是用凡间语言写就的城市诗篇。

三、理查德·迈耶的罗马大教堂——"洗礼水"

美国的理查德·迈耶是1984年普利兹克奖获得者。他设计的罗马千禧教堂舍弃了几百年来的建筑原形，缺少传统教堂所具备的表征，如讲道坛、圣坛前的围栏，和一般圣殿与教徒席间宽敞的分隔空间，十字形的布局及古罗马长型廊柱大厅。整个综合建筑的机构是建立在一系列的方形和四个圆形的基础上，其中三个半径相同的弧形构成三道混凝土框架的轮廓，通过隆起的墙聚拢成一个空间，形成教堂中殿的主体。三个白色弧面相互平行，长短成等差数列，以此暗喻天主教神圣的圣父、圣子、圣灵，反射着的光的水池象征性扮演着洗礼仪式中水的角色。

在以直线为主，不时穿插曲线的几何体中，透过比例优雅的玻璃墙面，清楚地显现出内部的景象，这些有纵深感的空间与白色实墙的交替更迭，产生了某种特殊的韵律感和节奏感。它们不是出自同一构图因素的多次重复，也不是出自单方面强调水平或垂直感，而是通过某种内在的呼应起作用,使他的建筑充满了某种艺术的品位,让人有一种舒适、柔和的感觉,也让人的心灵得到净化。

迈耶一直认为,白色包含了所有的颜色。白色有力地表现出大自然中的所有色彩,是一种可以扩展的颜色,而不是一种有限的颜色。他以娴熟自如、出神入化的技艺,谱写白色交响曲。白色是自然光的综合颜色,可以有力地表现大自然中所有的色彩,是一种可拓展的颜色。白色寓意圣洁无瑕、一尘不染,只有在白色的衬托下,光与影、虚与实的搭配,才能发挥得淋漓尽致。

罗马大教堂

四、高迪的米拉公寓——"意象水"

米拉公寓坐落在西班牙巴塞罗那帕塞奥·德格拉西亚大街上,1984年被联合国教科文组织宣布为世界文化遗产。其波状的楼顶、独特的阳台和窗户设计以及巨大神秘造型的通风口在当时引起相当大的骚动,人们认为此建筑若非出自恶魔之手就是疯子所为。

米拉公寓

米拉公寓位于街道转角,地面以上共六层(含屋顶层)。这座建筑的墙面凸凹不平,屋檐和屋脊有高有低,呈蛇形曲线。建筑物造型仿佛是一座被海水长期浸蚀又经风化布满孔洞的岩体,墙体本身也像波涛汹涌的海面,富有动感。米拉公寓的阳台栏杆由扭曲回绕的铁条和铁板构成,如同挂在岩体上的一簇簇杂乱的海草。米拉公寓的平面布置也不同一般,墙线曲折弯扭,房间的平面形状也几乎全是"离方遁圆",没有一处是方正的矩形。公寓屋顶上有六个大尖顶和若干小的突出物体,其造型有的似神话中的怪兽,有的如螺旋体,有的如无名的花蕾、如骷髅、天外来客。在晚上观看更为奇妙，高迪自己激动地称它"看起来像是一座天堂的房子"。米拉之家"酷似断崖的外观，内外连续性的建造方式被喻为'迷宫'的写照"。其连续性的弯曲造型，像海浪起伏具有动感，立面大窗一个洞一个洞犹如蜂窝，也让人觉得这房子是被海浪侵蚀后的岩石。

高迪说："这房子的奇特造型将与巴塞罗那四周千姿百态的群山相呼应。""大自然界是没有直线存在的，直线只属于人类，而曲线才属于上帝"。蒙特色瑞圣石山是高迪灵感的泉源，他曾说过："艺术必须出自大自然，因为大自然为人们创造出最独特魅力的造型。"高迪认为自然界没有直线存在，如果有，也是一大堆弯曲线造型转换而成的。高迪喜爱大自然，特别注意动物、植物及山脉的造型。他观察入微，他所看到的自然美并不是刻意的美，而是具有效用、实用的美，所以寻找到他所要的美感——自然就是美，美即是实用性，实用即是自然的存在，自然即是实用的展现。

这个建筑是天才的表现，不仅在于它造型上的独创性和独特的美感，它也是实用意义上的成功范例。它有效的自然通风系统使所有形式的空调机都成为多余，公寓内的墙壁可以移动也适应户内重组，所有的走廊里都有自然光，大楼还包括一个地下停车场。

五、珍妮·甘的水纹大厦

无独有偶，米拉公寓建成100年后，美国芝加哥又有水纹大厦问世，同样表达"意象水"，但此"意象水"，非彼"意象水"。

水纹大厦位于密歇根湖岸东区，简单的钢筋玻璃大楼外附以电脑设计的水波纹状的阳台使这栋大厦同时展现出了阳刚与阴柔的气质。站在大楼水波纹形的阳台上可以望见芝加哥千禧公园和湖岸，别有一番景致。水楼的设计糅合了现代主义设计，简单实用的钢筋玻璃结构与后现代主义人文符号化的外观表达。260米的楼高直插云霄，独特的立面就像密歇根湖面的风吹起的涟漪，像一段节奏柔和的旋律，一只慢慢熔化的蜡烛，一栋跳舞的建筑，轻纱漫卷、举重若轻，动感十足，把摩天大楼从阳刚之气中解放出来，从建筑物坚固僵硬的外表中，流淌出抒情诗的味道。

评委认为，这座大楼不在于它华丽并且实用，而在于它因为实用而华丽。水纹大厦以外伸0.6～3.6米的波状混凝土阳台构建轮廓，以力学与美学的统一，令人耳目一新。起伏跌宕的波浪实际上是大大小小的阳台，利用曲波疏散风力，每一级都设计风路向上的阳台，让芝加哥"飓风"彻底迷失其中，由于风被阻隔分离成很多小部分，整座建筑不再需要庞大的阻尼器，任性的芝加哥大风被制服和安抚，低价解决了大问题，节约了成本、降低了施工难度，为芝加哥的天际线平添了几分妩媚，把大自然更野性的部分融入到混凝土森林中来。每层均有变化的阳台设计自由开放，使人们相互接近又不过于打扰。

水纹大厦细部

与米拉公寓不同，水纹大厦的"意象水"是以实体水即密歇根湖为背景和参照物的，立面外悬的阳台在纵向及横向上立体的凹凸变化，创造出环形山谷的效果，对象征湖水的蓝色玻璃进行围合及分割，造成"湖中有山"、"山中有湖"的美学奇观。

水纹大厦植入许多绿色元素，不同类型的高性能玻璃有助于减少日照辐射，裙楼屋顶的露台花园，可以减少城市的热岛效应，水纹大厦的底座非常宽，顶部是一个7500平方米的大地台，花园、跑道、泳池、烧烤场分布其中，开阔舒适，与底座的花园形成纵横交错、立体友好的空间，夜幕中水纹大厦在灯光的映衬下，更加晶莹剔透，疑是银河落九天。2009年，水纹大厦获安波利斯摩天大楼建筑全奖。

第三节　水对造型灵感的激发

一、伍重的悉尼歌剧院——"海帆的激荡"

悉尼歌剧院耸立在新南威尔士州首府悉尼市贝尼朗岬角上，紧靠着世界著名的海港大桥的一块小半岛上，三面环海，南端与市内植物园和政府大厦遥遥相望。建筑造型新颖奇特、雄伟瑰丽，外形犹如一组扬帆出海的船队，也像一枚枚屹立在海滩上的洁白大贝壳，与周围海上景色浑然一体，富有诗意。

悉尼歌剧院

悉尼歌剧院的外观为三组巨大的壳片，耸立在南北长186米、东西最宽处为97米的现浇钢筋混凝土结构的基座上。第一组壳片在地段西侧，四对壳片成串排列，三对朝北，一对朝南，内部是大音乐厅。第二组在地段东侧，与第一组大致平行，形式相同而规模略逊歌剧厅。第三组在它们的西南方，规模最小，由两对壳片组成，里面是餐厅。贝壳形尖屋顶，由2194块每块重15.3吨的弯曲形混凝土预制件，用钢缆拉紧拼成，外表覆盖着105万块白色或奶油色的瓷砖。伍重运用分形理论，在直径为150米的球面上截取了10个三角形，来组成悉尼歌剧院的壳体群。壳体群从西立面看过去，左边（北面）的三个主壳体存在着自相似的关系，右边两组相交的壳体形似两只翩翩起舞的大蝴蝶，这两只"大蝴蝶"也存在着自相似关系。当然，这种自相似只是局部与局部之间的，同时还略有变异。

二、奥斯卡·尼迈耶的国会大厦——"两碗水"

巴西建筑大师奥斯卡·尼迈耶的设计风格被概括为"自由形式的现代主义"，以想象大胆奇丽著称，极富雕塑感。议会大厦和参议院、众议院两院的形状像"一双筷子两个碗"。"两只碗"指的就是参众两院，"一双筷子"指的就是办公大楼。议会大厦由两座240米高、并排而立的大楼组成，中间有通道相连，参众两院的会议厅是一个长240米、宽80米的扁平体，上面并置着一仰一覆的两只巨碗形奇特建筑。右边是个仰天的"大碗"，属众议院，象征着众议院的"民主"和"广开言路"；这个开口向上的碗又给人一种即将腾飞的感觉，似乎表明众议院正在把巴西推向美好的未来。左边是个倒扣的稍小的碗，属于参议院，象征着参议院的"集中民意"与统帅功能。代表参众两院的巨碗型式一仰一覆，与二者不同的功能相对应；一大一小，又与参议院和众议院的人数相对应。两只巨碗下侧的扁平体除了充当两院会议大厅，还包括餐厅、商店、车库等附属建筑。两个碗之间是两座28层高的管理办公大楼。这两座办公大楼并肩而立，两楼中间的第11～13层有一条廊道连通，这样一来，两幢楼与过道就呈现"H"形，"H"是葡萄牙文"人"的第一个字母，这两幢办公大楼就象征着联邦议院"一切为了人"的立法宗旨。办公楼周遭有水池环绕，使得议会大厦的各部分外观显得更加线条优美、轻盈飘逸。

从水的意象看，议会大厦表示"降水"，众议院是"蓄水"，而参议院则是"覆水"。

三、哈迪德的广州歌剧院——"水石交响"

女建筑师扎哈·哈迪德以善于运用曲线，塑造充满幻想和超现实主义风格的作品而出名。2003

年，哈迪德的广州歌剧院设计方案名为"圆润双砾"，她认真考察了广州的历史、文化，从广州民谣中得到启发："是谁驱石到江心，天为羊城镇古会"，诗中的石指屹立珠江中的海珠石，传说是古老南越王朝的镇国之宝——阳燧宝珠所变，珠江由此得名。

广州歌剧院从外形整体看就像江边的两块石头，两个"石头"，一是音乐厅，二是多功能厅，一大一小，一深一浅，一凹一凸，相互咬合，相互吸引。这组非规则的几何体，以灰黑色调的"双砾"构成自然、粗野的原始造型，具有很强的质感，与周边的高楼大厦形成鲜明对比，意图在喧嚣的大城市中寻得片刻的宁静，两个具有动感的"双砾"隐喻珠江河畔的水流中的岩石，不规则的动态形体就像江水

广州歌剧院的"两块石头"

长期冲刷而下，其朦胧、模糊的造型显示一种似动非动的活力，具有强烈的后现代特征。而歌剧院外部地形设计成跌宕起伏的"沙漠"形状，顺着高低不平的小路步入"峡谷"之中，再经室内合成光影的照射，让人们感受奇特的艺术氛围。扎哈的设计一贯以前卫、奇特闻名，普利兹建筑奖的评委就认为："扎哈哈迪德改变了人们对空间的看法和感受，空间在扎哈的手里就像胶泥一样，可以任由她改变形状。"

四、北京的水立方

北京奥运会游泳馆"水立方"与主体育场鸟巢对比强烈，诠释"天圆地方"的理念。鸟巢强势，水立方优雅；鸟巢是椭圆形的，外立面边缘平滑，而水立方是方形的，棱角分明；鸟巢内部的座椅是红色的，颜色鲜艳，而水立方从外面看是泛着蓝光的冷色调。可以说，鸟巢是男性化的，水立方则对应地呈现出女性化的特质。

水立方是一个关于水的建筑，水是建筑的生命。水在这里不仅是一种装饰手段，而成为一种深刻的"建筑材料"，解构建筑本身，从而实现一种无边界、可变、虚幻缥缈的可能。

水在泡沫形态下的微观分子结构经过数学理论的推演，被放大为建筑体的有机空间网架结构，从而成为了建筑本身。设计师思考：如果将"水立方"视为一个可以细分为若干均等部分的三维空间，何种形状能够保证界面接触面积最小最终发现，19世纪末英国物理学家开尔文发现的开尔

文定律能解释这个问题：14边形的三维结构球体组成的结构接触界面最小。表面上看，水立方似乎无序，实际上其图案是由一个11种多边形构成的图块复制、叠加而成。

英国西南沿海康沃尔郡有个英国版的"水立方"——"伊甸工程"园是世界上最大的热带植物大棚。以热带植物科普教育为主旨的"伊甸工程"园在形态上像放大了无数倍的水泡，"大水泡"里培育着原产于非洲、亚洲、欧洲、大洋洲和美洲的热带植物，每年吸引来自世界各地的约120万名参观者，名列全英十大著名休闲景点之一。该园利用当地人采掘陶土遗留下的巨坑回填建成，强调水、电、垃圾等的循环利用。并告诫人们，人类可以通过自身行为减少对地球的破坏，达到人类与环境的和谐共存。这个水泡结构是用正六边形连接而成，在正多边形中，只有正三角形、正方形、正六边形才能镶嵌整个平面，三种图形中，如果同样的周长，正六边形的面积最大。也就是说，正六边形具有"完全充填"和"最具效率"的双重优势。自然界中雪花、蜂巢均采用正六边形。

同样是水立方，英国的水立方为球形，基本图形是正六边形，体现一种对称美、规则美、平衡美；北京的水立方为方形，基本图形是11种多边形，体现另一种不对称美、破缺美、失衡美。

五、卡拉特拉瓦的密尔沃基美术馆——"水鸟"

西班牙的建筑大师卡拉特拉瓦拥有建筑师和工程师的双重身份，一生追求力与美的统一，他对结构和建筑美学之间的互动有着准确的掌握。他认为，美态能够由力学的工程设计表达出来，而大自然之中，林木虫鸟的形态美观，同时亦有着惊人的力学效率。所以，他常常以大自然作为他设计时启发灵感的源泉。1994年，卡拉特拉瓦设计的密尔沃基美术馆，像一只振臂高飞的鸟矗立在波光粼粼的密歇根湖边。由于临近湖边，卡拉特拉瓦尝试用水上动物作为建筑的基本形体，他想到了海鸥。两排钢柱组成了"海鸥"的"翅膀"，它的长度超过波音747客机的机翼。不可思议的是，它每天会跟着太阳调整角度，就像真正飞起来一样。远远看去，又像是海面上正在航行的船，赋予了美术馆诗一般的意境。

六、诺曼·福斯特的米约大桥和伦敦千禧桥的"跨水"

诺曼·福斯特是1999年普利兹克奖获得者，也是获奖者中惟一涉足水工程的建筑大师。他的设计理念是：人工建筑必须融入自然，看起来不应该是风景画上的图钉，而应该是大自然中翩翩起舞的蝴蝶。诺曼自豪地把大桥称作"大自然的雕塑"。这座世界最高的桥——米约大桥，横跨法国南部的塔恩河谷，桥距离河谷的平均高度为280米，桥面最高点离地有270米，2号桥墩的斜张钢索离地面最高点高达 343 米。7 个桥墩，7 座斜拉塔，宛如 7 座竖琴在云雾缭绕的仙宫中弹奏壮丽的交响乐。

　　米约大桥高耸入云的"竖琴"　　　　　　　　　　伦敦千禧桥

　　伦敦千禧桥是伦敦第一座专为行人设计的桥梁，也是自 1894 年伦敦塔桥开放使用后，百多年来第一座横跨泰晤士河的新桥。它是一座长达 325 米的钢桥，北接圣保罗大教堂，南连伦敦泰特现代艺术馆，连接现代与历史的两大地标，展开时空对话。以往河上多的是敦厚方正的石桥，或是叠床架屋式的铁路桥，而这座新桥则一改往日泰晤士河上的沉重，它被三个蓝色"弹皮弓"架着，通体轻盈的铝盖板，看上去似乎在随着微风轻轻飘动。它仿佛藐视物理学定律，以非常低的悬浮结构出现，缆索不是在上方穿过，而就在桥的两侧，承受着 3000 吨的负荷，避免大桥抢了圣保罗大教堂的镜头，从而保证大教堂景观的完整性，它被称之为"光之刃"。福斯特请雕塑家卡罗设计造型，集艺术和科技于一身，他的"技术、艺术、生态、空间"的设计理念在千禧桥中得到充分的体现，它让人们放下一切包袱，从圣保罗的穹顶下，走向艺术的自由世界。

第四节　水对建筑环境的营造

一、卡塔尔的伊斯兰艺术博物馆——碧海、金沙的交融

　　贝聿铭受托设计伊斯兰艺术博物馆时，他先从参悟伊斯兰文化入手，在中东考察了六个月，

研读穆罕默德的理论,还亲自到叙利亚、突尼斯、埃及等地采风,对各类清真寺进行比较、筛选,最终在埃及开罗的伊本·图伦清真寺洗礼喷泉里得到灵感,找到了伊斯兰建筑的精髓,还取材于8—9世纪建立于突尼斯的那些城堡。

伊斯兰艺术博物馆

贝聿铭对建筑环境极为挑剔,由于担心新建的博物馆会被后建的高层建筑淹没,他特别请求卡塔尔的王储为其建立一个独立的岛,碧蓝的海水和金黄的沙漠构成蓝、黄的交响乐,成为伊斯兰艺术博物馆的独特背景。与其他世界建筑大师临水作品的适应环境不同,贝聿铭是创造四面环水的环境。

简洁的石灰石,以几何式的方式叠加成伊斯兰的风格建筑,下部为四方形,向上依次为八角形、转换角度的八角形、多边形,上部又回归四方形,中央的内含的穹顶连接起不同的空间,古朴且自然。博物馆外墙用蜜色石灰石堆叠而成,折射在蔚蓝的海面上,形成一种慑人的宏伟力量。而再看建筑的细部,典型的伊斯兰风格几何图案和阿拉伯传统拱形窗,又为这座庞然大物增添了几分柔和,稍稍中和了它的英武之气。博物馆中庭偌大的银色穹顶之下,46米高的玻璃幕墙装饰四壁,人们可以透过它望见碧海金沙。顶层的月牙形窗,四层的三角拱形窗,底层的加边框的圆拱窗,窗型的变化丰富了建筑立面的内涵,这三种变化均紧紧围绕伊斯兰文化的元素展开,整个建筑远远看去就像一个蒙着面纱、穿着长袍的阿拉伯少女。

二、皮亚诺的芝贝欧文化中心——"海与风的对唱"

同样是在海边做建筑,贝聿铭是选择环境、重塑环境,而皮亚诺则是适应环境、利用环境,在水对建筑环境的营造上,匠心独运。

芝贝欧文化中心位于南太平洋中心的一个美丽的小岛——法属新喀里多尼亚的南端首府努美亚。皮亚诺具有水一样的思维,他的建筑就像水一样放在什么容器中就是什么形状,其建筑有特殊的本土性、可居住性和可持续发展性,文化、建筑、地理的结合,挖掘生态环境和地理特点。皮亚诺设计的文化中心注重从环境中提取当地土著文化元素,很好地诠释了卡纳克的美拉尼西亚文化。

在群体的布局设计中,他吸收在努美阿文化的精华,文化中心的建筑复苏了当地乡村"村落"的簇拥空间,错落有致,庭院也随着植物、阳光的渗入而产生。文化中心是部分被海、部分被环礁环绕的半岛,植被茂密。建筑群由十座半弧形建筑组成,一群被称为"棚屋"的圆形盒体簇拥并向道路开放,为参观者提供了一个由紧凑空间进入扩张空间的戏剧性途径。画廊展馆、图书馆、多媒体中心、青年中心、学校等各自独立,却以微差的聚散间距,被建筑师划分为3、3、4的三组。

在个体的造型设计中,它选取原生材料,用现代技术建造。在当地,棚屋结构的主要肋架是由棕榈树苗所承担并被编织牢固,皮亚诺在更大规模上转引了这些技术。棕榈树苗被胶合层板与镀锌钢材所置换,形成更为坚固并微弧的桶状肋骨横向联系构件可能源自于对棕榈树扇状分布的叶脉的启示,它们以水平方式牢牢地锚固在肋骨之间,这种结构体系不仅是由于形式的需要,还综合考虑了抵抗飓风和地震的需要,极具当地土著文化的魅力,建筑设计真正达到了"不求形似,但求神似"的境界。

文化中心的造型设计不仅把建筑描述成片片风帆,给人以美的享受,而且将力学与美学相结合,将造型与功能相结合,他将低矮面面对环礁湖,挡风面面对大海,桶状肋架在空中慢慢张开象征的索弓,源于对风力等效构造的逻辑分析,桶状肋架的剩余高度形成一道道拔风的风道,它们不但消弱了岛风的侵袭,也为整幢建筑内部的制冷体系提供了风源动力,相应的建筑周壁广泛地使用着多种材料与尺度的百叶窗。它们的开启如帆之升落一样,依凭着风向和风力得到自如的调节。这样,文化中心成为一座绿色、环保、低碳、节能的建筑典范。

芝贝欧文化中心单体造型[7]

当海风鼓起叶叶风帆时,海风也将滑进片片百叶,进入错落参差的空间,掠起微熙的穿堂风,并通过这些"风道"转化为奇妙的音响。

借声组乐，皮亚诺的芝贝欧文化中心成就了一座名副其实的音乐建筑。

三、赖特的"流水别墅"

赖特一向自视甚高，他声称自己不仅仅是现代建筑的惟一创始人，还是有史以来最伟大的建筑家。他极力主张"建筑在中国"，对《道德经》情有独钟。把"凿户牖以为室，当其无，有室之用。故有之以为利，无之以为用"视为空间组合、分割的金科玉律。

"流水别墅"是赖特最著名的设计作品，建成于 1936 年，被誉为"绝顶的人造物与幽雅的天然景色的完美平衡"，是"二十世纪的艺术杰作"。悬挑的楼板在后边的石墙和自然山石中锚固，内部空间相互流通，一乘小梯与溪水联系。大胆的设计手法使之成为无与伦比的世界著名现代建筑。

流水别墅

在茂密的丛林掩映下，在清清的溪流和嶙峋石块间，这座房子从中心向各个方向伸展着、交错着，白色的巨大阳台凌空于水面之上，流水叮咚地从房子底下蜿蜒淌过，从平台下奔泻而出。山坡顶部沿建筑伸展的方向躺着一个长条形的水池。山涧的泉水从水池的尽端摆放着一个石雕的地方细细流入，在一池静水的角落漾出缓缓的水波，把池中树林天空的倒影一层层荡开去，恍如流动的时间。

建筑的外形显得自然、随意、舒展，主要房间与室外的阳台、平台以及道路，相互交织在一起，错落有致，亦取得与周围自然景色相融合的效果。建筑材料主要用白色的混凝土和栗色毛石。水平向的白色混凝土平台与自然的岩石相呼应，而栗色的毛石就是从周围山林搜集而来的，有着"与生俱来"的自然质朴和妙趣横生的意境。不同凡响的室内使人犹如进入一个梦境，通往巨大的起居室空间之过程，正如经常出现在赖特作品的特色一样，必然先通一段狭小而昏暗的有顶盖的门廊，然后进入反方向上的主楼梯透过那些粗犷而透孔的石壁，右手边是直交通的空间，而左手边可进入起居的二层踏步。赖特对自然光线的巧妙掌握，使内部空间仿佛充满了盎然生机，光线流动于起居的东、南、西三侧，最明亮的部分光线从天窗泻下，一直通往建筑物下方溪流崖隙的楼梯，东、西、北侧几呈围合状的室，相形之下较暗，岩石铺成的地板上，隐约出现它们的倒影，流瀑在起居室空间之中，而从北侧及山崖上反射在楼梯上的光线显得朦胧柔美。在心理上，这个起居室空间的氛围，随着光线的明暗变化，而显得丰富多彩。

从"流水别墅"的外观我们可以读出那些水平伸展的地坪、要桥、便道、车道、阳台及棚架，沿着各自的伸展轴向，越过山谷而向周围凸伸，这些水平的推力，以一种诡异的空间秩序紧紧地集结在一起，巨大的露台扭转回旋，恰似瀑布水流曲折迂回地自每一平展的岩石突然下落一般。

在材料的使用上，"流水别墅"也是非常具有象征性的，所有的支柱都是粗犷的岩石。石的水平性与支柱的直性产生一种明的对抗，所有混凝土的水平构件，则赋予了建筑最高的动感与张力，例外的是地坪使用的岩石似乎出奇的沉重，尤以悬挑的阳台为最。

"流水别墅"可以说是一种以正反相对的力量在微妙的均衡中创造的建筑作品。也可以说是水平或倾斜穿杆或推移的空间手法交错融合的稀世之作。赖特对这座建筑的理解——那就是让人工的产品以完全超脱的方式从自然的石头上，从树林中，从流水之上漂浮出来。之所以漂浮，是让它最小限度地破坏到原有的生态，甚至在视觉上也尽可能少地占据和遮挡原生态的空间。竖立的石墙，代表着自然的一部分；而水平的混凝土挑台，以完全对比的光滑的质感，代表着一种人工产品。"流动的溪水及瀑布是建筑的一部分，永不停息。这是一个简单而深刻的事实，没有其他任何一个建筑像'流水别墅'这样完全且不可否认地依赖时间的历程。"①

四、路易斯·巴拉干的"水乐"

路易斯·巴拉干认为建筑的生命就是它的美。巴拉干一生致力于把建筑升华为诗意和想象，对于材料的忠实呈现，因应当地的建筑特色，在建筑物内部所呈现的光影变化，活泼的色彩随着水景的倒影产生律动，创造出一种贯穿建筑与景观的寂静氛围。

"那些不可思议的关于泉水的甜蜜的回忆一直伴随着我。我时常回忆儿时的清泉，回忆它们如何抽去水库中多余的水，回忆那在荒弃的果园深处黑色的水潭，回忆女修道院天井中的井栏，回忆泛着细微涟漪乡间泉水倒映出参天的古木。当然少不了古老的水渠——它们的不断出现使人们回想起古罗马帝国——在远处消失在地平线上，绸缎般的彩虹在水与瀑布中流淌。"[5]

路易斯·巴拉干对"水乐"的理解是："建筑除了是空间的还是音乐的，是用水演奏的乐曲。墙的重要性在于隔绝街道外部的嘈杂，街道是带有侵略性的，而墙则为我们创造了宁静，在这份宁静中用水奏响美妙的乐章在我们身边缭绕。"1980 年，路易斯·巴拉干成为普利兹克奖的获得者。

① 富兰克林·托克. 流水别墅传. 北京：清华大学出版社，2012

（一）洛斯·克鲁布斯住宅区情侣喷泉

巴拉干在设计洛斯·克鲁布斯住宅区规划情侣喷泉时，用一面粉红色墙既围合又分隔了空间，正对着这面墙，两堵相互垂直的墙由一条梁渠连接，水顺着梁渠不断地注入水池，奏出连绵不绝的水的乐曲。巴拉干使用残存的旧木水槽建造为这个喷泉命名的雕塑——两条水槽笔直地竖立在水中，就像一个图腾一样把自己的特质赋予整个广场，其作用甚至强于那些墙体。多种并置的表面产生令人眩晕的效果；水晶般晶莹的水面，地面上铺着各式各样的鹅卵石，柔柔的粉红色的墙，创造出充满情感的亲切世界。

（二）拉斯·阿普勒达斯景观住区

饮水槽喷泉注入静谧的池塘，粉红色墙体倾听着喷泉的欢唱，笔直的木桩墙与粉红墙高下相倾，色彩调和，材质对比，伊甸园的宁静无形地扩散开来，沁人心脾。

拉斯·阿普勒达斯景观住区[5]

在桉树形成的林荫道末端，映衬着婆娑树影的白墙；黑石砌成的渠道中清澈见底的渠水恬静地外溢着，前后错位的蓝墙，一动一静，组成最简约的雕塑。

巴拉干非常强调场地里无形的轻盈的空间质量，他的建筑情感源于对自然、生活的感受带来的创造元素，而这些是从平面和照片中永远无法获得的。

（三）圣克里斯特博马厩与别墅

水，作为经常在巴拉干作品中出现的元素，在这个作品中也有淋漓尽致的体现，或倾泻，或飞跃，或四溅，呈现出一派动人的场景。

圣克里斯特博马厩与别墅[5]

在入口处，墙体营造了一个独特的空间氛围，人们仿佛渐渐地被引向远处的水面。

巴拉干设计的景观，建筑，雕塑等作品都拥有着一种富含诗意的精神品质。他作品中的美来自于对生活的热爱与体验，来自于童年时在墨西哥乡村接近自然的环境中成长的梦想，来自心灵深处对美的追求与向往。因此，解读巴拉干的作品要用心去静静的体验他温和的激情所创造出的静谧而悠远的空间。西扎在为巴拉干的作品集作序的时候曾说："悄然地漫步在他的园林之中，用任何的语言来形容眼前的景观都显得多余而苍白。"

（四）色彩、光、水的运用

1. 色彩的运用

各种色彩浓烈鲜艳的墙体的运用是巴拉干设计中鲜明的特色，后来也成为墨西哥建筑的重要设计元素。"这种彩色的涂料并非来自于现代的涂料，而是墨西哥市场上到处可见的自然成分染料。这种染料是用花粉和蜗牛壳粉混合以后制成的，常年不会褪色。你可以看出他常用那种粉红色的墙，其实边上经常有一丛繁盛的同样颜色的花木。这是墨西哥的国花，墙的颜色就来自这些花。但是在早期，巴拉干只用红黄蓝三个原色。后来他认识了一位画家，也许是 rivera，然后他就开始自由使用色彩了。"巴拉干对色彩的浓厚兴趣使得他不断在自己的设计作品中尝试着各种色彩的组合。他能够极好地驾驭各种艳丽的色彩，使几何化的简单构筑物透出丝丝温情。他用色彩塑造空间，并给空间加上魔幻诗意的效果。

2. 光的运用

巴拉干作品中阳光的运用可谓作品中的点睛之笔，将自然中的阳光与空气带进了我们的视线与生活当中。并且与那些色彩浓烈的墙体交错在一起，使两者的混合产生奇异的效果。在饮马槽广场中水池尽端一堵纯净简单的白墙在树影的掩映下拥有了生动的表情。地面的落影，墙面的落影，水中的倒影构成了一个三维的光的坐标系，一天之中随着光线的变化缓缓移动旋转，像一种迷离的舞蹈。这是建筑与自然的对话，白墙上婆娑的树影就好像自然通过阳光空气与植物在建筑上留下的诗意画卷。吉拉迪住宅中光与色彩的运用也是堪称经典之作。在室内游泳池的一角，光与色彩、空间、墙体、水面、地面奇妙的交错在一起，给人以梦幻般的感觉，使人们融入他诗意的空间当中。

3. 水的运用

巴拉干说："建筑除了是空间的还是音乐的，是用水来演奏的乐曲。墙的重要性在于隔绝街道外部的嘈杂，街道是带有侵略性的而墙则为我们创造了宁静，在这份宁静中用水奏响美妙的乐章在我们身边缭绕。"[5]

用情感创造诗意空间，设计师的作品中所体现出的风格或者说设计特点实际上都是创作者思想的折射。巴拉干的作品中没有教条与艰深的理论，有的只是对生活的体验和对内心情感诗意的表达。

巴拉干在获得普利兹克奖后的获奖发言中说："有一些事情很令人担忧，现在许多关于建筑的书籍都放弃了一些深植在我的意识当中的基本语汇与基本概念的使用：美丽、灵感、魔幻的、着迷的、平和、宁静、私密、惊异。虽然我意识到我并没有在我的作品中完全地体现它们，但是它们将是我创作道路上永不停息的指路明灯。"在他的作品中我们可以明显地感受到他的这种精神追求。他的作品之所以如此动人，并在被众人所熟识之后如此迅速地被接受与推崇，正是因为他是用情感在营造诗意空间，而这种用情感营造出的空间则更加具有亲和力与生命的张力。

五、克里斯蒂安·德·包赞巴克的"骑水"学校

克里斯蒂安·德·包赞巴克有"建筑诗人"之称，他设计的市立艺术学校整个建筑横跨河道，底部有两个基座，上部由分离的建筑体块各自环绕而成的两个组团，中间是跨越河道的宽大平台，该平台将两侧的建筑连成一体。设计中融入两种对立的秩序，底层规整统一，顶部离散的体块呈现自由活泼的态势。绵延的河道强化了建筑给人的视觉冲击，整个学校如同一座漂浮的城市，拥有复杂的功能和丰富的空间。

多元对立中的和谐统一，解构的建筑要素、对立因素的引入、从单体到统一的复杂交织，在一种动态均衡的体系中，共同构成了包赞巴克的建筑整体。秩序和混乱、规则和畸形、对称和反对称、统一和破碎、稳定和运动、单一和复合，多种对立的极性充满张力和刺激。

骑水学校[8]

他关注光、体量、材质等建筑要素，同时将空间也视为创作元素，他说："空间总是一个建筑

问题，因为我们都有自己的肉身"。他的建筑怀着特殊的梦想和诗意，通过自身复杂、微妙的体量组合，通过虚实空间娴熟的处理，通过光影、色彩巧妙运用，使城市空间重获新生。

第五节　水对文化底蕴的阐发

一、斯蒂芬·霍尔的成都来福士广场

斯蒂芬·霍尔1947年出生在美国华盛顿州，现任美国哥伦比亚大学建筑学院终身教授，是美国当代建筑师代表人物之一，在世界各地设计了众多标志性经典建筑。其设计注重强调对空间的巧妙处理，认为建筑与特定的地点有密切关系，不能脱离环境论建筑。霍尔在中国的主要设计作品包括北京当代MOMA、杭州国际旅游综合体、南京艺术和建筑博物馆，以及成都来福士广场等。

传统与现代，张扬与内敛，梦幻与现实，过与未来的对话在成都来福士广场碰撞出了惊艳的火花。成都来福士广场是国内首座国际罕见的清水混凝土建筑，也是世界史上最高的清水混凝土建筑，整个建筑呈大悬挑、大孔洞和不规则倾斜状，其造型新颖独特，与央视新大厦有异曲同工之妙，建成后成为成都市又一新的地标性建筑。

来福士广场的设计理念之一便是"切割的泡沫"：先沿基地红线拉伸出一个泡沫盒子，再根据人流动线和具体功能将这个盒子切成5座大厦，5座高层再以桥相连，而大厦之间的空隙以及大厦围成的院落都成为吸引人流的公共空间，所以称为多孔隙性的"泡沫块"。来福士广场的空间切割是完全按照地块上太阳起落的角度而设计的，甚至还考虑到经纬度、阳光风向的因素，保证每栋建筑物每天至少能有2小时的日照。5座塔楼均有独特的切割面，但一眼就能发现，这些切割源自一个整体。5座塔楼中间，是一个退台式的中央广场。

霍尔在成都来福士广场设计中，用水阐发三峡的文化底蕴，完成的是建筑与城市人文精神、建筑与地域情感、建筑与人的互动完美融合的命题——"站在成都来福士的高楼，可看到三峡的天空"。斯蒂芬·霍尔最初的灵感来源于杜甫的三峡诗句："支离东北风尘际，漂泊西南天地间。三峡楼台淹日月，五溪衣服共云山。"（《咏怀古迹五首》），他从杜甫的诗中读到的是一种"时间困于水上"的感觉，希望通过这三处水景，能营造出"时间匆匆过，又在此处留"的意境。

独特的"三峡"景观设计,凝聚着巴蜀文化的精髓,令建筑富有浓厚的人文内涵和历史气息,同时兼顾了现代人所需要的开放的交流方式。中央广场上的三个水池,与三峡相对应。它们为购物中心提供自然采光,并让身处购物中心的人产生独特的感官体验。来福士广场所处地块是四川省博物馆原址,为了保留这种地域情感,来福士设计了空中展馆以纪念这个地块的历史;建筑难度极高的立面开洞,将来将会呈现出高科技馆的未来感,这也彰显出来福士建筑的气质。

来福士广场通过三峡水景构成的公共空间中,加入了大量的中国元素。地表的三个水池由高至低依次为西陵峡、巫峡、瞿塘峡,在广场上高低错落分为三层,分别代表年、月、日。西陵峡水景的12个出水口代表一年12个月;西陵峡与巫峡水池以坡道相连,坡道中365块石材方砖和铸模玻璃方砖象征了一年中的365天。每7个方砖的排列稍稍错位,象征周,较大错位的方砖象征农历二十四节气;瞿塘峡水景代表日,有30个喷水口,表现一个月的30天。每个水景都有铭牌对景观创意做简单介绍,引导观众理解设计者的创意。

上方为"西陵峡",右下为"巫峡",左下为"瞿塘峡"

设计师会把来福士的商场空间分为五个部分:龙门、大峡谷、巫峡、西陵峡、瞿塘峡,设计也根据不同峡谷的自然风光,意表现瞿塘雄、巫峡秀、西陵险的风光迥异的四季景色。

"西陵峡"俯视

现实中的西陵峡,以高而陡峭著称,在来福士广场,整个"西陵峡"非常高,一共有五层高,呈上小下大的锥形,像峡谷和漩涡的形状,顶面呈圆形,大堂地面布置黑白色的螺旋纹,立面栏板布置错位山形纹以呼应西陵峡的陡峭,以灰色调为主。

现实中的巫峡很秀美,云雾环绕,三峡的巫山十二峰被称为"景中景,奇中奇"。清人许汝龙《巫峡》诗中说:"放舟下巫峡,心在十二峰。"巫峡以巫山得名,幽深秀丽,千姿百态,宛若一幅浓淡相宜的山水国画。在商场巫峡区域的设计上,白色系、冷色调为主打,立面栏板用水波纹装饰,地面绘制长江三峡河道平面图,并以金属圆盘标识三峡十二峰名胜如净坛、集神、松峦、神女、飞凤、翠屏、朝云、上升、圣泉、聚鹤、起云、登龙等,当阳光透过椭圆形屋顶的水波折射到商场时,波光粼粼,犹如置身仙境。

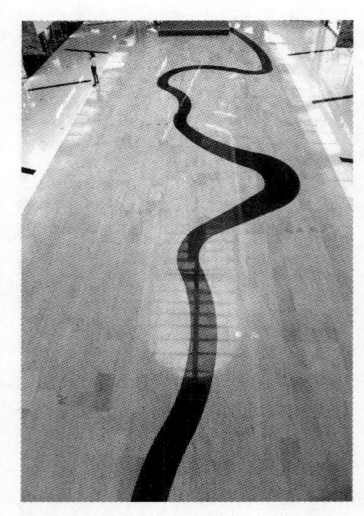

"巫峡"地面设计

《水经注》说三峡:"春冬之时,则素湍绿潭,回清倒影"。瞿塘峡商场为三层,顶面为不规则的封闭圆滑曲线,地面图案也以深黄色的不规则曲面相呼应,用以图解"素湍绿潭,回清倒影"的静谧,立面栏板以褐色木板装饰,板上钻有大小不一的圆孔,每个装饰板的抽象山水图案各不相同。

成都来福士广场引入时尚、健康、绿色的都市元素,让建筑成为集居住、工作、购物、娱为一体的城市综合体。建筑尊重本土生活方式,以合围院落"还空间于市民",牺牲大量的商业面积转而修建大面积无阻隔的公共休闲区域,满足成都人"晒太阳"的幸福期待,非常亲近成都市民的休闲习惯。露天餐饮让来福士广场变身实体的"FACEBOOK",阳光映射在建筑群落中,喝咖啡,或打麻将,成都式的休闲生活都被考虑在内。建筑外墙空洞处的亭台是 StevenHoll 设计的历史亭、LebbeusWoods 设计的高科技亭和艾未未设计的杜甫亭。

"巫峡"栏板

"西陵峡"栏板

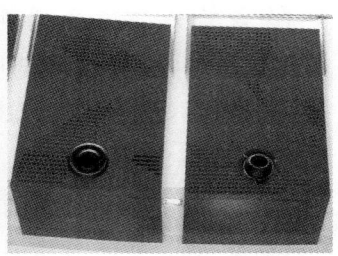
"瞿塘峡"栏板

按照环保绿色的设计理念,成都来福士广场项目中运用了地源热泵供热和制冷系统、热回收系统、冷热水蓄藏、中水回用、屋顶与裙楼绿化、就地取材、太阳能等可再生能源的利用等节能环保措施。整个广场由468个地热井供热和制冷，广场中巨大的池塘可回收雨水，天然草地和睡莲带来了天然的冷却效果。项目采用高性能的玻璃、高效节能设备和当地材料等多种措施达到LEED黄金认证标准。

来福士广场是国内首例结构清水混凝土综合体，这种施工方式即是清水混凝土一次建筑成型，这是许多建筑建造者望而却步的一种修建手段。在斯蒂芬·霍尔的理念里，清水混凝土是混凝土材料中最高级的表达形式，显示着最本质的美感，体现着"素面朝天"的品位，更符合现代田园之都应具备的东方文化气质。

二、南京四方现代艺术博物馆

中西方绘画艺术最根本的历史差异是透视法。13世纪后，西方绘画形成了"焦点透视法"，中国绘画却是散点透视，作为国际现象学鼻祖的斯蒂文·霍尔，对用水阐发文化底蕴情有独钟。在设计南京四方现代艺术博物馆时，他从中国水墨画中的平行透视法获得启发，采用散点透视创造景观。穿行在画面中，转移的视点、空间的层次、围合的庭院、弥漫的大片的薄雾和辽阔的水域，中国水墨画深深交错的空间神秘感便一一展示在面前。步行在美术馆内，处处有"移步换景"的惊喜。

霍尔认为："没有光，空间就会被湮没。光即是阴影，它的不同来源，它的透明、半透明、不透明，以及反射与折射等条件交织在一起，去定义或重新定义空间。光使得空间形态变化无穷。"霍尔对光的崇拜近乎到痴迷的程度，光在霍尔的手中，退去神秘的色彩，反而有春天晨光的喜悦和顽皮的气氛。直接、间接、反射光、磨砂、色彩、轻玻璃的不断变换，让人惊叹光能如此绚丽，而层次丰富，给空间营造了些许模糊与暧昧。美国《时代周刊》称赞霍尔的建筑作品能同时满足眼睛与心灵——"创意主导设计，但真正检验设计的是人的体验"，"从第一笔的草图到最后建成，建筑都是与情感表达密切相关的，灵性占据了空间，决定了建筑的具体细节"。

建筑师希望"博物馆由一片平行透视的空间和黑色的夯土院墙构成，其上漂浮着的是一个半透明的结构体"。南京博物馆是由一系列平行视角下的空间和深掩在暗色竹林间的花园墙壁组成，上方是一个悬垂的半透明结构，像一个轻盈的岛屿飘浮在云间；建筑下部的黑色混凝土墙运用了具有中国传统文化象征的竹元素，形成一个特殊的肌理效果，并把这一元素运用从室内接待区的家具、书架一直延伸到外部的景观设计。空间大格局的写意化处理并没有影响细部的情节化表达，每一个令人惊异的细节都能让人领略到诗意的感性设计。

斯蒂文·霍尔认为："阳光的丰富性有如交响乐般层次丰富，我们应善于运用它来显现空间的优美品质。"博物馆一楼的几个方窗和二楼的两处借景落地窗成功地用光线塑造了空间氛围，体现了斯蒂文·霍尔对光的迷恋和运用。

南京四方现代艺术博物馆建筑造型新颖，极富想象力。但结构外形很不规则，特别是空中展廊部分为双向长悬臂钢结构，支承条件极为不利，结构设计难度较大。四方现代艺术博物馆倾斜的墙壁是用竹模混凝土构建的，"不仅使建筑在一片翠竹丛林中找到了自己安身立命的方式，更是对过度装饰和消费主义的批判"。庭院铺设所用的砖块为从南京市中心被拆除的老胡同院落中回收利用的砖

南京四方当代艺术博物馆

块。博物馆颜色的运用限定在黑白两色，除与古画建立联系外，同时为突出艺术和建筑展品的色彩和质地创造了背景。原本在场地中生长的竹子被用于竹制混凝土，通体染成黑色。同时，美术馆还采用地热制冷和供暖以及雨水回收。[14]

第六节　中西方建筑大师水概念的差异

从上述的作品可以看出，东西方建筑大师对水的理解和运用，既有共同点，又有差异性。

一、水建筑与水映衬

在东方建筑大师的作品中，水体真正成为建筑的一部分，并扩大了建筑表达的可能性。建筑师通过对水的形态、深浅及其与建筑、环境的关系的控制，创造出丰富的环境空间，表现了水的不同特质与性格。水不但有许多生态功用，而且在营造建筑空间、建筑形象、愉悦精神、表达情绪与渲染氛围等方面具有极大的可塑性。"水立方"在概念设计、造型设计、技术设计的全过程均以水元素为中心展开，水是整个建筑的主题，设计师希望人们通过这个建筑能体会到与水有关的种种快乐。如果说规矩的四方体会让人感到乏味的话，那么，气泡和自由结构的加入，使得"水

立方"凸显无边的浪漫。这是形体上的极端简洁与表现上的极端丰富带给人的愉快。[13]

在西方建筑大师的作品中,水是建筑的参照物、对比物,水仅仅是建筑的背景、环境存在,仅起衬托、营造气氛的作用。毕尔巴鄂的河水的静谧和古根海姆博物馆狂野的动态形成强烈对比,悉尼歌剧院的船帆造型在海水的衬托下则魅力独显。

二、融合法与强调法

西方在对待人与自然的关系表现为"天人对峙",有强烈的自我扩张意识,强调人是大自然的主人,弘扬人的伟大与崇高,相信人的智慧与力量,重视现实世界和人的个性。西方建筑大师在处理建筑与水的关系时,常使用强调法,这种手法将突出建筑物的存在,使其成为景观主体。如盖里的古根海姆博物馆以鲜明的特色成为西班牙毕尔巴鄂的地标性建筑,使无名小城成为旅游胜地。

东方建筑大师在处理建筑与水的关系时,表现出对大地的依附,体现"天人合一"的理念,常使用隐蔽法和融合法,以保持原有的自然和社会景观为主,将建筑对原环境的影响减至最低程度,藏物于景中,淡化建筑物的存在。如贝聿铭的美秀美术馆用的是消去法,将美术馆隐藏在环境之中;而王澍的作品则将建筑完全融合在山水之中。

三、典型论与意境论

如何在有限的建筑形象中,体现出无限的艺术意蕴?东方建筑大师以表现为主,用水构造意境;西方建筑大师以再现为主,用建筑创造典型。

典型重再现,意境重表现;典型重写实,意境重抒情;典型重在创造鲜明的建筑形象,意境则抒发建筑大师的内心世界;艺术典型是在独立建筑上体现出共性、普遍性和本质的必然性,艺术意境则是在情景交融中让人们领悟出无穷的象外之象。如果说典型是在主客体统一中侧重于客体,那么意境则是在主客体统一中侧重主体。前者侧重于塑造建筑形象,后者侧重于抒发建筑大师自己的情感。

西方建筑大师的建筑典型是普遍性与特殊性的有机统一,又是必然性与偶然性的有机统一。任何艺术典型,都是在鲜明的个性中体现出广泛普遍的共性,在独一无二的个性形象中体现出具有普遍性的某些规律。如福斯特的米约大桥高耸入云的"竖琴"和千禧桥的"弹弓",以鲜明的个性构造出风格迥异的典型。

东方建筑大师营造的意境是一种若有若无的朦胧美，一种由有限到无限的超越美，一种不设不施的自然美。如贝聿铭在苏州博物馆创造出的意境是艺术中一种情景交融的境界，是艺术中主客观因素的有机统一，彰显出中国传统文化深厚的底蕴。

四、模仿自然与心师造化

西方建筑大师在建筑造型时常模仿自然，对于自身与对象关系的处理方式，主要表现为"微观透视"、"征服对象"、"再造自然"。古希腊哲学家赫拉克利特最早提出"艺术模仿自然"，而卡拉特拉瓦认为大自然中的林木虫鸟有着让人惊讶的力学美，因此在他的作品中，鸟的轮廓是建筑的外形，虫类的骨骼和表皮的形状以及纹路被抽象出来用作天顶和墙面的装饰，充分利用了动物骨架的结构原理，用静态的表现方式赋予了飞翔的动态美。

东方建筑大师主张心师造化，所倡导的不是充分发挥视觉、听觉的认识作用及用手的技巧去揭示自然物象的具体特点，而是发挥心灵与视觉、听觉交融的感受能力，去领会物象与心灵的相通之处。如王澍"综合了雕塑性的力量以及当地的文化底蕴，创新地使用了原始的材料和古老的符号，展现了极致的原创性和感染力"，安藤忠雄以曲池荷花表达对禅宗的感悟，他们都用各自的方式实践着"心师造化"。

参考文献

［1］ 王澍. 一种差异性世界的建造. 世界建筑导报，2011（6）.

［2］ 王澍. 营造琐记. 建筑学报，2008（7）.

［3］ 王澍. 剖面的视野. 时代建筑，2010（2）.

［4］ 大师系列丛书编辑部. 安藤忠雄的作品与思想. 北京：中国电力出版社，2006.

［5］ 大师系列丛书编辑部. 路易斯·巴拉干的作品与思想. 北京：中国电力出版社，2006.

［6］ 大师系列丛书编辑部. 理查德·迈耶的作品与思想. 北京：中国电力出版社，2006.

［7］ 大师系列丛书编辑部. 伦佐·皮亚诺的作品与思想. 北京：中国电力出版社，2006.

［8］ 大师系列丛书编辑部. 克里斯蒂安·德·包赞巴克的作品与思想. 北京：中国电力出版社，2006.

［9］ 大师系列丛书编辑部. 普利茨克建筑大师思想精粹. 武汉：华中科技大学出版社，2007.

［10］ 廖小东. 贝聿铭传. 武汉：湖北人民出版社，2008.

[11] 徐宁.贝聿铭与苏州博物馆.苏州：古昊轩出版社，2007.
[12] 张法.中西美学与文化精神.北京：中国人民大学出版社，2010.
[13] 赵小均."水立方"之设计构思.北京规划与建设，2003（5）.
[14] 斯蒂芬·霍尔.南京四方美术馆平行透视.城市环境设计，2013（6）.

第六章 中西诗歌的水诠释

中国文学史按王国维"一代文学"的标准，所涉及的楚辞、汉赋、唐诗、宋词、元曲均可视作诗歌；西方文学四个里程碑包括《荷马史诗》、但丁的《神曲》、莎士比亚的《哈姆莱特》、歌德的《浮士德》也均可视为诗歌。比较中西方文学以诗歌为素材，应该说可以窥探到中西方文学异同之全貌。

第一节　中西诗歌比较

一、中西咏水诗歌的共性

莎士比亚说过："真、善、美万变不离其宗，达变化尽显我的创造、三位一体，魅力无穷无尽。过去是各不相关，今天，汇集一处，融为一体。"（《真、善、美就是我的全部》）[6]对真、善、美的不懈追求是中西山水诗歌最大的共性。

中西山水诗歌的共性还体现在概括性、节奏性、形象的思维性、抒情性等方面。

概括性指语言精练，含义丰富、深刻。诗歌的语言不同于小说与戏剧可以用大量篇幅来描写各种场景，而是必须用相对短小凝练的文字来表达丰富多彩的生活与情感，这就要求诗歌的语言必须精练。

节奏性指每句有一定的节奏。中西方诗歌都同有押韵之说，且同有押韵诗与无韵诗，在节奏的表达上中国汉字有平仄之分，而英文在语音上则有重读轻读之分。利用不同语言的不同特点，达到诗歌的节奏美，读起来朗朗上口。

形象的思维性不仅要求语言形象，而且要求作者要运用诗歌的手法将诗人要表达的意境具体地呈现在读者眼前，这一点中西方诗歌的作者也是相通的。

中西山水诗在抒情性上，尽管方式各有不同，但最终着力点都在一个"情"字上，如爱情、亲情、友情等，都无法逃脱一个"情"字。

二、中西咏水诗歌的差异性

本书在第一章中讨论了河流动力学和海洋动力学的主要差异对中西社会经济、政治、宗教、科学、伦理以及思维方式、语言文字产生重要影响，而这一切将直接影响文学、诗歌的创作内容、创作风格、表现形式等。中西诗歌特质差异也就变现为含蓄与奔放、意境与典型、有我与无我、模仿与写意、语言的精确与模糊等多个方面。

1. 含蓄与奔放

因大河边界的约束，中华民族性格内敛，反映在诗歌上，中国诗词讲究含蓄，以淡为美；因海洋边界约束模糊，西方民族性格开放，反映在欧美诗歌中则比较奔放，以感情激越为胜。比较典型的例子就是在表达爱情方面，中国诗人描写爱情"才下眉头，却上心头"，始终不把那种爱意直接表达出来；而西方诗人会高喊："你是我的太阳，爱情之火烧得我浑身焦灼"。

2. 意境与典型

长江、黄河的九曲十八弯的形态造成视线的遮蔽、思绪的中断，为摆脱这种约束，人们试图寻找境外之意，于是中国的诗词更注重的是一种意境的创造，追求言已尽而意未尽的效果，寻求无限的遐想空间，在这一点上与中国画的散点透视的产生有类似之处。追求意境这种诗歌的出现源于中国古代传统的感悟式直觉思维方式，于是，"意境说"、"神韵说"以及"象外之象"、"韵外之致"、"思与境揩"、"言近旨远"等极有价值的美学理论，纷至沓来。

与中国的意境论相对应的是西方的典型论，海洋文明的商业活动造就了以描写人物为主的、模仿再现的叙事文学传统，是典型论产生的丰厚土壤，而亚里士多德的"摹仿说"则是典型论产生的直接理论基础。大海毫无遮挡的观察视角这一因素，使西方先民对已观察到的事物偏重于重演和再现，决定了典型论的基本的特征。

总体来说，典型论偏重于客观再现，意境说偏重于主观表现；典型论偏重于描绘人物形象，意境说偏重于境物形象；典型论是寓共性于个性，寓必然于偶然，意境说则主张虚实相生，以形求神；典型论求真，意境说求美；典型化的方法是分析综合，意境的诞生是酝酿感悟。[1]

3. 有我与无我

中国先民的大河文明的稳定生产方式和生活方式形成"天人合一"的理念，西方先民在海上的商贸活动的生产方式和日夜与海搏斗的生活方式形成"天人二分"的理念。这种哲学理念的差异直接造成文学思维方式的不同，即中国的"以物观物"和西方的"以我观物"。王国维在《人间词话》中说："有我之境，以我观物，故物皆着我之色彩"，"以物观物，无我之境，故不知何者为我，何者为物"。北宋邵雍《观物内篇》说："以物观物，性也；以我观物，情也。"

"有我之境"，即诗人在描写自然景物时，偏重于主观情思的流露，移情入景，使景物带上浓厚的主观色彩。"无我之境"，作为审美静观的主体，是一个没有功利、没有欲念的人，达到庄子所谓"心斋"、"丧我"的境界，物我齐同，与宇宙大化融合为一。西方山水田园诗多流于有我之境，而中国的山水田园诗妙在创造无我之境；中国诗词多以歌颂为主，而英美现代诗歌多以揭露为主；中国诗词善于抒情，以写景烘托气氛或造出意境，而英美诗歌则注重描写景物在人们心里唤起的反应，刻画心理描写，以此来表达自己的主观认识，即"以我观物"。

另外，中国诗词重在托物言志，或借景抒情，永远把诗人的情感埋藏于诗词之中，只有通过"感悟"才可能感觉出其美，最突出的例子莫过于马致远的《天净沙·秋思》，他几乎没有用一个表达感情的词语，只是把"枯藤"、"老树"、"昏鸦"简单地排列在一起，寥寥几笔便勾勒出一幅凄凉寂寥的景象，后面两句把七种静物列在一处，却恰如其分地渲染了寂寞、惨淡的气氛，"夕阳西下"更是给整幅画面涂上了一层昏黄的颜色，最后一笔带出"断肠人在天涯"，感觉上前后好像并无直接联系，但感情是连贯的，思路也是连贯的，读者一口气读下来，仿佛自己就是诗人所描绘的画中的游子，引起了强烈的共鸣。而这正是中国古典诗歌的魅力所在。相比之下，欧美现代诗歌长于叙事，喜欢议论，强调描写社会中人的心理活动，直抒胸臆，而毫无造作，言尽而意亦尽，而这也比较符合西方人的心理和思维特征。

中国山水诗往往和"隐逸"相联系，多为迁客骚士感时不遇而"归园田居"之作，纯粹描写风景的诗反而较少；西方山水诗和浪漫主义相联系，它要求回归自然并保持自然的纯净，把大自然作为真善美的源泉，以使心灵和情操得到净化。

中西山水诗观物态度、审美方式的差异，必然导致其终极境界的不同。一般来说，西方大都着眼于追寻形而上的意义，而中国诗歌则在真切的意象流转中几近"无"的化境。老子曰："天下万物生于有，有生于无。""无"不是"虚无"，"无，大有也，有无一体，无为而无不为"，这是万物生成和存在的根源。

西方诗歌有我之境与中国诗歌无我之境的形成，与中西方各自的哲学传统有关。西方哲学向来倾向于主客二分，即作为认识主体的人把客观世界作为认识的对象，致力于揭示其本质并对之进行征服和改造。这一思想传统早在古希腊时就已奠定，古希腊哲学家普罗泰戈拉说："人是万物的尺度"。亚里士多德更是创立了一整套的形式逻辑，使主体能更有效地认识客体。在这之后，直到近代笛卡尔、黑格尔，西方形而上学传统一直摆脱不了主客二分及人类在认识和改造世界时的主客对抗。培根充分肯定人类认识和改造世界的活动："知识就是力量"。霍克海默和阿多尔诺却从反面阐述了这一现象，说启蒙精神与事物的关系，就像独裁者与人们的关系一样。他们从正反两方面的意义上揭示了认识主体与客体世界的对抗关系。因此在西方诗歌中，审美主体与自然难以融合统一，主体精神远远高于客体、凌驾于客体之上。

4. 模仿与写意

亚里士多德的"摹仿说"是西方文艺理论的基石。亚里士多德在他的名著《诗学》里指出："一般来说，诗的起源仿佛有两个原因，都是出于人的天性。人从孩提的时候就有摹仿的本能，人和禽兽的分别之一，就在于人最善于摹仿，他们最初的知识就是从摹仿得来的，人对于摹仿的作品总是感到快感。"[4] 他认为文艺是作家对自然的摹仿，是一种再现、一种仿造，艺术的最高标准就是最大程度真实地摹仿自然。受其影响，"写实"成为西方文学重要的创作手法，西方的山水田园诗人都重视再现山水之"形"的逼真。

中西山水诗在空间意识上也有所不同。西方山水诗歌写实时，作者的目光常常集中在一个透视的焦点，向远处透视，以至无穷。而中国的山水诗人往往不拘于某个点，而是以"俯仰自得"的精神来展现空间经验的。我们以华兹华斯和王维的诗为例。在华兹华斯的诗中，山水呈现的过程都细心的经过他的视觉接触次序指引，是一种单线的进行，是连续呈现的。在华兹华斯《序曲》第十四章中有这样的诗句："看！当我仰视／月光赤裸地挂在无云的天穹／而在我的脚前／安卧着一海无声的白雾／一百个山头把暮色的背耸起／散遍这寂然的海洋，然后，再过去／在更远的那，固体的霭气展开……"。诗中一连串的定向指标"仰视"、"脚下"、"再过去"、"在更远那边"都体现了西方人的透视角度，将读者引入彷徨的追寻之中。

王维的辋川诗有一绝句："水坨湖水北，杂树映朱栏。透迤南川水，名灭南林端。"此处南川水却明灭于青林之端，不向下而向上，不向远而向近，和青林朱栏构成一个平面，由"湖水北"到"南川水"，由"朱栏"到"南林"，王维的视角是跳跃的、多点的，远近信手拈来。

5. 语言的精确与模糊

从语言文字来看，英语是一种表意文字，词义具有精确性、逻辑性和组织性。英语缺少了主语和连词，就会无法让人理解，甚至难以营造出优美的语境。而汉字的简洁性却是英语文字所不能及的。古汉语用词简洁，结构自由，中国古代诗歌中的句法不同于英语句法，也没有时态、数、格和人称的变化，这种对于语法的超脱和词性自由所达到的高度浓缩和空灵境界是英美语言无法比拟的。

中国追求一种平淡质朴、清水芙蓉般的素美，西方则追求一种浓郁热烈、光彩炫目的华美；中国偏重于内在的神韵意趣与文气性灵，西方则偏重于外在的情节结构与和谐形式；中国的文采论总是与伦理道德密不可分,西方的和谐说则专注于形式本身的美学价值。[1] 这些差异是与大河文明与海洋文明的基因造成不同的文化层次与心理结构密切相关的。

第二节 《荷马史诗》与《诗经》

《荷马史诗》与《诗经》的出现年代均在海洋文明和大河文明初步形成且中西群星璀璨的"轴心"时代尚未来临之前,这一阶段表明《荷马史诗》是对海洋文明的原始图解,对古希腊的哲学家泰勒斯、柏拉图、苏格拉底、亚里士多德等的思想产生重要影响;与此相类,在中国商代出现的甲骨文也有对大河文明零星的描述,但《诗经》才是对大河文明的真正原始图解,并对以后的先秦诸子的思想产生了重要影响。

一、荷马史诗对海洋文化的诠释

荷马

公元前 11 世纪到公元前 9 世纪的希腊史因《荷马史诗》而得名,被称作"荷马时代",《荷马史诗》也这一时期惟一的文字史料,作为其内容主要围绕海来展开,海的静谧,海的狂暴,海的神奇,以及对海的崇拜,都表现得淋漓尽致。马克思对《荷马史诗》曾给予很高的评价,认为希腊的艺术和史诗"仍然能够给我们以艺术享受,而且就某方面说还是一种规范和高不可及的范本"。自古以来,《荷马史诗》都是思想家、作家和艺术家们进行创作的重要借鉴和源头之一,它是整个欧洲文学的源头。

《伊利亚特》共 24 卷,15693 行,是描写希腊人攻打特洛伊的故事。特洛伊战争起因于三位女神的金苹果之争,且天神也分为两派而各助一方。作者选取了 10 年战事最后一段时间作为整个史诗的核心,同时穿插、回顾了先前持续 9 年的战争以及战争的起因。故事起自希腊部落内部阿喀琉斯与阿伽门农的矛盾,歌唱阿喀琉斯的愤怒,重点描写阿喀琉斯与阿伽门农和赫克托耳的关系。故事以伊大卡国王俄底修斯设计木马计攻克特洛伊城而结束。《伊利亚特》的情节以阿喀琉斯的愤怒为线索,分为阿喀琉斯的愤怒、阿喀琉斯愤怒的结果、阿喀琉斯的息怒。

《奥德赛》共 24 卷，12110 行，叙述的是希腊英雄俄底修斯在特洛伊战争后回家的故事。他是木马计的设计者，在海上经历了种种磨难并漂流了 10 年后终于回到了自己的故乡。史诗的情节集中在 10 年漂泊的最后 40 天，并采用倒叙、顺叙和时间破格等前后穿插的方法将俄底修斯的家庭、海上漂流等事件一一呈现。最终以父子夫妻团聚，敌友和解而结束。《奥德赛》的主题只有一个，就是"回家"，而情节安排就是围绕这个主题分为两个阶段：第一个阶段是海上漂泊；第二个阶段是回家复仇。

从世界观角度而言，荷马的哲学是一种人道主义的自然主义，遵从宇宙神学，体现了一种宗教世界观。而荷马史诗所揭示的是一个结构井然的社会，是一个等级制的社会。人生而具有属于自己的社会地位，即使是神的领域，也存在着一个最高的神即宙斯的统治。无论是人间世界还是天上世界，都有一个公正与否的问题，而正义女神执掌着天地间的正义或公正，宙斯则是正义的最高裁决者，史诗通过惩罚违反正义的人或行为来强化正义，这也是一种有秩序的正义。

另外，《荷马史诗》中的正义也是一种契约正义。史诗中记载的亚历克山德罗斯与海伦的前夫在决战前所订立的誓约是至关重要的，特洛伊人的战败也应验了契约公正观念，即正义原则。《荷马史诗》所描绘的人、神、战争相互间的关系，较之中国神话中社会内涵指向的明确和单一，即信仰、政见、权力和权利的矛盾，具有更高的历史概括性和更深层的人生思考。

两部史诗都主要描述英雄的故事，但是风格上仍有所差异。《伊利亚特》描写特洛伊战争中的两军的激烈厮杀，《奥德赛》描写英雄作为普通人的感情。虽然《伊利亚特》与《奥德赛》各有千秋，但是它们无论在内容还是风格上，都没有互相孤立，而是互相衬托。《伊利亚特》的焦点是阿基里斯的故事经历，但是它的结局直到《奥德赛》中才有交代。《奥德赛》的主角是奥德修斯，可是他的英雄形象在《伊利亚特》中已经有了鲜明的形象，并且暗中埋下了伏笔。此外，《奥德赛》中交代许多在《伊利亚特》中已经出现的重要人物的结局，因此《奥德赛》就是全部《荷马史诗》的共同结局。

两部史诗除了本身具有史料价值外，描绘从氏族部落时期到奴隶制萌芽之时古希腊社会的生活场景。在史诗的描述里，众神的干涉尽管产生了重大的作用，显示了命运的威力，但是人的勇猛坚强、忠厚诚实，以及崇尚自由和光明的美好品德，也会影响自己的命运。

西方历代哲学家、文学家对《荷马史诗》高度评价，而这些评价是我们解读《荷马史诗》的钥匙。如古希腊亚里士多德说："正如在其他方面胜过别人一样，在编制整一的情节这一点上——不知是得力于技巧还是凭借天赋——荷马似乎也有他的真知灼见。"

意大利维柯说："在英雄时代所有崇高的诗人中，无论就价值还是实践来看，荷马都享有首屈一指的特权。"

法国雨果说："一部杰作已经成立，便会永说存不朽。第一位诗人成功了，也就达到了成功的顶峰。你跟随着他攀登而上，即便达到了同样的高度，也绝不会比他更高。哦，你的名字就叫但丁好了，而他的名字却叫荷马。"

德国黑格尔说："在荷马的作品里，每一个英雄都是许多性格特征充满生气的总和，荷马借不同的情景，把这种多方面的性格都揭示出来了。"

法国狄德罗说："那些不在乎阅读古人著作的人，永远也不会知道拉辛从荷马那里得到了多大的教益。"

（一）海洋崇拜

1. 神神关系—权力与权利

古希腊诸神在《荷马史诗》中纷纷登场，神神关系实际上是西方社会关系的缩影和折射。

宙斯——希腊神话中主神。推翻其父克罗诺斯的统治后，与兄弟和波塞冬、哈德斯三分天下，波塞冬分得大海，哈德斯分得冥间，宙斯掌管神界，被称为"天神和凡人的父亲"。神的权力结构体现多元化，是最早的三权分立，令人回味的是三分天下仅有大海，却无陆地，这表明海洋在诸神眼中的重要性。

第 8 卷中，宙斯想得到绝对的话语权："他面对诸神训话，后者无不洗耳恭听：'听着，所有的神和女神！我的话乃有感而发，受心灵的驱使。无论是神还是女神，谁也不许反驳我的训示；相反，你们要表示赞同。'"[2]

诸神的权利结构为多元化，有松散的议事制度，即使是宙斯也无绝对权威，宙斯在回复忒提斯的请求时说："这件事十分棘手，会导致我与赫拉为敌，她会责骂我，使我生气。会当着众神的面，指责我的言行，责怪我在这场战争中帮助了特洛亚人，你先离开这里，以免让她抓住把柄。"[2] 显然宙斯也不能为所欲为，而是心有忌惮。赫拉对宙斯清楚地表明，她需要平等对话、对等决策的权利："我也是一位天神，我的辛劳也应产生效果。我和你一样，属于天神的家族，工于心计的克洛诺斯是我的父亲，作为他的女儿，也作为你的妻子，使我备受尊崇。你是天神之王，我是天后，在这件事上，我们互相谦让。"[2]

《伊利亚特》第 21 卷讲阿喀琉斯力战克珊托斯河神，在海神与河神的对决中，河神落败。阿喀琉斯杀死河神之子阿斯特罗帕奥斯后,高傲地宣布:"你说你属于水流宽阔的河神家族,我却荣耀地归属强大的宙斯世系","无论波涛汹涌的阿克罗伊奥斯河,或是渊深无底的奥克阿诺斯的巨大力量,都不敌宙斯,尽管他是各条河流和所有大海、一切泉流和深井的源泉"。随后,河神出手即将打败阿喀琉斯时,海神波塞冬、雅典娜、天后赫拉站在阿喀琉斯一边,逼迫河神停战。

2. 神人关系——神人二同与神人二分

神人二同是指神人同形同性,神人二分是指神人之别。

《伊利亚特》描写了远古英雄们的纷争以及他们的个人行为与部落命运的关系,是反映人与社会关系的神话。这类神话是原始初民对外部世界、人与人、群体与群体、个人与群体关系的思考。《伊利亚特》中讲述的战争故事涉及城邦之间、神与神之间的纷争,而城邦间的战争是神之间纷争的载体,人的命运是神控制的。

《奥德赛》描写的是人与神及神化的自然之间的故事,属于反映人与外在自然关系(神灵)的神话。人的生命力在战胜种种神魔、创造奇迹中得到体现。神与人之间的冲突以及城邦内部的纷争都将人推向前台,这是原始人文思想的萌芽,这种对人的关注也把希腊人的思想从神话带向了理性。《荷马史诗》是对人神、男女、正反、美丑四种对称关系的二元论阐述,古希腊人的多神论宗教观在史诗中以人神合一的形式展现出来。

海伦和普利亚摩斯

《荷马史诗》中神有着和人一样的私心、狭隘、偏执。古希腊哲学家塞诺芬尼论述道:"荷马把人间认为是无耻丑行的一切都加在神灵身上:偷盗、奸淫、彼此欺诈。"神人是同形同性的,这不仅是荷马的观点,还是海洋文化的神仙观。

马克思说:"任何神话都是用想象和借助想象以征服自然力,支配自然力,把自然力加以形象化。"(《马克思恩格斯选集》第 2 卷)神明也像凡人一样具有丰富的情感,像凡人一样喜怒哀乐,这在《荷马史诗》的歌唱中得到很好的体现。如奥林匹亚山上的神灵有人的心理动机、思考和行动,亦有人的七情六欲。

神是人创造出来的，是人想象的产物。古希腊神与凡人的主要区别是神的强大，神具有超凡的力量，凡人不可企及；神生命长久，常生不死。从这个意义来说，神是不死的"凡人"。这是古希腊人按照自身创造了神的结果。

特洛伊战争

在史诗中，神与人从来就不是一个族类，神不能越雷池一步，即使宙斯也不能。以人为神的形象，以人的精神承认为神。这是古希腊有别于其他民族发端文化中心的一个不可忽视的特点。

在史诗中，不论战争的胜负，还是个人的命运，似乎都是按照神的意志，由神决定的。在《伊利亚特》中，交战双方的命运取决于宙斯决断，由于希腊人的庇护，神打败了特洛亚的庇护神，才使希腊人的胜利有了保障。在《奥德赛》里，是神的两次会议决定让奥德修斯回到久别的故乡。

《伊利亚特》第1卷中说："一个人，如果服从神的意志，神也就会听到他的祈愿。"[2] 第5卷中太阳神阿波罗救爱神之子时，诗人唱道：远射神阿波罗发出愤怒的吼声："提丢斯之子，莫要痴心妄想，乖乖地退回去，不要试图与天神争个高下。天神永生不灭，而凡人双脚离不开大地！"[2]

史诗中还写道："人的生命有限，智慧也是有限的。"在《荷马史诗》中最聪明的俄底修斯也充分领会了人的宿命。他的叹息呼应了宙斯："在大地哺育的生灵中，所有行走在地面的族类里，人是最孱弱的一类。"

（二）海洋精神——拼搏与民主

《伊利亚特》的主人公阿喀琉斯就是氏族社会的英雄形象，男性美的典范。他俊美、高大挺拔的身躯，就像神明一般，他具有年轻人的力量，懂得钟爱，即便对仇敌的父亲也表示出了对老年人应有的尊敬。他作战勇敢、能言善辩、慷慨大方，而且武功盖世。当然，作品中也表现了他心胸狭窄、自私残忍的一面。

特洛亚英雄赫克托尔，是一个十分感人的氏族英雄将领，他作战勇猛，指挥英明，视保家卫国为己任。对特洛亚的生死存亡，对母亲、妻子、弟媳海伦皆极负责任感。与阿喀琉斯相比，赫克托尔更具有责任感和集体主义精神。

《奥德赛》中的主人公奥德修斯则是以机智、刚毅为特色。他见多识广,不屈不挠,勇于克服各种艰难险阻,他一身是胆,精力旺盛,武艺高超,但他真正的力量在于睿智老练,机敏灵活。热爱故土,百折不挠是奥德修斯性格的另一方面。十年漂泊,无论是艰难还是诱惑,他都能以自己无穷的智慧和毅力去战胜险阻,摆脱诱惑。

在《伊利亚特》中,阿喀琉斯的性格我们可以归纳为易怒、敬神、重视友谊和勇猛。阿喀琉斯的性格特征不仅仅像亚里士多德所言,"是在行动的时候附带表现"的,奥德修斯的性格可以概括为智慧甚至是狡诈、敬神、坚韧、勇猛。智慧是奥德修斯最显著的性格特征,不论是在海上漂泊过程中还是在回家复仇的行动中,整部《奥德赛》都闪烁着他智慧的光芒。与阿喀琉斯的粗犷、勇猛,赫克托尔的自负、英勇相对照,《奥德赛》中的主人公奥德修斯则是以机智、刚毅为特色。

拉奥孔雕像

在《荷马史诗》里,希腊远古的部落带有军事和宗教的性质,是一种独立的社会组织。部落首领是选举出来的军事首领,身兼祭司和领袖之职,有司法权,但没有行政和立法的权力,部落中的最高权力属于民众大会。在《伊利亚特》第2卷里,荷马描写了阿伽门农为决定是否继续攻打特洛伊时而召开民众大会的情景;在《奥德赛》里,荷马也描写过帖雷马科在伊大卡召开的同样的民众大会。

是英雄就应该追求卓越,追求卓越就不能贪生怕死、怯懦偷生,这就是《荷马史诗》中英雄们的人生目的和追求豪迈的人生气概。可以说追求卓越、不惧生死是《荷马史诗》中英雄伦理精神的核心,它的影响泽及后来整个希腊乃至整个西方文化。

肯定自我的地位和价值、张扬个性的独立自主和自由是英雄伦理精神的又一充分体现。英雄们张扬的个性还表现在他们大都光明磊落、爱憎分明,并且毫不掩饰自己对本真的人性欲望的渴求。《荷马史诗》基本上不涉及战争的正义与非正义、是与非的判断。处在当时社会文化下的价值取向是鼓励人们通过战争去掠夺财富,掠夺财富被当做最高福利而受到赞美和崇敬,恰好折射出古希腊人的冒险、拼搏与奋争的精神,以及崇尚自由、张扬个性,热情奔放而又天真烂漫的个性。史诗中的人物虽然性格各异,但他们重视自由意志和对自然界的优越性,以人作为衡量一切事物的标准,突出人的本性中的感情,颂扬人的价值、尊严和力量。他们强调人的作用,重视人性和人格，蔑视神权专制主义，反对专制主义，正是有了他们，才有了古希腊的人文主义思想。

值得一提的是，第23章中谈到阿喀琉斯召开竞技运动会，比赛项目包括赛车、拳击、摔跤、赛跑、拼刺、投掷、射箭等，是古代七项军亭运动，通过运动会培养人们的奋勇争先的意志品质，为战争作准备。

（三）海洋战争——扩张与掠夺

《伊利亚特》中写阿喀琉斯对阿伽门农的争吵，拉开了海洋的战争——扩张与掠夺的序幕："对面阿特柔斯之子怒火冲天，死盯着阿喀琉斯"。阿喀琉斯对阿伽门农反击道："如果我对你唯命是从，不管你说得正确与否，那人们就会嘲笑我的盲目和懦弱，向别人指手画脚吧，不要对我滥施号令，我再也不会听从你的指挥，另外，我还有一言相告，你应牢记在心：我不会为了那位美女同你或其他任何人争斗，虽然你把她送给我又转手夺走，但是堆积在黑船旁边的我的其他财物，你们不能沾染一个手指头，否则，大家都会看到，我的枪头将会沾满人的黑血！"[2]

"宙斯把战场布置在海船旁，让特洛亚人和阿开奥斯人进行殊死的搏杀。""权利无限的海神波塞冬却注意着战争，坐在林木繁茂的萨莫色雷斯峰顶。"海神"登上战车，扬鞭策马，破浪而去。得知他的到来，海中的各种生物都从自己的家中出来欢迎他。大海向两侧让开，辟出一条道路，海神的战马飞样地奔驰着，战车的青铜轮轴一点都未被浸湿。海神驾着战车直接冲向阿开奥斯人的海船。"[2] 海洋是扩张与掠夺的主战场，诸神直接卷入海战，诸神力量的对比决定着战争的胜负。

"乌云神宙斯这样答道：'说对了，海神，我确实为了他们才把你们召集到这里来。我十分关心在下面激战的凡人的死活，但我还是决定坐在奥林匹斯山顶观看战局。而你们则可随便冲下奥林匹斯山，加入战争的行列，可以按自己的意愿帮助任何一方。'""这番话，导致了一场神人的大混战，众天神纷纷冲向战场，帮助作战的双方。"[2]

恩格斯在《家庭、私有制和国家的起源》中指出："古代部落对部落的战争，已经开始蜕变为在陆上和海上为攫取家畜、奴隶和财宝而不断进行的抢劫，变为一种正常的营生。一句话，财富被当做最高福利而受到赞美和尊敬。"（《马克思恩格斯选集》第2卷）这就将《伊利亚特》所反映的古希腊人毫无正义与非正义的战争观念表达了出来。至于其中的原因，恩格斯也给出了答案。在古希腊人看来，战争只是他们维持生活和发展自己的"一种正常的营生"，没有任何的正义与非正义的区别。

对早期的海洋文明而言，海上贸易和海上抢劫是同时进行的。从环境来看，古希腊位于地中海东北部，欧洲的南部，是由许多小岛组成的。气候温和，但多山土壤贫瘠的地理条件使古希腊人无法完全靠农业种植（主要作物是葡萄和橄榄）来满足生活所需，不过便利的航海条件使海上贸易发达起来。这就培养了他们敢于冒险的精神，同时由于海上贸易的风险性大（如风暴、航海工具的简陋等），一旦在海上出事，保住性命已属不易，货物丢失就意味着血本无归，家人生活陷入困顿，甚至可能因债务成为奴隶。在这种情况下，抢劫他人就成了摆脱困境的捷径。就如奥德修斯所说的："谁也掩藏不了凶狠好吃的肚子……因此，才会派出船只去劫掠海面上的敌人。""奉命前往希腊的王子帕里斯带着他浩浩荡荡的船队，带着从希腊掠夺回来的黄金、珠宝、布匹，当然，最重要的是希腊斯巴达国王墨涅拉俄斯那美妙绝伦的妻子海伦。"这场因《荷马史诗》而流传千古的战争其实不过是一伙海盗对一个城市的抢劫。

（四）海洋审美——崇高与优美

崇高和优美作为一种审美范畴，从《荷马史诗》、《圣经》开始，一直贯穿在整个西方文学发展史。优美的对象引起平静的愉悦和心旷神怡的审美感受，而崇高使我们显示出一种抵抗力，从而产生出豪迈的气概。

1.《荷马史诗》对"崇高"的诠释

"崇高"这一范畴，是由古罗马的朗加纳斯在《论崇高》中最早使用："崇高风格是一颗伟大心灵的回声"。18世纪英国经验主义者柏克在《论崇高与美》中，把崇高的根源直接归诸于人内心的恐惧感，这种恐惧感实际上就是人在和自然、社会的对立中所形成的一种不安和焦虑。他认为，人类所有的情感都可以归结为两大类，这就是自我保全和相互交往。属于自我保全一类的感情，主要是与危险和痛苦相关。它不能产生积极快感，相反，倒会引起一种明显的痛苦或恐惧的感觉，但随着危险和痛苦的消失，也会产生一种愉悦。这种愉悦是由痛苦转化而来的，这就是崇高感的起源，产生这种感情的东西就被称为崇高的东西。幽暗不明、体积巨大和永恒无限的事物都能使人产生痛苦可怖的崇高感。属于相互交往的一类感情主要与爱联系在一起，所产生的是积极的快感，这就是美感的起源，凡能产生这种积极快感的东西，就是美的。而那些体积比较小的、平滑光亮的、没有棱角的、娇弱的事物就是美的，它使人产生近似于爱的交往的愉快。[①]

康德在《判断力批判》中提出：有两种有意味的形式，一种是感官可以把握的有限的形式；一种无法把握也无法与之较量的无限的形式。前者包括优美，后者属于崇高。崇高在形式上无限、没有秩序、巨大。崇高的事物主要存在于自然。崇高的巨大表现在两方面：一是"数学的崇

---

① 朱光潜. 西方美学史. 北京：人民文学出版社，2003

高"，体积或数量上的大；二是"力学的崇高"，力量的巨大和不可抗拒，即为崇高的两种类型。崇高的原因不在于外界，崇高与人的生命体验相关。首先引起人的生命力阻碍的感觉，接着是更强烈的生命力的爆发，从而克服生命力的阻碍。①

车尔尼雪夫斯基认为，崇高是"一件事物较之与他相比的一切事物要巨大得多，那便是崇高"。一件东西在量上大大超过我们拿来和它相比的东西，那便是崇高的东西；一种现象较之我们拿来与之相比的其他现象都强有力得多，那便是崇高的现象。"更大得多，更强得多——这就是崇高的显著特点"。

应该说，西方的美学家最初是从《荷马史诗》出发，构建崇高与优美的美学范畴的，《荷马史诗》已给出崇高的内涵和特征。

崇高的内涵是：对象以其粗犷、博大的感性形态，劲健的物质力量和精神力量，雄伟的气势，给人以心灵震撼。人的精神意志在经过巨大的异己力量的压抑、排斥之后，受到强烈的激越，最终通过审美实践活动获得全面高扬和完整体现，人的精神境界得以提升和扩大。

崇高的特征表现在外在感性形式上：巨大、雄壮、险峻、恐怖、粗壮、浩瀚、阴暗、厚重、奔放不羁等，内在心理的两个阶段：最初阶段，望而生畏、深感渺小、巨大失落；高级阶段，强烈刺激，压抑转化，激情澎湃，精神自强，神圣感产生。②

《荷马史诗》对崇高的诠释集中在对大自然摧枯拉朽的狂暴力的展示和对人类与大自然搏斗的顽强意志力和自信力的塑造上。以海为例：

《奥德赛》中："波塞冬，裂地之神，掀起一峰巨莽的海浪，一股粗蛮、惊险的激流，卷起水头，很砸下来，恰如疾风吹扫，席卷一堆干燥的谷壳，四散漂落，飘落在地面，木船的块段被浪峰砸得碎烂"。

"一峰巨浪从高处冲砸下来，以排山倒海般的巨力，打得木船不停地摇转，把奥德修斯远远地扫出船板，脱手握掌的舵杆。凶猛暴烈的旋风汇聚荡击，拦腰截断桅杆，卷走船帆和舱板，抛落在远处的尖峰。"

"一阵狂野凶虐的风暴，布起层层积云，掩罩起大地和海域，黑夜从天空降临。海浪卷着船队横走，暴烈的狂风，捣乱我们的风帆，撕成三四块碎片。"[3]

自然的强大破坏力使人们对其充满了敬畏。例如："他在平原里横冲直撞，像冬天里的一条河

---

① 康德 著．判断力批判．邓晓芒 译．北京：人民出版社，2002
② 古典文艺理论译丛编辑委员会编．古典文艺理论译丛（第五辑）．北京：人民文学出版社，1961

流泛滥，汹涌的大水冲垮堤坝的阻挡，坚固的河堤已挡不住滚滚的激浪，防护果实累累的围墙已不在话下"。

我们从《荷马史诗》中可以感受到古希腊人面对自然灾害时的恐惧心理。首先，由于自身力量的弱小，古希腊人很难完全把握自然规律，他们对神秘自然由畏惧而产生崇拜和赞美之情，所以经常用烈火、狂风、暴雨等来比喻英雄的勇猛无比。其次，表现出人与自然的抗争，反映了古希腊人在极为恶劣的生存环境下，对自然的神秘和威力积极探索并不甘示弱的精神，体现出他们既膜拜自然又征服自然，既把自然神化又要支配自然的复杂心态。在《奥德赛》中，自然经常幻化为妖魔或神祇作为人的对立面存在，而人类强烈的生命力便在战胜和征服种种神魔中显现出来，如奥德修斯与魔女基尔克、海怪斯库拉和卡律布狄斯之间的斗争。在与自然的争斗过程中，人的内在力量进一步增强，更多的智慧因素渗透进来，人开始成为自然的主宰，而不再是弱者和失败者。如史诗描写到，赫耳墨斯执行宙斯的命令时，"穿越皮厄里亚山地，从晴亮的高空冲向翻涌的海面，穿走大洋，像一只海鸥，贴着苍茫的大海，贴着惊涛骇浪疾飞，捕食鱼鲜，展开急速振摇的翅膀，沾打着峰起的浪尖。"[3] 赫耳墨斯驾驭海洋已游刃有余。

英雄穿梭于自然之间，流露出一种前所未有的征服自然的昂扬精神和自信。面对狂风巨浪等自然灾害，人们已不再认为它无法战胜，而把这些自然灾害看作搏斗后可以征服的对象。希腊作为海洋民族，为争取生存的权利，不得不与自然物和自然力抗争，不得不与生存条件同样艰难的其他氏族部落频繁地进行各种各样殊死的争斗，甚至毁灭性的战争。所以这样的生存方式，强化了希腊民族对冒险精神和个人英雄的崇敬。

自然现象的崇高，在于自然事物的"大"与"力"，而人的崇高，则是在社会实践中所显现的顽强的品格和道德力量。在艰苦的斗争中使希腊人增长了智慧和勇气，铸造了顽强拼搏的大无畏精神，"就像人在海水中飘浮，惊喜地看到陆地，他们精致的船被波塞冬在海上打碎，狂风怒浪冲击着，只有少数人从海里挣脱，身上结了一层厚盐，但他们终于逃离灾难，欣喜登上陆地"。

2.《荷马史诗》对"优美"的诠释

西方美学史上对"优美"的界定包括：

（1）古希腊到中世纪"优美"的探讨零碎而不成体系，甚至"优美"被等同于美的本质。柏拉图、托马斯·阿奎那认为美与节奏、对称、各部分的和谐相联系，优美与此相同。

（2）近代柏克从对象的角度、从形式规则上概括优美事物的外部特征。康德从审美效果、也即从对象给人以快感的角度分析，认为优美给人"一种促进生命的感觉"，将优美视为生命处于放松状态时的审美类型。席勒的观点也与此近似。

黑格尔认为："美是理念的感性显现，崇高则是理念大于或压倒形式。"①

（3）优美的内涵，在感性形式上，完全体现形式美的原则：单纯、整齐、对称均衡、调和对比、富于节奏韵律、多样统一等。优美的形象直接作用于人的感官，易于被接受，在感性心理层面引发主体的审美愉悦。优美具有肯定性的价值内涵，就像中国的传统意象：花好月圆、芳春柔条、扶疏杨柳、诗情画意等。

（4）优美的特征完整与和谐是优美的总体形态结构特征。完整，意味着是一个统一、单纯而自足的整体，并无缺陷或累赘。这种"完整"的效果依赖于内在的"和谐"的效果。内在的和谐，指事物内部各结构因素间相辅相成，共同构成"完整"的结构关系。宏观上、外在的和谐是指人与客体世界最终的和谐共存关系。

（5）优美与壮美的区别：空间上的大与小，时间上的疾速与缓慢，力量上的强与弱，性格上的柔与刚。《伊利亚特》中，战争的根源却很简单：美的选择。《奥德赛》也同样赞美了人的意志，肯定了人类的智慧力量和道德力量，歌颂了坚贞不渝的爱情。

《荷马史诗》对优美的诠释集中在艺术品的创造、田园生活、少女的细致刻画和传神的描写上。

第18卷中描述赫菲斯托斯"锻造一面巨大、坚固的盾牌，盾面布满修饰，四周镶上三道闪光的边圈，再装上银色的肩带。盾面一共有五层，用无比高超的匠心在上面做出许多精美的点缀装饰"。

首先，"他在盾面绘制了大地、天空和大海，不知疲倦的太阳和一轮望月满圆，以及繁密地布满天空的各种星座，有昴星座、毕宿星团、猎户星座，以及绰号称为北斗的大熊星座，它以自我为中心运转，遥望猎户座，只有它不和其他星座为沐浴去长河"。

其次，"他又绘制了两座美丽的人间城市，一座城市里正在举行婚礼和饮宴"，"另一座城市正受到两支军队进袭"，"他又附上柔软、肥美的宽阔耕地"，"他又在盾面附上一块王家田地"，"他又附上一片藤叶繁茂的葡萄园"，"他又在盾面绘制了上一群肥壮的直角牛"，"著名的跛足神又绘制了一个大牧场"，"著名的跛足神又绘制了一个跳舞场"。

最后，"他顺着精心制作的盾牌周沿，附上了伟大的奥克阿诺斯的巨大威力"[2] 最终造完又大

---

① 黑格尔 著. 美学（第一卷）. 朱光潜 译. 北京：商务印书馆，1997

又坚固的盾牌。

赫菲斯托斯的盾牌是《荷马史诗》美学的集中体现，将壮美与优美相结合，将绘画与雕塑相结合。宏大的构图，丰富的层次，对比的运用，细节的刻画，静动的把握，无不达到炉火纯青的境界。

盾牌描绘的田园生活透出"优美"："他还在盾面上铸出一大片果实累累的葡萄园，景象生动，以黄金作果，呈现出深熟的紫蓝，蔓爬的枝藤依附在银质的杆架上。他还抹出一道渠沟，在果园四周，用暗蓝色的珐琅，并在外围套上一层白锡，以为栅栏。只有一条贯通的小径，每当撷取的时节，人们由此跑入果园，收摘葡萄。姑娘和小伙们，带着年轻人的纯真，用柳条编织的篮子，装走混熟、甜美的葡萄；在他们中间，一个年轻人拨响声音清脆的竖琴，奏出迷人的曲调，亮开富有表现力的歌喉，演唱念悼夏日的挽歌，优美动听；众人随声附和，高歌欢叫，迈出轻快的舞步，踏出齐整的节奏。"[2] 沟渠的蜿蜒，建筑的精致，枝果的艳丽，舞步的曼妙，歌声的悠扬，形的优美，色的优美，声的优美，集"优美"之大成。

此外，《荷马史诗》对"优美"的诠释还集中在对女性的刻画上，如《奥德赛》第 6 卷写道："她们来到无比美丽的河流岸边，那里的水池经常满盈，河水清澈，不断地涌流，可以洗净一切污垢，她们把车在那里停住，给骡子解辕。她们把骡赶到水流回旋的岸边，去啃甜美的青草，再伸开双手从车上抱下载来的衣服，抛进幽暗的水里，在池里灵活地用脚蹬踩，互相比技艺。待她们洗完衣服，除去一切污垢，便把衣服一件件整齐地晾晒岸边，距离受海水冲洗的滩头碎石不远。她们沐浴以后，把香膏抹遍全身，便坐在河边滩岸，开始享用午餐，把衣服留给太阳的光辉暴晒烤干。少女和侍女们各个尽情用完午餐，然后把头巾取下，开始抛球游戏，白臂的瑙西卡娅再带领她们歌舞。有如射猎的阿尔特弥斯在山间游荡，翻越高峻的透革托斯山和埃律曼托斯山，猎杀野猪和奔跑迅捷的鹿群享乐趣，提大盾的宙斯与生活于林野的神女们一起游乐，勒托见了心欢喜。女神的头部和前额非其他神女可媲美，很容易辨认，尽管神女们也俊美无比；这位未婚少女也这样超过众侍女。"[3] 少女的青春美，活力四射，深深吸引住读者。

二、《诗经》对大河文化的诠释

《诗经》是我国第一部诗歌总集，共收入自西周初期（公元前 11 世纪）至春秋中叶（公元前 6 世纪）约 500 余年间的诗歌 305 篇。与《荷马史诗》不同，《诗经》较少谈海，涉及时仅作为江河的边界，如"沔彼流水，朝宗于海"，"至于海邦，淮夷来同"。

河流动力学的特性构造大河文明的基因：重力流揭示主控因素单一化，岸的存在揭示边界约束的相对固定。《诗经》对大河文明的基因有形象的图解："江汉汤汤，武夫洸洸。经营四方，告成于王"（《大雅·江汉》）[5]，流域的整体性和统一性为国家的统一创造条件。"溥天之下，莫非王土；率土之滨，莫非王臣"（《小雅·北山》）[5]，强调主控因素的单一化和大一统国家体制的建构。

所谓"大邦维屏，大宗维翰，怀德维宁，宗子维城"（《诗经，大雅·板》）讲的是家国同构，封建制代替奴隶制后，宗法系统直接导致了封建专制集权制度的形成和发展，而中国的农业型经济则产生了与之相适应的宗法制度。在血缘关系的基础上逐渐形成了以宗法关系为基础的"家"，随着贫富的分化和阶级的出现，又以"家"为基本细胞建立了"国"。

诗经

大河文明相对稳定的边界造成注重农业生产的生产方式和生活方式，《诗经·大雅·生民》云："蓺之荏菽，荏菽旆旆。禾役穟穟，麻麦幪幪，瓜瓞唪唪……"先民们看到的是"桃之夭夭，灼灼其华"，唱的是"七月流火，九月授衣"，向往的是"八月剥枣，十月获稻"，这正是其乐融融的典型农耕生产、生活的写照。

"淇则有岸，隰则有泮"（《卫风·氓》）[5]，反复强调边界约束的存在和作用，决定着中华先民含蓄的内心世界，尤其在表达爱情时的婉转缠绵便是明证。《诗经》中，既有民间情歌，又有贵族咏叹；既有愤怒谴责，又有欢快劳作，都充满了感物抒情的韵味。"彼黍离离，彼稷之苗。行迈靡靡，中心摇摇。知我者，谓我心忧；不知我者，谓我何求。悠悠苍天，此何人哉？"（《诗经·黍离》）"采采芣苢，薄言采之。采采芣苢，薄言有之。"（《诗经·芣苢》）这些感物抒情与水紧密相连，从以大河文明的农业性生长出来的文学艺术，自然洋溢着现实性，并以感物抒情为主要表现特征。

《诗经》不仅是中华民族的文学经典，更是中华民族上古时代的史诗、大河文明的经典。班固在《汉书·地理志》中把《诗经》当做人文地理学来读，我们从水文化出发，则可把《诗经》当做河流生态学来读。《诗经》中写水的有60多篇，约占1/5。《诗经》着重了揭示上古时代以水为中心的生态系统，构筑中华先民的河流生态学，主要内容可分为生态崇拜、生态评估、生态保护、生态和谐和生态审美等。

（一）生态崇拜

《诗经》描绘了先民对水的原生态的崇拜，调动各种手段生动表现物种的多样性、河流形态的多样性、共生系统的时空转换。

"关关雎鸠，在河之洲"（《周南·关雎》）[5]，河流形态的多样性，造就了物种的多样性，形成生态的共生美。这里的"在"既是对两者空间位置的确定，也是对两者因果关系的摹写。河流形态的多样性是物种多样性的先决条件。河流形态的多样性体现在：水陆两相和水气两相的联系紧密性、上中下游的生境异质性和河流纵向的蜿蜒性、河流断面形状的多样性、河床材料的透水性和多样性。①

《尚书·禹贡》谈及九州的划分："冀州：既载壶口，治梁及岐"，"济河惟兖州"，"海岱惟青州"，"海、岱及淮惟徐州"，"淮海惟扬州"，"荆及衡阳惟荆州"，"荆河惟豫州"，"华阳、黑水惟梁州"，"黑水、西河惟雍州"。大禹把河流作为划分九州的边界，《诗经》就提到这众多水系边界：长江、黄河、汉、淮、渭、泾、淇、汜、溱、沁、汾、汶、汝、济、漆、沮、滤、洽、杜、丰、泮等。不同的河流具有不同的水文形态："河水洋洋，北流活活"（《卫风·硕人》）[1]，黄河的北流段的存在是中华众多自西向东的河流中独一无二的；"汉之广矣"，突出汉水的宽；"江之永矣"（《汉广》）[5]，突出长江的长；"淮水汤汤"，"淮水湝湝"（《小雅·鼓钟》）[5]，突出淮河水量变幅之大；"淇水滺滺"（《卫风·竹竿》）[5]，突出黄河支流的蜿蜒有情。

《诗经》中反映河流形态多样性有：洲、沼、涧、滨、浒、池、湄、渚、沱、潜、坻、涘、沚、陂、廛；反映物种多样性有：鳟、鲂、鲔、鳏、鹑、鹭、鹭、鲦、鳣、鳏、鲤、雎鸠等水生动物，荇、蒲、荷、蕳、苔、荇、藻、苹、茆、芹、蒹葭、葛藟、菡萏等水生植物。孔子对《诗经》高度评价："小子何莫学夫《诗》，《诗》可以兴，可以观，可以群，可以怨，迩之事父，远之事君，多识于鸟兽草木之名"（《论语·阳货》），并未触及问题的本质，《诗经》不仅仅是"多识于鸟兽草木之名"罗列植物志、动物志，实质是《诗经》还原了水的原生态，揭示了多样性即生态、即美的定律，显示河流、湖泊系统与动物、植物、微生物众多物种所构成的淡水生态系统。

"山林川谷丘陵，能出云，为风雨，见怪物，皆曰神"（《礼记·祭法》），道出中华先民崇拜的来由。中华先民图腾、崇拜的类型，或云、或火、或水、或龙、或鸟。《诗经》中所揭示的多重崇

---

① 董哲仁. 生态水利工程原理与技术. 北京：中国水利水电出版社，2007

拜如鸟（雎鸠）崇拜、鱼崇拜、植物崇拜等，实际上这是对以水为中心的原生态系统的崇拜。

（二）生态评估

《大雅·公刘》反映中华先民的迁移史和民居规划史："笃公刘，既溥既长。既景乃冈，相其阴阳，观其流泉。其军三单，度其隰原。彻田为粮，豳居允荒"。[5]

在规划过程中，公刘对生态环境作了全面的调查、测量、评估。"匪居匪康"，因人居环境的恶化，需要重新寻找最佳人居环境，显然对部落而言这是头等大事。"陟则在巘，复降在原"，反复考察平原和山地，"逝彼百泉。瞻彼溥原，乃陟南冈，乃觏于京"，逐水而居，"泉"是第一要义；大片的可耕地，"彻田为粮"，"原"是第二要义；背山居高临下，"岗"是第三要义；"度其隰原"，"度其夕阳"，既有平面测量，又有高程测量，规划要靠数据细化，决心全靠数据支撑，"度"是第四要义；"取厉取锻，止基乃理"，取材备料，地基稳定是建馆的先决条件，"基"是第五要义。

"相其阴阳，观其流泉"，以阴阳的观点审视人类的生态环境，并把泉作为生态的首要条件，山为阳，水为阴；日为阳，月为阴；向光为阳，背光为阴；岗为阳，原为阴；弯道凸岸为阳，凹岸为阴。《诗经》开风水学先河，后世风水学的经典著作《葬经》至理名言："风水之法，得水为上，藏风次之"，实际上就是从"相其阴阳，观其流泉"脱胎而来。"夹其皇涧，溯其过涧，止旅乃密，芮鞫之即"，水湾之内称芮，水湾之外称鞫，滨水而居，在背山面水的前提下，优选河流弯道内侧即凸岸为居住地，对河流形态的多样性已有深入研究。

《大雅·皇矣》展示周文王为建帝王之业所作的邦国规划："依其在京，侵自阮疆。陟我高冈，无矢我陵。我陵我阿，无饮我泉，我泉我池。度其鲜原，居岐之阳，在渭之将，万邦之方，下民之王。"[5]规划要点是"度其鲜原"，拥有大片的平原；"居岐之阳"，在岐山之南，居高临下；"在渭之将"，在渭河之侧，形成背山面水的格局，值得万邦效仿，"四方以无侮"，"四方以无拂"，赢得战略主动。

（三）生态保护

人类自诞生之日起，为自身的生存和发展，对自然生态就进行干预和破坏，造成生态环境的恶化，环境的恶化又促使人类进行反思，为了人类的长远利益、根本利益，保护生态，实现人与自然的和谐。《诗经》如实地反映了这一过程，主要体现在伐树和种树。

中华文明是大河文明，水生木，先民的各种活动均和木有直接联系，"构木为巢"（《韩非子·五蠹》），"斫木为耜，揉木为耒"，"弦木为弧，剡木为矢"，"刳木为舟，剡木为楫"（《周易·系辞下》，显然，居住、耕作、交通、打仗等都离不开木。因此，木料是主要建筑材料，伐木则不可避免。"坎坎伐檀兮，寘之河之干兮"，"坎坎伐辐兮，寘之河之侧兮"，"坎坎伐轮兮，寘之河之漘兮"（《魏风·伐檀》）[5]，所伐之木要用作车轮、家具、乐器；"伐木丁丁，鸟鸣嘤嘤。出自幽谷，迁于乔木"（《小雅·伐木》）[5]，伐木的声音已经惊扰鸟类的栖息，破坏了生态的稳定和平衡，先民已意识到问题的严重性，开始保护生态。

首先是提高认识。"荏染柔木，君子树之"（《小雅·巧言》），"蔽芾甘棠，勿剪勿伐，召伯所茇。蔽芾甘棠，勿剪勿败，召伯所憩。蔽芾甘棠，勿剪勿拜，所说。"[5]对召伯居住、休憩、娱乐之所，要勿剪、勿伐、勿败、勿拜（拜，拔也），借怀念召伯之名，大力宣传生态保护（《召南·甘棠》）[5]。"维桑与梓，必恭敬止"（《小雅·小弁》）[5]，对原生态应有敬畏之心。

其次是呼吁全社会重视。"将仲子兮，无逾我里，无折我树杞"《郑风·将仲子》[5]，"敦彼行苇，牛羊勿践履。方苞方体，维叶泥泥"（《大雅·行苇》）[5]，怜树爱草，以呵护生态延伸至睦亲敬老，求得社会和谐。

再次是保护生态应有理性分析和总体规划。"譬彼坏木，疾用无枝"（《小雅·小弁》），对植被要作具体分析，坏木、病枝应除去，以免与正常植被争夺空间、养分、水分、阳光；"伐木掎矣，析薪杝矣"，以伐木要有依托，析薪要顺纹理为例，说明生态保护应顺应自然；"作之屏之，其菑其翳，其灌其栵，其柽其椐。攘之剔之，其檿其柘。帝迁明德，串夷载路。天立厥配，受命既固"（《大雅·皇矣》）[5]，以绿化为例说明生态保护应有总体规划，或"修之平之"，或"启之辟之"，区别对待，对修复生态进行引导；"帝省其山，柞棫斯拔，松柏斯兑"，有目的进行选择，有所为，有所不为。

（四）生态和谐

生态和谐体现在自然界自身的和谐及人与自然的和谐。

1. 水生态系统和谐

《诗经》充分揭示自然界自身的和谐，浮水植物、挺水植物、沉水植物、鱼类等多样化的物种群落构成生物链，通过竞争、共生、自我修复维持系统的稳定。

"鱼在在藻，依于其蒲"（《小雅·鱼藻》）[5]，生态系统的自我修复，雎鸠（鱼鹰）、鱼、藻构成食物链，相邻两物种的数量比例保持相对稳定，促成生态环境的正常循环，菖蒲对鱼类的生存有保护作用。黑藻为沉水植物，可防止底泥的再悬浮而影响水体的透明度，保持湖水清澈。用以吸收、转化沉积的底泥及湖水中有机质和营养盐，降低水中营养盐浓度，抑制浮游藻类的生产。

"有洸者渊，萑苇淠淠"（《小雅·小弁》），"洸，深也"（《说文》）。过浅的水体，阳光可照透水底，水面的复氧作用和藻类的光合作用使水体含氧丰富，好氧微生物分解水中的营养物质，水体营养物质浓度过高，会引起藻类异常繁殖，水体浑浊。

水体深度为1～2米时，上层阳光能照射透，藻类光合作用旺盛，好氧微生物分解净化有机物。中层溶解氧含量低，生存着兼性微生物。水体底部沉积着淤泥和代谢的菌、藻、植物的组织等，由厌氧微生物分解淤泥和有机物质，代谢产生水、氨基酸、有机酸、二氧化碳、甲烷等，可被上层微生物二次利用。它不仅可以去除一般的有机污染物，还能有效的去除磷、氮等营养物质。"有洸者渊"的生态功能应作如是解。

"淇则有岸，隰则有泮"（《卫风·氓》），"隰"就是湿地，湿地是陆地与水体的交界面，湿地是地球之肾。"隰有苌楚，猗傩其枝，夭之沃沃"（《桧风·隰有苌楚》）[5]，"隰桑有阿，其叶有沃"（《小雅·隰桑》）[5]，湿地能保护生物和遗传的多样性，降解污染和净化水体，调节洪水和区域气候，能固定二氧化碳，为人类提供丰富的物质资源。

"思乐泮水，薄采其芹"，"思乐泮水，薄采其藻"，"思乐泮水，薄采其茆"（《鲁颂·泮水》）[5]，泮水，古时学宫前的水池，泮水就是人工营造的次生态水域，即人工湿地。"彼泽之陂，有蒲与荷"（《陈风·泽陂》）[5]，岸边湿地水体生长高、中、低不同高度的植物，如高层植物芦苇、中层香蒲、风车草、低层慈菇等。芦苇、菖蒲是挺水植物，有净化水的功能，浅水湿地中的挺水植物，当下部淹没水中、或在陆地上全部暴露空气中均可生长，其根系发达且深。岸坡上这些植物可形成临水的净化带，对地表径流流入河、湖中的水起过滤作用，阻拦、吸收、转化可能进入水体的有机质及营养盐，有利水体自净，防止水体的富营养化。

"参差荇菜，左右采之"（《周南·关雎》）[5]，"思乐泮水，薄采其芹"，"于以采蘋？南涧之滨"（《召南·采蘋》）[5]，"于以采藻？于沼于沚"（《召南·采藻》）[5]，荇菜、芹蘋、藻为浮水植物，能减少入湖水体的光通量，抑制浮游藻类的生产，增加水的透明度。

"绵绵葛藟，在河之浒"（《王风·葛藟》），"菀彼柳斯，鸣蜩嘒嘒"（《小雅·小弁》），岸边植物的多样化布置，形成宁静优美的水岸景观轮廓线，同时茂密的花丛和草坪对雨水起着一定的过滤作用。"山有枢，隰有榆"（《唐风·山有枢》），在湿地中的高大乔木，能丰富天际线，美化景观。较高的植物根系也较深，可形成环水的净化带。

水质是生态系统和谐运转的重要指标。"溱与洧，浏其清矣"（《郑风·溱洧》），"河水清且涟猗"（《魏风·伐檀》），"相彼泉水，载清载浊"（《小雅·四月》），"原隰既平，泉流既清"（《小雅·黍苗》），都指出湿地对水体的自我净化的功能。

2. 人水和谐

被王国维在《人间词话》称之为"最得风人深致"的《秦风·蒹葭》，演绎着时空转换的神奇，人与自然的和谐："蒹葭苍苍，白露为霜。所谓伊人，在水一方，溯洄从之，道阻且长。溯游从之，宛在水中央。"[5]

蒹葭者，芦苇也，飘零之物，随风而荡，却止于其根，若飘若止，若有若无。思绪无限，恍惚飘摇，而牵挂于根。根者，情也。相思莫如是。露之为物，瞬息消亡。

这种三段体的结构在《诗经》中比比皆是，有普适意义，其结构工整，通过重复产生节奏，通过变化产生韵律。"只有重复而无变化，作品就必然单调枯燥；只有变化而无重复，就容易陷于散漫零乱。"（梁思成语）通过水的时空转换，表明情爱的意境。从"在水一方"通过"溯洄"和"溯游"到"在水中央"；"在水之湄"通过"溯洄"和"溯游"到"在水中坻"；"在水之涘"通过"溯洄"和"溯游"到"在水中沚"。通过水边到水中和上游到下游的横向、纵向三重时空循环变换，营造出朦胧、深邃的意境。

"我思肥泉，兹之永叹。思须与漕，我心悠悠"（《邶风·泉水》）[5]，对水的思念，转化成对生态系统的享受，体现人水的高度和谐。"淇则有岸，隰则有泮。总角之宴，言笑晏晏，信誓旦旦"（《卫风·氓》）[5]，河流、湿地的"岸"、"泮"的稳定性象征着"信誓旦旦"的可靠性。

（五）生态审美

多样性即美，《诗经》的第一首诗《雎鸠》开宗明义就提出了审美原则，生物物种的多样性，河流形态的多样性，人体结构的多样性，唤醒了人类对美的追求。"君子好逑"表明中华先民初始的美学意识，是由三个多样性激发的。

1. 人体的审美

"所谓伊人，在水一方"（《秦风·蒹葭》），"彼泽之陂，有蒲与荷。有美一人，伤如之何"（《陈风·泽陂》）[5]，"汉有游女，不可求思"（《周南·汉广》）[5]，《诗经》的生态审美观遵循"美"字甲骨文所展示的审美基本原则，是以水紧密联系的女性为主要对象。

2. 水生百态

《诗经》的生态审美观,以水生态系统的多样性为主要对象。《魏风·伐檀》细致地描述水之百态:"河水清且涟猗","河水清且直猗","河水清且沦猗"[5]。"猗"为柔美,"涟猗"为风吹形成的正弦波;"直猗"是水流重力形成的纵波;"沦猗"为物入水中形成的圆周波。如果说《魏风·伐檀》是诗解水力学,那么距今5300年的马家窑彩陶就是图解水力学,先民们用毛笔在彩陶上对水作了淋漓尽致、出神入化的描绘:或波澜不惊,或春水微皱,或巨浪滔天,或同心圆扩散,或旋涡泛起,各类水符号和谐的组合,对比中迸发出强烈的动感,以此表达对水的崇拜和赞美。

3. 诗韵来自水韵

"河水洋洋,北流活活"(《卫风·硕人》),"河水弥弥","河水浼浼"(《邶风·新台》),"汶水汤汤","汶水滔滔,"(《齐风·载驱》)"江汉浮浮","江汉汤汤"(《大雅·江汉》)"淮水汤汤","淮水湝湝"(《小雅·鼓钟》),"维水泱泱"(《小雅·瞻彼洛矣》),"泾以渭浊,湜湜其沚"(《邶风·谷风》),"淇水攸攸"(《卫风·竹竿》)[5],段玉裁注:"水之安行为攸。"悠悠者,绵长不断。词语的重复且叠加构成律动,反映水的运动,"滔滔"为形,"浮浮"为光,"活活"为声,"湜湜"为色,水的形、光、声、色的变化,生成绝妙的韵律。

4. 音乐取自水乐

"鼓钟将将,淮水汤汤,忧心且伤。淑人君子,怀允不忘。鼓钟喈喈,淮水湝湝,忧心且悲。淑人君子,其德不回。鼓钟伐鼛,淮有三洲,忧心且妯。淑人君子,其德不犹。鼓钟钦钦,鼓瑟鼓琴,笙磬同音。以雅以南,以龠不僭。"(《小雅·鼓钟》)[5]在这里,音乐和水流发生共鸣。

《礼记·乐记》曰:"乐者,天地之和也","乐由天作",乐声、水声、心声,声声交响,构成中国特色的"悲怆交响曲",是独一无二的水上音乐会。第一乐章,高音钟是主角,高音的"将将",和着大水的汹涌澎湃,演绎内心的伤痛;第二乐章,低音钟是主角,低音的"喈喈",和着寒水的悲鸣,如泣如诉,是故水多也忧,水少也忧,两忧是不同的;第三乐章,钟鼓齐鸣,和着大水撞击三洲产生的狂涛巨浪,把"忧"充分调动起来,由第一乐章的"悲伤",到第二乐章的"悲哀",再到第三乐章的"悲怆",水石激荡推向高潮;第四乐章,乐器合奏,在"鼓钟钦钦"的背景音下,瑟、琴、笙、磬、龠同音,雅乐与南乐同奏,乐午同台,由第一悲伤主题转向第二祭祀主题,形成巨大的反差,最终以对水的崇拜谢幕。

5. 水态影响心态

《召南·江有汜》："江有汜，之子归，不我以。不我以，其后也悔。江有渚，之子归，不我与。不我与，其后也处。江有沱，之子归，不我过。不我过，其啸也歌。"[5]

这首情歌以河流的不同形态，演绎媵女或弃妇心情的变化。将该诗略去重复的部分，所得的三段诗歌的关键词是：汜—以—悔，渚—与—处，沱—过—歌，分别对应河态、事态、心态。这里自然提出两个问题：作者为什么构造如此的一一对应，而不是其他的对应？究竟河态是事态、心态的空间环境的规定，还是河态、事态对心态产生影响？

汜是回水，水往回流，这和悔在形态上是一致的，看到回水，后悔之情油然而生；渚者，对水有阻止、分流作用，这和心情受阻在形态上是一致的，看到水流受阻，忧思之情油然而生；沱是可以停船的水湾，水湾的环流、紊乱和"啸"、"歌"，在形态是一致的，看到水流的漩涡和动荡，自然五味杂陈、或哭或笑，心烦意乱之情跃然纸上。

"緜緜葛藟，在河之浒。终远兄弟，谓他人父。谓他人父，亦莫我顾！緜緜葛藟，在河之涘。终远兄弟，谓他人母。谓他人母，亦莫我有！緜緜葛藟，在河之漘。终远兄弟，谓他人昆。谓他人昆，亦莫我闻！"（《王风·葛藟》）[5]

反映家庭离散、流离失所、寄人篱下的青年的痛苦，借用河流形态的不同，空间的变化，诉说世态炎凉。这里，"河"喻家庭，"葛藟"喻我。"浒"、"涘"、"漘"，均指水边的陆地，水陆分离，对应家庭离散；通过相似变换，展示三者的空间的差异，"浒"指水边较远的平地对应世态的"莫我顾"，"涘"指水边较近的平地对应世态的"莫我有"，"漘"指水边的高崖对应世态的"莫我闻"。

中华先民的生存离不开以水为中心的生态系统。对该系统，先民们最初从感性出发，是敬畏、崇拜；随后上升为理性的探索，通过认知、评估，理顺人与生态系统的关系，寻找最佳人居环境；进而通过生态保护、修复，达到生态和谐；由此升华为对生态系统的赞美、欢愉和享受，最终净化、提升自身的精神世界，成就了《诗经》生态学的基本逻辑和全部内涵，所有这一切都值得人类反省、深思。

三、《荷马史诗》与《诗经》的比较

《荷马史诗》是海洋文明的写真，《诗经》是大河文明的写照，中西文明的基因都可从中找到其原始形态。它们以文学的形式演绎着人类文明的进程和多样性，它们对随后的人类群星灿烂的

"轴心"时代哲学思想的井喷式的大爆发产生深刻的影响。如果说《荷马史诗》揭示了海洋生态,包括海洋崇拜、海洋精神、海洋扩张、海洋审美;而《诗经》则构筑了中华先民的河流生态学,主要内容可分为生态崇拜、生态评估、生态保护、生态和谐、生态审美。

古希腊人崇尚知识和智慧,而中国人崇尚伦理;古希腊人热爱海洋,具有大海汹涌澎湃的性格,而中国人向往山水,具有深沉、稳重的气质;古希腊人信仰的哲学,崇尚力量,勇敢和冒险,而古代中国则喜"静",崇尚和谐、稳定;古希腊人追求现世的欢愉,赞美肉体和粗犷的声色之乐,而古代中国则节制情欲追求长寿。

中国作为大河文明的大陆国家,有一种内敛、稳健的性格,在这种文化的滋润下,作品往往描写世俗凡人,更多的是崇尚和谐,表现了温柔敦厚的审美情趣,更倾向于人性。而希腊是一个海洋国家,海上经商和冒险的生存环境和生活方式造就了古希腊人崇尚智慧和力量,具有大海一样汹涌澎湃的性格,表现了注重追求现世生命价值、注重个人地位和个人尊严的文化特征。

第三节 水理诗

中西诗歌对水性的探究集中在物理性、人文性和宗教性上。

一、水性的探究

(一)西方的水性诗

"水性使人同,山性使人塞;水势使人合,山势使人离。"(黑格尔《历史哲学》)这首诗是梁启超根据黑格尔的思想加工出来的,将人类的聚合与离散与山水的态势结合起来,人类的聚合方能形成社会,人类的聚合与离散方能构成民族群落。

希腊的泰勒斯说:"万物皆由水生成,又复归于水,大地漂浮在水上。"水是万物之源,又是万物之归宿。

法国存在主义诗人蓬热在《水》中写道:

"水在比我低的地方,永远如此。我凝视它的时候,总要垂下眼睛。好像凝视地面、地面的组成部分、地面的坎坷。

它无色,闪亮,无定形,消极但固执于它惟一的癖形:重力。为了满足这种癖性,它掌握非凡的手段:兜绕、穿越、浸蚀、渗透。

这种癖好对它自己也起作用:它崩塌不已,形影不固,唯知卑躬屈膝,死尸一样俯伏在地上,就像某些修会的僧侣。永远到更低的地方去:这仿佛是它的座右铭。

由于水对自身重力唯命是从是从这种歇斯底里的需要,由于重力像根深蒂固的观念支配着它,我们可以说水是疯狂的。

自然,世界万物都有这种需要,无论何时何地这种需要都要得到满足。例如这个衣橱,它固执地附着于地面,一旦这种平衡遭到破坏,它宁愿毁灭也不愿违背自己的意愿。可是,在某种程度上,它也捉弄重力,貌视重力:并非它的每个部分都毁灭,例如衣橱上的花饰、线脚。它有一种维护自身个性和形式的力量。

按照定义,液体意味着宁可服从于重力而不愿意保持形状,意味着拒绝任何形状而服从于重力。由于这个根深蒂固的观念,由于这种病态的顾忌,它把仪态丧失殆尽。这种痴癖使它奔腾或者潴留;使它萎靡或者凶猛,使它既萎靡又凶猛,凶猛得所向披靡;使它诡谲迂回,无孔不入:结果人们能够随心所欲地利用它,用管道把它引导到别处,然后让它垂直向上飞喷,目的是欣赏它落下来变成霏霏细雨:一个真正的奴隶。

水从我手中溜走……从我指间滑掉。而且也不尽然。它甚至不那么干脆利落(和蜥蜴或青蛙相比):我手上总留下痕迹、污渍,要较长的时间才能挥发或者揩干。它从我手中溜掉了,可是又在我身上留下痕迹,而对此我无可奈何。

水是不安分的,最轻微的倾斜都使它运动。下楼梯时,它并起双脚往下跳。它是愉快而温婉的,你只要改变这边的坡度,它就召而来。"[7]

这首诗对水的物理特性有出神入化的描写:无色、闪亮、不定性、兜绕、穿越、浸蚀、渗透,这些特性无一不具有深刻的文化内涵,它受重力支配,"它也捉弄重力,貌视重力"。尽管人们能够随心所欲地利用它,使水成为人的奴隶,但它的报复是"凶猛得所向披靡",水性之丰富,水性之深刻,不得不引起人类郑重、虔诚的反思。

英国的拉加托斯在《一滴水》中写道:"这一滴水也许是尼格拉瀑布的一部分,它也许曾经有过显赫的奇迹呢。也许只是脸盆里的一个肥皂泡,但它却有洗净劳动者的垢污的功效。也许给搞到威士忌酒里去,成为天才家所梦想不到的欢乐的对象。再也许是一滴圣水,洒在新生的婴儿身上，来祝福他的长命。

也许这一滴水，你把它绕开，是给伯母玛丽喝的茶。茶的味儿非常香，很能赢得她的喜欢。她也许把你的缺点都忘掉了，马上唤她的律师来，正式承认你做她的继承人呢。

这一滴水也许是人脸孔上的汗，所以也许会含蕴有劳动、烦恼甚至痛苦的意思。也许可能是你爱人嘴唇上表示愉快和舒服的东西。

也许只是天上落下来的一滴雨。

也许是快乐得发狂的一滴泪；不然，得哭出声来的一滴泪。

一滴水而已……麻雀喝了，使它得到片刻的精神安慰。可是一下子，麻雀会忘记了的。

再也许只是花丛里的一小角露水，被花的小口吸进去之后，这花便给一个可爱的小姑娘去，做了香水，洒在身上，这水就成为她的爱人迷惑地追求她的东西。

你别小看了它。它，一滴水，本身简直就是宇宙的缩影。"[14]

如果说蓬热的《水》是在探究水的物理世界，那么拉加托斯的《一滴水》却在寻觅水的心理世界。这一滴水可以是汗水、泪水，也可以是河水、露水，还可以是肥皂水、香水、圣水，内涵丰富、色彩斑斓，总之，一滴水浓缩着整个人文世界。

西班牙诗人普约尔在《光的时间，水的时间》中写道：

"光，那么多的光和水！水来自一眼不存在——只存在于我的泉，它不停地流向光，流向清澈而又痛苦的水，他是我的想象并泛滥在我身上。它向我而来，我向它而去，汇合在一起奔向何方？它在时间里诞生，而我就是时间。刹那间，我想变成它，感觉自己在滑翔，没有苦恼，向着一个湖，湖面呈蓝绿色而非常响亮。不，我想要的不是河流，也不是海洋，而是明确自己的界限并且没有忧伤，平平静静，不等候任何东西，只等待夜晚，然后是黎明，黎明之后又是夜晚。它诞生与时间，与时间共生，啊，多么幸福！而我只是时间，时间为了存在采用了我的躯体。采用了我的形体，我的面容，我幸运的肌肤。使我在黎明前完全赤裸，灵魂在海洋／在赤裸的生命前赤裸，我想，我觉得／自己已完全赤裸，我觉得泉水在流，觉得——心啊，已不属于你自己——流得更远了一点／停止吧，水的光，光的水，河流或海洋！让我成为无欠缺的时光，成为温柔而又轻盈的湖，话语与寂静的湖成为我躯体的住所、栖息地和池塘。"[16]

孔子用"逝者如斯夫，不舍昼夜"把水与时间和生命有机地融为一个整体，而普约尔在水与时间的要素中加入了光，认为水流向光，光即是太阳，太阳给予生命存在的基本条件，水的流动是时间的流淌，光的移动是时间的坐标。

"水,还由于它的灿烂的透明,它的淡青色的光辉而令人迷恋;水把周围的一切如画地反映出来,把这一切屈曲地摇曳着,我们看到水是第一流写生画家。水由于它晶莹的透明而显得美……"车尔尼雪夫斯基明确指出水是艺术灵感的第一激发器。①

西班牙的贡戈拉在《液体元素》中写道:

"啊,液体元素的清澄澄的光荣,奔流之银的甜蜜的小溪!你的水蜿蜒着流经草地,以缓缓地脚步轻柔地淙淙!由于她——她叫我发烧又发冷,在你安静温柔的流动里,照她的影,而爱神的画笔,描绘出她雪白艳红的芳容,你就走你的路,别松辔,用透明的马勒、波动的缓绳,驾驭好你的水流的轻快,因为,可不该把这么多美带给海中三叉戟的主人,藏进他深而暧昧的胸怀。" [16]

贡戈拉是西班牙黄金世纪最负盛名的诗人,他的十四行诗成就最高。对水的描写幽默活泼、大胆比喻、奇特想象,句式匀称、结构优美、词语典雅。水是液体的一种,诗人名之为"元素",是生活的元素、爱情的元素、艺术的元素。

西班牙的希梅内斯在《深深沉睡的水》中写道:

"深深的沉睡的水,你不再要什么光荣,你已经不屑于给人娱乐,化成瀑布;夜晚,月亮的眼睛抚爱着你的时候,你的全身便充满了白银的思想……痛苦的静止的水,洁净而沉默,你已经蔑视闹闹嚷嚷胜利的荣耀;白天,甜蜜而温暖的阳光射透你的时候,你的全身便充满了黄金的思想……你是那么美丽,那么深沉,我的灵魂也一样;痛苦向着你的宁静而来,来思念,而在你安详的平和的岸边,绽发出/最最纯净的翅膀和花朵的典范。" [16]

诗人对水静的内涵的发掘颇有新意,"痛苦"、"洁净"、"沉默"、"安详"、"平和"反映出静谧的特质,"白银的思想"和"黄金的思想"的交替,使水成为伟大的思想家。

俄国普里什文在《水》中写道:"水仿佛含着微笑接纳每一颗小石子,而每一颗石子都会沉到水里去。石子所以激动不安,正是因为沉下去的是它自己,而它(水)却满不在乎。" [7] 水的包容和石的躁动形成巨大反差,衬托出水的"微笑接纳"、"满不在乎"的博大胸怀。

(二)中国的水性诗

韦应物:"水性自云静,石中本无声。如何两相激,雷转空山惊。"(《听嘉陵江水声,寄深上人》)

---

① 车尔尼雪夫斯基.车尔尼雪夫斯基论文学(中卷).上海:上海译文出版社,1978

唐徐夤："火性何如水性柔，西来东出几时休。"（《水》）

唐孟郊："浊水心易倾，明波兴初发。"（《咏怀》）

唐元稹："曾经沧海难为水，除却巫山不是云。取次花丛懒回顾，半缘修道半缘君。"（《离思五首》）

苏轼："水性故自清"（《廉泉》），"道人胸中水镜清，万象起灭无逃形。"（《次韵僧潜见赠》）讲的是艺道同一的文艺本体论。

唐白居易："凌乱波纹异，萦回水性柔。"（《玉水记方流》）

唐戴叔伦："乱猿心本定，流水性长闲。"（《送少微上人入蜀》）

宋无名氏："水性本来无定度，这边圆了那边圆。"（《望江南》）

晋郭璞："川渎绮错，涣澜流带。潜润傍通，经营华外。殊出同归，混之东会。"（《释水赞》）

戴逵："水德淡中，泉玄内镜。至柔好卑，和协道性。止鉴标贵，上善兴咏。爰有幽人，拥轮来映。"（《水赞》）

庾肃之："湛湛涵渌，清澜澄浚；妙质柔明，云深液润。"（《水赞》）

中国诗人对水性概括是静、柔、清、闲、淡、卑、和、鉴、中、无定等，这些对水的特性的发掘，是从属于儒释道的基本理论而拓展的。中国诗人的水性论带有明显的道德性、伦理性和教化性，而西方的水性诗则带有特色鲜明的宗教性和科学性。

二、水的宗教情结

（一）《圣经》以水释教

"地是空虚混沌，渊面黑暗；神的灵运行在水面上"，"树大条长，成为荣美，因为根在众水之旁"（《圣经》）。

"人的灵魂，就像水：它来自天空，又回到天空，然后再落向大地，永远循环。"（歌德）[①]

人的灵魂运行轨迹和水一样，来自天空——落向大地——回到天空，完成生命的轮回。

英国菲利普·拉金在《水》中写道："水，如果有人，请我创立一种宗教，我就用水作为材料。上教堂，必须涉水，前来换上不同的衣裳。我的圣餐仪式，是一个湿淋淋的形象，一种疯狂虔诚

[①] 吕秋艳 选编．中外诗歌精选．长春：吉林出版集团有限公司，2010

的彻底浸湿。在东方，我高举一杯水、光从四面八方在此交汇，永无穷已。"①

希腊赫西俄德在《工作与时日》（公元前8世纪）中写道："你的眼睛看着美好的河水作过祷告，又在清澈可爱的水中把手洗净之后，才能趟涉这条长流不息的潺潺的流水。"先祷告，再净手，方可过河，对河流的崇拜、虔诚之状，溢于言表。

西方用水阐教，是把水的特性附加在宗教上，通过无处不在的水的渗透进而传播宗教，使宗教像水浸润人心。

（二）禅宗以水入禅

1. 以水悟禅

"闭眼观身如止水"、"水中照见万象空"、"水镜以一含万"（苏轼《送钱塘僧思聪归孤山叙》），天地万象皆含映于水中。"水流心不竞，云在意俱迟"（杜甫《江亭》），"心不竞"为静，水流对心态产生重大影响。禅宗以水说禅不离"空"、"静"、"闲"。

2. 以水说空

"空"有大、深、静、幽、净、虚之意。

"秋天万里净，日暮澄江空"（王维《送綦毋校书弃官还江东》）。净者无一物，大尺度的净，塑造空境。

"云日相辉映，空水共澄鲜"（谢灵运《登江中孤屿》）。水与空有不解之缘，才会"共澄鲜"。

3. 以水说静

"乐由中出，故静。"（《乐记》），庄子又进而认为"圣人之静也，非曰静也善，故静也"，而是"天地有大美而无言"的缘故，"圣人之心静乎，天地之鉴也，万物之镜也"，静是中国音乐的第一特征，当然也是中国画的第一特征。

"落日碧江静，莲唱清且闲"（贯休《晚望》），"秋水清无底，萧然静客心"（杜甫《刘九法曹、郑瑕丘石门宴集》）。以水造静，水质很关键，"清"、"碧"是必要条件。无"清"、无"静"，何以谈净心。

4. 以水说闲

"水因有月方知静，天为无云始觉高。独坐孤峰休更问，此时难着一丝毫。"（宋·别峰宝印禅

---

① 菲利普·拉金 著. 菲利普·拉金诗选——20世纪世界诗歌译丛. 桑克 译. 石家庄：河北教育出版社，2003

师）水为阴性、月亦阴性，水月配，方有静观。

"意中云木秀，事外水堂闲"（皎然《题湖上兰若示清会上人》），置身事外，水绕堂前，意中云木，闲境油然而生。

"机闲看净水，境寂听疏钟"（皎然《建元寺集皇甫侍御书阁》），"净水"具有干净、平静两大特征，方能形成"机闲"。

在中西方水的宗教情结中，西方将水作为宗教的一个元素和载体，视为人的灵魂，并参与宗教礼仪如洗礼等；中国的禅宗则把水当做营造修行的氛围，营造出"空、清、静、闲"的环境，以求顿悟。

第四节　河流篇

一、西方的河流诗

西方的河流诗有些是大河诗篇，有些是河流局部写真，有些是以河论理，有些是以河抒情。

（一）大河诗篇

美国黑人诗人兰斯顿·休斯在《黑人谈河流》中写道：

"我认识河流，我认识像世界一样古老而且比人的脉管里的人的血液的流动更古老的河流。我的灵魂已经变得像河流一样深。

我曾沐浴在幼发拉底河中，当黎明到来不久的时候。我曾挨近刚果河，建筑我的茅屋，而它把我催眠。我曾挨近尼罗河，而且在河岸上修起了金字塔。我曾见过密西西比河的歌唱，当阿贝林肯顺流而下新奥尔良，而且我看见了它混浊的河在落日中变成金黄。

我认识河流，古老的，幽暗的河流。我的灵魂已经变得像河流一样深。"[7]

这首诗以黑人特有的说唱 RAP 节奏向我们揭示：河流是史诗，河流是画卷，河流是灵魂。幼发拉底河的"黎明"是历史的发祥，刚果河的茅屋是历史的原创，尼罗河的金字塔是历史的积淀，密西西比河的混浊是历史的悲怆，落日的金黄是历史的辉煌。

英国济慈在《致尼罗河》中写道："负金字塔和鳄鱼的大河！阿非利加的古月山的儿子！我们

都说你富饶，但同时／我们脑中又浮现一片荒漠。你养育过多少黝黑的民族，岂能不富饶？或者，你的风景／难道只使罗以南的农民／在歇息片刻时，才对你仰慕？呵，但愿无凭的猜想错了！只有愚昧才意度自己以外／都是荒凉。你必润泽一片芦草，和我们的河一样的光彩／必也沾到你。你也有青绿的岛，而且，也一定快乐地奔向大海。"[13]

两首诗都谈尼罗河，显而易见，历史的深度是不同的，兰斯顿·休斯包含着悲怆和沧桑，是亲历者的发自内心的抒发；而济慈语调轻快，是外来者的观察：金字塔与鳄鱼共处，荒漠与富饶并存，晨曦与大海同辉，是外在的表象。

苏格兰最伟大的诗人罗伯特·彭斯在《亚顿河》中写道："多么挺拔啊，甜蜜的亚顿河，你旁边的山／你画的河道，又是多么曲曲弯弯，每天太阳高照的时候，我都在那里漫游，眼睛却盯着羊群和玛丽的甜蜜小楼。多么愉快呵，你的两岸和岸下的绿谷／林地里樱草花一簇又一簇，每当柔和的黄昏弥漫草原的时辰，喷香的桦树常把玛丽和我遮荫。你清清的流水啊，亚顿河，把你的清坡踢踩。轻轻地流，甜蜜的亚顿河，流过绿色的山坡，轻轻地流，让我给你唱一支赞歌，我的玛丽在潺潺的水边睡着了，轻轻地流，甜蜜的亚顿河，请不要把她的梦打扰。"[13]，诗中河流的弯曲，甜蜜的小楼，绿色的山坡，盛开的樱花，衬托出亚顿河的诗意和柔情。

如果说兰斯顿·休斯的《黑人谈河流》是黑人血泪的史诗，那么彭斯的《亚顿河》就是恬静的田园诗。

毕肖普在《奥尔良河畔》中写道：

"河上的每艘驳船轻松地掀起浩大的水波，像一片巨大灰色的橡树叶蓦然出现，它夹带着真实的叶子顺流漂向大海。叶上水星似的叶脉——那些涟漪，冲向河流两岸的堤坝毁灭自身，悄然如陨落的星星在天空中结束了生命。

那些成堆的真实的叶子拖曳着继续漂流，它们无声地远去，溶化在大海的厅堂里。我们纹丝不动站着观察那些叶子和涟漪，当光芒和水流紧张地进行正式的会晤。如果所见的会轻易忘怀我们，我想对你说，随它去吧，我们注定摆脱不了叶子的纠缠。"① 毕肖普把奥尔良河和海通过树叶联系在一起，视角独特，联系巧妙，叶子随河漂流，溶化在大海中，虽然它们主宰不了自己的命运，但却见证了河海交汇。

智利聂鲁达在《亚马逊河》中写道：

"亚马逊河，水的音节的首府，水的老祖宗；你是丰产富饶的／永恒的秘密。无数河流，如飞

---

① ［德］策兰 编. 美洲译诗文选. 王家新，芮虎 译. 石家庄：河北教育出版社，2003

鸟来归,给你/铺上一层火色的肉汁。死去的巨大树干,使你充满香气,月亮也无法看守你,衡量你。你满盈着绿色的精液,仿佛一株婚姻的大树,你被蛮荒的春天镀上银,你被木头染成红,在岩石的月光之下发着蓝,穿上铁的蒸汽的服装,徐缓得犹如一条行星的道路。"[13] 诗中以亚马逊河颜色变化为主调,揭示生态的演变和历史的进程。

前南斯拉夫安德里奇在《多瑙河上》一文中写道:

"多瑙河上,夜空一片明净。云彩的移动和形态,说明高空的地面微风轻拂,阵阵吹到了人们身上。在这样的夜晚,战栗、喜悦和激情都没有睡去,全失去睡意,让一种不明来路也不知去向的剧烈运动所左右。也许,在这样的时刻人会老得更快,死得更早。而我觉得在自己的灵魂深处,我那世俗的学业以一种非人间的轻松成熟起来,既无名目,也无形态,如人海一样,只容你猜测或想象。"[7] 安德里奇于1961年获诺贝尔文学奖,是巴尔干各国中第一个获诺贝尔文学奖的作家。安德里奇在诗中没有过多描写多瑙河的风光,着重揭示在多瑙河上过夜时心理的震撼,由船的晃动感悟人生的坎坷曲折。

(二)以河喻理、叙事

《圣经》里说:"惟愿公平如大水滚滚,使公义如江河滔滔","人口中的言语如同深水;智慧的泉源好像涌流的河水。"《圣经》经常将公平、公义、智慧与水联系在一起。

黎巴嫩的纪伯伦在《岸边一捧沙》中说:"河流执着地奔向大海,不管水磨轮子是破是好。"[7] 河奔向海的"执着"是大势所趋,命运使然,它不管中间会发生什么事故、何等曲折,不改初衷。

歌德在《对月》中写道:

"你又悄悄地泻下幽辉、满布山谷和丛林。我整个的心灵又一次/把烦恼消除净尽。

你温柔地送来秋波,普照看我的园林,像挚友的和蔼的眼光,注视着我的命运。

在我的胸中还留看/哀乐年华的余响。如今我只是影儿形单、在忧与喜中彷徨。

流吧,流吧,可爱的溪水/我不舍再有欢欣,那些戏谑、亲吻和真情,都已经无踪无形。

可是你也曾一度占有/十分珍爱的至宝/我永远也不能把它忘掉,这真是一种烦恼!

溪水啊,莫停留,莫休止/沿着山谷流去吧。和着我的歌曲的调子,淙淙潺潺地流吧。

不论是在冬夜,当你/泛起怒潮的时候,或者绕着芳春的嫩草/滟滟流动的时候。

谁能放弃了憎恨之念,躲避开尘寰浊世,怀里拥抱着一位挚友,享受着人所不知,人所梦想不到的乐趣/就在这样的夜间。在心曲的迷宫里漫游,那真是幸福无边。"[6]

《对月》是歌德抒情诗中的杰作,被誉为"最美的月光诗"。诗人将月光"悄悄的幽辉"与园林的潺潺流水融为一体,抒发了深沉的人生感慨,表达对情人的怀念和对理想的憧憬。月光送来秋波,水声幻化诗意。全诗围绕着月光和溪水反复咏叹,芳草、山谷、丛林、庭园到处都披上一层清洁的银辉,这同喧嚣的浊世形成了强烈对照,拨动诗人的心弦。

西班牙的希梅内斯 1956 年因"他的西班牙语抒情诗为崇高的情操和艺术的纯洁树立了典范"而获得诺贝尔文学奖,他在《明澈的溪流》这样写道:

"宁静／而妩媚;峡谷清幽,两岸风光秀美,白的是杨,绿的是柳。——峡谷宛如幻境,还有心脏在搏动,梦寐中犹闻妙曲,笛音伴着歌声——溪流妩媚:柳枝／好似未醒贪睡,倒挂在平静的溪面,亲吻着明澈的流水。天空恬静而晴和,苍穹低垂、浮游飘舞／薄雾团团色如银,拨弄着水上波、岸边树／——我的心梦见了／秀美的溪岸、清幽的峡谷／一直飞到静谧的浅滩,准备登上轻舟赴远途／可是刚刚路上山径,止不住留恋的热泪涌流:峡谷对面传来古老的歌声,尽管不知道谁是吟唱的歌手"[11]溪流串接着峡谷、杨柳、薄雾、浅滩、轻舟、笛声、吟唱和热泪,编织出淡淡的离愁。

二、中国的河流诗

如果以水为基本逻辑,考察在不同的题材、不同的认识阶段对水这个基本逻辑的诠释、阐发,那么就能够从总体上把握中国山水诗或河流诗的发展脉络或规律。

(一)中国河流诗的时空变迁

中国的河流诗或称山水诗的时空特性体现在流域的转移上,最早的《诗经》是在黄河中下游采风,其诗风淳朴厚重,景实词朴,对水逻辑的诠释集中在对"水态"的原生态的崇拜上;《楚辞》则移向长江中游的楚地,其民风尚鬼好祀,其诗风浪漫诡异,景虚词丽,对水逻辑的诠释集中在"水喻"上,将山水人格化,正如恽敬所言:"三百篇言山水,古简无余词,至屈徒而后,诡怪之观,淡远之境,幽奥朗润之趣,如遇心目之间。"(《大云山文摘》);《汉赋》基本以楚地为根据地向四周扩散,其对水逻辑的诠释集中在"水象"的衍生、铺陈、夸张上,以虚象、实象构造都市水象、建筑水象、园林水象、医疗水象、音乐水象、情理水象等;唐诗则在黄河、长江两大流或争奇斗艳,表现出大写意,对水逻辑的诠释集中在对"水意"的锤炼上;到了宋代受政治、军事斗争形势的影响,宋词则在江南水乡大放异彩,对水逻辑的诠释集中在对"水境"的营造上。

对《诗经》与《荷马史诗》做同时代对比研究，已有详论，不再赘述。

从《离骚》中我们可以看出长江流域文化尤其是楚文化的几个特点：

其一，尚鬼好祀，巫风极盛。王逸《楚辞章句》曾说："昔楚国南郢之邑，沅湘之间，其俗信鬼而好祠，其祠必作歌乐鼓舞以乐诸神。"

其二，长江流域奇险的自然地理形貌使该地域的人们富于想象，文风也呈现出奇诡清异、精彩绝艳的艺术境界和浪漫主义的风格形态。正如王夫之《楚辞通释·序例》中说："楚，泽国也。其南沅湘之处，抑山国也。迭波旷宇，以荡遥情，而迫金钦戎削之幽苑，故推岩无涯，而天采矗发，江山光怪之气，莫能掩抑。"刘勰《文心雕龙·物色》指出："若乃山林皋壤，实文思之奥府，略语则阙，详说则繁。然屈平所以能洞监风骚之情者，抑亦江山之助乎！"荆楚诗人诡异、浪漫、绝艳的意境模拟，得之于山川纠缪、风物灵秀，"江山光怪之气"的感召。

产生于黄河流域的《诗经》和发轫于南国楚地的《楚辞》风格迥异，极其生动地展现了南北两大地域文化的特征。前者具有现实主义倾向，擅长状物传情，是一种朴素的美；而后者则更具有浪漫主义色彩，富于想象变化，是一种华丽的美。最为有意义的是，《诗经》和《楚辞》所描写的地域范围恰好在汉水、淮河流域重合，风格淳朴厚重的《诗经》与浪漫飘逸的《楚辞》两大文化原典所承载的文化在汉水、淮河流域美妙交汇。

《诗经》多以山水景物作比兴之背景材料，景实而词朴；《楚辞》比兴的背景材料更为丰富，景虚而词丽。《诗经》多以水象征绵绵愁绪和渲染情绪与气氛，情景交融者较少；《楚辞》山水景物描写多呈感伤性色彩，且每每以自然山水历程之艰险象征人世道路之艰难，情景交融者甚多。《诗经》山水审美意识经历了一个由敬畏山水、自然之神到以山水为比兴材料及愉悦对象的变化过程；《楚辞》从一开始便表现出对山水等自然神的亲和感和热爱感，山水审美意识更强。

唐诗对黄河文化与长江文化作了深刻比较，如果说海洋文明是阳性文化，那么大河文明就是阴性文化。黄河文明连续不断，散发出阳刚之气；而长江文明断而又续，浸润着阴柔之美。

唐诗在揭示河流文化内涵及美学表现上，李白壮阔雄奇、万千气象；杜甫沉郁悲壮、地负海涵；王维的静逸明秀、幽远宁静、空灵之境；孟浩然的平淡率直、清幽泓澄；白居易的自然恬淡、精工雅致、飘逸清峻、清寒自赏；李商隐的婉约含蓄、以典抒怀，假物喻情；刘禹锡的流丽清新、讽托幽远、遥寄深慨；柳宗元的典丽精深、声调凝重、写境密实、清幽峻峭。

宋词境界狭窄柔弱，缺乏唐诗尤其盛唐诗饱满阔大的意象，在继承历代诗歌意象的基础上，宋词意象设色浓重，词语质感更加秾丽委婉。为表达委婉细腻的情思，宋人重视意象质感的柔婉，在意象选择上偏爱精美细巧之物，微风细雨、断云残照、芳草落红、小窗幽梦、流莺寒蝉，用词轻灵纤巧，富于女性阴柔之美。

缪钺在《诗词散论》中以江河形态的差异论唐诗宋词的不同："宋代承唐之后，如大江之水，潴而为湖，由动而变为静，由浑灏而变为澄清，由惊涛汹涌而变为清波容与。"

杨海明在《唐宋词史》中把宋词的地理特征归结为："江南多水"、"斜桥红袖"、"江南小气"，指出江南的水环境对宋词的至关重要的影响。缪钺总结的宋词的四个特点："其文小"、"其质轻"、"其径狭"、"其境隐"，和江南的水态一一对应。

"其文小"。"诗词贵用比兴，以具体之法表现情思，故不得不铸景于天地山川，借资鸟兽草木，而词中所用，尤必取其轻灵细巧者"，"盖词取资微物，造成一种特殊之境，借以表达情思，言近旨远，以小喻大"。相对黄河、长江的大河形态，江南水系，水量、水貌取其小。"雪堂西畔暗泉鸣，北山倾，小溪横。南望亭丘，孤秀耸曾城"（苏轼《江神子·江子》），"清浅小溪如练，问玉堂何似，茅舍疏篱。"（李邴《汉宫春》）"暗泉"、"小溪"以"清浅"显其小，小是水量小、水道小，因其小方有"如练"之境。

"其质轻"。"唯其轻灵，故廻环宕折，如蜻蜓点水，空际回翔，如平湖受风，微波荡漾，反更多妍美之致，此又词之特长"，"故凝重有力，则词不如诗，而摇曳生姿，则诗不如词"。相对黄河的水质"浑灏"、"浊浪排空"，江南水景的"山青青，水清清"，水质取其清，"疏影横斜水清浅，暗香浮动月黄昏"（林逋《瑞鹧鸪》）。早在春秋战国时期，先秦诸子就在探讨水质对民情和地域的影响："楚之水，淖弱而清，故其民轻果而贼。""宋之水，轻劲而清，故其民闲易而好正"（《管子·水地篇三十九》）；"清水音小，浊水音大，湍水人轻，迟水人重"（《淮南子·地形训》）；"甘水所多好与美人"（《吕氏春秋·尽数》）。

"其径狭"。"至于词，则唯能言情写景，而说理叙事绝非所宜。"相对黄河、长江的寥廓江天，江南水乡的"小桥流水人家"，水径取其狭，"一棹碧涛春水路，过尽晓莺啼处"。

"其境隐"。"若夫词人，率皆灵心善感，酒边花下，一往情深，其感触于中者，往往凄迷怅惘，哀乐交融，于是借此要眇宜修之体，发其幽约难言之思，临渊窥鱼，若隐若现，泛海望山，时远时近。"相对黄河、长江的浩浩汤汤、横无际涯，江南水景的"细雨轻烟笼草树，斜桥曲水绕楼台"，水境取其隐，"水曲㶉生遥岸"（朱雍《十二时慢》），"望涓涓、一水隐芙蓉，几被暮云遮。"（张炎《甘州·八声甘》）[①]

---

① 缪钺. 诗词散论. 西安：陕西师范大学出版社，2008

司空图的《二十四诗品》对诗歌的意境作了分类，论述诗歌意境的共同的美学本质。《二十四诗品》可概括黄河文化阳刚意象的有雄浑、沉着、高古、洗练、劲健、豪放、精神、疏野、实境、悲慨、超诣、流动；可概括长江文化阴柔意象的有冲淡、纤秾、典雅、自然、绮丽、含蓄、缜密、清奇、委曲、形容、飘逸、旷达。

司空图的诗品从雄浑第一、冲淡第二展开。自己的美学系列呈现出一阳、一阴的结构，展示一个从春到冬的流动过程，又暗合二十四节气。诗品中除冲淡、高古、疏野外，其余二十一品均以水论品，阐述其美学意境。涉水的意象，属水形态的有云、雨、雪、雾、露、霭，属河流形态的有河、海、涧、溪、瀑、汀、滨、渚、峡、浪、漪、漩、泬等。

（二）唐诗的"水意"

唐诗以情景气韵为标的，即使是叙事说理，也通过寄寓于情景而附带表现。所以唐诗在文字外往往留有大片空白的空间，由读者调动形象思维、会意、联想等手段来完成审美的全程。情景、气韵及这一解读空间，共同构成了唐诗的"诗意"。

1. 黄河的"水意"

唐诗写黄河上游段的意境突出了"洗练"。《二十四诗品》对"洗练"的评语是："如矿出金，如铅出银。超心冶炼，绝爱缁磷。空潭泻春，古镜照神。体素储洁，乘月返真。载瞻星辰，载歌幽人。流水今日，明月前身。"

"洗练"对自然的剪裁反映在："远山无晦明，秋水千里白"（王昌龄《风凉原上作》），"风凉原"，库峪河之间。今西安市蓝田县史家寨乡敬家村、龚家村。"明"是对光的设计，"白"是对色的设计。白本非色，而色自生；水本无色，而色最丰；色中求色，不如无色中求色。山水的远景透视和近景细观，视觉效果是不同的。源于自然，高于自然。诗人对大自然的宏大背景，必须有所取舍、剪裁、扬弃，如矿里出金，铅里出银。"洗"出于水，"练"出于心。

"洗练"在构图上反映在："大漠孤烟直，长河落日圆"（王维《使至塞上》），黄河上游的典型的直横构图，前句是线面的对比，"大漠"为面，"孤烟"为线，线面穿插、对峙，线挣脱面的束缚，扶摇直上，表达强劲的向上的动势；后句是面线的融合，"长河"为线，"落日"为面，作为背景，大漠的面收缩成长河的线，而孤烟的线又聚合成圆形的面，将有首无尾的射线，围合成有头有尾、首尾闭合的曲线，表达徐缓向下的动势，圆形的面渐渐融合到水平的线中。在色彩的设计上由线状的白色突破大面积的黄色的束缚，转变为点状的红色融入带状的黄色。

唐诗写黄河中游段的意境突出了"流动"。《二十四诗品》对"流动"的界定是："若纳水輨，如转丸珠。夫岂可道，假体如愚。荒荒坤轴，悠悠天枢。载要其端，载闻其符。超超神明，返返冥无。来往千载，是之谓乎。"

王之涣的《登鹳雀楼》："白日依山尽，黄河入海流。欲穷千里目，更上一层楼。"是对"流动"这一诗品的最好诠释，体现了信息的流动、信息的闭合、信息的对称、信息的变奏。

诗中字无奇，却气势磅礴；句无奇，却耐人寻味；依景生情，由实入虚，由情引理，引人入胜，动人心弦，发人深省。山本静水流则动，石本顽水流则灵。在水工美学中，水之动是至关重要的，动而生新，动而生美，动而生灵。

2. 长江的"水意"

唐诗写长江中游的意境突出"旷达"。《二十四诗品》对"旷达"的界定是："生者百岁，相去几何。欢乐苦短，忧愁实多。何如尊酒，日往烟萝。花覆茆檐，疏雨相过。倒酒既尽，仗藜行过。孰不有古，南山峨峨。"

唐代诗人李白："山随平野尽，江入大荒流。"（《渡荆门送别》）；唐代诗人杜甫："星垂平野阔，月涌大江流。"（《旅夜书怀》）；唐代诗人王维："楚塞三湘接，荆门九派通。江流天地外，山色有无中"（《汉江临泛》）。李泽厚评点为："略可见儒、道、禅的不同风味：儒的入世积极，道的洒脱阔大，禅的妙悟自得。"

屈原、李白、杜甫塑像

从布局和境界看，杜甫诗中侧重夜间对水天关系的感受，突出月光的审美功能，但略显平面化，仅讲天与水，缺少天与地的中介。李白诗中强调荆门区别于三峡的河流形态，山水的秩序结构已发生变化，水流不再是夹山而行，而是离山而去；区别于蜀水文化的河流形态的树状分流、扇形扩张，楚水文化的河流形态则是"大荒"式的平面推进。李诗已具立体感，山、水交融，但缺少天的大背景。而王维诗中，天地相映，山水皆备，景色朦胧，景外有境，境外有意，意外有妙悟，发人深省，境界为上乘。

唐诗咏洞庭水意时突出"清奇"。《二十四诗品》对"清奇"的界定是："娟娟群松，下有漪流。晴雪满汀，隔溪鱼舟。可人如玉，步履寻幽。载瞻载止，空碧悠悠。神出古奇，淡不可收。如日之曙，如气之秋。"

"八月湖水平，涵虚混太清。气蒸云梦泽，波撼岳阳城。"（孟浩然《望洞庭湖赠张丞相》）

孟浩然咏洞庭，谓之客体自述，以物观物。前两句写静，"平"为静之初，"涵虚"为静之曲，"太清"为静之极；物极必反，后两句节奏突变，"气"开始动，动感如"蒸"，弥漫宇宙，随后动的介质由"气"变成"波"，动的范围由分散到集中，动的程度也发展到"撼"，可谓动感之极，千军万马，地动山摇。静动对比之强，造成视觉、心理巨大冲击。

"昔闻洞庭水，今上岳阳楼。吴楚东南坼，乾坤日夜浮。"（杜甫《登岳阳楼》）

杜甫咏洞庭，谓之主体观察，以我观物。洞庭东接楚、南连吴，日月在湖面上出没，这种描述较之孟浩然略显概念化，这不能过多非难"诗圣"，因为他心存国忧，眼中景观也就趋于一般化。[1]

唐诗咏潇湘水意时突出"疏野"。《二十四诗品》对"疏野"的界定是："惟性所宅，真取拂羁。控物自富，与率为期。筑室松下，脱帽看诗。但知旦暮，不辩何时。倘然适意，岂必有为。若其天放，如是得之。"

"千山鸟飞绝，万径人踪灭，孤舟蓑笠翁，独钓寒江雪。"（刘禹锡《江雪》）。《江雪》作于诗人贬所永州，永州古称零陵，位于湖南省西南部潇湘二水汇合处，诗中所言之"江"，当是永州的某条河流。南宋著名诗人陆游就有"挥毫当得江山助，不到潇湘岂有诗"的评断。

寥廓、清幽、寒冷的画面，透出纯净、空明、岑寂的境界，抒发忧愤、寂寞、孤直的情怀。诗中的关键词"绝"、"灭"、"孤"、"独"，刻画出时空的疏野。"脱略谓之疏，真率谓之野"，不拘法度，不求规整，不刻意追求，不将不迎，顺性而行，无心插柳，体现出一种大写意，无意有意，无为之为，不束之控，以意运法，是也。物我浑然，水人契合。视野由广角到聚焦，大开大合，开则俯视横扫"千山"、"万径"；合则最终视线收于一点"孤舟"，收放自如。

李白的"孤帆远影碧空尽，惟见长江天际流"（《送孟浩然之广陵》），"碧空尽"、"天际流"凸显时空的清旷；杜甫的"无边落木萧萧下，不尽长江滚滚来"（《登高》），描绘长江纵横构图的清远，而"楼下长江百丈清，山头落日半轮明"《越王楼歌》，描绘江清月明的清空意境；李商隐的"叠嶂千重叫恨猿，长江万里洗离魂"《妓席暗记送同年独孤云之武昌》，道出长江的清幽；王维的"江流天地外，山色有无中"（《汉江临眺》）流露出禅意的清深；白居易的"日出江花红胜火，春来江水绿如蓝"（《忆江南》）衬托出红绿色调的清丽；孟浩然的"因声寄流水，善听在知音。"和"物情多贵远，贤俊岂无今。迟尔长江暮，澄清一洗心"（《和张判官登万山亭，因赠洪府都督韩

---

[1] 王国璎．中国山水诗研究．台北：联往出版有限公司，1986

公》)诠释了水的清新对心灵的涤荡。

(三)宋词的"水境"

宋词的"水境"如前所述,受江南水乡影响,总体风格以"婉约为主",但也不乏豪放之作,如苏轼《念奴娇·赤壁怀古》:"大江东去,浪淘尽,千古风流人物。故垒西边,人道是:三国周郎赤壁。乱石穿空,惊涛拍岸,卷起千堆雪。江山如画,一时多少豪杰。遥想公瑾当年,小乔初嫁了,雄姿英发。羽扇纶巾,谈笑间樯橹灰飞烟灭。故国神游,多情应笑我,早生华发。人间如梦,一尊还酹江月。"

开篇即景抒情,时越古今,地跨万里,气势恢宏,笔大如椽。将读者带入历史的沉思之中,唤起人们对人生的思索。上篇重在写景,下篇重在写人,写景为铺陈,写人为抒情。全词感慨古今,雄浑苍凉,大气磅礴,把人们带入江山如画、奇伟雄壮的景色和深邃无比的历史沉思中,给人以撼魂荡魄的艺术力量。

大江东去意境

在章法上,上阕为第一乐章,高起然后低徊,平稳过渡后激昂慷慨至极,雄风浩荡,热烈奔放;下阕为第二乐章,抖笔荡开,长音袅袅,渐紧渐烈,沉郁过后,复归于沉静。

三、泉水诗

日本东山魁克的《听泉》道:"泉水从地层深处涌出来,不间断地奔流着从古到今,阅尽地面上一切生物的生死,荣枯。因此,泉水一定知道鸟儿应该飞去的方向。"[14]东山魁克把泉看做尘世间的扫描器,阅遍人生冷暖,看破世间贵贱枯荣。

法国维克多·雨果的《泉水从岩石上……》说:"泉水从岩石上一滴一滴,落入可怕的大海。"能致死海员的大海对它说:"你要我怎么样,爱哭者!""我就是风浪与恐怖,我和天一始一终两相连。你这小东西,难道我,需要你?我辽阔无边。"泉水对苦涩的海水说:"我无声无息,来给你,辽阔的海啊,一点你的东西,一滴可以喝的淡水。"[6]雨果把泉水与海水进行对比,海虽浩瀚、恐怖,但却缺少泉水独有的特质——"可以喝的淡水"。

莎士比亚的《爱烧热泉水，泉水冷不了爱情》唱出："小小爱神有一次呼呼地睡着，把点燃心焰的火炬放在一边，一群蹁跹的贞洁仙女恰巧走过；其中最美的一个天仙，用她处女的手，把那曾经烧红，万千颗赤心的火炬偷偷拿走，于是这玩火小法师在酣睡中，便缴械给那贞女的纤纤素手。她把火炬往附近冷泉里一浸，泉水被爱神的烈火烧得沸腾，变成了温泉，能消除人间百病；但我呵，被我情妇拨弄得头疼，跑去温泉就医，才把这点弄清：爱烧热泉水，泉水冷不了爱情。"[10] 莎士比亚把爱情比作火炬，爱情加热泉水，温泉包治百病，泉水冷却不了爱情，这就是莎士比亚的爱情逻辑。

杜甫的《佳人》云："在山泉水清，出山泉水浊。"泉水清浊不由己，环境使然。

白居易《白云泉》云："天平山上白云泉，云自无心水自闲。何必奔冲山下去，更添波浪向人间。"和东山魁夷的入世意境完全相反，泉呆在山间多自在，何必下山多事，反映出道家的出世观。

唐张南史《泉》云："泉，泉。色净，苔鲜。石上激，云中悬。津流竹树，脉乱山川。扣玉千声应，含风百道连。太液并归池上，云阳旧出宫边。北陵井深凿不到，我欲添泪作潺湲。"这首呈等差数排列的宝塔诗，把泉的性状、环境、功能、人文内涵，层层递进，揭示得淋漓尽致。

四、中西河流诗的比较

中国的河流诗或山水诗，作总体考察，虽有时空的转移，但具有特色鲜明的时间性，不同时期的河流诗具有不同的特征，如《诗经》的"水态"、《楚辞》的"水喻"、《汉赋》的"水象"、唐诗的"水意"、宋词的"水境"，如此等等。

中国的河流诗或山水诗离不开山，山与水是不可分割的整体，有山则有水，有水则有山。林泉高致云："山以水为血脉"，"山得水而活"；"水以山为面"，"水得山而媚"。

中西山水诗的风格也不尽相同，尽管都描写风景。"诗言志"，是中国诗的传统。西方诗人写起风景来常用白描的手法，单纯易现，直接写景是主要的，不像中国的山水诗有那么多的寓意、抒情、含蓄、寄托在里面。

这里先举苏格兰的诗人彭斯为例。他是地地道道、土生土长的农民诗人，既与仕途无涉，也就谈不到"隐逸"。彭斯在《阿富顿河》中唱到：

"流得轻轻，可爱的阿富顿！两岸一片绿茵，流得轻轻，我要歌颂你，用我的歌声；我的玛丽睡着觉，在你喃喃的河滨——流得轻轻，可爱的阿富顿，别惊破她的梦境。你叫着的野鸽，回声响彻在幽谷里，你吹哨的山鹧，躲在荆棘的窝里；你绿冠的田凫，请你忍住你的啼鸣——我请求你们别打搅了我睡着的爱人。

你临近群山多么巍峨,可爱的阿富顿!它们远远点缀着蜿蜒的溪流,水色澄清;在那儿我每天去散步,当中午太阳高升,我望得见玛丽的可爱的小屋和我的羊群。你的两岸和下面的绿色河谷,多么美丽,樱草正开着花,在那荒野的林子。"[8]这是出自于一个自然之子的天籁,有着流泉和野鸟一样的韵律,是一个身处江湖、心存魏阙的隐士不可能唱得出来的。

再看英国早期的浪漫主义诗人华兹华斯。他有"自然诗人"之称,又因卜居湖畔,亦称"湖畔诗人"。他到自然去并非因为官场失意,更非为了归田。他是桂冠诗人,享有皇家津贴。对于他来说,大自然并非羁鸟的旧林、池鱼的故渊,而是他的灵魂和生命的圣堂、净界和归宿。他在大自然的怀抱里得到启示,接受洗礼,完成升华。在他的《独自云游》诗中,水仙显然不同于陶渊明的菊花。当后者"采菊东篱下"的时候,他还是篱和菊的主人。这里的华兹华斯却是湖和水仙的受施者和崇拜者。在长诗《丁顿寺》里,他的灵魂更升华到脱离肉体而和大自然归一的境界。

这种自然神论的哲学思想和宗教感情,也同样表现在另一位浪漫主义诗人拜伦的诗里。在两位诗人的笔下和心目中,他们都"归化"为大自然的一部分,而大自然也就有了一种超人和超自然的力量。

中国山水诗往往和"隐逸"相联系,多为迁客骚士感时不遇而"归园田居"之作,实际上是别有机杼的抒情诗,纯粹的风景诗反而较少;西方山水诗和浪漫主义运动相联系,随着城市工业造成的环境和社会污染的加重而强化,它要求回归自然并保持自然的纯净,把大自然作为真善美的源泉,以使心灵和情操得到净化。

中西山水田园诗在赞美自然、愉悦自然、表现个人际遇、思考人生和社会等方面有着相似之处。由于文化背景的差异,中国山水田园诗在主题上往往侧重于政治和历史,与偏重于宗教和爱情的西方自然诗形成鲜明对照。单就田园诗而言,中国展示出一幅浓郁的农家风情画卷,而西方则呈现出浪漫的田园牧歌情调。

中国古典诗歌从不细致描绘表意之象,而是注重含蓄,力图使读者感悟到"象外之象"、"韵外之致"。这可谓是中国艺术的最高理想境界;西方意象论侧重于主观思想对客观世界的直观感受和直接反映,无论这一感受和反映多么离奇古怪,都要如实地记录下来,不加任何修饰和议论。

在意象涵量上中西诗歌亦有较大的差异:中国古典诗歌中的意象蕴含了诗人丰富的思想感情,涵量大,韵味深;然而欧美意象派诗歌中所选用的意象只是诗人心灵的物态化,是诗人表达自己感觉或情绪的"客观对应物",较少蕴藉。

中国古典诗歌的意象往往能营造出优美的意境,首先是因为中国古典诗歌中的"象"比较能保持客观事物原有的状态,中国古代经常使用赋、比、兴等诗歌创作手法,而较少采用夸张、象征等手法。其次,中国古代诗歌中的意象往往具有"言外之意",老子的"大音希声"、"大象希形"说,庄子的"得意忘形"思想极大地影响了中国文学。因此,中国诗歌中的意象有重"意"的一面。第三,从意象组合方式来看,中国古代诗歌的意象非常密集,这些意象经常从不同的角度或不同的层面去烘托出一种强烈的情感氛围。他们要么在方位上是从远到近,从高到低,要么就是能大体寄托相同的情感。

西方诗歌描写重点是客观事物,更多注意的是语言,可谓"重言轻意",这有悖于意境的构建原则。同时西方诗人注重意象所引起的感觉,而忽视了人与物之间的内在联系以及这种联系所产生的人文意义,将含而不露变成了秘而不宣,不给予任何引导和暗示,使人莫名其妙。此外,西方诗人以意统象、意象分立、象是焦点,他们对意象进行并置、叠加、复合,意象处于不规则变化之中,意象间的逻辑关系,意象与诗人的情感之间的关系,只有诗人自己才明白,这样就使读者的阅读轨迹被牵制在意象之中而难以通过联想产生情感的共鸣,这也使得西方诗歌很难达到意境的高度。

同样是讲大河,中国的河流诗气魄宏大,写景抒情,谈古论今,立志高远,如苏轼的《念奴娇·赤壁怀古》便是如此;而西方的河流诗,要么描写具体景观,要么以议论为主,要么以抒情为主,如诺贝尔文学奖获得者西班牙的希梅内斯的《明澈的溪流》、南斯拉夫的安德里奇《多瑙河上》等,综合表达的少,将景、情、理有机地结合成一个整体的更少。

同样是河流诗,中国的河流诗意蕴深厚,要去反复琢磨、仔细品味,方能恍然有悟;而西方的河流诗表达的意蕴直截了当,一看就明白,不像中国河流诗在表现艺术上言简意赅,需要读者去耐读、玩味、细品。

第五节 海洋篇

一、中国的海洋诗

中国的海洋诗可分为帝王观海和文人观海,虽都是中华民族,但身份不同、境遇不同、心态不同，观海诗的意境亦有很大差异。《诗经·大雅·江汉》云："于疆于理，至于南海"讲的是以海为界，以海为疆。

（一）帝王观海

曹操《观沧海》中"东临碣石，以观沧海。水何澹澹，山岛竦峙。树木丛生，百草丰茂。秋风萧瑟，洪波涌起。日月之行，若出其中。星汉灿烂，若出其里。幸甚至哉，歌以咏志。"曹诗观海，意在咏志，诗句气势宏伟、景象壮丽、浩淼大海、吞吐日月、含孕星斗、壮阔雄浑的海景意象表达了曹操削平群雄、统一中国的壮志宏图，曹操意在日月中驰骋，在星汉中灿烂，海景与激情融为一体，意蕴丰厚。

唐李世民《春日望海》："披襟眺沧海，凭轼玩春芳。积流横地纪，疏派引天潢。仙气凝三岭，和风扇八荒。拂潮云布色，穿浪日舒光。照岸花分彩，迷云雁断行。怀卑运深广，持满守灵长。有形非易测，无源讵可量。洪涛经变野，翠岛屡成桑。之罘思汉帝，碣石想秦皇。霓裳非本意，端拱且图王。"如果说曹操观海意在励志，而唐太宗观海，则是穿越时空，想秦皇，思汉帝，总结历史"有形非易测，无源讵可量"，面向未来，"霓裳非本意，端拱且图王"，刻画自己的历史定位，更具历史沧桑感。

明朱元璋《沧浪翁泛海》："海天漠漠际无穷，巨舰樯高挟两龙。帆饱已知风力劲，舵宽方觉水情雄。鳌鱼背上翻飞浪，蛟蜃鬐头触见虹。何日定将归泊处，也应系缆水晶宫。"朱元璋在统一天下的过程中，于长江流域经过惊心动魄的水战，谈起海来别有一番格调，深知"帆饱"、"舵宽"对航海的重要性。

清康熙《登澄海楼观海》："危楼千尺压洪荒，骋目云霞入渺茫。天吐百川归领袖，往来万国奉梯航。波涛滚滚乾坤大，星宿煌煌日月光。阆苑蓬壶何处是？岂贪汉武觅神方。"康熙观海看到的是"百川归领袖"，"万国奉梯航"，万万没想到帝国的危机正从海上悄然迫近。

（二）文人观海

文人观海成为一种时尚，中国文学史上第一篇以大海为题材进行写作的是东汉班彪的《览海赋》：

一是观海悟道，"览沧海之茫茫，余有事于淮浦，悟仲尼之乘桴，聊从容而遂行。驰鸿濑以缥鹜，翼飞风而回翔。顾百川之分流，焕烂漫以成章"领悟了孔子事君不得而欲乘舟泛海的人生选择。

二是观海赏景,"顾百川之分流,焕烂漫以成章。风波薄其裹裹,邈浩浩以汤汤。指日月以为表,索方瀛与壶梁。曜金璆以为阙,次玉石而为堂。"百川分流,终归大海,浩浩荡荡,茫茫无边,日月沉浮。

三是观海生幻,"莫芝列于阶路,涌醴渐于中唐。朱紫彩烂,明珠夜光。松乔坐于东序,王母处于西箱。命韩众与岐山,讲神篇而校灵章。"仙山林立,金碧辉煌,香草满径,甘泉蔼捎,球光耀眼,夺目鲜丽;曲人赤松,王子往来间,王母庢中,神女侍从,仙药延寿。观海悟道也好,观海赏景也好,观海生幻也好,均是对海的赞美。

唐张若虚的《春江花月夜》被闻一多先生誉为"诗中的诗,顶峰上的顶峰","孤篇横绝,竟为大家"。"春江潮水连海平,海上明月共潮生。滟滟随波千万里,何处春江无月明?"作者抓住扬州南郊曲江或更南扬子江一带月下夜景,以江中心展开物象组合:江海、江流、江天、江畔、江月、江树、江水、江潭。诗的韵律节奏颇有特色,诗中的感情旋律极其悲慨激荡,但那旋律既不是哀丝豪竹,也不是急管繁弦,而是像小提琴奏出的小夜曲或梦幻曲,含蕴、隽永。诗的内在感情是那样热烈、深沉,看来却是自然的、平和的,犹如脉搏跳动那样有规律、有节奏,而诗的韵律也相应地扬抑回旋。全诗共三十六句,四句一换韵,共换九韵。全诗随着韵脚的转换变化,平仄的交错运用,一唱三叹,前呼后应,既回环反复,又层出不穷,音乐节奏感强烈而优美。这种语言与韵味的变化,又是切合着诗情的起伏,可谓声情与文情丝丝入扣,宛转谐美。

唐岭南诗人张九龄:"海上生明月,天涯共此时"下笔即着墨于"海",即从海的视野看明月、看天涯、看此时、念亲朋。从而可见张九龄与代表黄河文化和长江文化的诗仙,诗圣最大不同之处,是以海为视野。而这,恰恰也正是珠江文化与黄河文化、长江文化的最大区别所在,可见这两句诗是珠江文化海洋性、宽宏性、共时性的最确切生动的形象体现。

唐独孤及《观海》:"北登渤澥岛,回首秦东门。谁尸造物功,凿此天池源。澒洞吞百谷,周流无四垠。廓然混茫际,望见天地根。白日自中吐,扶桑如可扪。超遥蓬莱峰,想像金台存。秦帝昔经此,登临冀飞翻。扬旌百神会,望日群山奔。徐福竟何成,羡门徒空言。唯见石桥足,千年潮水痕。"独孤及古文与萧颖士齐名,为古文运动先驱。韩愈为古文,以其为法,并曾从其徒游。两家同尚儒学,但韩愈辟佛老,而独孤及学道家。独孤及观海,能品出"造物功"、"天地根",秦帝、徐福都是过眼云烟,唯留"千年潮水痕"。

宋苏轼《六月二十日夜渡海》："参横斗转欲三更，苦雨终风也解晴。云散月明谁点缀，天容海色本澄清。空余鲁叟乘桴意，粗识轩辕奏乐声。九死南荒吾不恨，兹游奇绝冠平生。"此诗作于遇赦从海南岛北归之时，表达了绝处逢生的欣喜之情，诗学常说情景交融，心态也影响观海的感受。

宋李清照《渔家傲》中的海景是"天接云涛连晓雾，星河欲转千帆舞；仿佛梦魂归帝所。闻天语，殷勤问我归何处。我报路长嗟日暮，学诗漫有惊人句，九万里风鹏正举，风休住，蓬舟吹取三山去。"海景、人世、仙山浑然一体。作者以浪漫主义的艺术构思，梦游的方式，设想与天帝问答，倾诉隐衷，寄托自己的情思，景象壮阔，气势磅礴。这就是被词评家誉为"无一毫粉钗气"的豪放词人。

南宋文天祥《过零丁洋》："辛苦遭逢起一经，干戈寥落四周星。山河破碎风飘絮，身世浮沉雨打萍。惶恐滩头说惶恐，零丁洋里叹零丁。人生自古谁无死，留取丹心照汗青！"这是中国海洋诗歌中最具正能量的伟大诗篇，看到惶恐滩的破碎，听到零丁洋的涛声，更坚定了文天祥的高尚的民族气节，"人生自古谁无死，留取丹心照汗青"，一直激励中华民族自强不息、前仆后继。

元宋无《大浪》："各天高浪雪成堆，深谢波神费工力。浪摇荡惊眼怕开，几回风雨送将来。"

元戴良《渡黑水洋》："舟行五宵旦，黑水乃始波。重险讵可言，忘生此其处。紫氛蒸作云，玄浪蹙为雾。柂底即龙跃，舻前复鲸怒。掀然大波起，歘与危樯遇。入水访冯夷，去此特跬步。舟子尽号泣，老篙亦悲诉。呼天天不闻，委命命何据。川后幸戢威，风伯并收驭。偶济固云喜，既往益增惰。居乐乐夷旷，蹈险忧覆坠。出处愧宿心，祸福昧前虑。皎皎乘桴训，持用慰情素。"在陆上观海，与在海上体验海，观感大相径庭，生死一瞬间，海主宰了人的命运。

明金涓《浙江晓渡》："片帆风力饱，凉气碧飕飕。江阔欲沉雁，天空惟见秋。渔歌闻四起，人影在中流。隔望泰峰出，东南第一州。"航海中观海，景物大相径庭。

明黄克捞《谒海神庙》："元气茫茫接太清，乘春一望水云平。雪花浮浪千重起，日色蒸霞四散明。海上烽销旗半偃，津头潮落掉空横。馨夸好答神灵贶，莫遣鲸波又震惊。"对海洋的恐惧，灾难面前的无助，催生了海神信仰。

明代荣陵派诗人李东阳的《风雨叹》："壬辰七月壬子日，大风东来吹海溢。峥嵘巨浪高比山，水底长鲸作人立。愁云压地湿不翻，六合惨谈迷乾坤。"观海触景生情，联想起朝政腐败，民不聊生，愤然挥毫，充满忧国忧民的感慨，大海澎湃的怒涛激起了诗人的壮烈情怀。

明王贵一《海啸》："阳侯逞一怒，突几千丈波。江脉拜鲸浪，奋激吹盘涡。珠湖风雨疾，水立如山坡。白气森银汉，怪窍曾未过。海若复大啸，沉没万灶醒。阳山注釜底，决排势跨花。高岸尽为谷，平田无寸禾。登陴俯廛井，栋宇浮中河。大舸若飘瓦，渔艇如飞蛾。日落水摇动，枕席亲蚌螺。鼋鼍近喷薄，星斗相荡摩。斯须坠深泽，填垒哀如何！"地震引起的海啸摧

台湾戚继光雕像

枯拉朽，绝无蓬莱仙阁的诗情画意，是令人战栗的恐惧。

戚继光《韬钤深处》："小筑惭高枕，忧时旧有盟。呼尊来揖客，挥尘坐谈兵。云护牙签满，星含宝剑横。封侯非我意，但愿海波平"。此诗道出中华民族的海洋观，"星含宝剑横"是常备不懈，"但愿海波平"，是和平之道，和谐之道，不是扩张之道。

明代俞大猷《舟师》："倚剑东溟势独雄，扶桑今在指挥中。岛头云雾须臾净，天外旌旗上下翀。队火光摇河汉影，歌声气压虬龙宫。夕阳景里归蓬近，背水阵奇战士功。"一代抗倭名将，倚剑东溟，气度非凡，指挥若定，横扫倭寇，得胜之后，归功战士，可佩可叹。

清代吴嘉纪《风潮行》："辛丑七月十六农，夜半飓风声怒号。天地震动万物乱，大风吹起三丈潮。茅屋飞翻风卷去，男妇哭泣无栖身。潮头骤到似山摧，牵儿负女惊寻路。四野沸腾哪有路？雨洒月黑蛟龙怒。避潮墩作波底泥，范公堤上游鱼度。悲哉东海煮盐人，尔辈家家足苦辛。频年多雨盐难煮，寒宿草中帆食土。壮者流离去故乡，灰场蒿满池无卤。招徕初蒙官长恩，稍有遗民归旧樊。海波忽促余生去，几千万人归九原。极目黯然烟火绝，啾啾妖鸟叫黄昏。"清代的咏海诗更多关注民生的疾苦、百姓的艰辛，渔民、盐民在大海的摧残下，欲哭无泪，欲求无门。

清代高兆《荷兰使舶歌》："千重列楼格，五色飘幡帜。飞庐环木偶，层槛合火器。""番儿侯爵室，探首如鬼魅。""周防勿造巡，公其戒将吏，飓去势已形，礼义不足饵。"高兆，一介书生，入福建巡抚幕，对荷兰舰炮了解得非常具体，疾呼对西人的船坚炮利，倍加警惕，在当时颇有前瞻性。

梁启超《澳亚归舟杂兴》："拍拍群鸥相送迎，珊瑚湾港夕阳明。远波淡似里湖水，列岛繁于初夜星。此游也算人间福，敢道潮平意未平。"走出国门，奔向大海，方觉得"荡胸海风和露吸，洗

心天乐带涛听",开阔了视野,更新了观念。

秋瑾《黄海舟中日人索句并见日俄战争地图》:"万里乘云去复未,只身东海挟春雷。忍看图画移颜色,肯使江山付劫灰。浊酒不销忧国泪,救时应仗出群才。拼将十万头颅血,须把乾坤力挽回。"秋瑾"忍看图画移颜色","拼将十万头颅血,须把乾坤力挽回",一代女侠,一腔热血,报国之心,图强之志,跃然纸上。[17]

刘再复《读沧海》:"大海!我心中伟大的启示录,不朽的经典。我在你身上感受到自由和伟力,体验到丰富和渊深,也体验着我的愚昧、贫乏和弱小,然而,我将追随你滔滔的寒流与暖流,驰向前方,驰向深处,去寻找新的活力和新的未知数,去充实我的生命,去沉淀我的尘埃,去更新我的灵魂。"[14]

诗人读海从精卫鸟读到舒伯特,从礁石读到鲸鲨,从海面读到海底,从浅海读到深海,从悲剧读到喜剧,从远古读到现在,从现在读到未来,昭示着大河文明到海洋文明的蜕变。

中国的海洋诗无论是帝王观海,还是文人观海,均停留在"观"上,仅仅是观察、感叹、敬畏、想象、赞美而已,诗人写出了沧海平静时和起风时的状态,赞美东海边山岛巍巍耸立、草木繁盛,以及大海吞吐日月、包孕群星的壮阔气势,真可谓距离产生美。虽说赞美,但并未投身海洋,与海洋融为一体,未去品尝海洋的苦难和悲欢,亦未获得海洋丰收的喜悦和欢乐,当然也就不可能悟出海洋的精神和品德。

宋元之前以海洋为题材的诗歌,多是站在陆地观海,表现为对海洋浩瀚无边、广博壮观、吞吐日月、包孕群星之浩大气势的惊叹和崇敬。宋元时期以后以海洋为题材的诗歌,已深入海洋去体验海的性格,大大拓宽了海洋诗的表现领域,更多地反映出人与海洋的关系,既有反映民情的苦难、军情的保家卫国,又有反映人对与海洋的理念的变化,强加了对海洋的认识、利用和征服,大大促进了宋元海洋诗歌的创新与发展。

二、西方的海洋诗

西方的文学大师无不以大海作为自己诗歌的创作题材,纷纷以不同的视角解读令人捉摸不透的大海。

(一)观念之海

黑格尔说过:"大海给我们以无际与渺茫的无限观念。"既分隔又结合,这是水的二重性,大海在中国先民面前展现的是仙境、磅礴的气势，一言以蔽之，是"景"，进而触景生情；而在西方先民面前展现的却是无限的时空，是"无限的观念"，这正是中西海洋诗的分野。

法国的瓦莱里说："大海，大海啊，永远在重新开始！"把大海看做时间的起点。

西班牙的洛尔伽在《海水谣》中写道："在远方，大海笑盈盈，浪的是牙齿，天是嘴唇。"[①] 海是如此的亲切，如此的美丽。

美国佩斯在《海标》中写道："大海在它伟大的时代与伟大的波涛起伏中走向我们——整个大海夹其海的屈辱，以单一部分及单一侧面走向我们。

大海运动着，在其无定踪的伟大肌肤的滑顺中行进，粘性的大海在胸膜的滑顺上，以高潮汹涌的海水在其黑蟒般的环节上走向我们。

更高了，已经更高了，我们是否看到高过我们意识的大海。"——[7]

把大海看做历史的演变、时代的记忆、意识的源泉，这种海洋观是中国先民所不具备的。

俄罗斯的普里什文在《小溪》中写道："海洋是伟大的，然而在森林里或沙漠的绿洲里，小溪却在完成同样伟大的事业。小溪在沙地奔流，在大河面前畏缩，一刻也不停顿，而是以平等的身份，像兄弟那样，愉快地汇合到一起，因为虽然现在它还是一条小溪。可是眼看着它自己也要成为海洋了。"[7] 在这里，普里什文提出小溪和海洋的"平等的身份"颇显新意。

（二）哲理之海

挪威的基蓝在《大海》中写道："世界上，最宏大的是海，最有耐心的也是海。海，像一只驯良的大象，把地球上微不足道的人驼在宽阔的背上，而浩瀚渊深的、绿绿苍苍的海水，却在吞噬大地上的一切灾难。如果说海是狡诈的，那可不正确，因为它从来不许诺什么。它那颗巨大的心——在苦难深重的世界上，这是唯一健康的心——既没有什么奢望，也没有任何留恋，总在平静而自由地。""海既是他们的人类社会，也是他们的顾问；海既是他们的朋友，又是他们的敌人；海既是他们的劳动场所，又是他们的坟墓。"[14]

黎巴嫩的纪伯伦在《另外的海洋》中写道：

"一条鱼对另一条鱼说：'在我们这片海域上面，还有另一片海洋，那里也有生物嬉游，就跟我们生活在这里一样。'

---

① 湖南省外国文学研究会编. 外国诗歌选. 长沙：湖南人民出版社，1981

另一条鱼答道：'这纯粹是幻想，你不知道吗：无论什么只要离开我们的海域一英寸之距，在外面呆上片刻，就会死去。你凭什么证明别的海洋里也有生物？'"[7]

两条鱼的思维方式有极大的不同，第一条鱼是发散思维，第二条鱼是现实思维，思维附着生命，生命都不存在了，思维还有意义吗？

前南斯拉夫安德里奇的《潮》写道："潮水在短短几小时之内就淹没了海滩，把砂子、卵石、碎木片、贝壳、水草和树叶冲积成古怪的城堡、塔楼和小丘，并在它们身上画满了各种各样的图案以及奇怪的谁也识不透的字符。潮退了，海滨浴场一带留下处处痕迹，仿佛有巨人家族的孩子们来这儿玩过，随后又消失在大海深处。"[7] 诗中牧歌式的浅吟低唱，美国女作家安妮·林登伯格在《大海的礼物》中说："大海不会馈赠那些急功近利的人。为功利而来不仅透露了来者的焦躁与贪婪，还有他信仰的缺失。耐心，耐心，耐心，这是大海教给我们的。人应如海滩一样，倒空自己，虚怀无欲，等待大海的礼物。"这段话是对《潮》最好的注解。

（三）爱情之海

英国的雪莱在《爱底哲学》中写道："泉水总是向河水汇流，河水又汇入海中，天宇的轻风永远融有／一种甜蜜的感情，世上哪有什么孤零零？万物由于自然律／都必融汇于一种精神／何必你我却独异／你看高山在吻着碧空，波浪也相互拥抱；谁曾见花儿彼此不容，姊妹把兄轻蔑？阳光紧紧地拥抱大地，月光在吻着海波，但这些接吻又有何益，要是你不肯吻我？"[10]

雪莱的这首爱情诗把泉水、河水、大海三大要素集合在一起，用水的融汇、拥抱、接吻把爱情演绎得淋漓尽致。

匈牙利裴多菲的《我愿意是急流》中写道：[6]

"我愿意是急流，山里的小河，在崎岖的路上、岩石上经过……只要在我的浪花中，快乐地游来游去。我愿意是荒林，在河流的两岸，对一阵阵的狂风，勇敢地作战……只要我的爱人，是一只小鸟，在我的稠密的树枝间做巢、鸣叫。

我愿意是废墟，在峻峭的山岩上，这静默的毁灭，并不使我懊丧……只要我的爱人，是青青的常春藤，沿着我荒凉的额，亲密地攀援上升。我愿意是草屋，在深深的山谷底，草屋的顶上，饱受风雨的打击……只要我的爱人，是可爱的火焰，我的炉子里，愉快地缓缓闪现。

我愿意是云朵，是灰色的破旗，在广漠的空中，懒懒地飘来荡去，只要我的爱人是珊瑚似的夕阳，傍着我苍白的脸，显出鲜艳的辉煌。"

《我愿意是急流》是1847年6月裴多菲写给热恋着的桑德莱·尤丽亚的情诗。诗人反复运用比喻和对比的手法,表达心中炽热的爱情。诗人宁愿作山间急流,崎岖和坎坷艰难地穿行,以使他怀抱中的那条小鱼,能快乐地游来游去;诗人宁可是荒林,勇敢地抵御一阵阵狂风的侵袭,以使树枝间的那只小鸟,能幸福地做巢,无忧无虑地歌唱;诗人宁可执着静默地毁灭,不叹息、不懊丧,以使那青青的长春藤,能在这一片荒凉中攀爬、上升;诗人宁可是一座草屋,在山谷中经受风雨的吹打,以使炉中的火焰,能温暖地燃烧,欢快地闪耀;诗人宁愿是一片浮云,是灰色的破旗,在空中飘荡,以使那扶珊瑚色的夕阳,显出她的鲜艳与美丽。裴多菲的爱情是给予,是奉献。

裴多菲雕像

从裴多菲的诗行里,我们感到的是沉甸甸爱的责任。只有真正的男子汉才能意识到并且担负得起的责任。当人们为这首诗怦然心动的时候,谁不感到那"草屋"、那"荒林"、那"废墟"之上涌动着一片高尚的苍凉;那"急流"、那"云朵"、那"破旗"发散着诗人深挚的男性美。

裴多菲在《我的爱情是咆哮的海》中写道:

"我的爱情是咆哮的海,它有着巨大的波浪,只是此刻不再搏击大地和天空;它在安静地熟睡,好像年幼的孩子,大哭后甜睡在摇篮之中。大海静淌着有如镜,我荡着幻想之船/向着鲜花盛开的山谷前行;你从那未来的船舱里,用嘹亮歌声迎着我……你歌唱着希望,我可爱的夜莺!"①

裴多菲用急流比喻爱情的冲动和热恋,却用"咆哮的海"比喻爱情的甜蜜、久远,反差之大,超出常人想象,越发彰显裴多菲构思之绝妙。

(四)灾难之海

雪莱在《时间》中写道:"幽深的海呵!年代是你的浪波;时间的海呵,充满深沉的悲伤,你被眼泪的盐水弄得多咸涩!你的波流浩荡无边,在你的水上/潮汐交替,那就是人生的界限!你已倦于扑食,但仍在咆哮无餍,把破碎的船吐在无情的岸沿;你在平静时险诈,风涛起时可怕,呵,谁敢航行一只小船,在你幽深难测的洋面。"[7]雪莱以"幽深"、"悲伤"、"咆哮"、"险诈"、"可怕"界定大海的特质。

---

① 裴多菲 著.裴多菲文集(第一卷).兴万生 译.上海:上海译文出版社,1996

维克多·雨果是法国积极浪漫主义最杰出的代表,被誉为法国文学史上伟大的民族诗人。他的《海洋之夜》大致分为三个部分:第一部分写船主、船员在海上航行遭到不幸,连船带人沉没在无底的深渊;第二部分写船主,船员的乡邻和亲友对他们航海不归的种种议论,以及沉沦者的遗孀对丈夫的思念;第三部分写船主、船员的乡邻、亲友,遗孀相继死后,再也不曾有人提及船主、船员航海沉沦之事。

诗的开篇首先采用了先扬后抑为故事的展开进行了铺垫,造成情节的波澜起伏。如先扬:"曾有多少水手呵,曾有多少船长/兴高采烈地出发了,作遥远的征航",展现在读者面前是一幅喜气洋洋出航的画面:活生生的水手、船长,满怀信心地驾船起航,每个人都是欢颜笑语、情绪激昂。后抑:航海人谁也没有预料到自己的下场,"结果都泯灭在那幽暗阴森的天际","从此永远沉埋在渺渺冥冥的洋里",结局是极其悲惨的。[8]

作者在此用画笔描绘了水手和船长丧生之后的境遭:"飓风曾把他们全部生命的诗篇/一口气吹向波头,一页页随波散去!"强烈地表现出飓风恶浪的凶残。"可怜的劫后骷髅!/你们在那无尽的苍茫中滚滚漂流!/用那死朽的头颅撞着无名的礁石",作者着力突出不幸者被海浪暴虐摧残的景象,让人不寒而栗。

水手和船长埋葬于大海已经很久了。作者展开想象的翅膀飞到生存者的一方进行了对比描写。人们在夜谈时,偶尔提起航海的人们,坐在"锈锚"上欢聚着,把"渐就湮沉的名字"杂入故事和嬉笑之中,"同时还偷偷吻着你们情侣的芳容,/而你们却长眠在海绿茸丛里!"在这里,"生"与"死"多么鲜明的对照。起初,乡邻亲友们对这远航的人讴歌和祝愿,随后"身几消失在水底,名儿消失在人心。"可是他的孀妻,每当狂风怒吼的时候,她们夜不能寐,起身合衣,"拨着炉中的残烬,翻起心上的寒灰",把孀妻对丈夫的思念之情写得淋漓尽致,惟妙惟肖。当水手和船长的乡邻、亲友、孀妻长眠之后,竟没有留下水手一生任何的痕迹,"连块小的碑也没有","连棵柳树也没有","连个乞儿也牧有"。

诗的结尾作者说:"波涛呵,你们知道多少惨史和沉冤!狂澜呵,多少慈亲对你们惊慌匍匐!"诅咒"波涛""狂澜"的惨绝人寰,也是对遇难者寄托哀情。最终一句"当你们随着夜影涌向我们的时候",既是作者联想的起因,也是联想的结束,形成前呼后应。

这首诗作者除采用了丰富的想象之外,还巧妙地采用了复数第二人称——作者可以直接同航海遇难者、波涛、狂澜对话,渲染气氛,借以抒情,增强了诗的感染力。

《海洋之夜》的创作,是作者紧密联系着法国的社会现实,对祖国命运的关怀,对自由解放事业的向往,对专制暴政的憎恨,对社会不正义的抗议,构成了《海洋之夜》创作中高昂的资产阶级民主主义的基调。

(五)搏击之海

提到外国的大海诗歌,不能不提到人们所熟知的高尔基的《海燕》:

"在苍茫的大海上,风聚集着乌云。在乌云和大海之间,海燕像黑色的闪电高傲地飞翔。一会儿翅膀碰着波浪,一会儿箭一般地直冲云霄,它叫喊着,——在这鸟儿勇敢的叫喊声里,乌云听到了欢乐。在这叫喊声里,充满着对暴风雨的渴望!

海燕叫喊着,飞翔着,像黑色的闪电,箭一般地穿过乌云,翅膀刮起波浪的飞沫。看吧,它飞舞着像个精灵——高傲的、黑色的暴风雨的精灵,——它一边大笑,它一边高叫……它笑那些乌云,它为欢乐而高叫!这个敏感的精灵,从雷声的震怒里早就听出困乏,它深信,乌云遮不住太阳,——是的,遮不住的!

这是勇敢的海燕,在闪电之间,在怒吼的大海上高傲地飞翔。这是胜利的预言家在叫喊:——让暴风雨来得更猛烈些吧!"[7]

高尔基的《海燕》是海洋民族精神的代表作,海燕这个精灵是人类的化身,它在海浪中翱翔,在闪电中冲刺,在战斗中欢呼。这种人海的对决中,凸显出"天人二分"的哲理。

俄罗斯的莱蒙托夫在《帆》中写道:

"在大海的蒙蒙青雾中 / 叶孤帆闪着白光……它在远方寻求什么?它把什么遗弃在故乡?风声急急,浪花涌起,桅杆弯着腰声声喘息……啊,——它既不是寻求幸福,也不是在把幸福逃避!帆下,水流比蓝天清亮,帆上,一线金色的阳光……而叛逆的帆呼唤着风暴,仿佛唯有风暴中才有安详!"[8]

帆是航海的利器,帆是人与海斗争的工具,帆是人与海的纽带和中介。帆是莱蒙托夫早年抒情诗中的代表作,是诗人精神人格和理想的真实写照。在这首诗里,大自然的景色中隐含着诗人深沉的人生信念,在一望无际的大海里蕴蓄着斗争的激情,它像一幅色彩浓烈的画卷;蓝天、碧浪、月出、帆影交相辉映;汹涌的波涛,呼啸的海风,相互激荡。它一方面映现出诗人在人生道路上寻觅时的迷茫,另一方面又显示出他奋斗的顽强。正如马克思赞赏的那样:"对于自然的描写未必有哪一位作家能超过莱蒙托夫,至少具有这种才华的人是寥寥无几的。"这首诗成为19世纪俄罗斯知识分子真实的精神象征和写照。

（六）神奇之海

匈牙利的裴多菲在《大海沸腾了》中写道：

"大海沸腾了，人民的大海，那可怕的威力，掀起滔天巨浪，震动高天大地。你们见过这舞蹈？你们听过这音乐？若是你们没见过，现在就应该懂得，人民是多么欢乐！海在怒吼，咆哮……船儿不停地颠簸，它向地狱沉去了，抱着扯断了的帆／和折断了的桅杆。咆哮吧，大海／你深深的海底，腾起巨大的力量／把狂怒的浪花／唤入云层中间。一条永恒的真理，由浪花写在天上：船在水上航行，水在船下翻腾，可是水永远是主人翁。"①

裴多菲是匈牙利伟大的革命诗人，也是匈牙利民族文学的奠基人，资产阶级革命民主主义者，他用革命诗篇号召匈牙利人民反对奥地利的民族压迫，激励人民为争取民族自由和独立而斗争，被誉为"匈牙利自由的第一个吼声"。"船在水上航行，水在船下翻腾，可是水永远是主人翁"这句名言与中国的"水可载舟，水亦可覆舟"有异曲同工之妙。

莎士比亚在《海变》中写道："五寻的水深处躺着你的父亲，他的骨骼已化成珊瑚，他眼睛是耀眼的明珠，他消失的全身没有一处不曾／受到海水神奇的变幻，化成瑰宝，富丽而珍奇。海的女神时时摇起他的丧钟，（和声）叮！咚！／听！我现在听到了叮咚的丧钟。"[12]如果说裴多菲在海的神奇中，听到的是海的咆哮，为独立而呐喊，为革命而怒吼；那么莎士比亚在海的神奇中，听到的是海的丧钟，述说着历史的沧桑。

（七）海的全景透视

普希金的《致大海》：

"再见了，奔放不羁的大海！是你最后一次在我面前，翻滚着蔚蓝色的波浪，和闪耀着娇美的容光。像是友人的哀伤的怨诉，像是他分手时的声声召唤，你忧郁的喧响，你的急呼，最后一次在我耳边回旋。我的心灵所向往的地方！ 多少次在你的岸边漫步，我独自静静地沉思，彷徨，为夙愿难偿而满怀愁苦！我多么爱你的余音缭绕，那低沉的音调，深渊之声，还有你黄昏时分的寂寥，和你那变幻莫测的激情。打鱼人的温顺的风帆，凭着你的意旨保护，大胆地掠过你波涛的峰峦，而当你怒气冲冲，难以制服，就会沉没多少渔船。呵，我怎能抛开不顾／你孤寂的岿然不动的海岸，我满怀欣喜向你祝福：愿我诗情的滚滚巨澜／穿越你的波峰浪谷！你期待，你召唤——我却被束缚；我心灵

---

① 裴多菲 著．裴多菲文集（第四卷）．兴万生 译．上海：上海译文出版社，1996

的挣扎也是枉然；为那强烈的激情所迷惑，我只得停留在你的岸边……惋惜什么呢？如今哪儿是我／热烈向往、无牵无挂的道路？

在你的浩瀚中有一个处所／使我沉睡的心灵复苏。一面峭壁，一座光荣的坟茔……在那儿，多少珍贵的思念／沉浸在无限凄凉的梦境；拿破仑就是在那儿长眠。他在那儿的苦难中安息。紧跟他身后，另一个天才，像滚滚雷霆，离我们飞驰而去，我们思想的另一位主宰。他长逝了，自由失声哭泣，他给世界留下了自己的桂冠。汹涌奔腾吧，掀起狂风暴雨：大海呵，他生前曾把你礼赞！你的形象在他

普希金雕像

身上体现，他身上凝结着你的精神，像你一样，磅礴、忧郁、深远，像你一样，顽强而又坚韧。大海啊，世界一片虚空……现在你要把我引向何处？人间到处都是相同的命运：哪儿有幸福，哪儿就有人占有，不是教育，就是暴君。

再见吧，大海！你的雄伟壮丽，我将深深地铭记在心；你那薄暮时分的絮语，我将久久地，久久地聆听……你的形象充满了我的心坎，向着丛林和静谧的蛮荒，我将带走你的岩石，你的港湾，你的声浪，你的水影波光。"[8]

《致大海》是普希金在1824年被沙皇软禁在偏僻的米哈依洛夫村时所创作完成的，它是一篇战斗性的抒情诗。这首诗表面上是以大海作为抒情对象，实则是通过大海来表达作者对拜伦的真诚悼念以及对拜伦的自由精神的继承。

全诗分为三部分，分别是亲情之海、自由之海和永恒之海。

亲情之海。全诗对大海采取了拟人、象征的手法来加以形象刻画。大海俨然就是诗人的一位亲密朋友。大海的"蔚蓝"、"娇美"、"喧响"、"急呼"、"怒气"、"激情"，与我的"沉思"、"彷徨"、"迷惑"、"惋惜"，是离别之际心对心的对话，"在你的浩瀚中有一个处所能使我沉睡的心灵复苏"，"愿我诗情的滚滚巨澜／穿越你的波峰浪谷！"在对话中作者心灵受到震撼，灵魂得以净化。

自由之海。大海则成为自由精神的象征，拿破仑是大海的英雄，拜伦是大海的斗士，普希金把大海视为他们斗争精神的见证。"磅礴"、"忧郁"、"深远"、"顽强"、"坚韧"是对大海的礼赞。

永恒之海。"大海！你的雄伟壮丽，我将深深地铭记在心；你那薄暮时分的絮语，我将久久地，久久地聆听。"大海的形象铭刻在作者的心中，大海的精神将融化在作者的血液中。

三、中西海洋诗的比较

西方诗人的咏海诗，固然也有移情和认同，也有人与海相敬相爱的胸怀，但其根本特色却在于人与海的主客体对立关系。在西方咏海诗中，人与海永远是斗争的敌手，永远是对立面。他们的相敬相爱不是出于和谐，而是出于敌手之间的相互尊重：人与海双方都是强者，尽管海比人更强，但人也不甘示弱，积极迎接海的挑战。这种人与自然对立的情形，在中国山水诗中是看不到的，而且简直是不可思议的。

在中国的海洋诗歌中，中国先民对海怀着十分敬畏的心情，通过观海引发对美学、哲学、史学的反思，中华先民没有深入海洋、参与海洋，没有与海洋合二为一，没有去深刻体会海洋的性格、海洋的力量、海洋的愤怒、海洋的灾难、海洋的成功、海洋的崇高、海洋的优美，中国传统哲学的天人合一是不包括海洋的。

西方先民认为海是自由的象征，中华先民则认为海是隔离的象征。勃兰兑斯指出："对于英国人来说，大海一向是自由的伟大象征。"海文化体现的精神气质，深刻地影响着西方文化圈内的不同民族。《淮南子》称："百川异源而皆归于海"，对海的体认不过是江河的想象性延伸，而缺乏对大海本身特质的洞察。正如冯友兰在《中国哲学简史》中指出的那样，19世纪前，中国的思想家没有一个人有过公海的经历，这不能不说是雅文化的一个缺失。

西方把海作为征服对象，中华先民则把海作为倾诉对象。就人与大海的主客关系来，西方文学写海，一般将其作为人抗争与征服的对象，人海对立，界限分明，象征人与自然外力的拼搏，海有时可爱可敬，又有时可畏可恨，人格化了的海的意志并不等同于人的意志。西方文学中海多为"有我之境"，人海呈现分离、对立状态，中国文学中的海属物我浑融的"无我之境"；西方文学中的海有一种主体观照物的客观精神，中国文学中的海则主观色彩浓郁。

中国传统思维重视矛盾的统一性，整体内部的同一性；西方则重视矛盾的对立性及整体内部的差异性。中国古代怀才不遇、游仙者们是在力求同大海仙境融为一体时倾诉渴望或宣泄烦恼的；西方海文学中写诸多人物，则在免遭大海吞没的抗争中体现个性意志。

西方文学中的海是人本的海、宗教的海，而中国文学中的海是伦理的海；与中国文学将海作为遥远而虚幻的超世追求和伦理实现不同，西方文学常揭示人海相依时主体的孤独感，而孤独恰恰是个体人格独立的一个标志，由此愈加体现出人本型与伦理型文化的区别。

在海意象审美情趣上，中国文化的壮美，其内涵有别于西方壮美中的悲剧与崇高，主要是缺少后者那种痛感、危机与幻灭感，它从正面给人以感召，而不是从反面让人震慑和得到净化。

参考文献

[1] 曹顺庆．中西比较诗学．北京：中国人民大学出版社，2010．

[2] 荷马 著．荷马史诗．伊利亚特．罗念生 译．北京：人民文学出版社，1994．

[3] 荷马 著．荷马史诗．奥德赛．王焕生 译．北京：人民文学出版社，1997．

[4] 亚里士多德．诗学．北京：商务印书馆，2008．

[5] 公木，赵雨 著．诗经全解．长春：长春出版社，2006．

[6] 文爱艺 编译．风中之心：欧美诗歌经典．北京：当代世界出版社，2005．

[7] 楼肇明 选编．世界散文诗精选．杭州：浙江文艺出版社，2006．

[8] 周红兴 主编．外国诗歌名篇选读．北京：作家出版社，1986．

[9] 陆中飞 主编．爱情名句辞典．上海：上海辞书出版社，2005．

[10] 莫家祥 编．西方爱情诗选．南宁：漓江出版社，1981．

[11] 邱仪 选评．外国诗歌经典读本．南宁：广西人民出版社，2000．

[12] 湖南省外国文学研究会 编．外国诗歌选．长沙：湖南人民出版社，1986．

[13] 黎华 主编．外国诗歌传世之作．济南：山东文艺出版社，1996．

[14] 吴薇 选编．世界散文诗精选365．石家庄：河北人民出版社，1989．

[15] 外国现代派作品选（第一册）．上海：上海文艺出版社，1980．

[16] 中国最美的诗歌·世界最美的诗歌大全集．北京：华文出版社，2010．

[17] 李越 选注．中国古代海洋诗歌选．北京：海洋出版社，2006．

[18] 王力．海意象与中西方民族文化精神略论．大连理工大学学报（社会科学版），2000（12）．

第七章 世界名画中的水意象

第一节 中西绘画比较

一、中西名家论中西绘画

中西哲学家、文学家、画家、评论家等对中西绘画各有精道的论述：[4]

中国人具有最精妙的才能，创造出许多精细惊人的事物，可是到现在在绘画中还不会用阴影。绘画只有用阴影才可以突出高度强光。中国人的绘画就没有明暗深浅之分，所以最粗糙。（[意大利]维柯）

我们希望中国人绘于瓷器上的画能够画得更美丽些……他们的人物画都是畸形的。他们使外人发生轻蔑之心；外国人只通过这个媒介来认识这个人，因而就推想实际生活中的中国人一定如画中那样怪诞可笑。（[法国]李明）

中国只能画阳面，故无凹凸，吾国善画阴阳，而皆圆满也，凡人正面则明，而侧处则暗，染其暗处稍黑，斯正面则显而达矣。（[意大利]利玛窦）

西洋人善勾股法，故其绘画于阴阳远近，不差锱铢，所画人物、屋树，皆有日影。其所用颜色与笔，与中华绝异。布影由阔而狭，以三角量之。画宫室于墙壁，令人几欲走进。学画者能参用一二，亦具醒法。但笔法全无，虽工亦匠，故不入画品。（[中国]邹一桂）

新派画家天天夹着画具不辨死活到户外死写，活的青年沉醉在死的思维里，将东方活的宇宙变成西方物质文明的死的世界。（[中国]民国时期《国画特刊》）

现在，我们都知道了中国画所蕴含的深远意境，即便你不能完全领悟，也会明白那绝不是信手的涂鸦。只不过对于中国画的认识与理解，西方竟然用了好几个世纪来接受这一陌生的艺术。（[美国]房龙）

我们文明的显著优点，我认为，是科学的方法；中国人的显著优点是人生目的的一个合理观念。人们必定希望看到，这两方面逐步地结合起来。（[英国]罗素）

中国人对动物与植物的形象有相对更多的情感。缺少欧洲人的那种自大优越感就足以使中国人与动物保持较多的亲密感情……正是这一点使他们赋予动物形态一种特殊的生命力；这是靠艺术像神话并表现出内在生命力的部分。他们对于植物形象的态度也是如此。他们对花草植物采取了某种严肃的尊重态度，而这是我们的花草画家所很少具有的。（[英国]弗赖）

中国艺术唤醒了那些私密而模糊的感觉，这些感觉相互交叉，逐渐鼓涨，最后将我们征服，尽管我们还未能领会其来源和尽头在何处。中国的绘画看似还未走出原始的状态。或者可以说，中国艺术经过了一层明净而又寂静之水的涤荡，千年以来，从未有何物扰乱过这静止的曲调。（[法国]艾黎·福尔）

有史以来，中国艺术便是凭借着一种内在的力量来表现有生命的自然，艺术家的目的在于使自己同这种力量融会贯通，然后再将其特征传达给观众。（[英国]赫伯特·里德）

中西绘画各有特长，其着重点不同，工具各异，因此画法之趋向，亦复相反。西画趋向，系利用科学方法，主征服自然，旨在以形入神，姑名就体寻魂。以表现静态之素描为基础，追寻动态，其出发点重客观。……国画则反之；乃蕴蓄道德思潮，主融合自然，旨在驱神传形，姑名借体还魂。以表现动态之笔法为主，再求合于静态。其出发点重主观。（[中国]邱石冥）

西方艺术，是以模仿自然为中心，结果倾于写实一方面；东方艺术，是以描写想象为主，结果倾于写意一方面。……前一种寻求表现的形式在自身之外，后一种寻求的表现形式在自身之内，方法之不同而表现在外部之形式，因而趋于相异；因相异而各有长短，东西艺术之所以应沟通而调和，便是这个缘故。（[中国]林风眠）

西洋画是动的热的，中国画是静的冷的。西洋画是属于春天夏天，中国画则是秋冬之画，一股萧疏淡泊之气，充满纸上。（[中国]傅抱石）

绘画是人类文化的体现，中西绘画应无鸿沟之分，只因各有民族地区、风俗习惯和画具的不同，各具特色。在不失自己本色的基础上，互相交流，共同进步，世界才永远有丰富多彩的绘画。（[中国]张大千）

西洋画以感觉胜，中国画以修养胜。东方绘画之基础，在哲理；西方绘画之基础，在科学；方向，而各有其极则。根本处相反之方向，而各有其极则。（[中国]潘天寿）

这些论述为我们考察中西绘画的差异，提供了多方面的视角。

二、文明基因对中西绘画的影响

（一）水在中西绘画中的作用

大河文明孕育着中国的水墨画，范曾提出："对中国画家来讲，水同样至关重要。水墨水墨，水沾了墨。后墨分五色，虽然没有涂颜色，却五彩纷呈，它会使你感到春天的绿，秋天的黄，冬天的白。而水、水墨和中国画的纸，这些都是水滋养出来的。中国的笔墨到纸上它的渗透过程，也是水在起作用。水是中国画的生命。"

"中国画的笔墨是离不开水墨的，水是地球上一切生命的存在条件，而墨则来自木材焚烧后凝聚的墨烟"，"中国的纸和笔，也都来自大自然的生命，动物饮着水，植物吸收着水，用它们的毛和纤维造成的笔纸，对水有一种天然的依恋。"[2]

王伯敏将山水画中的水法概括为 9 种：水带墨、渍水、凝水、水破墨、墨破水、水破色、色破水、冲水、铺水，作画，用笔、用墨、用色，皆少不了水。要在山水画中达到"合六远"即高远，深远、平阔远、幽远和迷远的效果就要用到水法，在绘画表现上，中国的画家将水的独特作用发挥到极致。①

海洋文明培育出西方的风景画、油画，如同大海与礁石的激荡，给西方先民留下深刻的印象。西方的建筑是石构，西方绘画的颜料多取自矿石，造成绘画工具的不同。

（二）时空意识

虽然中国山水画与西方风景画的产生、发展有着相似性和共同性，但两者在发展过程中，由于各自文化背景的不同，所以又必然呈现出差异性。特别是中西方在对客观自然上不同的态度和认识，导致中国山水画与西方风景画在价值、功能、内容、形式等方面存在着很多差异性。

人们常将中西绘画的时空观的差异概括为：散点透视和焦点透视，问题是造成这种差异的动因和背景，需要从文明基因及其思维模式入手。

中国学者辜正坤对焦点透视产生背景，提出"语法"说："西方为什么容易产生焦点透视？这和它的语言中的那种主谓宾定状，那一整套词法句法结构等等有内在的联系。它的这种语言结构不断暗示它，使它一定要找到一个中心的东西。所以会有焦点出现。它的语言逻辑促使它走到逼真的路子上去。它是以写形为主的。因为它是眼画，它相信它的眼睛的观察。"② 他把焦点透视归结为"语言结构不断暗示"倒是新论，因果关系应有先后的顺序，人类用眼对外界观察应在语言结构形成之前，辜正坤之说未免有点牵强。

达·芬奇对焦点透视的解释是："透视学是绘画的缰辔和舵轮。透视学就其与绘画的关系而言可分为三个主要部分。第一部分是缩形透视，研究物体在不同距离处的大小。第二部分研究这些

---

① 王伯敏. 山水画纵横谈. 济南：山东美术出版社，2010
② 辜正坤. 中西文化比较导论. 北京：北京大学出版社，2007

物体的颜色的淡褪。第三部分研究物体在不同距离处清晰度的减低。绘画以诱视学为基础，透视学不是别的，只不过是关于肉眼功能的彻底的知识。"①

西方先民面临大海，用眼观察得到的是无障碍视野，这时达·芬奇的焦点透视三原则就会应运而生。河流动力学机制，对依托大河文明的中华山水画家的视角产生深远影响。恰恰是相对稳定的边界，是有障碍视野，对视线产生约束和阻断，为破除这种约束、超越这种阻断，想象力是极其重要的，散点透视则应运而生。所以人们常说中国山水画是"心"画，用心去观察世界，画"心"中的万物；而西方则是"眼"画，用眼去观察世界，画"眼"中的万物。

中国的时空观是时空一体，西方的时空观是时空分离。

中国古人常常用"宇宙"表示时空，《释文》引《尸子》云："天地四方曰宇，往古来今曰宙。"宇是指空间，宙是指时间。在中国古人的空间意识中，时间与空间是不可分的。如中国用于计时的地支，"子、丑、寅、卯、辰、巳、午、未、申、酉、戌、亥"，既是时间参数又是空间参数，"子"既代表空间中的北方位，又代表时间中的晚上11点到第二天的凌晨1点的时段；"午"既代表空间中的南方位，又代表时间中的上午11点到下午1点的时段等等。在天体运动中，时空是合二为一的，恰恰是地球在围绕太阳作圆周运动中空间位置的变化产生四季时间的变化，地球自转位置的改变造成时间上日夜的交替。在长期的历史发展中，中国人趋向于以时间统率空间，形成了用时间来体会空间的特点，从万物的生长变化中感受到空间的生命形式，把时间和空间结合观之，使时间空间化、空间时间化。

王伯敏将中国画的视角总结为"七观法"：

一曰步步看。"横看成岭侧成峰，远近高低各不同"（苏轼《题西林壁》），"山近看如此，远数里看又如此，远数十里看又如此，每远每异，所谓山形步步移也。"（郭熙《林泉高致》）。

二曰面面观。就是把由许多体面所形成的空间结构作全面的观察与理解，然后在画面上作合理的安置。中国的山水画家对于这些合理安置，主要手段有两种：一是作多方面的位置经营，二是作空间跳跃式的位置经营。

三曰专一看。"触目横斜千万朵，赏心只有两三枝"，对于这"两三枝"，画家觉得可以"赏心"，就需要专一地看。

四曰推远看。"大都山水之法，盖以大观小，如人观假山耳。"（沈括《梦溪笔谈》）"山水大物也，人之看者须远而观之，方见得一障山川之形势气象。"

---

① 达·芬奇 著. 芬奇论绘画. 戴勉 编译. 北京：人民美术出版社，1979

五曰拉近看。"以小观大",张择端的《清明上河图》,所画的人物,几乎都属"远人无目"的距离,可是在这卷图画中,"远人"不但有目,而且连发、眉、鼻、嘴的表情都清晰可见。

六曰取移视。即建筑上常用的轴测投影法,不以视线远近发生变化的一种透视法的成角透视法。

七曰合六远。深远、平远、阔远(郭熙《林泉高致》)、幽远、迷远(韩拙《山水纯全集》)①。

这种散点构图完全突破了透视学的视力局限,仰山巅、窥山后、望山远,可使咫尺之图,纳千里之景,以有限表达无限。散点构图使画家具有多方位的视点,从而获得了更多的创作自由,能得到新颖、丰富多彩而又富于节奏、韵律的浪漫构图。内容和形式、具象和抽象、现实和浪漫在散点构图中对立统一、相辅相成。散点透视体现着时间的轨迹,将不同瞬间的画面组合在同一画面中,由春而夏而秋而冬。散点透视的视角和视点在不断地运动,这意味着画面的各部分往往是并列的,鉴赏者可从不同位置自由进入画面,画面的各部分是时空一体的、有机的、连续的。画面的运动并非是平均的,而是有动有止,有快有慢,在移动中的停驻处,画家在此作较为详尽的描绘,意境由此展开、丰富、深化,画面的虚实、详略,节奏的轻重、缓急,由此形成。

一览无余的大海对西方画家的视角产生深远影响。《圣经》就谈到海对视角的影响:"宝座前好像一个玻璃海,如同水晶。宝座中和宝座周围有四个活物,前后遍体都长满了眼睛。"

海洋是西方美学的源泉,柏拉图在"会饮篇"中道出其中的奥妙:"这时候他会用双眼注视美的汪洋大海,凝神观照,他会发现在这样的沉思中能产生最富有成果的心灵对话,能产生最崇高的思想,能获得哲学上的丰收,到了这种时候他就全然把握了这一类型知识,我指的是关于美的知识。"(《柏拉图读本》)这里的"双眼注视"是通过眼睛,追求焦点透视,通过"凝神观照"提出崇高是美学的重要标准。

18世纪德国艺术批评家莱辛在他的《拉奥孔:论绘画和诗的界限》就曾对绘画的空间特性和诗歌的时间特性进行了详尽的分析,认为绘画、诗歌虽然都是塑造艺术形象,也可以互为补充,但两者有着严格的界限是完全不同的两种艺术形式。绘画的特性是表现顷刻性、瞬时性空间的形体和颜色,而诗歌则适宜表现完整的、具有时间持续性的事物。他指出:"绘画在它的空间中并列的结构里只能运用动作中某一顷刻,所以就要选择最富于生发性的顷刻,使得前前后后都可以从这一顷刻中了解得最透彻。"[1]莱辛这种关于绘画只能表现顷刻性、瞬时性空间而不能表现时间延续性的学说,典型地反映了西方传统的时空观。西方绘画的构图是立体透视或称焦点透视,绘画构图是在二维平面上表现出三维空间的立体感。借这种透视,在构图上表现出纵、横、高的立

---

① 王伯敏. 山水画纵横谈. 济南:山东美术出版社,2010

体效果。画境似可走近，似可触摸。其构图源自"物我对立"，即景物与空间是画家立在地上平视的对象，其结果貌似客观，实颇主观。这种立体透视"在平面上幻出逼真的空间构造，如镜中影、水中月，其幻愈真，则其真愈幻。逼真的假象往往令人更感为可怖的空幻。"（宗白华《美学散步》）

（三）"自在"的自然与"自为"的自然

中西的自然观有明显的差异，中国讲究"自在"，自然大于人，人融于自然；西方讲究"自为"，人大于自然，人改造自然。

庄子云："天地有大美而不言，四时有明法而不议，万物有成理而不说。"自然以一种无为、自在的形态存在、运转，体现了宇宙万物之"道"，所以它是绝对的、最高形式的美。中国传统美学、艺术从自然中感悟到人之美，于是用各种自然事物来形容人之美。如形容女人相貌的美如羞花闭月、面若桃李、沉鱼落雁；比喻人物性格品行操守如劲松下风、如春月柳、伟岸如山等。

在中国人的眼里，"山水"是有生命的、不以人的意志为转移的自由独立的存在，人作为宇宙万物中的一部分，应顺应和与它融为一体。"山水"是中国人的精神家园，是人生命的本源，是生命的安顿之地和归宿之地。所以，中国人对自然山水总是怀有崇高、敬畏、亲近之情，画山水画也不只是为了赏心悦目，而是通过笔墨丹青将心灵与山水交汇，感悟和体验自然之美。

在西方人的眼里，自然是人类大展拳脚的舞台，奉行"人类中心主义"，从人之美中发现自然的形式之美，将从人身上发现的比例、黄金律、平衡、和谐、节奏等形式美法则广泛运用于对自然美的表现。自然之美必须以人之美作为标准和尺度，人是衡量万物价值的尺度。从17世纪风景画中的风车、磨坊，到法国巴洛克风景画里呈现的宫殿、古堡、港口；浪漫主义风景画弥漫的异国情调和怀古情思，到现实主义风景画对乡村景色和古朴民风的真实再现，纵观这些风景画所选择的题材和表现的内容，无一不在彰显人类改造自然的能力和人类社会的文明。

（四）审美意识

中国的儒释道的"敬水"、"净水"、"静水"观对中国审美意识中的写意、意象、意境、气韵等范畴产生重要影响；西方的"控水"观对西方审美意识中的写实、形象、理想、和谐等范畴产生重要影响。在审美意识的写意与写实、意象与形象、意境与理想、气韵与和谐等范畴上，中西方形成鲜明对比。

1. 写意与写实

中国画中的山水不是真实的山水，是变形山水，是作者心中的山水，以绘画的形式去体验对宇宙、生命的感悟，去实现对"道"的观照，去慰藉心灵。"圣人含道映物，贤者澄怀味象"，山水画家用笔墨去表现"质有而趣灵"的自然山水，在这个过程中感悟自然万物之"道"，进而把握天地造化，达到天人合一的最高境界。

达·芬奇说："绘画是自然界一切可见事物的唯一的模仿者"，"所以我们可以公正地称绘画为自然的孙儿和上帝的家属。"[1]在西方文艺复兴之后到19世纪下半叶，风景画同其他绘画题材一样，仍是以"模仿自然"为最高美学追求，以求真、求美为最主要的目的。西方自然科学的发展为绘画（包括风景画）的这种追求提供了技术和材料，西方重理性、重分析、注重研究客观世界规律的精神为这种追求提供了理论支撑。这种崇尚理性、追求美的思想和行为，并非像中国山水画那样将人与自然作为一个整体去思考和实践，去体验自然之"道"的光辉，而是将自然作为人的对象去研究、认识和表现，以此反映人的智慧、理性之美和人类社会的文明之美。其功能主要在于证实和歌颂人类对自然的控制能力、驾驭能力。

2. 意象与形象

《易·系辞上传》最早提出："立象以尽意"。王充的《论街·乱龙》提出："夫画布为熊麋之像，各布为候，礼贵意象，示意取名也。"《文心雕龙·神思》云："窥意象运斤"。姚最在《续画品》中提出"立万象于胸怀"，"心师造化"。刘熙载《艺概》在探讨山水画的意象时说："画之意象变化，不可胜穷，约之，不出神、能、逸、妙四品而已。""意象"的基本规定就是情景交融。

希腊哲学家赫拉克利特最早提出"形象"一词，他说："因为艺术模仿自然，显然也是如此：绘画混合白色和黑色和红色的颜料，描绘出酷似原物的形象。"①

显而易见，"形象"是与"模仿"直接相连的。柏拉图提出了"形象化"的概念："假如你不是简单地把自己的见解说出来，而是用可以感觉到的形式来表达，你不是把这个称为形象化么？"②

柏拉图将"形象化"与"感觉"挂钩。达·芬奇认为："画家应当独身静处，思索所见的一切，亲自斟酌，从中提取精华。他的作品应当像镜子那样，如实反映安放在镜前的各物体的许多色彩。做到这一点，他仿佛就是第二自然。""画家的心应当像一面镜子，将自己转化为对象的颜色，并如实摄进摆在面前所有物体的形象。"[1]

---

① 外国文学研究资料丛刊编辑委员会 编．欧美古典作家论现实主义与浪漫主义．北京：中国社会科学出版社，1980

② 柏拉图．智者篇．北京：中国社会科学出版社，1980

达·芬奇也把视觉与绘画的功能作了一个比较说："绘画涉及眼睛的一大功能：黑暗、光明、体积、色彩、形状、位置、远和近、动和静。……它提醒画家依据何种法则用何种方式，靠他们的艺术再现这一切，再现自然的作品和世界的美。"[1] 顾恺之在《论画》中就提出"以形写神"的著名论点，对画人物来说，眼睛的传神作用尤为关键。《晋史·列传》卷六十二就曾记载顾恺之有关传神的一段著名语录："恺之每画人成，或数年不点目睛。人问其故，答曰：'四体妍蚩，本无关於妙处，传神写照，正阿堵之中。'"

3. 意境与理想

唐代王昌龄的《诗格》最早提出"意境"说："诗有三境"：一曰"物境"，二曰"情境"，三曰"意境"，在山水画论里"意境"出现得较晚，早在唐代张璪提出的"外师造化，中得心源"就已经蕴含了意境的生成结构。宗白华认为："造化和心源的凝合，成了一个生命的结晶体，鸢飞鱼跃，剔透玲珑，就是'意境'，一切艺术的中心之中心。意境是造化与心源的合一。"清代恽寿平《南田画跋》将意和境分而述之："意贵乎远，不静不远也。境贵乎深，不曲不深也。""意境"之义呼之欲出。明确使用"意境"这一范畴的是清初笪重光，其《画筌》云："绘法多门，诸不具论。其天怀意境之合，笔墨气韵之微，于兹篇可会通焉。"[3] 笪重光对"意境"近一步解释是："神无可绘，真境逼而神境生——虚实相生、无画处皆成妙境。"[3]

"意境"的"意"不是一般的"意"，而是"道"的体现。所谓"意境"，就是在感性的（形而下的）日常生活和生命现象中，直接呈现某种形而上的意味。这是"意境"不同于一般艺术的特点。"意境"超越具体的、有限的物象、事件、场景，进入无限的时间和空间，即所谓"胸罗宇宙，思接千古"，从而对整个人生、历史、宇宙获得一种哲理性的感受和领悟。

亚里士多德在《诗学》中说："诗人应该向优秀的肖像画家学习，他们画出一个人的特殊面貌，求其相似而比原来的人更美。"又认为："画家所画的任务应当比真人更美。"很明显，亚里士多德主张按照事物应有的面貌或样子去模仿，这是对一种理想美的追求。古罗马西塞罗也有相同的认识："这个理想眼睛看不见，耳朵听不见，任何东西都接触不到，但是我们可以凭借心和想象去捉摸。"

歌德指出："希腊人不仅把理想世界的观念理想化，把肖像也理想化，他们简化形体，强调最重要的面部线条。"[1]

西方的"理想"着眼于"美"，"美"的着眼点是一个具体的有限的对象，就是要把一个有限的对象刻不容缓划得很完美；中国的"意境"着眼于"妙"，而"妙"的着眼点是整个人生，是整个造化自然。中国艺术家不是局限于刻画单个的人体或物体，把这个有限的对象刻画得很逼真，刻画得很完美。相反，他们要突破这个有限的对象，他们追求一种"象外之象"、"景外之景"，在这种"象外之象"、"景外之景"中，抒发他们对于整个人生的感受。

4. 气韵与和谐

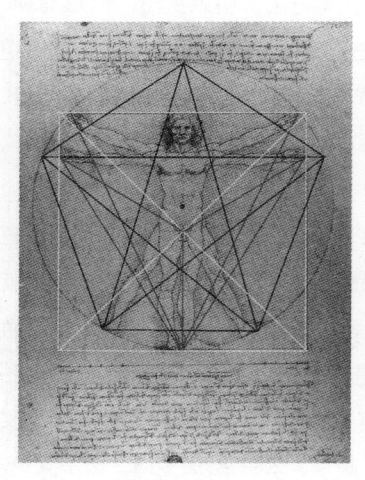

达·芬奇绘画人体比例

中国画讲"气韵"是从谢赫开始，"画有六法，……一气韵生动是也，二骨法用笔是也，三应物象形是也，四随类赋彩是也，五经营位置是也，六传移模写是也"（谢赫《古画品录》）[3]，将"气韵生动"放在画法之首。韩拙在《山水纯全集》云："凡用笔先求其气韵，次采体要，然后精思。若形势未备，使用巧密精思，必失其气钧也。大概以气韵求其画，则形似自得于其间矣。"可以看出，把山水画的"气韵"放在绝对重要的地位并融于笔墨之中。

西方画讲和谐，达·芬奇认为："从绘画中产生了谐调的比例，犹如各个声部齐唱，可以产生和谐的比例，使听觉大为愉快，使听众如醉如痴；但画中天使般脸庞的协调之美，效果却更为巨大，因为这样的匀称产生了一种和谐，同时间射进眼帘，如同音乐入耳一般迅速。"[1] 达·芬奇从人体比例中挖掘黄金分割比并用于绘画和建筑。

中国画重"气韵"，以感性寻"气韵"；西方画重"和谐"，以科学求和谐，和谐是数的和谐，是比例的和谐，达·芬奇的工程师和艺术家的双重身份，开创了科学与艺术结合的先河。

（五）主题表现

在题材的选择及分类上，中国山水画与西方风景画也有所差别。王维在《山水论》中说："凡画山水，意在笔先。丈山尺树，寸马分人"，从他对山、树、人的比例划分可以看出，中国的山水画多以自然景物为主，诸如江河万里、山泉清流、奇峰挺秀、山色空蒙、林木葱郁等，即使画中有寒江独钓、深山问道、孤舟野渡之类的人物点缀，也是仅占极小比例，且人物是融入自然山水之中的。西方风景画的主题景物多分为历史、田园、农庄、海洋、山地、城市建筑等，人物在画中比例虽不大，却占有很重要的位置。即使完全没有人物，也能强烈地感觉到人及其社会生活的痕迹。西方画充满了人文、社会的意识和痕迹，多是以反映人类社会生活的事物美为对象，以体现人的价值和意义。正是由于此，西方风景画中所呈现的多是田园牧歌、古堡废墟、城市建筑、海洋码头、巨浪舰船等与人的社会生活有关的题材和内容。

　　山水画与风景画形成的这种差别，主要是中国大河文明、农耕文明与西方海洋文明、工业文明这两种不同的文化背景。在这两种文化背景下，分别形成了中国山水画重自然、重生气和西方风景画重人文、重社会文明内涵的不同特点。

　　西方文明是海洋文明，西方的世界名画自然离不开对大海的描绘和诠释，有生命之海、宗教之海、灾难之海、地狱之海、礁石之海、音乐之海等。同一主题，大师有各自的处理，对"洪水"主题，米开朗基罗用宗教的笔触再现《圣经》的"创世纪"，达·芬奇用螺旋纹的自相似变换揭示分形论的魅力；对"泉"的主题，安格尔用纯真少女透视"泉"的文化内涵，托马斯·摩根以写实的手法描绘黄石公园巨泉的神奇。

　　田园诗意是中国山水画与西方风景画都偏爱的主题之一，但两者在具体的景物选择和审美价值取向上却有所不同。中国山水画中的田园多是茅舍炊烟、围炉赏雪、风雨归舟、把酒话农、南山侍菊之类的情景，总是同自然、隐居、简单纯朴的生活方式联系在一起。这种回到田园，融入自然，去感悟和体验自然、生命、人生意义的中国文人憧憬的生活方式，是一种"此间有真意，欲辨已忘言"的哲思与诗性。西方传统风景画中的田园多与宗教故事、神话传说、神仙美女、古堡废墟、异国情调或理想景观相联系，旨在寄托某种浪漫情怀，追求某种人文化、社会化、贵族化的审美意趣和生活情调。

　　中国山水画在哲学、美学内涵上体现出自然性、超越性、主观性和自由性，但较缺乏直观、经验意义上的真实性；西方绘画在哲学上和美学内涵上则体现出社会性、人文性、瞬时性、客观性、受限性和真实性。[4]

第二节　水的意象

一、水纹的密码

（一）古埃及的竖向水纹

在古埃及的壁画中，无论是航行水、饮用水、还是植物的生长水，无一不是用自上而下的锯齿纹表示，如实反映了尼罗河自南向北的流向态势。河流的流向决定原住民的迁徙特性，河流自西向东的流向意味着沿河流向纬度变化不大，因此在同一时刻，流域的季节基本一致，由食物需求而产生的迁徙动力就减弱了，这正是中华民族不喜迁徙、追求稳定的内因；相反，自南向北的流向，意味着沿河流走向纬度变化较大，而在同一时刻，流域的季节却呈现春夏秋冬的变化，由此构成原住民的迁徙动力，向食物丰沛的流域流动。

埃及壁画航海

植物生长

饮水

（二）马家窑的水图

中国古代先民对"工"的精神和物质的二重性早有认识。甘肃出土的距今5300年的马家窑类型彩陶就是明证。

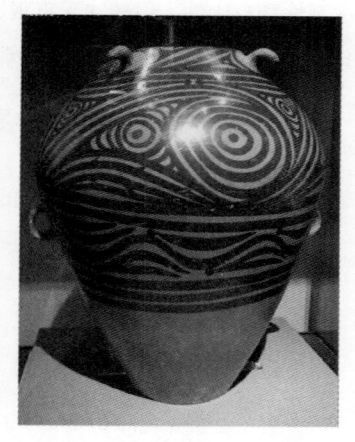
甘肃省东乡自治县林家陶罐

先民们并没有满足陶罐装水、盛饭、烧水、煮饭的使用功能，他们用毛笔在马家窑彩陶中，对水作了淋漓尽致、出神入化的描绘：或波澜不惊，或春水微皱，或巨浪滔天，或同心圆扩散，或旋涡泛起，各类水符号和谐的组合，对比中迸发出强烈的动感，像黄河奔流的千姿百态，生生不息，永世旋动，表达对水的崇拜和赞美。它的图案之多样，题材之丰富，花纹之精美，构思之灵妙，构成了典丽、古朴、大器、浑厚的艺术风格，是史前任何一种远古文化所不可比拟的。

陶罐分四层表现水：第一层是水平纹，虽是三条水平线，实际是两条水平线，另一条水平线是画面分隔线；第二层是波浪纹，呈二波叠加，波谷上的弓形线是对云的变化的摹写；第三层是环形纹和螺旋纹嵌套，环形线由两重变成四重，最终成为螺旋中心；第四层是锯齿纹，显示波浪滔天。由下而上，水面运动逐次加剧。一维波动，二维扩散，三维旋转，把每个维度上的运动都揭示出来。

（三）中国画水纹的水平流动

宋苏洵在《仲兄字文甫说》中从美学角度对风水涣作了绝妙的解释："今夫风水之相遭乎大泽之陂也，纡余委蛇，蜿蜒沧涟，安而相推，怒而相凌，舒而如云，蹙而如鳞，疾而如驰，徐而如徊，揖让旋辟，相顾而不前，其繁如縠毂，其乱如雾，纷纭郁扰，百里若一。……回者如轮，索者如带，直者如燧，奔者如焰，跳者如鹭，投者如鲤，殊然疑态，而风水之极观备矣。故曰'风行水上涣'。此天下之至文也。"真可谓"水面文章风写出，山头意味月传来。"从水面的表达可看出不同民族的生活状态。

南宋马远的《水图》共12幅，描绘各种水态，包括中华民族的母亲河：黄河、长江。水面的形态受各种因素制约，如风向、风力、流向、流速、光线、水面宽度、水体深度、岸边构造、河床构造等，各种因素的冲突、均衡、此消彼长，水面千姿百态、光怪陆离。水平纵向的运动，显示自西向东的流动的强烈的方向感。

"云生沧海"，海面浊浪排空，锯齿波层层叠叠，气势不绝；"湖光潋滟"，以低小尖峰锯齿波为主调，平、波相间，不均匀分布，突出不对称美；"长江万顷"，以流畅的线条表现长江平稳、浩荡而又湍急的磅礴气势；"寒塘清浅"，因其浅，受凹凸不平塘底影响，长波而回流；"细浪漂漂"，风和浪柔，波碎且密，宛如地毯花纹；"层波叠浪"，后浪追前浪，两浪因相交而破碎，水花四溅；"晓日烘山"，画面上仅见晓日、苍山，不见水面，全画面弥漫着水气，由此突出烘托效果，朦胧美跃然纸上；"云舒浪卷"，舒而如云，浪高而破，状同古树，盘根错节；"波蹙金风"，"蹙而如鳞"，碎波金浪，阳光的漫反射，如梦如痴，似奇似幻；"洞庭风细"，微微和风与浩渺无际的湖面作用，产生低矮的正弦波；"秋水回波"，流向与风向相反，方产生回波；"黄河逆流"，选取逆流的特定时刻，以不稳定的构图、颤涩的线条，表现出黄河之水特有的浑浊、凝重。

明代画家、绘画理论家李日华评价马远的《水图》说："凡状物者，得其形不若得其势，得其势不若得其韵，得其韵不若得其性。""马公十二水，惟得其性，故瓢分蠡勺，一掬而湖海溪沼之天俱在，真活水也"，把马远的这一系列作品推上了无以复加的高度。

（四）达·芬奇水纹的全方位律动

达·芬奇通过实验，对水流运动有深入的研究。在1508年使用的"水的世界"的笔记本中说："河的流动形成山、雨、雪、冰雹和冰溶化成水，汇成小溪，再汇成河流，最后流入大海。在这一过程中，水始终侵蚀着河床，冲刷流经的山脉。山倒塌了，掉进河里，阻止河流动，河变成湖泊。""绘画，实际上是科学和大自然的合法女儿。""美感完全建立在各部分的神圣比例关系上，各特征必须同时作用，才能产生使观者往往如醉如痴的和谐比例。"（达·芬奇《论绘画》）

达·芬奇摆脱《圣经》中洪水描写的模式，抛弃固有传统，画面中没有上帝和人类，以水压下墙体的崩塌的形态显示经过设计的非具象的境界。达·芬奇的《大洪水》对水的摹写显示分形论的巨大魅力，螺旋纹的自我嵌套、自相似的变换，令人眼花缭乱。水涡的全方位的律动、紊流，凸显海流的本色。

分形作为建筑形式美的基本法则提出，是因为分形反映了客观世界普遍存在的自相似的规律，正如反映了客观规律的平衡、稳定和对称是建筑形式美的重要原则一样。分形图可以体现出许多传统美学的标准，如平衡、和谐、对称等。但是，分形绝不是传统形式美的翻版，它是对传统形式美的发展、突破和超越。这主要体现在三个方面：

首先，最具特色的是对称的突破，分形图形的对称既不是左右对称，也不是上下对称或中心对称，而是一种局部和更大的局部、或者是局部和整体的对称。它具有无限精细的结构层次，而无论是哪一个层次的局部都保持着整体的基本形，以此获得整个图形的和谐和均衡。

其次，传统的建筑形式美强调用简单的几何形体来获得明确和肯定的效果，而分形是人们在自然界和社会实践活动中所遇到的不规则事物的一种数学抽象，它的研究对象是自然界和非线性系统中出现的不光滑和不规则的几何形体。因而在分形图中更多的是分叉、缠绕、突出、不规整的边缘和丰富的变换，它给我们一种纯真的追求野性的美感。然而，在它的无限精细的结构层次和无穷的缠绕中，存在着由分维数学所制约的相互关联。这样的美感是传统的形式美所无法给予的。

最后，由于分形图形包含着精细的层层嵌套体系，因而画面十分丰富，常能使人感到耳目一新，给人以启迪和联想，能充分发挥人的想象能力。当从不同的尺度和远近距离观看，甚至不同的时间观看，都能发现它的构造单元的变化，从而获得新的感受。这种由自相似的层层嵌套结构所提供的、改变人的视觉感受和拓展人的思维空间的特点，也是传统形式美所不具备的。莫奈《海的风暴》对海面的描绘，以达·芬奇的螺旋纹作为基本元素，螺旋纹的全方位的律动，既不是单纯的竖向运动，也不是单纯的水平运动，而是由海洋文明基因决定，将主控因素多元化发挥得淋漓尽致。

（五）梵高水纹的螺旋运动

梵高认为："想象确实是我们必须发展的才能，只有它能够使我们得以创造一种升华了的自然。"在《星空》中，梵高的想象力发挥到极致。歪曲的长线，破碎的短线，骚动的天空与平静的村落形成对比。柏树则与横向的山脉，天空达成视觉上的平衡。

梵高的《星空》是躁动的海流，橘黄色星体和月亮围绕着自身在不停地旋转，星体之间构成螺旋流，星空与大地的界面呈起伏的波动；暗褐色的柏树呈巨大的火焰刺破天际，细细的教堂塔尖颤微着向上伸展，塔尖和柏树虽是平行构图，但体量的微小显示出挣扎的灵魂对扭曲、混乱的宇宙的战栗。最终给人类心灵深深的震撼，自然的空间升华成宗教的天堂、哲学的殿堂。

梵高《星空》（1889年）

《星空》是梵高深埋在灵魂深处的宇宙进化的感受，世界上的一切似乎都在回旋、转动、烦闷、动摇，在夜空中放射艳丽的色彩。这种回旋式的圆周运动，在远古岩画中出现过，在德拉克洛瓦或巴洛克的艺术中也可以看到这种回旋的曲线和旋转的运动。

《星空》以奔放的、火焰般的笔触，运用波浪形、漩涡形、螺旋形的图案运载粗犷豪放的情感，大幅度的动势、紧张而强烈的节奏感，整个画面看似疯狂，却隐藏着内在的秩序。主色调是紫罗兰和蓝色还有金黄色，蓝色象征静穆，代表忧郁伤感，对无限的向往，对理念的追求；金黄代表能量、堕落、毁灭，与人间相联系。冷暖两大色系的强烈碰撞迸发出的力量宣泄他的感情，巨大的冷灰色调抚慰他的心灵。

二、西方的人水互证与中国的山水同构

（一）西方的人水互证

法国古典主义画派的唯美大师安格尔从1830年在意大利佛罗伦萨逗留期间就开始创作《泉》，

但一直未完稿。26年以后，当他已76岁时才画完此画，1856年象征清高绝俗和庄严肃穆的美的最杰出的作品——《泉》的诞生，标志着安格尔艺术达到光辉的顶峰。《泉》把古典美和女性人体美巧妙地结合在一起，出色体现少女的天真的青春活力。人体的70％是水，安格尔用"泉"这幅旷世名作完成了人水的互证。

水罐的轴线与少女的斜肩平行，垂直水流和少女的纵轴平行，形成两重平行构图，少女的重心脚左移、肩膀的倾斜、水柱的自上而下组成动态平衡。少女的清纯和泉水的清冽，这种整体地构图达到高度完美、和谐统一。人们发现少女的躯干比正常比例多了两个头长，《泉》是对《红楼梦》名言"女儿是水作的骨肉"的最好的诠释。

安格尔说："造型艺术只有当它酷似造化到这种程度，以致把它当成自然本身了时，才算达到了高度完美的境地。""一个好的画家只有在熟练掌握自己的业务并真正具备摹写客观对象的本领，最主要的是他学会整体地去构思自己的画面时，即只有当他热情奔放地想一气呵成画完他的画以前，就已经胸有成竹，一切才能达到和谐统一。"[1] 安格尔主张"线条就是一切"。人体的水波曲线与倾罐而出的水柱的直线构成强烈对比，一静一动，一曲一直，凸显少女青春气息和旺盛的生命力，安格尔对《泉》出色的"整体构思"，使人与水达到高度的"和谐统一"，完成了人水互证的过程。

（二）中国的山水同构

沈周是"吴门四家"之首，其余三位为文徵明、唐寅、仇英。站在沈周的《庐山高图》面前，满纸的峰峦扑面而来，恢宏气势将你罩住；山间林木茂盛，溪水曲折潆洄，至崖巅飞瀑直下，飞瀑之下有一老叟伫立静观于石上，若有所思。整个

沈周《庐山高图》

画面呈S形构图：近景为坡角上两棵劲松，虬曲盘缠，衬以渐开的水面；中景以著名的庐山瀑布为中心，水帘高悬，飞流直下，瀑布对山体进行切割，形成不对称构图，而木桥斜跨，打破了直线的呆板，又对瀑布进行切割，两侧峭壁呈内敛之势，压缩了瀑布的空间；远景为瀑布上方庐山主峰耸立，云雾浮动，山势渐入高远。构图由近景的山坡虬松，中景的瀑布、巉岩、峭壁，远景

的庐山主峰，自下而上，由近及远，近、中、远景相连，一气呵成、层次分明、虚实相间、浓淡相宜。

《庐山高图》充分诠释了山水同构的意境，山与水相依，山与云同在。

《林泉高致》明确指出："山大物也"，"水活物也"，"山以水为血脉，以草木为毛发，以烟云为神采。故山得水而活，得草木而华，得烟云而秀媚。水以山为面，以亭榭为眉目。以渔钓为精神，故水得山而媚，得亭榭而明快，得渔钓而旷落，此山水之布置也。"山水同构除了体现在山水特性的相依互生，还表现在时空的同步性，《山水纯全集》就指出："山有四时之色，春山艳冶，夏山苍翠，秋山明净，冬山惨淡，此四时之气象也"；"水有四时之色，随四时之气，春水微碧，夏水微绿，秋水微清，冬水微惨"，颜色为"气象"之本，"艳冶"对"微碧"，"苍翠"对"微绿"，"明净"对"微清"，"惨淡"对"微惨"，如此等等，山水四季颜色的交替显示极高的同步性。

中国的山水画以山、水为主题，点缀人，西方的绘画以人为主题，点缀水。当中国的画家探求"山水"的同构时，西方的画家却痴迷"人水"的互证。

三、人和水的共处

意大利的米开朗基罗创作的《罗马梵蒂冈西斯廷礼拜堂》的巨幅屋顶壁画，虽属宗教题材，却充满热情奔放、力量无穷的英雄形象，被称为"世界上最宏伟的艺术作品"。《世纪洪水》是其中的一幅，它是对《圣经》"创世纪"的图解，米开朗基罗并未受《圣经》文本的局限，而是依据该文本进行再创作。构图上被分为一系列单独的群体，人群整体上呈曲线分布，单调的铅灰色的背景衬托出浮雕的效果，画中那些迷途罪人的姿态和表情表现出人类的绝望，接受上天惩罚的戏剧性场面，人群中有的互相照顾，有的相互争斗，有人还在水中为求生苦苦挣扎。画面人群分四组，两组在水中，两组在岸上。一组在诺亚方舟上，共12人，诺亚方舟上的人们相互救助，白鸽从方舟的天窗中飞出，诺亚遥望着晴朗的天空，表示人类的希望；一组在简易的小船上，有9人，船已向一侧倾斜，两人用力稳住船体，一人挥棒阻止使船倾斜的逃生者；一组在岸上共22人，这一组已登岸，摆脱危险，惊魂未定；一组在孤岛中，共17人，仍未脱离危险，还在积极救援，父亲将溺水的儿子抱上岸。画面中，水天一色，狂风自左向右劲吹。绿色、蓝紫色、粉红色的巨大反差烘托出大难临头的悲剧气氛，人物的表情、行为、动作语言使我们几乎听到狂风怒号，看到树枝摇摆，真切地感受到上帝的愤怒和恐怖。

明四家之一的仇英与米开朗基罗是同时代的画家。《大禹治水》画面为竖向布置。右侧山石向左倾斜，上大下小，形成强烈的空间压迫感，显示治水形势的严峻。水系呈平直构图，上下游水流为水平布置，沟通道呈S形联通上下游水面。全画共有35人，右侧中部大禹及其助手正在开会研究治水方案，沟通道上游仅有一人看护大禹的通勤车，其他人沿山谷展开，撬石开沟，主要布置在沟通道的中下游，将上游来水导向下游。治水者的布局揭示大禹勘察是自上而下，治水是自下而上。

同样表现大洪水，与米开朗基罗明显不同，法国多雷的作品多是黑白两色，在这一点上有些类似中国水墨画。他的作品充实饱满、层次分明、质感强烈。他会用极细的线条编织出物象的表面和体块，以线条的疏密来表现物体的明暗。多雷的作品光感强烈，对色彩的暗示到位，立体感很强，无论是宏大的场面还是单独的个体都能很好的表现。在《大洪水毁灭人类》中多雷仍采用黑白主色调，突出死亡前的恐怖，洪水将人群分为两部分，白色的裸体呈勾、连、拽的竖向挣扎，向上布局，人体或攀、或拉、或扑、或覆、或仰、或沉，千姿百态，都在为生存而作最后一搏。相比之下，米开朗基罗的《大洪水》色彩要丰富些，传达的信息要多些，突出的主体是生存。

四、水和光的传奇

文艺复兴时期，达·芬奇的智慧艺术、米开朗基罗的强力艺术、拉斐尔的秀美艺术、提香的健美艺术等，百花齐放，争奇斗艳。

莫奈的《日出》——印象主义的代表作。于1873年在阿弗尔港口画的一幅写生画。他在同一地点还画了一张《日落》，在送往首届印象派画展时，两幅画都没有标题。一名新闻记者讽刺莫奈的画是"对美与真实的否定，只能给人一种印象"。莫奈于是就给这幅画起了个题目——《日出·印象》。

莫奈《日出》（1873年）

莫奈描绘的是阿弗尔港口一个多雾的早晨，在由淡紫、微红、蓝灰和橙黄等色组成的色调中，一轮生机勃勃的红日拖着海水中一缕橙黄色的波光，冉冉升起。海水、天空、景物在轻松的笔调中，交错渗透，浑然一体。近海中的三只小船，在薄雾中渐渐变得模糊不清，远处的建筑、港口、吊车、船舶、桅杆等也都在晨曦中若隐若现。

水的镜面反射、光影的光怪陆离形成水面的解构。水面、天空、草木的颤抖的生命感，通过光色表现生命的律动，抓住了大自然在阳光下的真实效果，生动地描绘了融化在晨曦和朝雾中的光和色，表现了画家对日出时转瞬即逝的海港景色的鲜明的印象。借助短小有力的线条描述运动的轨迹，映射心灵的痕迹。画面上太阳用短而清晰的直线来描述，而天空则用宽厚拙朴的色条，显现一个飘荡的、彩色的光幕，呈现出流动的美、消逝的美。

莫奈在解释构图的思路时说："越是深入进去，我越是清楚地看到，要表达我想捕捉的那'一瞬间'，特别是要表达大气和散射其间的光线，需要做多么大的努力啊！""我画塞纳河整整画了一生，不论是什么季节什么时间……从未感到厌倦，塞纳河任何时候看都是不同的。""我还在追寻一片颜色……光变了，颜色也要随着变。"[1] 可见，莫奈是通过光色来体现生命的律动。

莫奈于1893年买下巴黎附近的吉佛尼村的一块地开凿成池塘，专门种植睡莲。他倾注26年的心血完成的《睡莲》系列是印象派具有里程碑式的巨作，是给人类留下的精美绝伦的艺术瑰宝。《睡莲》系列作品以深沉、流动的暗色波影衬出像星星火花一样闪亮的花朵，以水的涟漪与阳光下花叶漂浮的颤动来表现梦一般的抒情意味。平面展开的大幅《睡莲》打破三度空间的透视，幽深的湖水时而空灵，时而一片锦绣，变化莫测，莫奈的笔法纵横不羁，酣畅劲健色彩浓重，厚堆薄涂，挥洒自如，不再满足对瞬间自然真实的捕捉，而更趋向于求得主观上的超越自由，抒发心中的意象，达到物我交融的最高境界，他的艺术已完成从自然物象到主观意趣，自然形式到有意味的艺术形式的转化，奏响了他一生最辉煌灿烂的"第九交响乐"。

在垂直的平面上描绘出波光粼粼的水面向远处延伸的视觉效果，在他笔下，水是纯绿色的，花朵却像暗红的火焰，看似随意的彩色线条，却因笔触柔美，似乎让水流动起来，又像是捕捉一瞬间水面似真似幻的光和影造型。评论家瓦多伊的评价是："他早期的那些画没有一幅能与这些难以置信的水上风景相提并论的，因为这些画把握了春天，把它留在人间。画面的水呈浅蓝色，有时像金的溶液，在那变化莫测的绿色水面上，反映着天空和池塘岸边以及在这些倒影上盛开着清淡明亮的睡莲。在这些画里存在着一种内在的美，它兼备了造型和理想，使他的画更接近音乐和诗歌"。

莫奈在《浮冰》中竭尽全力描绘水的无穷魅力，水观照了世界上一切可能有的色彩，水在莫奈的笔下，完全成为世上所能有的色彩绘出的最奇妙和富丽堂皇的锦缎。《浮冰》中 参差不齐、高下相倾的树木构成起伏的天际线,大片浮冰自上而下向我们涌来。在他笔下,每一块浮冰都像一个蓝色的精灵,黄色的树的倒影使每块浮冰都燃烧起来,如火如荼。精灵捧着生命的圣火,浮冰的形体已在这片火焰中消融,无迹可寻,画家和景物已达到物我两忘的境界。

《浮冰》(1880年)

中西绘画对光的运用有较大的差别。中国画的光不是自然光,而是概念光、意念光。画中的"活眼",是对光的运用,但并不自觉地表现光,中国画以"阴阳观"看待光,用作黑白、疏密、浓淡、虚实对比。中国画几乎从不画水中倒影,四川画家石壶有句名言:"绘画是反映精神世界,地面的景物是物质世界,连地面景物我们都要尽量简化,画倒影有什么用呢?"儒家"智者乐水"崇拜水的流动和充满灵气,通过水的流动感受生命、跨越时空,借助水完成人与天地的沟通、交融,就不在意水中的倒影的光怪陆离的变幻。李可染说:"明暗决定于主题""黑是为了亮",他的山水画作紧紧扣住光感做文章,并不是靠对光的写实,而是靠加强阴阳对比,取得自由度。①

李可染的《峡江帆影》是逆光山水的代表作,一反中国山水画的江流水平布置的惯例,峡江呈竖向布置。近景整个山体都是墨色深厚、凝重,山峰的边界些许露了一些光芒,以示积雪,并对山体进行区别;中景峡江和远景的天空一角,突然十分明亮,帆影仿佛在时光隧道中飘浮;远景群山以淡墨皴染。光随着感觉在流淌,整个画面统一而层次丰富,给人以鲜亮的光感,把较亮的画面元素如峡江等放在画

《峡江帆影》

面的中心位置,而把其余部分处理得较深暗,从而拉开了前后层次,在亮和暗、深和浅、阴和阳的强烈对比中形成特殊的逆光感,这种"逆光"处理把景物的层次表现得丰富而明确,峡江的姿

---

① 郎承文. 中国画构图大全. 杭州:浙江人民美术出版社,2002

态也更加生动。"逆光"的运用使画面逐渐产生整体而富有变化、沉雄而又温润含蓄的感觉,并结合用湿笔,层层积染,使画面呈现出独特的光色交响场景。

李可染对光的运用是当代画家的典范,他以传统为根基,创造性地吸收了西方绘画的光色因素,并创造出富有时代精神的山水画作,其画面的光与色、色与墨、光与墨都已至浑然天成的境界。李可染的光表现以意境的营造为中心,这时的"光"已不再是自然之光,也不再是人造的灯光,而是作者的心灵之光。

五、水的宗教意向

(一)《基督的受洗》

《基督的受洗》主体构图由韦罗基奥(Andrea del Verrocchio)完成,达·芬奇画了左侧两个小天使左边的一个及背景中的风景。跪着的小天使纯洁可爱,目光炯炯有神,惊异地打量着眼前发生的一切,小天使的卷发和衣褶与自然背景十分和谐。背景用柔和色调,溪水潺潺,仿佛听到小鸟和流水的鸣唱,沉浸在深思的神秘宗教气氛。

水在基督教中的一个重要功能是洗礼,《圣经》中多有表述:"这水所表明的洗礼,现在藉着耶稣基督复活也拯救你们;这洗礼本不在乎除掉肉体的污秽,只求在上帝面前有无亏的良心。"从《圣经》的叙述,可以看出洗礼有以下特征:受洗者并非自我完成,而是由施洗者执行,是以圣父、圣子、圣灵的名义实施。洗礼不仅仅是洁身,而是"脱离一切的污秽,弃掉一切的偶像"。因此洗礼的水要用清水。此外,洗礼是重要的宗教仪式,施洗后,"天忽然为他开了,他就看见上帝的灵魂仿佛鸽子降下,落在他身上。"以达到顿悟,在水浴方向上,区别于儒家的上下皆宜和佛家的自下而上,西方的洗礼是自上而下。

《基督的受洗》(1472—1475年)

(二)水官图

水官为道教所奉天、地、水三神官之一。《宋史·方技传上·苗守信》说:"三元日,上元天官,中元地官,下元水官,各主録人之善恶。"一说天官为唐尧,地官为虞舜,水官为大禹。宋吴自牧《梦粱录》载:"(十月)十五日,水官解厄之日,宫观士庶,设斋建醮,或解厄,或荐亡。"修斋的方法有供斋、食斋、心斋。杨万里《下元日诣会庆节所道场,呈余处恭尚书》诗云:"琳宫朝谒早追趋,漏尽铜壶杀点初。半缕碧云横界月,一规银镜裂成梳。自拈沉水祈天寿,散作非烟满王虚。已被新寒欺病骨,柳阴偏隔日光疏。"

画面以水官为中心,形成中心构图,以龙云为背景,所有人物浮于云上,可谓天上人间。水官图看似描绘天上仙界,实质上是人间皇权的缩影。此画中的水官已是朝廷文官在随从簇拥下正浩浩荡荡地巡游。画面下方为龙宫,上方有雷公、电母、风伯、雨师。整幅看似面乌云密布、海浪滔天,预示水官正率领众神前去布雨。此画渗透出这样一种内涵:自然由神所掌管,而神是为人类服务的。所以,人与神、人与自然是一种和谐的天人合一的关系。[4]

宋代山水画是中国山水画史上最为重要的转折期,也是中国绘画史上的一座高峰。宋代山水画从唐代那种重"形"重"色",过分受制于客观物象外在相貌的境况中解放出来,将玄远、幽然、冲淡、疏野、清奇、高古的意境视为山水画追求的最高境界。将对自然山水的欣赏和表现视为与自然相亲、相融和寄寓情怀的方式,视为寻道、体道和感悟宇宙万物生机气韵的方式。在山水画的内容题材方面,已不仅仅是表现名山大川,凡反映人们社会生活的内容诸如游乐、寻幽、访古、山居以及鱼、樵、耕、读等,都进入了山水画家的视野和作品,极大地拓展了山水画题材的范围。

第三节 河的意象

一、中国画中河的意象

(一)《清明上河图》

《清明上河图》的原画长528厘米,高24.8厘米,最早的版本为北宋画家张择端所作,现藏于北京故宫博物院。《清明上河图》描绘北宋京城汴梁及汴河两岸的繁华和热闹的景象和优美的自然风光。作品以长卷形式,采用散点透视的构图法,将繁杂的景物纳入统一而富于变化的画卷中,画中主要分为两部分，一部分是农村，另一部分是市集。画中有814人，牲畜60多匹，船只28艘，房屋楼阁30多栋，车20辆，轿8顶，树木170多棵，往来衣着不同，神情各异，栩栩如生，其间还穿插各种活动，注重情节，构图疏密有致，富有节奏感和韵律的变化，笔墨章法都很巧妙，颇见功底。《清明上河图》的画轴大致分成左、右两部分，画面右边主要描述乡间的从容步调，主要是一些农人、牧羊者、养猪人等，从一条乡间小径逐渐拓宽，并连接到市镇中的马路。画面左边则是描绘城市生活，出现有许多的经济活动，如人们正在将货物上载到船上、商家等，都一一在画轴左端显现。各行各业的人都有，包含贩夫走卒、卖弄戏法的、乞丐、化缘的僧侣、算命仙、客栈老板、磨坊主人、铁工、木匠、石匠、读书人等。画中流贯汴京的汴河是当时南北交通的枢纽，对北宋京城十分重要，因为城中的民生所需、奇珍百物，都全靠汴河供应。画中随处可见穿梭的船舶、搬运货物的苦力，显示着汴河交通繁忙。

《清明上河图》(宋)

画面中的虹桥，是整幅画轴的焦点。画家在桥面上描绘出非常热闹的人群。一艘船用有点怪的角度要从桥下穿越，由于桅杆不够低，有点威胁到桥身的安全。桥上的人和河边的人正在卖力地朝向船上的人呼喊，并以手势表达。繁忙的河道，造就了汴河两岸蓬勃的工商百业。汴京城的街道商店林立，有邸店（旅馆）、医药铺、各式摊贩等。宋代的人喜爱饮酒，因此汴京城内酒肆林立，资本雄厚的大酒商开设的酒店，称为"正店"，中、小型的酒店，则称为"脚店"，还有一些卖下价酒的"小店"，酒业可算是汴京的一大行业。由于酒客很多，因此也吸引了许多小贩在店前摆卖。除了商店和小吃店以外，画面中还包含许多寺庙、私人住宅、官邸，各种阶级和形态的房舍都有，有些还有前院和后院。画面中的人们用各种不同型式的交通工具，有马车、驴子拉车、轿子等。河川中央满是渔船和载人的游艇，河边则有一些苦力工人在拉着大船使其靠岸固定。还有学童翘课在屋外尿尿等景象。当中妇女形象不多，大户人家的妇女上街都要坐轿，坐在轿中半遮面、窥看这个城市的热闹景象，还有婢女侍侧，主要都是出外购物的女人。

宋张择端《清明上河图》，分上、中、下三段，首段描绘郊区农村景色；中段描写以汴河为代表的水工建筑物；后段描写城市街道、风土人情。中段画面的中心为一座规模宏大的木拱桥，"其桥无柱，皆以巨木虚架，饰以丹雘，宛如飞虹"。画面的视角为上游左岸仰视，矢跨比大于1/10，七节木桁架组成拱架，桥台为条石砌筑。画上博平、张世积题跋赞曰："画桥虹卧浚仪渠，两岸风烟天下无。满眼而今皆瓦乐，人犹时复得玑珠。繁华梦断两桥空，惟有悠悠汴水东。谁识当年图画日，万家帘幕翠烟中。"较大的矢跨比，除为交通航运提供方便外，还作为取景框，两岸风情皆入画中。

从宋本与清院本《清明上河图》的比较中可以看出，画面中的核心水工建筑——单跨拱桥的结构由木构变成砌石，由此可以反映出水工程技术的进步。

（二）长江万里图

现藏台北故宫博物院的夏珪《长江万里图》绢本设色，纵26.8厘米、横1115.3厘米，是一幅长超过11米的手卷，画卷的前半段，以接近平视的角度近景特写岩块、林木，以及江行的舟船，表现长江三峡险峻和波涛汹涌的景观；后半段则是以俯视和远观的角度描绘江面上的活动，以及沿途所见秀丽的景色。从逼近观者的景物，转换到辽阔空旷的视野，这种构图的方式具有戏剧性的效果。

《长江万里图卷》，用长江的上、中、下游的万千气象，展示不同水态。上游落差大、坡陡、江面窄，波高且长，浪花似怪石，险滩林立，激舟涉滩；中游岸高、流急、浪涌，纤夫喊号，奋力上行；下游坡缓岸平，江阔天空，波澜不惊，洲渚烟汀，水平如镜，渔舟唱晚。长江自上游至下游，波高递减，水流渐缓，波纹渐稀，江面渐阔，峦峰渐远，楼阁渐多，舟行渐慢。

《高皇帝御制文集》卷一六"跋夏珪长江万里图"曾描述明太祖朱元璋曾亲览夏珪《长江万里图》真迹的过程与感受："时左右内臣尽舒其轴，朕的视之：见皴山染水，落笔有方，陆有层峦叠嶂，岩谷幽冥，树生偃蹇，藤挂龙蛇。水有江湾，屈曲其势，动荡仿佛，万里洪波。又山意足面平川荡荡，远浦淋漫，俄生培塿，突旷野以累累。观相生血气者，则有寒雁穿云，乔松立鹤。山陆崎岖，僧俗半出云岩，而似行似涉。若此者，非工夫一日以成其图也。斯万里也，造次不节，逡巡不成。"[1]

---

[1] 夏咸淳. 明代山水审美. 北京：人民出版社，2009

《长江万里图卷》（上、中、下游）

这些全景式的山水长卷，均是采用超越时空限制的手法，人随景移，鸟瞰全局，使我们真实地感受到大河文明宏大苍莽、气象万千、缥缈无垠、风物别致的景象和意蕴。这种真实性和审美愉悦，与西方风那种严格按照透视学规律所表现的即景即物、瞬时性、真实感是大不一样的。

二、西方绘画中河的意象

（一）梵高的河

如果说《星空》中表现的意象水，而《罗纳河上的星夜》则表现的是物象水。黄绿色的星斗在暗蓝色的天空中旋转出美妙的烟花图案，看似无规律的排列，透出喜庆，灯光倒影的平行构图反映水面的静谧，

梵高《罗纳河上的星夜》（1888年）

右侧竖直方向上三处亮点以不同的亮度和形色相互呼应,将天、地、水融为一体。牵手相拥的情侣享受着水天一色的温馨,给人以幸福和充实。

如果说《罗纳河的上的星夜》描绘水天的映射,而《运河与洗衣妇》则截取运河弯道的片段,以密集的短线条描述弯道水流的急速,简易的人行桥在河上通过,洗衣台浮在河面上,位于河的凸岸,由洗衣台与河岸的高差,可看出运河水位变幅较大。《溪谷》则以抽象的笔法描绘河水在山间欢快地穿行。

(二)乔尔乔内的《暴风雨》

乔尔乔内是第一个真正意义上的意大利威尼斯画派画家,是威尼斯画派成熟时期的代表人物。《暴风雨》是一幅以风景为主的绘画作品,画中人物是一个士兵与一位正在喂奶的妇女。尽管人物在画中的位置比较醒目,但人物与景观没有互动。暴风雨前天空中耀眼的闪电与静谧的河水形成强烈的对比。西方风景独立于16世纪。独立早期的风景画虽然在画面上是以风景为主体,但仍包含着人物、故事、宗教等内容,乔尔乔内的这幅《暴风雨》就被指具有宗教含义,画中让人想到圣母和圣婴。

(三)阿尔特多费尔的《多瑙河风景》

阿尔布雷希特·阿尔特多费尔的《多瑙河风景》,创作于约1520—1525年。阿尔特多费尔一定见过丢勒在阿尔卑斯山云游期间创作的水彩画。沿多瑙河旅行之后,风景也燃起了他的创作热情。阿尔特多费尔的风景画充满德国风情——茂密的森林、狼群出没的荒地。这些画尽管宏大、精美,却让人生畏,它们甚至暗示非理性可能战胜平静与安宁。阿尔特多费尔虽然保持着冷静沉着,但我们还是能感觉到一种威胁的存

《暴风雨》

在。《多瑙河风景》是第一批没有人的形象出现的纯粹的风景画之一。画面显示出画家对天空、树木、远水与青山的明净的惊叹与迷醉。我们看到的是一片为人而创造的浪漫景观的替代品,更纯洁,也更接近天堂。阿尔特多费尔相信他这些风景画具有神圣的价值,正是这种信念使他的作品让人信服。他在构图上传承丢勒的构图方法,即地平线只占据画面的三分之一,三分之二是太空,地面是森林和远山。

(四)泰纳的《巴特米尔湖及坎伯至克罗梅克河一角》

英国的威廉·泰纳是对欧洲绘画艺术具有巨大影响的风景画家,印象画派先驱、光之画家,一个融合抽象与写实的浪漫主义画家,在英国水彩画历史上可称之为泰斗和巨星。他所绘制的水彩画成就使英国水彩画的黄金时代达到了顶峰。

这幅画中,暴风雨的力量主宰了画面,破开的云层透出金光,勾出一道淡淡的彩虹。模糊的远景似乎消失在云雾深处,不仅景色壮阔,还给予画面向外延伸的空间感。用画笔呈现出光线的微妙变化。用水彩画出油画的效果与质感让自然风景在他笔下,写实但不呆板、抽象但又真实。

(五)列宾的《伏尔加河上的纤夫》

伊里亚·叶菲莫维奇·列宾是俄国19世纪后期到20世纪上半期最伟大的批判现实主义画家。列宾说:"对我来说,真实高于一切","我们必须向光线、向色彩进军。不,在这方面,我们的任务是刻画内容。人物的脸孔,人物的灵魂,生活的戏剧,大自然的印象,大自然的生命力与思想,历史的精神,我认为这就是我们的主题颜色对我们来说只不过是工具,它应该表现我们的构思","只有在自己的土地上,只有从祖国土壤里成长起来的艺术,才能够得到人们透彻的、充分的理解。"[1]

《伏尔加河上的纤夫》

在这幅画的结构上,列宾利用了沙滩的地形和河湾的转折,使11个纤夫犹如一组雕像,被塑造在一座黄色的、高起的底座上,使这幅画具有宏伟深远的张力。画中的背景运用的颜色昏暗迷蒙,空间空旷奇特,给人以惆怅、孤独、无助之感,切实深入到纤夫的心灵深处。在画面上画家又对伏尔加河的景色进行了巧妙的布局，以狭长的横幅展现这群纤夫的行列。伏尔加河畔阳光酷烈、沙滩荒芜。近景只有埋在沙里的几只破筐作点缀，景色十分凄寂。

纤夫们有着不同的经历和个性，他们生活在社会的最底层，但这是一支在苦难中练成坚韧不拔，互相依存的队伍。最前一组共四人，领头的名叫冈宁，他的表情温顺，然而性格坚韧，具有一种内在的意志力，此人约有四五十岁。他那双深陷的眼睛使他的前额更加突出，显出了他的智慧。中间一组也是四个人，穿一身粉红色破衫裤的少年名叫拉里卡。看来这个少年是初加入这支行列，他那还未晒黑的皮肤，紧蹙的眉头告诉人们，这种劳动对他来说负荷过重了。他正用手调节压在自己肩头那根勒痛了皮肤的纤索。画家在这个新的受压迫者身上似乎要找到一种希望，那就是不甘心受剥削，要反抗。令人注目的是，在这个少年颈上还挂着一只十字架，这是父母给孩子的信物，祈求上帝能保佑他路上平安。

最后一组三人，走在前面的是个退役军人，白色的衬衫外面加了一件坎肩，帽子压得很低；背后一个皮肤黝黑，巡回展览画派评论家说他是个流浪的希腊人。最后一个人只见到了他低垂的头顶，此人似乎走得更加吃力，他正在往一个小坡上移动。全画以淡绿、淡紫、暗棕等色调来描绘上半部的空白，使这条伏尔加河流显得更为惨淡了，这是为了加强人物的悲剧性，烘托干燥炎热的天气。

三、中西绘画中河的意象比较

受黄河、长江大河大尺度的影响，中国的山水画常表现为历史、地理、人文长卷，宋代画家董炯对此就有见识："画水者先观其源，次观其澜，又次则观其流也"，体现思维方式的系统性和整体性；而西方的山水画因河流的短促、流域的狭窄，常表现为河流形态的局部特写，体现思维方式的解析性。如果说《清明上河图》是人文长卷，详尽地描述了北宋京城汴梁及汴河两岸的社会、经济、文化生活的场景，那么夏珪的《长江万里图卷》则是地理长卷，系统展示长江的整体河流形态。

中国山水长卷始于北宋，如范宽《长江万里卷》、郭熙《长江万里图》、王诜《千里江山图》、赵伯驹《江山秋色图》、王希孟《千里江山图》，南宋长江图卷则有李唐《长江雨霁卷》、江参《江山长图》、夏珪《长江万里图》、元代有黄公望《长江万里图》、《富春山居图》等。明代吴伟、王绂尤擅作山水长卷，作品有《江山万里图》、《江山秋霁图》、《山水长卷》、《湖山佳趣卷》、《江山渔乐卷》、《湖山书屋图》、《潇湘秋意图》等，卷长三四丈，气象万千，鉴赏家们叹为稀世珍宝，其中《江山万里图》、《江山秋霁图》、《山水长卷》三幅都以"万里长江"为题材。清代有高岑《江山千里图》、王翚《山水长卷》、戴熙《山水长卷》等。到了近现代，这种传统一直在延续，如张大千、吴冠中、李可染等的《长江万里图》层出不穷。

张大千的《长江万里图》长达三十米的布局，主要以鸟瞰之构图方式展现了连绵不绝的动势和空间，将不同的时空视点，纳入同一视觉空间，透显了中国文化的宇宙观。画面上疏密明暗的安排，绝无单调重复之病，并有一气呵成的整体感。整幅画面予以一种水气湿润、青翠盎然的感觉，将那种浓郁幽深、郁郁苍苍的江南景致，表现得极为动人，同时也呈现了张大千个人深厚的人文情感。综合张大千平生画风与技法，举凡泼墨、泼彩、用笔、点染、荫湿、流动、沈渍、干印等各项技法之运用，营造出长江山水庞大蜿蜒的气势。张大千在这幅作品中具有一项特殊成就，即是将浓艳的青绿设色与工致的笔调融入文人山水的笔墨中，在文人画家和职业画家间的调和上表现了他最大的企图和努力，达于前人所未及之境地。

吴冠中《长江万里图》为油画，将西画技法与传统的"江山卧游"概念相结合，彰显了吴冠中这一时期对油画艺术和水墨艺术卓有成效的探索。他将雪域青松、天府梯田、巫峡女神、黄山云雾、金陵大桥、滨江灯火，乃至奔驰的火车，全部入画，作品的叙事性和画面的形式美感得到完美结合。吴冠中谈及《长江万里图》的创作，曾自述道："我作长江，整体从意象立意，局部从具象入手，此亦我70年代创作之基本手法。江流入画图，江流又出画图，是长江流域，是中华大地，不局限一条河流的两岸风物，这样，也发挥了造型艺术中形式构成之基本要素，非沿江地段之拼合而已。"

山水长卷尤其是《长江万里图》展现了祖国河山的雄伟奇丽，体现了中国人地理观、山水观的整体性、系统性的思维特点，是中华民族绘画艺术之瑰宝，也是世界绘画史上独绝创造。

中国的河流画明显地带有主观表现主义的特征并不在于逼真地再现自然，西方河流风景艺术则是以客观再现自然风景为目的，强调色彩的视觉真实。中西方两种不同的文化渊源带给了我们不同的审美特征和精神境界。

中国画传统的构图法则立足于动感，讲究"开合"、"争让"，中国河流画同样以此作为构图的理论依据主张"取势"，而西方的河流风景的构图则立足于静止，讲究"均衡"与"稳定"。河流风景则是以客观再现自然风景为目的，以科学的发现、理解、探索、征服为理念，追求自然色彩结构本身的表现力，以反映视觉印象为宗旨。河流风景多求"实"，"虚"则为"实"服务，不具有意境的可联想性。中国河流画则着意于"虚"，甚至在画面中留出大片空白以加强或宁静、或悠远、或空旷、或萧疏的无限遐想空间的意境。

中国的河流画可以让人从许多个不确定的点上行进式地"饱游饫览"连绵不断的山川景物；西方的河流风景则显得较为机械和保守，在空间的创造性上，它只能依赖于立足一点，向左右及远方所能看到的同一水平线上的景物延伸，所以画面中的景物在广延空间上是单向的、同时空的。即使是米开朗基罗的河流写生画，如佛罗伦萨河写生，虽表现得范围略大些，但仍属于局部摹写，不属于全时空展示类型。

中国山水画与西方风景画各有所长。中国山水画是表象的、虚灵的，画家陶醉于情与景的梦幻中，与自然融为一体。油画风景则是客观的、写实的，画家陶醉于"与自然竞争中"并用一种对立抗争的眼光去审视世界。如果说中国山水画以它的"虚"引领人们超越狭隘世界，去领悟宇宙和人生之道的精神体验的话，那么西方油画风景则以它的"实"激发人们的实践精神，体验以人为主的客观呈现方式。这也正是中西方两种不同的文化渊源带给我们的不同审美特征和精神境界。

第四节 水工程意象

一、中国画中的水工程意象

（一）宋代刘松年的四季桥

南宋刘松年《四景山水图》以桥点化四景，别出心裁，创意独特。此画分别绘春、夏、秋、冬四季景象：春景表现山峦湖泊，疏林庄院；夏景描绘水荷清凉，主人面水而望，纳凉赏景，远山淡淡，树木葱茏；秋景展示清闲气象，老者端坐室内，户外熟果缀枝，苍石嶙峋，湖面烟波浩渺，一派秋高气爽；冬景显示白雪皑皑，一人骑马撑伞，冒雪前行。

在四景时空的转换中，桥起到画龙点睛的作用：春景，堤岸翠柳环绕，水草丛生的湿地生态，两者用梯形单跨平板桥联系，桥用其轻；夏景，水榭以木桩承重，亲水平台以块石直立挡墙护岸，两者以简易平桥跨接，由近水至临水而亲水，桥用其平；秋景，突出环水效应，沟渠用块石砌筑，小板桥轻骑其上，点缀其间，桥用其巧；冬景，用怪石堆岸，木桩架立，斜桥三跨，桥面拱曲，行者蹒跚，冬意犹浓，桥用其重。中国山水画中的"四时山水"，将春夏秋冬景象汇于一素尺，让人在一幅画中感受到天地万物的时空变幻之妙。

刘松年《四景山水图》

（二）宋代王希孟的亭桥

《千里江山图》画卷全面继承了隋唐以来青绿山水的表现手法，于单纯统一的蓝绿色调中求变化。用赭色为衬托，使石青、石绿颜色在对比中更加鲜亮夺目。整个画面雄浑壮阔，气势磅礴，充满着浓郁的生活气息，将自然山水描绘得如锦似绣，分外秀丽壮美，是一幅既写实又富理想的山水画作品。全图既壮阔雄浑而又细腻精到，不愧是青绿山水画中的一幅巨制杰作。画卷突出石青、石绿的厚重，苍翠效果，使画面爽朗富丽。水、天、树、石间，用掺粉加赭的色泽渲染。用勾勒画轮廓，也间以没骨法画树干，用皴点画山坡，丰富了青绿山水的表现力。人物活动栩栩如生。充满了作者对美好生活境界的向往。《千里江山图》绢本大手卷，青绿设色，山石皴法以披麻与斧劈相结合，综合了南、北两派的特长，画面上江水浩荡，浩渺天际，应是南方水色；而群山起伏，略少平原，危峰高耸，岩断崖，却是北方山景。

《千里江山图》，构图上充分运用"平远"、"高远"、"深远"的结合，展现了大自然的鬼斧神工：崇山峻岭、岗阜幽壑、飞瀑激流、树丛竹林、亭台水榭、寺观庄院、舟楫亭桥、村落水碾等，场面之大，景物之多，前无古人。千里江山，气象万千，恢宏雄壮，莽莽苍苍，浩浩无垠，这种大场面，不会是实地写生，而是作者诗意的

《千里江山图》

想象。左岸怪石林立，右岸浅滩弯曲有致，两岸以亭桥相连，亭桥屋顶取一组正交的三角形，引桥采用桩基，桥面渐升至中心亭，以渐变产生韵律感，以桥至亭的突变构成画面的中心，紧紧抓住观者的主视角。亭桥即有桥形又具亭意，凌波放眼，万象皆收眼底。

（三）五代卫贤《闸口盘车图》水力机械设计

全图描绘一官营面房，左中堂安置水磨，两端置有望亭，堂屋基前傍河道，有引渡的篷船两艘，画下段为坡道、木桥、独轮车，太平车运载于上，或前行或息置路边。全图画面中心为盘车、水磨，中堂屋顶造型为一组十字交叉的三角形，岸墙构造为木桩固定，横木构成挡土台；水流应从画面上方流入，以带动水磨，闸口在画面上方隐去。画中详细描绘了水磨的工作流程，人物活动虽多但并不散漫，都围绕着水磨进行，井然有序。建筑采用界画法，相当于现代的剖视图，水磨的结构一清二楚，说明画家对生活的观察细致入微。

李唐的《清溪渔隐图》

（四）宋代李唐《清溪渔隐图》

李唐《清溪渔隐图》中的水纹则是随水势用长线条勾出，有回环、激荡之势。明代曹昭《格古要录》中记载的李唐"其后水不用鱼鳞纹，有盘涡动荡之势"，说的就是《清溪渔隐图》中的水纹。

先以浓重、粗阔的线条勾出树干和树

枝的轮廓，然后以淡墨渲染。树叶既不勾勒，也不像画树叶那样用小笔点丑，而是以水墨直接绘出。

在用色方面，此图以水墨画出，没有敷任何颜色，给人一种清爽的感觉。用笔上，表现出刚劲、爽利的特点，给人一种全新的感觉。此外，堤岸坡脚处理得也很巧妙。

二、西方绘画中的水工程意象

（一）莫奈的桥

莫奈的《阿尔让特伊大桥》是发展了的印象主义经典：它闪烁着、颤动着，产生出炽热的阳光在水面上辉映的效果，水由无数个黄色、橙色、绿色小笔触画出来，充满蓝、红的倒影，即使最深的阴影也采用毫不含糊的色彩，画面完全避免使用黑色和深棕色，主张画面上处处调节色相，使画面进入光色感觉的新世界。

（二）梵高的桥

《阿尔的朗卢桥》由八字型桥面和门型支架、吊杆组成。马车过桥，马在左桥面，车在右桥面，突出动感，桥台以石砌成，缩窄河道，湛蓝的天空、蓝色的河流、橙色的河堤，色彩清澄而果断的画面仿佛是金属管乐器奏出的嘹亮的声响乐章。简陋的吊桥无法让汽车通过，透露出农业文明拒绝工业文明的侵入，水面的波澜揭示现代文明的骚动。

梵高在给提奥的信中说道："今天我画了一幅有吊桥的油画，一辆二轮小马车从桥上走过，天空是蓝色的，河也是蓝色的，两岸是橘黄色，岸上长着绿草，有一群穿着衬衣戴着五颜六色便帽的洗衣妇女。我还画了一幅有一条乡下小桥与更多洗衣妇的风景画。提奥，我感到好像是在日本一样，从来没有见到过如此美丽的景色。"

梵高画了很多以桥为主题的作品，在水面的处理上，梵高在远处用水平纹路，千方百计地表现河水的清澈透明；他用桥上游的树木的倒影构成水面的竖向纹路，使蓝天和四周的景物在水中活动起来；他用洗衣妇造成的环形水波，对水平纹、竖向纹形成扰动、波的干涉，使整个画面充满生机。这幅画可以说是梵高的色彩实验，画家大量使用蓝、橙补色，整张画在三原色调的展现下，达到画面平衡和谐的效果。光影的感觉在画中不太明显，全然以颜色为主导。笔触纵横交错，细致入微，赋予作品浓郁的日本风格。

《阿尔的朗卢桥》　　　　　　　　　　《阿尔让特伊大桥》

如果说梵高的《阿尔的朗卢桥》展示是静谧的田园风光,那么《塞纳河的朗戈劳艾斯桥》则揭示工业革命的奇迹。视角从桥下向远方扩展。两桥平行布置,近桥以两条平行线对空间进行分割,上部冒着黑烟的火车风驰电掣,车上旅客隐约可见;桥洞成为取景框,远处的拱桥以曼妙的曲线与近处的平行线构成强烈的对比。

(三)达·芬奇《蒙娜丽莎》中的桥

长期以来,人们把注意力放在蒙娜丽莎的神秘微笑上,放在她那双似笑非笑的眼睛上,但肖像的背景却是这幅名画不可或缺的组成部分,虽然这幅肖像的手法简单,但人与背景之间的和谐使这幅画成为历史上最著名的、分析得最细致的一幅画。

画作背景广阔辽远,运用空气透视法,把远景推向深远之处,山岩、通路、石桥、河流仿佛笼罩在薄雾里,一直通向缥缈的湖面,消失在云海中。画面充满诗意,人物的形象得到加强,人物两边的远景不在同一视平线上,右边的视线高于左边的视平线,人物随着远景的上升、下降而下降和上升,造成奇特的视觉效果。

左肩上有三孔拱桥,右肩有静谧的水面和蜿蜒的小路,画中妇人的头发与衣服的曲线与背景中山谷和河流的弯曲相称。整个画的和谐性体现了达·芬奇对人与自然界的联系的观念,使这幅画成为达·芬奇的世界观和他的天才的永久的记录。在人的背后,一个遥远的背景一直延伸到远处的冰山。只有弯曲的道路和远处的桥梁显示着人的存在。模糊的分界线、潇洒的人物、光亮与黑暗的明显对比和一个总体的冷静的感觉都是达·芬奇的风格。

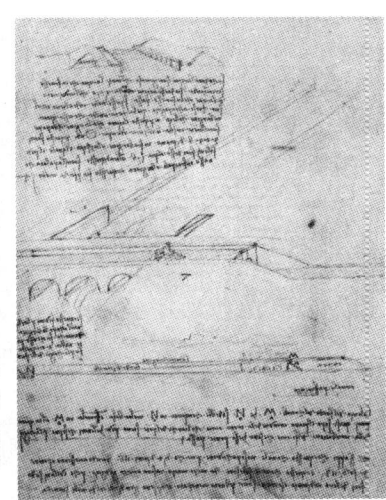

梵高的《塞纳河的朗戈劳艾斯桥》（1888年）　　　　达·芬奇的桥梁设计图

加利福尼亚大学教授卡罗·佩德雷蒂认为，蒙娜丽莎身后的背景是意大利中部阿雷佐市布里阿诺桥附近的景色。意大利艺术史学家卡拉·格洛里说，画中蒙娜丽莎肩上方的背景大桥和一条道路属于意大利北部小镇博比奥。

（四）塞尚《圣维克多山》中的桥

法国著名绘画大师保罗·塞尚塞尚是后期印象画派的代表人物，他毕生追求表现形式，被人们誉为"现代绘画之父"。此外，他还是20世纪立体主义和抽象绘画之父。

在这幅作品的构图中，最为显眼的是画面中央挺立着的那棵松树，它成了眺望画中平原的障碍，也是这棵松树正在与对面的山岭进行对话。同时，大树又在远望着那片平原。在这幅风景画中，人们还可以觉察到当极目远眺画中平原的时候，自己所占据的位置正好是与松树重叠。山脚下的多拱桥显出一抹亮色，增强了横直构

《圣维克多山》

中外水文化比较

图的对峙性。

这幅《圣维克多山》是塞尚最后一幅描绘这座山的画，作者让我们从冷杉树的丘陵上眺望，在这广阔天地间，雄伟的大山似乎从明朗、清澈的大气中升起，它坚实，凹凸起伏的身形映现在闪烁的光影之中。全画气势庄严、崇高，又略带忧郁，就像塞尚深沉的精神世界。图中的每一个体块和造型都被处理得极为严谨，他朴实有序的笔触，敏感而理性地放置在画面上，成为厚重而富有肌理变化的色块。笔触的种种走势、排列、连接、转换和交织，构成了空间，也产生结构，形成对比和谐的秩序。整幅画面恰似一首和谐的色彩交响乐。

塞尚认为："线是不存在的，明暗也不存在，只存在色彩之间的对比。物象的体积是从色调准确的相互关系中表现出来。"他的作品大都是他自己艺术思想的体现，表现出结实的几何体感，忽略物体的质感及造型的准确性，强调厚重、沉稳的体积感，物体之间的整体关系。有时候甚至为了寻求各种关系的和谐而放弃个体的独立和真实性。塞尚认为："画画并不意味着盲目地去复制现实，它意味着寻求各种关系的和谐。"从塞尚开始，西方画家从追求真实地描画自然，开始转向表现自我，并开始出现形形色色的形式主义流派，形成现代绘画的潮流。塞尚这种追求形式美感的艺术方法，为后世的现代油画流派提供了引导。

（五）杜比尼《奥伯特沃兹的水闸》

法国巴比松画派的查理·法兰斯瓦·杜比尼是对印象派影响最大的外光派巨子，他的《维埃尔威尔的黄昏》、《瓦茨河上的落日》、《奥伯特沃兹的水闸》、《春天》、《六月的田野》以分离、复加的大笔触抒写阳光明媚、春风和煦的景色，记下倏忽瞬息的妙境；不拘细节，昂扬激越，厚厚的画面，水成为他画中的灵魂，那多变瑰丽的水天取代了透明的山岭，赢得了"画水的贝多芬"的美誉。为画水他专门买了一条船，载着他沿塞纳河和瓦茨河，去捕捉天光云影，暮色晨曦。画面的空间给人的视觉效果与实际空间并无区别，之所以形成这样逼真化的空间效果，是因为画家极大地尊重了自己的视觉所观，因此从画面空间表现来看，西方传统绘画最明显的特点就是对视觉的尊重，特别注重物象的物理变化。

《奥伯特沃兹的水闸》高调的用色、不经意的构图和流畅的处理，表现了杜比尼的成熟和自然。画面中的光与色发挥了极大的作用，杜比尼用整块而色彩丰富的小笔触点出地面景色，而把天空画得饱满而整体，把笔触的具体性与物象紧密地结合起来。

（六）康斯太布尔《过闸船》

约翰·康斯太布尔是英国皇家美术学院院士，19世纪最伟大的风景画家之一。他的作品具有强烈的自然主义特点，它的天空、光线、色彩以及处理手法都构成了一种完全革新的风格。

康斯太布尔强调天空在风景画中的重要性，他曾说："风景画家如果不把天空当作他作品中一个物质部分，就是忽略了他自己的一个最伟大的助手"，"天空是自然光之源，统治万物"。在这里，康斯太布尔把天空当作了一个重要的描绘对象，他留出了大片的画面描绘云层在风中的飘动，白色的云彩在蓝天中奔涌，画面的正上方有一片乌云正在悄悄压过来，给地上的农舍和树林投上了一片阴影。

船闸的操作工是画面的中心，亮丽的红色背心在灰暗的天空和迎风倾倒的树木的衬托下，格外醒目；右侧的船工正努力保持船体平衡，准备过闸，闸门上下游水位差正逐步缩小，真实地表现了船闸开启的瞬间人、水、船的动态场景。

作为一个浪漫主义画家，他既不遵循古典画家创立的严谨、规范的叙事性绘画传统，也不赞成同时代的画家们对幻觉、想象的推崇。他认为，风景画必须以观察的事实为基础，它的目的是"体现对自然效果的纯粹把握"。为了准确把握自然的效果，康斯太布尔经常到户外观察自然风景，并画了大量油画速写。无疑，康斯太布尔并不是最早携带画板走进大自然的画家。但是，此前的画家们更多地受着古典主义的影响，他们去大自然中寻找大地上那些体现古典趣味的明确庄严的景物形式。康斯太布尔更关注的是天空、光线和气氛等不断流动变化的元素，即他要捕捉的是一个动态的有生命活力的风景。因此，康斯太布尔在向我们展示教堂、田园、道路、树林、水泽等静态的景物时，也将笼罩着这些景物的天光云影的生气运行展示给我们。

康斯太布尔以纯朴的现实主义自然观向人们展现明净的大自然。在他的画里没有诗情的回忆，也没有理想的修饰，更没有哲理的暗示，他在用笔触和色彩表现某种特定的光线、特定的时间和特定景色中用语言传达不了的东西。他在画中画出了时间里的空间，他推崇光与色，表现一定时辰的天气变化中的景物。他的理论和实践对法国巴比松画派的形成和对印象派的产生都有着决定性的影响。

（七）阿斯顿《河边的磨坊》

路易斯·阿斯顿爵士是出生在法国的美国艺术家，他的作品享有极高的国际声誉，被多个大博物馆收藏，如卢森堡博物馆的艺术馆、俄亥俄州托莱多艺术博物馆、新奥尔良博物馆等。

他的绘画力图呈现"透明度、思考和水的运动"。作品有种朦胧缥缈的感觉，静静流淌的小河，团团簇拥的鲜花，远方的尖塔，以及傍溪的小屋，仿佛出于桃源仙境，让人向往。磨坊位于河边，左侧流出的水流，显示磨坊在工作。天空和水面被磨坊作L型分割，天空中云层的横向运动与水流的竖向运动构成强烈对比，水面上跃动的浪花像一个个蓝色的精灵欢快地起舞。

《河边的磨坊》

三、中西绘画水工程意象比较

上述涉及水工程的西方风景画，有些以水工程为主体，位于画面中心，如《阿尔的朗卢桥》、《塞纳河的朗戈劳艾斯桥》、《过闸船》等，有些则是风景画的点缀，如《蒙娜丽莎》、《圣维克多山》等，十分注重摹仿现实空间，忠实于视觉，在空间表现中特别强调视觉的真实。视觉真实就是指在绘画空间表现中特别注重眼睛所观，使绘画空间如同我们现实中看到的一样。西方传统绘画一直追求视觉的真实使绘画空间成为现实空间的逼真幻象。

与西方风景画中水工程的地位相类似，中国山水画中的水工程有些作为画面的主题，如五代卫贤《闸口盘车图》、李唐《清溪渔隐图》等，有些虽是画面的点缀，但却是整体意境创造的有机组成部分，是点睛之笔。

在处理水工程与环境的关系上，中国的山水画常采用隐去法和融合法，西方的风景画常采用突出法。像《庐山高图》瀑布中的斜桥，不是可有可无之景，是分割空间、营造气氛的重要场景，斜桥似隐似现，完全融入山水之中；而刘松年《四景山水图》以桥点化春夏秋冬，桥象随季节变化，桥象追随季相，别出心裁，创意独特；《千里江山图》中气象万千，恢宏雄壮的山水却用小小的亭桥作为山水景物的连接和过渡，显然这一切并不是对现实空间的真实摹写，而是对自然山水主观化、意境化的重现，不拘泥于现实空间和视觉的真实，在空间表现中特别注重利用知觉。但是中西绘画这种差别是相对的，如同在中国国传统绘画空间表现中存在注重视觉真实的一面一样，在西方传统绘画空间表现中也存在较为重视知觉的一面。

在处理水工程与建筑的关系上,中国的山水画中体现水工程与建筑的和谐与融合。《千里江山图》桥亭合一,《四景山水图》不同的季相中,人安其位,物尽其能,人与水工程、人与建筑形成良好的互动,水工程是建筑的边界和联系,直立的护岸确定高台与水的边界,桥在四季中沟通着不同功能的建筑,形成四季山水的特定内涵。《河边的磨坊》处理水工程与建筑的关系时采用写实手法,水磨藏于建筑之中,唯有横向水流和建筑外伸的屋檐暗示水磨的存在。

在处理水工程与人的关系上,中国的山水画的构图常以水工程为主、人物为辅,西方的风景画构图常以人物为中心,水工程为辅。在题材的选择及分类上,中国山水画与西方风景画也有所差别。王维在《山水论》中说:"凡画山水,意在笔先。丈山尺树,寸马分人",从他对山、树、人的比例划分可看出,中国的山水画多以自然景物为主,诸如江河万里、山泉清流、奇峰挺秀、山色空蒙、林木葱郁等,即使画中有寒江独钓、深山问道、孤舟野渡之类的人物点缀,也是仅占极小比例,且人物是融入自然山水之中的,在《庐山高图》中,右下角极小的仰观山水的人物便是明证。《闸口盘车图》中人物活动虽多但并不散漫,都围绕着水磨进行,井然有序,水工程与人的关系主次分明。西方风景画的题景物多分为历史、田园、农庄、海洋、山地、城市建筑等,人物在画中比例虽不大,却占有很重要的位置。即使完全没有人物,也能强烈地感觉到人及其社会生活的痕迹。《蒙娜丽莎》以人物肖像为主体,隐约可见的拱桥作为背景作为人物的;《过闸船》中的操作工是构图中心,亮丽的红色背心显示图块的色彩重心;《阿尔的朗卢桥》中马车与桥形成互动,而桥下的洗衣女却和水工程未构成逻辑联系。

第五节　海的意象

一、中国的海画

(一)中国画论谈海

唐代李白《莹禅师房观山海图》诗曰:"真僧闭精宇,灭迹含达观。列嶂图云山,攒峰入霄汉。丹崖森在目,清昼疑卷幔。蓬壶来轩窗,瀛海入几案。烟涛争喷薄,岛屿相凌乱。征帆飘空中,瀑水洒天半。峥嵘若可陟,想像徒盈叹。杳与真心冥,遂谐静者玩。如登赤城里,揭步沧洲畔。即事能娱人，从兹得消散。"僧人作海画，道味浓浓，禅意深深。

宋代著名文学家苏东坡，写过一篇文章《书蒲永升画后》，曾提到唐末画家孙位喜画奔湍巨浪："一日仓惶入寺，索笔墨甚急，奋袂如风，须臾而成，作输泻跳蹙之势，汹汹欲奔屋也。"

诗人白居易的《题海图屏风》诗曰："海水无风时，波涛安悠悠。鳞介无小大，遂性各沉浮。突兀海底鳌，首冠三神丘。白涛与黑浪，呼吸绕咽喉。喷风激飞廉，鼓波怒阳侯。鲸鲵得其便，张口欲吞舟。万里无活鳞，百川多倒流。遂使江汉水，朝宗意亦休。苍然屏风上，此画良有由。"

海图中描绘海景的静动对比反差极大："海水无风时，波涛安悠悠"，一旦风声起，"喷风激飞廉，鼓浪怒阳侯。"激浪喷薄、鲸舟相斗、黑白分明、颇具声势，令人呼吸顿感急促。"百川多倒流"，河流都要俯首称臣，"朝宗意亦休"朝拜海龙王的念头都消失得一干二净，可见海的威力之大。

韩拙就在《山水纯全集·论水》中提到："夫海水者，风波浩荡，巨浪翻卷，山水中少用也。"说明山水画家极少涉猎海洋绘画，海画科并未形成。《历代名画记》说：（李昭道）"创海图之妙"。《宣和画谱·卷十》也记载李昭道有《海岸图》，从题名可看出李昭道画的是海岸景观，并非海事活动。

（二）宋代李嵩的《钱塘观潮图》

宋代李嵩《钱塘观潮图》，绢本，设色纵 25.5 厘米，横 70.4 厘米，北京故宫博物院藏。李嵩钱塘人，少从养父李从训习画，后历任光宗赵惇、宁宗赵扩、理宗赵昀三朝画院待诏。此卷描绘钱塘涌潮的壮观景象。画面以左右平直而宽阔的钱塘江面为主体，钱塘大潮由左向右奔涌而来，铺满江面。此卷用笔细腻，虽极小之景物，仍描画精微，一笔不苟，但因整体布景的平正大方，因而并无巧饰之弊。

（三）明代周臣的《北溟图》

周臣的《北溟图》其意取自《庄子》开篇《逍遥游》："北冥有鱼，其名为鲲，鲲之大，不知几千里也。"渤海古代称北海，亦作北溟。树石都画得很复杂，海水翻卷，风声涛音，似在眼前耳边，他用严正的画法去作凌乱摇曳的群树，用同样严正的曲线去作海浪，静动对峙，强烈对比，画出了千军万马的气势，着实令人惊叹。从画面构图上看，作者的视角是从岸上去观海，而不是从海中观海，两种视角，将产生两种观感，也体现了两种海洋观。从画水技法看，从左至右，水势浩荡,层浪翻滚,马远的《层波叠浪》中波浪纹的痕迹甚重。

《北溟图》

(四)清代袁江的《海上三山》

清代著名的界画家袁江,字文涛,江都(今扬州)人。善画山水、楼阁和界画,兼画花鸟。笔法工整,设色妍丽,风格富丽堂皇。描绘神话中的蓬莱三岛,仙山危耸于茫茫大海中,山势陡峭险峻而有奇致。岛山楼阁崇宏,建造精巧;松梅环植,苍翠葱盛,左下一座小岛突兀海面,一群仙鹿游息其上。波涟浪涌,云雾缥缈,一派绝境仙岛。整体气势宏大,局部精微耐看。

(五)李海涛的《海疆万里图》

中国海洋画研究院院长李海涛的《海疆万里图》全卷长5000厘米、宽90厘米,表现了我国十省二市和港、澳、台,共470万平方公里的蓝色国土,将南北的气候变化、自然面貌、渔村、渔船、捕鱼方式、风土人情、名胜古迹、城镇建设,重要岛屿等以取舍、夸张、减弱等艺术手法完全纳入画中。用春、夏、秋、冬、雾、雪、风逐渐的气候变化表现共达80多个景点,成为中国历史上第一件表现海疆全貌的作品。以南北渐进的方式,将四季整体地表现出来。用春海如烟、夏海如涤、秋海如染、冬海如凝表现得恰到好处。以散点透视表现构图、平行透视表现房屋、焦点透视表现渔船、用笔神妙,使画面有远视千里、近观眼前的效果。如把海峡两岸拉近,增加了血肉相连的亲切感。巧妙地利用视觉差,将视平线从画面外收进、压低,表现中华民族摇篮的"黄河雾日",托出母亲河壮观的场面。同时李海涛院长又把南方抬头浪、北方的滚浪、微风的千重浪、狂风的激浪等恰如其分地安排在长卷中,成为海浪的千诗篇。由于在长卷完成后,中国沿海发生了翻天覆地的变化,昔日的渔村已变成了别墅,帆船也被铁壳船所代替……故在美国展出时,《世界日报》评论认为:《海疆万里图》已是"空前绝后之作",具有很高的艺术、历史和民俗研究价值,为后人留下了可视性的资料。

二、西方的海画

(一)生命之海——《维纳斯诞生》

意大利波提切利的《维纳斯诞生》是文艺复兴时期的杰作。画面中,少女维纳斯刚刚越出水面,赤裸着身子踩在一只荷叶般的贝壳之上;她身材修长而健美,体态苗条而丰满,姿态婀娜而端庄;一头蓬松浓密的散发与光滑柔润的肢体形成了鲜明的对比,烘托出了肌肉的弹性和悦目的胴体;风神齐菲尔吹着和煦的微风缓缓地把她送到了岸边;粉红、白色的玫瑰花在她身边飘落,果树之神波摩娜早已为她准备好了红色的新装;碧绿平静的海洋,蔚蓝辽阔的天空渲染了这美好、祥和的气氛,一个美的和创造美的生命诞生了!

画面中维纳斯的脸上挂着淡淡的哀愁,胸中似乎含有不可言传的、精神的、近乎理想的爱。因此,诞生似乎并不带来欢乐,反而有点悲剧的味道。画的背景是一片伸展无边的海水、肥沃的土地和茂密的树林,维纳斯的步子仿佛没有承受重量似的显得飘逸,好像处于有推动力的旋律之中。这个维纳斯作为美和爱的化身,有着严肃的含义。

《维纳斯诞生》(1485年)

这个维纳斯的姿态,显然是参照古典雕像的样式来描绘的,只是把两只手换了个位置。但波堤切利笔下的维纳斯还有其特殊的风韵,这个被认为是美术史上最优雅的裸体,并不像后来某些威尼斯画家所倾心的那种华丽丰艳、生命力过剩的妇女,而面容却带有一种无邪的稚气。

波提切利注重用线造型。这幅画的绘画风格在当时颇为与众不同,不强调明暗法来表现人体造型，而更强调轮廓线，使得人体有浅浮雕的感觉，而且极适合装饰作用。画面中的女神肌肤洁白，金色的长发飘逸，无愧为是完美的化身；但脸上却又挂有淡淡的忧愁、迷惘和困惑。作品中充满柔情的诗意，表达对美好事物的爱恋，洋溢着人文主义的乐观精神。《维纳斯的诞生》是有独创性的作品，虽然缺乏真实的空间透视，但没有平板的印象，主要是线条的使用，利用有动感的线条来营造形体的体积感。《维纳斯的诞生》是对中世纪宗教樊篱的突破，是人性的觉醒与复苏。

（二）哲理之海

欧洲绘画大师后印象派三杰：高更、塞尚、梵高的海画境界各异。

1. 高更的海

高更主张舍弃细节及特征的描绘，把感受加以压缩，强烈而集中的表现印象、观念和经验三者的综合，使艺术具有力感和率直性，并具有普遍的象征意义，为后来的"综合主义"奠定了基础，被称作是法国绘画中的象征主义的首领，创造了有内在动力的装饰性画风。

《我们从哪儿来，我们是谁，我们到哪去？》是对人生的质疑，对命运的呐喊，是高更一生艺术追求的集大成者，是献给自己的墓志铭。他说道："我在临终之前，把全部精力都投入到这幅画中。画中有我在种种可怕的环境中所体验的悲伤，我的眼睛看得多么真切，全部是生活本身。""实际上，我也无法对自己的举止做出十分明确的断言，但我敢肯定，这件作品比我以往的任何作品都要优秀，以后不可能有比它更优秀的作品了。"这幅画完全摒弃西方古典艺术理想画构图，更多倾向用东方的散点透视。

《我们从哪儿来，我们是谁，我们到哪去？》

画面自右向左，展示人生三部曲——诞生、生存、死亡，从而回答"我们从哪儿来，我们是谁，我们到哪去"的问题。右侧一个沉睡的婴儿和三个妇女，古风式的微笑，带着仁慈的母爱的光辉，是生命起初的写照；画面中央两个女人在谈论命运，一个青年男人在采摘水果，伊甸园的亚当是人类存在的写照，男子左前方的一个儿童正坐着吃着水果，象征着人类的生活，表达着生命的延续；画面左侧头发花白的老妇正濒临死亡，与旁边正在沉思的年轻漂亮的少妇形成鲜明的对比，老妇看破红尘坦然接受命运的安排，老妇脚旁抓住蜥蜴的奇异的白鸟，象征人类语言的虚无，青春的美丽与迟暮的丑陋并置，揭示出衰老和死亡的悲哀。她们的身后古老的神祇张开双臂，宣示神的旨意。一只鸟伸出画面的左沿，一只狗伸进画面的右沿，表达画面的延续，象征着生死的轮回。

画面上方穿过森林的小溪，是情节的发生地。小河后面是碧蓝的大海和连接岛上的高山，色彩单纯，富有神秘的气息，景物的色调是翠绿色，裸体人物为橘红色。画面紧凑，音乐节奏起伏，以超越寓意内容，平面手法富于东方装饰和浪漫色彩。

在这里，河流是过去、现在、未来的联系和中介，大海是过去、现在、未来的背景和映射。正如高更对这幅画所作的最后的注脚："我们向何处去？一个老妇人将死了。一个奇怪的笨鸟作了结论。我们是谁？变化无常的存在，人本能地暗问这一切意味着什么。我们来自何方？源泉，儿童，共同的生命。"

2. 塞尚的海

法国的塞尚被西方现代画家称为"现代艺术之父"。他的《埃斯泰克的海湾》的中景部分是海湾，这是一片强烈浓重的色块，各种各样的蓝色，从画布的这端延展到另一端，建立起经过细致融合的笔触。海湾的后面，是一排蜿蜒起伏的小山，山的上空是淡淡的、柔和的蓝天，里面只加了一些极淡的玫瑰红笔触，像是落日的余晖。艺术家在画的边缘切断了空间，这种切断空间的手法具有否定在深度中消退幻觉的效果。海湾的蓝色，甚至比前景的褐色和红色更强烈地表现自己，结果空间变得模棱两可又相类似。我们必须把它当做深度中的全景画来理解，同时又把它当做在画表面上搞色形排列组合来理解。

塞尚主张："色彩丰富到一定程度，形也就成了。""他用色彩说话，物象走进他的心灵，没有线描，完全在色彩里。"[1] 他专注物质的具体性、稳定性和内在结构的表现，对色彩和明暗作沉着而深入的分析，采用色的团块表现法来描绘物象的体积、深度。他用色彩的冷暖关系来造型，用几何因素构造的形象结构厚实、严密，予人以沉重，压抑之感，充满结构和色彩的美和诗意。遵从古典艺术的原则,对物象的体面结构的研究暗示了而后的立体主义理论。

3. 梵高的海

梵高注意提高色彩的强度,明度和张力,把色彩和线的表现力提高到一个新的境界,追求单纯感和表现力。他惟一深爱的东西就是色彩,辉煌的、未经调和的色彩。他手中的色彩特征,与印象主义者们的色彩根本不同。即使他运用印象主义者的技法,但由于他对于人和自然特有的观察能力,因而得出的结论也具有非凡的个性。

梵高把他的作品列为同一般印象主义画家的作品不同的另一类,他说:"为了更有力地表现自我,我在色彩的运用上更为随心所欲"。其实,不仅是色彩,连透视、形体和比例也都变了形,以此来表现与世界之间的一种极度痛苦但又非常真实的关系。而这一鲜明特征在后来成了印象派区别于其他画派而独立存在的根本。

1888年6月,梵高来到离阿尔50公里的圣玛利,这是地中海边的渔村,他在此完成了几幅以渔船为画题的作品,《圣玛利的海景》就是其中著名的一幅。他在信中告诉提奥,地中海的色彩千变万化,有如鲸鱼一般,不知道什么时候会变成绿色、变成紫色,或变成青色……然而,变化万千的海面虽然美丽而奇幻,却不如形状变化多端、红绿色对比强烈的渔船更能深深打动他的心。他把眼睛所捕获的色彩鲜丽的渔船,清晰地画在前景,省略其他部分来暗示远方,让人感到这是采用了日本版画中扩大空间的手法。在细部的省略与夸张的变形中,则突出了空间上的深度。

《埃斯泰克的海湾》(1883—1885年)

《圣玛利的海景》

在海的面前,人类太渺小了,一不小心就迷失了。就像他画里的这条小小的船。不知道从哪里来,要往哪里去,最后会停在哪里,好像永远都没有机会停留在一个地方,好像也不愿意停留在一个地方。

如果说高更的海作为背景,仅占据画面的边缘;塞尚的海被岛屿和建筑包围,占据画面的中心;那么梵高的海占据画面的全部,几支帆船点缀其间,表明大师为表现各自的主题对海的不同运用和调度。

塞尚认为:"按照自然来画画,并不意味着摹写下客体,而是实现色彩的印象","通过色彩自身,人们不须再现自然,而是代表着自然","色彩是伟大的本质的东西,是诸观念的肉身化,理性里的各本质","色彩是那个场所,我们的头脑和宇宙在那里会晤"。[1]

高更认为:"色彩虽比线的变化少些,但它还可作更多的引申,因为它具有超越眼睛的力量","色彩的并置优于色彩的混合","色彩的混合会使色彩变得很脏","丰富色彩只存在于看得见的彩虹中,而大自然谨慎地向我们所显示的色彩是无比微妙的,它们被并置在一种确定不变的秩序里,仿佛每一种色彩都是另一种色彩的派生","色彩在现代绘画中将起着音乐性的作用,像音乐那样颤动的色彩最易普及,它在自然中同时也最难捉摸;这就是它的内在力量"。[1]

梵高认为:"想象确实是我们必须发展的才能。只有它能够使我们得以创造一种升华了的自然","加强所有的色彩能够再次获得宁静与和谐。大自然中存在着某种类似瓦格纳的音乐的东西,尽管这种音乐是用庞大的交响乐器来演奏的,但它依然使人感到亲切","每当我进行选择的时候,我总是偏爱阳光和丰富的色彩效果,我试图以红色和绿色去表达人的可怕热情","艺术往往高于自然之上","我爱一个几乎燃烧着的自然,在那里面现在是陈旧的黄金、紫铜、黄铜、带着天空的蓝色;这一切又燃烧到白热程度,诞生一个奇异的、非凡的色彩交响,带着德拉克洛瓦式的折碎的色调。","画面里的色彩就是生活里的热情,寻找它和保存它;这不是小事情"。[1]

(三)地狱之海——《但丁之舟》

法国的欧仁·德拉克洛瓦是浪漫主义画派的典型代表。他说:"想象对于一个艺术家来说,这是他所具备的最崇高的品质。"

这幅画根据《神曲》的故事,表现站在船中央的但丁被维吉尔引导乘着卡隆的渡船,穿过地狱湖的情景。画中在风浪里颠簸的小船,象征着人们被激情所折磨的情景,和被死亡威胁的悲剧,这样的主题在德拉克洛瓦的画中时常出现。在这幅画里,他运用了对比色调,以突出主题:两个站立的、裹着大衣的人物的衣着色彩为互补的绿色和红色,这和惨烈的旋风以及一群扑向渡船的冥界裸身人物形成鲜明的对照。深暗的调子——主要的表现因素，取代了明亮的调子，不仅是为了更好地解释情节，而且主要是为了满足色彩上的需要。《但丁之舟》就像是相互对立的和用色彩表现出来的亮调子和暗调子的一个和弦。画中的形体塑造效果是由死人的痉挛而僵硬的裸体构成的。前景那个向仰的死者的脸部在绘画上很完美，僵死的颜色加了一些红色的变化，而对比性的笔触则使他的形体失去了浑圆的感觉。

在地狱里的斯谛吉河中浸透着一群曾经在人世间犯下罪行的人的灵魂，他们被罚在污泥浊水中无休止地互相咆哮、互相斗殴，看到但丁的小舟，他们个个竞相争着求生，踩着别人往船上爬，在这群罪恶的灵魂中有个但丁的仇人，想请但丁搭救他免受黑暗之苦，被维吉尔又推到河中，并说："滚开些，到你的狗群那里去。"这些灵魂在人间时妄自尊大、罪行累累，无善可录，所以死后他们的灵魂还在这里咆哮

《但丁之舟》（1822 年）

如雷，他们中有许多自命不凡的大人物，将同样像蠢猪一样躺在这阴暗的地狱里受苦受难，遗臭万年。

这幅画表达了悲剧性的主题和画家的民主思想，说明行恶者必然受到惩罚，罪恶深重的魔鬼们如果有求生的欲望，也必然遭到拒绝。这幅画在人们面前展现另一个世界可怖的景象，令人不寒而栗。但丁的小舟四周波涛汹涌，气氛恐怖、郁闷而紧张，色调沉郁深重，受着苦难煎熬的灵魂有的愤怒、有的因痛苦而气喘、有的咬牙切齿、有的因激动而狂吼，画面极其恐怖而且有强烈的感染力。

（四）宗教之海——《基督渡海》

德拉克洛瓦住在迪埃普的期间，经常全神贯注地观察大海，渴望去了解大海。此外，他也总是企图描绘出人类是如何地藐视自然，表现物质和精神之间的永恒冲突。《基督渡海》是以从左到右的对角线构图，出现在画面上的是处于汹涌波涛中的孤船，船上的弟子们惊慌失措，而耶稣却正在船头酣睡。这幅画虽然表面上看是浪涛骇浪，但并未破坏画面结构的秩序。

事实上，对角线两侧的人物形态是相互对称的。在船尾的地方，我们看到两名坐着的桨手，正朝船舷侧身；接着是两名抬起手臂的门徒，身上的衣服随风而鼓；最后还有两个人物位于基督前后，使基督则成为画面的焦点。在这幅画上，几乎只是一片绿蓝色的怒涛，而海天相接的天际，仅是一条纤细的饰带，远方耸立的金字塔形海岸，象征基督的形象。木船和人体的褐色及赭色、披风的红色、基督身旁两名弟子的焦土色，在绿蓝色的大海底色上，显得十分鲜明。基督身穿天蓝色披风，成为整个画面中惟一的明亮点。这幅伟大的作品又像是一首颂歌，它歌颂着因战胜人类的激情和死亡恐惧，所获得的胜利，而基督沉睡中的安详神情正是死亡的象征。

德拉克洛瓦勤奋的一生留下了近万张作品，他刻苦研究了卢浮宫里色彩大师们的绘画作品，这种崇拜感潜移默化地影响了德拉克洛瓦艺术，他尤其崇拜鲁本斯，这种崇拜感潜移默化地影响了德拉克洛瓦艺术表现力的夸张感和力量感，在他的风景画中也能欣赏到他表现自然的那种无形的力量感。德拉克洛瓦从歌德、斯科特、拜伦和雨果身上吸取灵感，他身上的浪漫思想火花被大师们点燃了。大师们的精神力量使他变得如此狂热，成为法国浪漫主义画家中最具代表性的巨匠。

（五）海、石的搏斗

西方建筑用石头，在海洋文明形成中，礁石与海水的搏斗，给西方先民以深刻印象，他们选择了石头作为自己的建材和画材，为神建造永恒的天国。很多西方画家对水石的激荡做了富含哲理的透视。

1886年莫奈的《岩石结构的风景》问世，作品从整体上来观察，阳光下海岸边的悬崖峭壁，显现出变化丰富的造型和色彩感受，在岩石的亮部施以灿烂的金黄色和暖红色，而在海水映衬的暗部则显现出墨绿色和蔚蓝色，大量的冷暖色的对比，使画面的色彩异常丰富并且和谐地统一在一起。五块岩石呈S型布局，远处两块岩石横向布置，右下角岩石斜向布置，中间两块岩石竖向布置，昂首向天，通过横、竖的对比，使岩石群落在海浪的无情冲击下顽强地耸立着，充满鲜活的生命力。

（六）音乐之海——《神奈川冲浪》

葛饰北斋是日本江户时代浮世绘派的大师级人物。《神奈川冲浪》在构图中充满张力，突出两大两小：浪大山小，构成海山对峙的第一主题，主浪以巨大的弧形，显出排山倒海的气势，小小的富士山赫然现于谷底；浪大舟小构成水舟激荡的第二主题，次浪以连绵不断的山形为主浪推波助澜，小舟在浪中若隐若现。在大写意的同时，惊涛骇浪的飞沫又被施以工笔，拟人化的构思赋予无机物以有机的生命，这就是被梵高称为"鹰爪"的原因，葛饰北斋融合中西风格，采用"锦绘"法，即多彩重叠法进行创作取得巨大的成功，成为世界上曝光率最高的浮世绘之一。

古典音乐的印象派作曲家克劳德·德彪西亦受到此画启发而创作了交响诗《海》。德彪西对大海有特殊的激情，即使他在远离大海的勃艮第度假，也照样受到大海灵感启发，酝酿出交响三折画——《大海》，作曲家特意挑选后者的《神奈川冲浪》作为出版乐谱的封面，表明他的灵感来自绘画。正如他在1903年9月写给朋友Andre Messager的信中所说："我的海景更多可归诸于画室中的风景。"《大海》的三个乐章："清晨到正午的大海"、"浪之嬉戏"、"风与海的对话"都可从《神奈川冲浪》里找到初始的动机。

《神奈川冲浪》　　　　　　　　　《运输船遇难》（1810年）

（七）灾难之海

1.《海难》

英国画家透纳的海景是他主要表现题材之一。他认为，大自然对人的命运施加着无法逃避的影响。他深深地迷上了海洋，因为他希望参与周围的世界，他把大海看作是那些可怕的、永恒的自然力量之一，它那狂暴难驯的破坏力能够摧毁人的生命，但同时它也是生命的源泉与包容死亡的归宿。《运输船遇难》表现了大团海水泡沫包围着救生船。他采用一个漩涡状的结构，表现了他的暴风雨梦幻以及它的破坏力，在阴霾四起而潜藏着无限危机的天空和漆黑而诡谲多变的大海衬托下，中、前景是白绿色调的汹涌翻滚的巨浪，大海的巨大涡流正在逐渐把无助的小船吞噬。人与自然之间的强弱对比悬殊，但人类并没有因此而放弃努力，他们在倾力对抗，在尽最后的一分力气,仍存最后的希望,等待最后一点奇迹。在这紧张的气氛、涌动的巨浪和充满动感的表现中,透纳以极大的自由取得了生动的效果。从这里开始,他对大的效果的关心超过对细节的关注。

他发展出一种漩涡型的构图手法,利用涡漩似的旋转效果,企图引导观者进入画面的核心,观赏者将不只是在一旁观看暴风雨,而是在某种程度上还能实际体验到被卷入暴风中的感觉。他把含义丰富的叙事成分及戏剧性激情融于风景画,将光、色、影和线条节奏结合,将厚涂肌理和运笔速度配合,形成自成一派的风景画风格。

透纳的一生以光为魂,以水为脉,在他笔下传递着大自然的脉动。"桂冠诗人"丁尼生将他比作"风景艺术的莎士比亚"。

2.《梅杜萨之筏》

《梅杜萨之筏》是法国浪漫主义美术的先驱者席里柯的优秀代表作。画作取材于真实的海难事件,基本构图形式是两个倾斜的三角形,表现了落难的人们处于严重危机和存有一线希望的对立统一。而为了表现落难者各种不同的心境,以及一些复杂的情绪,席里柯综合运用了线与形的视觉效果。并且通过人们的动态形成的上升的金字塔形的构图,有层次有节奏地把人们由死亡、绝望、痛苦挣扎升华到希望得救的激情上,他们之间的形式起伏变化,形成了静与动、低潮与高潮的各种对比,加上森严的色调,强烈的光影对比,更增强了这一悲剧事件的气氛和震撼人心的力量。

席里柯把木筏在画面中做了平行斜线处理,使得画面有倾斜的动感,加强了灾难的紧张气氛。通过人们胳膊以及动态所企盼的方向,人物组合近疏远聚,把人的视线引到画面上那个高举红巾者,形成了画面右上角的集合的辐射系,最终使人物的情绪在对比的变化中聚向显现一线生机的远方。正是这些基本形和形式线的综合运用,构成了该作品强烈的节奏、紧张的结构,使情节跌宕起伏,高潮迭起。席里柯表现了人们希望得救的急迫感情,与在逆风劲吹下颠簸的木筏向前行进的困难,感受到大自然的无穷的力量和人类命运的渺茫,以及这两者之间的矛盾与冲突,这种冲突越发增加了画面的紧张性。

此外,从上方射来的强烈的光线在物体身上所形成的鲜明对比,也给画面带来了紧张性,使得对象带有难以想象的恐怖气氛。这已经不是古典主义者所赞扬的那种平静、稳定的力量,而是一种能够从事任何艰苦斗争的力量了。

正是由于《梅杜萨之筏》的构图和空间处理、人物的丰富表现力、色调的森严与沉抑和明暗的强烈处理,使当时的法国艺术界耳目一新,为法国浪漫主义美术冲破古典传统的束缚开辟了道路。

(八)通商之海

洛兰,法国古典主义绘画代表之一,专长画风景,海港、海景是常画的题材。他革新古典风景画,把自然景观与人文思想相结合,开创了以表现大自然的诗情画意为主的新风格。他的作品充分显示了画家对光线的高度敏感,加之注入人物细腻的描绘,使中年时期的画风达到澄净与和谐的境界。晚年则更有个性,物体造型刻意拉长,色彩带有银色光芒,流露出神秘且严肃的气氛。

洛兰喜欢画海,在他的画中,总有一泓碧水点缀,无论是浩瀚的海洋还是远方的河岸,碧蓝的水似乎是洛兰画中不可缺乏的元素。在那里,洛兰运用他娴熟的技巧,把大海描绘得无比浩瀚与温柔。当然不能不提及的是,如此醉人的海景似乎总离不开那低倚在地平线远方上的太阳。无论是清朗的早晨、悠然的午后还是金黄的黄昏,洛兰笔下的日光总渗透着一份柔和、却又不可触及的朦胧美。在这轻柔的阳光

洛兰 《港口》

映衬下,海边的古希腊建筑显得格外的沧桑而神圣,光与影衬托下的大海就变得更为浩瀚与深邃。

作品中,多桅的大船远近停靠,繁忙的小船来往穿梭,船员匆匆地卸货,岸边的船主规划着下一次航行。港口,从这里出发,又回归这里停靠,海是贸易的生存之道、通商的生命线。海边建筑物的科林特式的圆柱和圆柱形的塔楼与大海构成横直构图,彰显人与海的对峙;海面上往来漂浮的船只,又揭示着人与海的和谐。

(九)扩张之海

荷兰的威廉·凡·费尔德是举世公认的画海大师,代表作有《海港》、《海战》等,之后有英国的浪漫主义派巨匠威廉·透纳,他不仅与费尔德有着某种传承的关系,而且最终形成自己独特的风格,名作有《海难》、《暴风雪》等。

画面中,主舰船散发着射击后的浓烟,远处中炮的舰船风帆已落下,两条小艇载着落难的海

员在向主舰船靠拢、求救。白色的浓烟与深灰色乌云,把天空渲染得错落有致,天与海的比例几乎达到 4∶1,用于突出近景炮舰的全貌。

(十)冰冻之海

弗里德里希是德国第一位在自然的结构中赋予这种强烈的精神性的艺术家。作为油画家和版画家,他是德国浪漫主义运动的杰出代表之一。弗里德里希之所以凌驾于当时所有其他德国画家之上,是因为他赋予多彩多姿的自然以神秘性,体现了一种幻想的泛神主义。他那杰出而正确的素描,显示了他不仅是以耐心,而且是以一种几乎是照相式的精确性去观察自然。

弗里德里希在 1821 年曾对易北河的冰流进行了专门的研究,还曾在 1820 年追随英国探险家爱德华·威尔·帕里到北极圈探险。

《冰海》画面构图呈现三角形的无穷嵌套,整体为大量的冰块挤压堆积成山形,而这座冰山又是由大大小小的三角形错落叠加而成的,顶部的尖锐的冰角刺向天空,底座的冰角以不同的方向指向天空,危如累卵、瞬间崩塌的动感跃然纸上,动态的冰山与静谧的天空构成强烈的对比而撼人心魄,朴实无华但却又表现出最生动、最丰富的想象力和神秘感。《冰海》表现作者对冰川的描绘非常精细,作品暗示了当时

《冰海》(1823—1824 年)

德国冷酷的政治气候和他对社会现状的不满情绪。

三、中西绘画中海意象的比较

受大河文明特质的影响,中国的海洋画科一直是空白的,以海洋为题材的绘画,历史上虽有过,但数量极少,在内容上停留在观海、听涛,把海洋描绘成神仙居所,故未能像山水画、人物画、花鸟画蔚然成风并发展为独立画科。中国最早期的海洋题材绘画,内容有龙水、蓬莱仙境、精卫填海、八仙过海、西游记、龙王礼佛、福如东海等。唐朝时海洋题材的道释壁画在寺庙里出现,宋代马远创作的《水图》十二幅,其中有一幅《云生苍海》表现海的画法最具代表性,为后人留下了画海的技法经验。但是要指出的是马远画海的表现过于趋向程式化、"鱼鳞般"符号状的

海水造型，在一定意义上决定笔墨的施展，虽成为后人沿用的范本，却阻碍了海洋绘画的发展。

宋代以表现钱塘江大潮为主要内容的画作出现，元明清的海洋绘画没有产生开拓性进展。这一时期，有过闭关锁海的政策、倭寇匪患的袭扰，在不同程度上影响到文人士大夫对海洋主题的创作。画海的技法没有很大改观，仍然延续了马远画海的衣钵。元代画家王蒙的《丹山瀛海图》表现的是连山接海隅的景象；清代画家袁江的《海屋沾筹图》《海山三神山》都存在马远画海的影子，这一时期海洋水墨绘画的发展几乎是停滞未前。

近现代的艺术家里，傅抱石、陆俨少等有过《观海图》、《海疆之涛》等海景山水。20世纪50—70年代，以表现海港、渔港生活、表现海军、民兵保卫祖国海疆以海为衬景的画作有所出现。20世纪80年代后期开始，真正意义上的中国海洋画开始生成，形成以宋明远、李海涛、周智慧等为代表的海洋画派和海洋画科，其表现气体是海岸、海疆，仍尚未深入大洋，未从"浅蓝"走向"深蓝"。

受海洋文明特质的影响，西方绘画史上了留下大量表现海洋绘画题材的作品，其内涵要比同时期的中国海画丰富得多，涉及哲学、经济、宗教、军事、生活等各方面。历史上如英国、法国、西班牙、荷兰等国家，靠海洋起家，最先进入海洋、熟悉海洋、认识海洋、驾驭海洋、利用海洋。从其绘画作品中不难看到征服的渴望，胜利的荣耀，这些作品记录他们的历史发展。

《云生苍海》

西方的开拓、征服是西方海洋文化的根本，而中国讲究包容与涵养，"天人合一"演变的"人海合一"才是中国海洋文化发展的真谛。我们同西方在生存观念上、在价值取向上有所不同。中国人的感性传统和一元论的世界观与西方理性传统和二元论的世界观存在着对立，思维方式决定艺术内在本质的差异，造就了东西方绘画上两座屹立在世界艺术史高峰：中国绘画是东方审美的代表，与西方绘画是各有自己文化体系和成熟技法的两大画种。比如西洋画是写实的，中国画是写意的；西洋画是动的，中国画是静的。中国画强调的是以形写神、讲意境、讲诗情、讲含蓄、讲韵味以此体现精神，是传统哲学和传统文学的；而西洋画是科学的，理性的，焦点透视、讲求色彩、重视造型，他们的绘画作品体现着"说明"的作用。西方从古希腊时期就有大量的与海有关的神话形象，西方油画早在十八世纪前就有描绘大海的代表作品，如艾瓦佐夫斯基《九级浪》、席里柯《梅杜萨之筏》、透纳《无畏号战舰归航》等。

参考文献

[1] 杨身源，张弘昕. 西方画论辑要. 南京：江苏美术出版社，1990.

[2] 范曾. 范曾谈艺录. 北京：中国青年出版社，2007.

[3] 俞剑华. 中国古代画论类编. 北京：人民美术出版社，2000.

[4] 兰岗. 意象与镜像——中西绘画的审美与文化比较. 杭州：浙江人民美术出版社，2012.

[5] 李倍雷. 中国山水画与欧洲风景画比较研究. 北京：荣宝斋出版社，2006.

[6] 冯民生. 中西传统绘画空间表现比较研究. 北京：中国社会科学出版社，2007.

第八章 世界名园的水景观

第一节　文明基因对中西园林的影响

受水流动力学因素的影响,中西园林的差异在空间形态上表现为:内向或外向;在空间视觉上表现为:含蓄或直白;在空间序列上表现为:环形或串联;在空间意象上表现为:自由或规整;在空间哲理上表现为:自然或人工。

一、文明基因对中国园林的影响

河流动力学的稳定的边界约束、河流九曲的形态对中国园林的构图产生重要影响,景藏则境界大,景显则境界小。中国较为强调曲线与含蓄美,即"寓言假物,不取直白"。园林的布局、立意、选景等,皆强调虚实结合,文质相辅。或追求自然情致,或钟情田园山水,或曲意寄情托志。工于"借景"以达到含蓄、奥妙,姿态横生;巧用"曲线"以使自然、环境、园林在个性与整体上互为协调、适宁和恬、相得益彰而宛若天开。

"巧于因借,精在体宜"的手法,近似于中国古典诗词的"比兴"或"隐秀",重词外之情、言外之意。看似漫不经心、行云流水,实则裁夺奇崛、缜密圆融而意蕴深远。

二、文明基因对西方园林的影响

受海洋的大尺度和潮汐的规律运动的影响,西方园林则以平直、外露、规模宏大、气势磅礴为美,比如开阔平坦的大草坪、巨大的露天运动场、雄伟壮丽的高层建筑等,皆强调轴线和几何图形的分析性,平直、开阔、外露等无疑都是深蕴其中的重要特征,与中国建筑的象征性、暗示性、含蓄性等有着不同的美学理念。

在西方,古典园林是由建筑师附带设计的,而中国造园艺术是在诗人、画家手里成长起来的。法国花园起源于果园、菜地,中国园林来源于苑囿。由此,我们就比较容易理解为什么西方园林理水有浓厚的建筑味,形式显得非常重要,严谨而实用,而中国园林理水在人工营造中倒体现出真正自然的味道,重视意境,其最为重要的功能是怡情,其手法偏于感性而不易把握。

西方园林突出科学、技能的神奇,西方园林艺术可看作是古希腊数理美学的感性显现。它通过数的关系,把科学、技能物化了,使人在园中处处可以看到几何学、物理学、机械学、建筑工程学等学科的积极成果。

黑格尔在《美学》第三卷中讨论中西园林艺术时说:"讨论到真正的园林艺术,我们必须把其中绘画的因素和建筑的因素分别清楚。花园并不是一种正式的建筑,不是运用自由的自然事物而建造成的作品,而是一种绘画,让自然事物保持自然形状,力图摹仿自由的大自然。它把凡是自然风景中能令人心旷神怡的东西集中在一起,形成一个整体,例如岩石和它的生糙自然的体积,山谷,树林,草坪,蜿蜒的小溪,堤岸上气氛活跃的大河流,平静的湖边长着花木,一泻直下的瀑布之类。"

"最彻底地运用建筑原则于园林艺术的是法国的园子,它们照例接近高大的宫殿,树木是栽成有规律的行列,形成林荫大道,修剪得很整齐,围墙也是用修剪发齐的篱笆来造成的,这样就把大自然改造成为一座露天的广厦。"①

西方园林通过秩序、对称、规整,显示人工美、数理美和技能美。

中国的园林则大异其趣,它和绘画、书法等艺术为缘,而且像绘画那样以自然为蓝本。黑格尔也看出了这一点,他指出:"中国的园林艺术早就这样把整片自然风景包括湖,岛,河,假山,远景等都纳到园子里"②。显然,黑格尔把西方园林归入建筑,却把中国园林归入图画。

第二节　中国园林的水景观

比较中西园林水景观的差异,本章将以入录世界文化遗产名录的各国园林为素材和案例进行深入讨论。

一、北京皇家园林

北京皇家园林——颐和园 1998 年入录世界文化遗产。世界遗产委员会的评价是:"北京颐和园,始建于 1750 年,1860 年在战火中严重损毁,1886 年在原址上重新进行了修缮。其亭台、长廊、殿堂、庙宇和小桥等人工景观与自然山峦和开阔的湖面相互和谐、艺术地融为一体,堪称中国风景园林设计中的杰作。"

---

①②　黑格尔. 美学(第三卷·上册). 北京:商务印书馆,1979

颐和园是清朝三山五园（三山是指万寿山、香山和玉泉山，三座山上分别建有清漪园、静宜园、静明园，此外，再加上附近的畅春园和圆明园，统称五园。）中保存状况最好的一座，也是清朝乃至中国帝制社会史上最后修建的一座超大型皇家园囿。此外，颐和园还是自汉武帝建章宫首创"一池三山"模式以来，最后一座以及仅存的一座保留着这种模式的宫苑。此外，由于规划于清朝的鼎盛时期，这段时期也是中国古典园林发展史上最辉煌的时期，因此颐和园、清漪园积淀了深厚的中国园林文化传统，成为中国古典园林艺术的集大成者。凡是中国造园艺术中的山水规划、借景、对景等手段，都在颐和园中得到体现，其气魄之壮丽甚至超过了平地起造的圆明园和山地构筑的静宜园，成为中国古典园林的登峰造极之作。

万寿山（徐昌蓉 摄）

二、苏州古典园林

苏州园林 2001 年入录世界文化遗产。世界遗产委员会的评价是："没有哪些园林比历史名城苏州的四大园林更能体现出中国古典园林设计的理想品质，咫尺之内再造乾坤。苏州园林被公认是实现这一设计思想的典范。这些建造于 16—18 世纪的园林，以其精雕细琢的设计，折射出中国文化中取法自然而又超越自然的深邃意境。"

1997 年 12 月 4 日，以拙政园、留园、网师园、环秀山庄为典型例证的苏州古典园林，列入了联合国教科文组织《世界遗产名录》。2000 年又将沧浪亭、狮子林、艺圃、耦园、退思园作为《苏州古典园林》扩展项目，列入《世界遗产名录》。

拙政园布局主题以水为中心，各种亭台轩榭多临水而筑。全园分东、中、西三个部分，中园是其主体和精华所在。远香堂是中

拙政园

园的主体建筑,堂南筑有黄石假山,山上配植林木。堂北临水,水池中以土石垒成东西两山,两山之间,连以溪桥。西山上有"雪香云蔚亭",东山上有"待霜亭",形成对景。由"雪香云蔚亭"下山,可到园西南部的"荷风四面亭",由此亭经柳荫路曲西去,可以北登见山楼,往南可至倚玉轩,向西则入"别有洞天"。远香堂东有绿漪堂、梧竹幽居、绣绮亭、枇杷园、海棠春坞、玲珑馆等处。堂西则有小飞虹、小沧浪等处。小沧浪北是旱船香洲,香洲西南乃玉兰堂。进入"别有洞天"门即可到达西园。西园的主体建筑是十八曼陀罗花馆和卅六鸳鸯馆。两馆共一厅,内部一分为二,北厅原是园主宴会、听戏、顾曲之处,在笙箫管弦之中观鸳鸯戏水,是以"鸳鸯馆"名之,南厅植有观宝朱山茶花,即曼陀罗花,故称之以"曼陀罗花馆"。馆之东有六角形"宜两亭"、南有八角形塔影亭。塔影亭往北可到留听阁。西园北半部还有浮翠阁、笠亭、与谁同坐轩、倒影楼等景点。拙政园东部原为"归去来堂",后废弃。拙政园布局以水为主,忽而疏阔、忽而幽曲,山径水廊起伏曲折,处处流通顺畅。风格明朗清雅、朴素自然。

留园坐落在苏州市阊门外,全园大致分为中、东、西、北四部分,中部以山水为主,为原留园所在,是全园的精华所在。东部、西部、北部为清光绪年间增修。入园后经两重小院,即可到达中部。中部又分东、西两区,西区以山水见长,东区以建筑为主。西区南北为山,中央为池,东南为建筑。主厅为涵碧山房,由此往东是明瑟楼,向南为绿荫轩。远翠阁位于中部东北角,闻木樨香处在中部西北隅。另外还有可亭、小蓬莱、濠濮亭、曲溪楼、清风池馆等处。东部的中心是五峰仙馆,因梁柱为楠木,也称楠木厅。五峰仙馆四周环绕着还我读书处、揖峰轩、汲古得绠处。揖峰轩以东的林泉耆硕之馆设计精妙、陈

留园

设富丽。北面是冠云沼、冠云亭、冠云楼以及著名的冠云、岫云和端云。三峰为明代旧物,冠云峰高约9米,玲珑剔透,有"江南园林峰石之冠"的美誉。周围有贮云庵,佳晴喜雨快雪之亭。

留园建筑数量较多,其空间处理之突出,居苏州诸园之冠,充分体现了古代造园家的高超技艺和卓越智慧。

网师园位于苏州城东南十全街。占地约半公顷,是苏州最小的园林。西楼小山丛桂轩为网师园主厅,轩的南、西为两个小院,幽曲深闭,桂香满庭。轩北有用黄石叠成的"云岗"。从轩西向北,可至蹈和馆和濯缨水阁。水阁悬于池上,倚栏照水,但见波光潋滟,柳暗花明。中部为主园,有池水一泓,清澈如镜。环池建廊、轩、亭、榭,夹岸有叠石曲桥,疏密有致,配合得当。池角为园内最小的石拱桥——引静桥。桥面长仅212厘米,宽29.5厘米。西部为内园,占地一亩,自成庭园。园中有屋宇、亭廊、泉石、花草,体现了苏州庭园布置的精萃。濯缨水阁和看松读画轩隔池相望,是读书作画的所在;月到风来亭和射鸭廊遥遥相对,是观鱼和欣赏水中倒影的佳处。殿春簃自成院落,是主人读书修身之处,环境幽静,具有典型的明朝风格。网师园的亭台楼榭无不面水,全园处处有水可倚,布局紧凑,以精巧见长。

环秀山庄面积不大,占地仅一亩许,且又无外景可借,造园家移天缩地,叠石造山,成就这一方名园。环秀山庄园景以山为主,池水辅之,建筑不多。园虽小,却极有气势。特别是乾隆年间叠石名家戈裕良所叠假山,堪称一绝,占地不过半亩,然咫尺之间,千岩万壑,环山而视,步移景易。主峰突兀于东南,次峰拱揖于西北,池水缭绕,绿树掩映。山有危径、洞穴、幽谷、石崖、飞梁、绝壁,境界多变,一如天然。主峰高7.2米,涧谷长12米,山径长60余米,盘旋上下,如高路入云,气象万千。戈氏叠山运用"大斧劈法",简练遒劲,结构严谨,错落有致,浑若天成,有"独步江南"之誉。环秀山庄大厅四周都种植有青松、翠柏、紫薇、玉兰。万树城碧,花气袭人,为山池、建筑平添几分生机意趣。

三、承德避暑山庄

承德避暑山庄于1994年入录世界文化遗产。世界遗产委员会的评价是:"承德避暑山庄,是清王朝的夏季行宫,位于河北省境内,修建于公元1703—1792年。它是由众多的宫殿以及其他处理政务、举行仪式的建筑构成的一个庞大的建筑群。建筑风格各异的庙宇和皇家园林同周围的湖泊、

承德避暑山庄

牧场和森林巧妙地融为一体。避暑山庄不仅具有极高的美学研究价值,而且还保留着中国封建社会发展末期的罕见的历史遗迹。"

整个景区分为四部分,共有景点180多处。宫殿区位于湖泊区南岸,接近市区,宫殿林立,布局严整,是紫禁城的浓缩。湖泊区占地约43公顷,有大小岛屿8个,湖岛交错,水秀岛绿,一派江南水乡风光;平原区在湖泊区北部的山脚下,丛丛灌木,垠垠绿草,一片茫茫草原景色;山岳区在山庄的西北部,面积占全景区面积的4/5,沟壑纵横,展现了东北林海的风采。

承德避暑山庄融南北建筑风格于一体,集全国名胜于一园,既有南方之玲珑秀美,又不失北方之浑厚凝重。南北建筑艺术完美地结合起来,具有自己独特的风格。整个山庄巧妙地利用地形,因山造势,西北多山,东南多水,俨然是中国自然地理形貌的缩影。避暑山庄不同于其他的皇家园林,没有宏伟的建筑,没有绚丽的小品,没有华贵的陈设,完全借助于自然地势,达到了回归自然的境界。

四、中国南北园林比较

中国入录世界文化遗产的三处园林中,颐和园、避暑山庄是北方皇家园林,苏州园林是南方民间园林,具有鲜明的南北特色,儒家的秩序与道家的隐逸,崇高与小巧,浓艳与淡雅构成了鲜明的对比。

避暑山庄,移天缩地在君怀,其水自各山峪流下,得聚分之妙,山泉、平湖动静相依,水有百态,景存千变,山庄依势,广建亭台,峰峦环抱,秀色可餐,南北融合,民族融合,处处生景,面面有情;颐和园以杭州西湖为摹本,廊尽曲变之能事,景借西山入画来,水曲由岸,水隔因堤;拙政园美在空灵,春水之腻,夏水之浓,秋水之静,冬水之寒,以四季水态完成穿越时空的转换,增添季相的色彩;环秀山庄,造石成山,步石崖道,飞梁渡谷,假山似真始方妙,真山如假可称奇;扬州个园以石变,化四季之美,春出石笋,夏蔽湖石,秋生黄石,冬结雪石,水石交融,浑然一体。[①]

北方皇家园林中,北海1000余亩,颐和园有4300余亩,圆明园有5200余亩,而避暑山庄竟达8000余亩。这些园林的面积,都是萧何所说的:北方宫苑风格之"巨",还表现为园大、水大、建筑物数量多、体量大;苏州现存的园林中,大型的如拙政园,现在是由三个园合并组成的,西

---

① 陈从周. 陈从周天趣美文. 广州:广东人民出版社,1999

部原为"补园",东部原为"归田园居",三者合一也只有62亩;中型的如沧浪亭只有16亩,怡园只有9亩;至于最小的,鹤园只有2亩,壶园只有300平方米,残粒园只有100多平方米。再如清末学者俞樾所建的曲园,其曲尺形的园基平面,自南至北,长十三丈,广三丈;又自西向东,广六丈,长也只有三丈。真可谓:小者愈小,大者愈大,小大之分不可同日而语。

北方宫苑之"丽",更集中体现在建筑物外观的色相、装修以及内部的敷彩、室内雕绘藻饰,屋面绚丽斑斓,这和皇家气派及气候寒冷取暖色有关;江南宅园系统园林建筑的色彩,多用大片粉墙为基调,配以黑灰色的瓦顶、柱、栏杆、挂落,内部装修则多用淡褐色或木纹本色,衬以白墙与灰色门框窗框,组成比较素净明快的色彩,清水芙蓉、自然天奠。

园林美的领域,北方宫苑的"巨丽"、"壮丽"、"富丽"、"宏丽"等,在本质上与儒家的"多欲"、"礼制"有着这样那样的联系;而苏州宅园总多少显露出老庄哲学、隐逸意识相联系,所以必然不同程度地倾向于"恬淡寡欲"或"清心寡欲",并在园林色调上开始洗净铅华。[3]

五、《红楼梦》大观园中的水景观设计

《红楼梦》甲戌、庚辰两本都有同一条脂评:"园中诸景最要紧是水。"以水贯园,水脉滋生绿脉,水脉蕴涵文脉,水脉、绿脉、文脉相依共存,相融一体,水生木,木涵水,水蕴文,木营文。大观园的水景观设计注重水体的流动性、水质的洁净性、水态的多样性、水景观的区别性和水系的整体性。

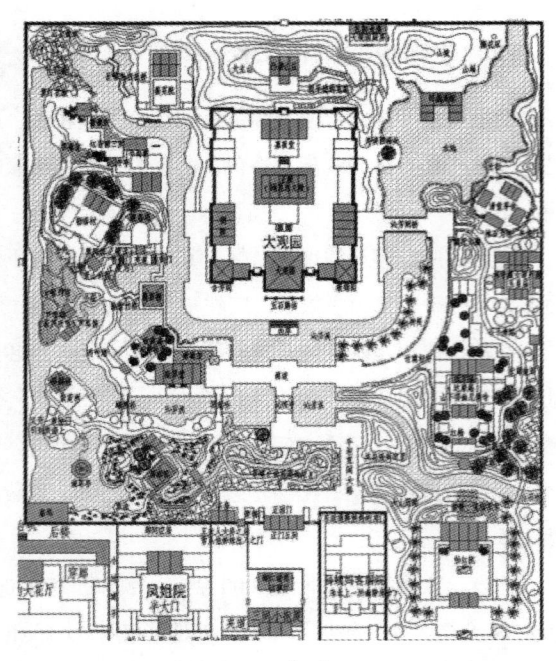

大观园水系图

(一)水体的流动性

写大观园的水是从宁府会芳园开始交代的:"会芳园本是从北拐角墙下引来一股活水,今亦无烦再引。"(《红楼梦》第十六回)

大观园通外河由北经后街进入贾府,在宁国府西角门处向南流出,是荣国府与宁国府的分界

线。在凝曦轩处分流进入大观园，名为沁芳溪，向南继而向西又折返向北把大观园包裹，使之成为半岛；经蘅芜院向西又返折向南，包裹稻香村，在紫菱洲处分流，主流向东经怡红院在白石桥处汇入通外河；支流环抱潇湘馆在怡红院前汇入沁芳溪。最终形成三个半岛即大观园半岛、稻香村半岛、紫菱洲半岛。一面临水的有：蘅芜院、怡红院；二面临水的有：秋爽斋、稻香村；三面环水的有：大观园、紫菱洲；四面环水的有：潇湘馆、藕香榭。不同的水景观形态，一面临水、二面临水、四面环水对人的性格产生潜移默化的影响。

活水保证水系的流动性。"脂批"云："写出水源，要紧之极"，批评平庸的造园者"皆不知水为先着"。陈从周说："山贵有脉，水贵有源，脉源贯通，全园生动。"可见，打造景观的水，第一要活，只有活水，才有生气。

（二）水质的洁净性

《红楼梦》第十七回中写道："只见：水上落花愈多，其水愈清，溶溶荡荡，曲折萦纡。池边两行垂柳，杂以桃杏遮天，无一些尘土。"突出大观园中水质的洁净，林黛玉在葬花时说："撂在水里不好，你看这里的水干净，只一流出去，有人家的地方儿什么没有？仍旧把花糟蹋了。那犄角儿上我有一个花冢，如今把他扫了，装在这绢袋里，埋在那里；日久随土化了，岂不干净"。第三十八回中，凤姐就对水质的影响有切身的感受："那山坡下两棵桂花开得又好，河里的水又碧清，坐在河当中亭子上，不敞亮吗？看看水，眼也清亮。"林黛玉在《葬花吟》中的感叹："质本洁来还洁去，强于污浊陷渠沟"，也是观水有感而发。只有洁净的水，才能使人产生亲水的需求；而只有流动的水，才能增加水体的自净能力。

（三）水态的多样性

水生百态体现在平面设计和纵断面设计中："清溪泻雪"，"水如晶帘"。纵断面设计呈瀑布状，如帘似雪；平面设计多曲、呈环："溶溶荡荡，曲折纡"，曲水有情，曲水引景，曲水隔景；"环抱池沿"为环形水面，线面结合，缩放相宜，皱碧铺纹，神清气净；"石桥三港，兽面衔吐"，河湾为港，石桥相连，兽口吐水，别有情致，港、桥、兽均与水相依；水有高差，才能"水声潺潺，泻出洞口"，深得山水画的"水欲远，尽出之则不远；断其脉则远矣"的精髓（郭熙《林泉高致》），水脉需忽藏忽露，时隐时现，水深适度，水激溪底，潺潺发声，构成音响设计。只有设计成平面形态不同、纵向高低变化的水流，才能构成不同的水韵。

（四）水景观的区别性

按照贾政的游览路线，大观园的景区可分为：园前区（含沁芳亭、潇湘馆等）、稻香区、花圃区（含荼蘼架、木香棚、牡丹亭、芍药圃、蔷薇院、芭蕉坞等）、天上区（含蘅芜苑、省亲别墅等）、寒塘区（怡红院以前）和葬花区（怡红院以后）。这六个景区分别以山隔、以水连，展示了形形色色的水工建筑：溪、塘、池、洲、滩、岛、堤、桥、闸、榭、舫、磴、涵等，琳琅满目，美不胜收。"一带清流，从花木深处泻于石隙之下"。水脉与绿脉相存相依，你中有我，我中有你，造就了幻化多彩的水景观美。

（五）水系的整体性

《红楼梦》第十七回有一对园内水来龙去脉的整体交代："说着，引客行来，至一大桥，水如晶帘一般奔入。原来这桥边是通外河之闸，引泉而入者。……宝玉道：'此乃沁芳源之正流'，即名'沁芳闸'。……转过花障，只见清溪前阻。众人诧异：'这水又从何来？'贾珍遥指道：'原从那闸起流至那洞口，从东北山凹里引到哪村庄里，又开一道岔口，引至西南上，共总流到这里，仍旧合在一起，从那墙下出去。'众人听了，都道'神妙之极'。"《红楼梦》第十七回至第十八回中对大观园的水系描述可以看出：沁芳溪贯穿大观园，以水串接各景观，使之成为一个有机的整体，又以水的不同形态塑造景观，使之各具特色。"园中有景，景中有人，人共景生，景映人意。"芦雪庭、藕香榭、暖香坞、蓼风轩、紫菱洲、凹晶溪馆等均是临水、环水建筑，其特点是亲水性、近水性，凸显了全园以流通的水为脉络、架构并以此布局全园建筑的造景思想。

第三节　西方园林的水景观

一、意大利园林

（一）埃斯特别墅

意大利的埃斯特别墅于 2001 年入录世界文化遗产。世界遗产委员会的评价是："蒂沃利的埃斯特别墅及其宫殿和花园，全面系统而鲜明地反映了最精致的文艺复兴文化。别墅独具匠心的设计以及它花园里的建筑组成部分（喷泉、装饰水池等）构成了一个典型的16世纪意大利花园。伊斯特别墅是欧洲花园发展的一个早期模型。"

埃斯特别墅建造之时恰逢意大利式园林的全盛时期，包括喷泉、水池和道路等在内的石作、经过修剪的植物和与石作结合的水组成了当时园林建造的基本要素，设计师不仅注重光影对比、水影结合等技巧，还有意加入人工机械装置，出奇制胜。埃斯特别墅是典型的意大利台地园。别墅主建筑物在高地边缘，后面的园林建在陡峭的山坡上，并被分作八层，每两层间落差达50米。在贯穿全园的主轴以及分布左右的次轴上，遍布高大的植物、错落有致的花坛和各式喷泉。进入伊斯特别墅，迎面而来的是一个规规矩矩的四方形院落。通过一旁的长廊走到阳台上，才会有美轮美奂的喷泉花园扑面而来。一出一进，让人不由感叹设计师的精心设计。阳台所在的主建筑物是全园的最高点，可以俯瞰整个园林。顺着石阶而下，便进入了喷泉流水的世界。在埃斯特别墅，有大大小小500多处喷泉，其中包括10多处大型喷泉。这里最有名的喷泉包括据传是艺术大师贝尔尼尼设计的"圣杯喷泉"，别墅主设计师利戈里奥的作品"椭圆形喷泉"、"龙泉"、"管风琴喷泉"以及"猫头鹰与小鸟喷泉"。特别是后两者，由于加入了设计精巧的人工装置，人们可以一边欣赏"管风琴喷泉"层叠水流，一边聆听文艺复兴时期的四段音乐。而在"猫头鹰和小鸟喷泉"前，正在欢唱的小鸟被突然而至的猫头鹰吓得噤若寒蝉的场面别有趣味。另一处给人留下深刻印象的景观则是长达130米的百泉路。在路的一侧修建有一条同等长度的水渠。水渠上分三层排列着各种动物石雕和喷泉，相隔不远就有一座。在最上面一层，泉水或呈抛物线或呈扇形喷出，汇聚的水则从下一层猛兽石雕喷泉的口中流出，第三层亦然。泉水最后集中在最下方的沟渠中流走。栩栩如生的石雕、清澈的水流加上碧绿的青苔古树，让人流连忘返。

在埃斯特别墅，水就是这里的灵魂。除去大大小小的喷泉外，各式水道遍布全园，无论走到哪里都可以听到潺潺的流水声，给意大利炎热的夏天带来难得的清凉。

埃斯特庄园是世界上最迷人的园林之一，其最吸引人的景观莫过于喷泉。园内一条林荫大道两边建有数百个形状各异的喷泉，其中包括兽首、百合花、小船等，它们似乎在用一场喷水比赛迎接游客的到来。

管风琴喷泉

（二）兰特庄园

意大利留存至今的园林代表作包括罗马三大名园——兰特庄园、法尔奈斯庄园和埃斯特庄园，它们充分展示了文艺复兴时期西方造园的最高成就。兰特庄园地处高爽干燥的丘陵地带，中轴对称、均衡稳定、主次分明，各层次间变化生动，又通过恰到好处的比例掌控形成了一个和谐的整体。

庄园坐落在向北的缓坡山腰处，四周围墙将其与园外的林地分开。整座庄园成长方形，长约240米，宽约75米，高差约为5米，由四层台地组成，构成四个方形单元空间。一层台地园路为石铺道路，并以大面积花坛布置；二层台地建筑物占据一半以上面积；而三层台阶植被为大型乔木，搭配圆形水池；四层有大面积草地。各台地均以台阶连接水景过渡，绿篱成为重要的分隔物，将园内外以及园内各空间分割开。

二层台地的设计颇具特色。两座建筑原是主人的书房，所以为了营造一个幽静自然的地方，设计者在建筑的后面自然地种植了几棵高大乔木，形成一个封闭的空间，给予主人一个安静的环境，同时也让人更亲近自然，起到放松作用。而从二层眺望一层的花坛图案更使人赏心悦目。

一层台地为纯规则式园林布局，以平面花坛图案和水景为主要观赏景物。通过乔木的种植，打破了二、三、四层台地的规整，给人舒适的休息环境和亲近自然的感觉。第一二层台地以斜坡过渡，配以斜坡花坛；第二三层台地过渡则给人与世隔绝之感；第三四层台地利用流水阶梯过渡。

中轴叠层跌落链式瀑布

水景为联系全园的纽带，所以每一层都设有一大型水景以供观赏。在兰特庄园中，水在它的流动过程中却得到艺术的控制。从顶层台地流下的水，在第三层台地上半段沿位于中轴线的花石边水阶梯而下，而阶梯的末端是一个由两个巨大河神分守两旁的半圆形水池。在这层台地的下半段轴线上，则是一个长条形水渠。之后水流在第二、三层台地之间又形成一个小瀑布，然后再注入位于第二层台地后半段的圆形水池。最后注入底层的方形水池，以喷泉的形式作为高潮而结束。第四层台地中央是一个八角形的海豚喷水池，台地中轴线的末端是一个洞府，它的两边为凉廊。洞府是全园的水源。而在台的四周则布置有对称的树木、绿篱和座椅等。这样的四级台地水景动静结合，极具风趣。庄园景观处处充满特色，而水景则是园中最为突出的景观。园中水景动静结合，有规模宏大的大型喷泉雕塑，也有细细流水的流水阶梯和小水渠。由第四层台地洞府作为全园的水源，连接各个水景，再以底层的方形水池喷泉的形式作为高潮而结束。

水元素主要起到点景和串联不同台地的趣味中心的作用，从最上层的洞府水源汇集到八角形泉池，再通过水阶梯到三层台地的半圆形水池，再到长方形的水餐桌，然后通过瀑布和喷泉流入二层台地的圆形水池，最终以一层台地的大面积水池和喷泉作为高潮结束，序列的节奏感很强，动静搭配，形式多样。更为重要的是，水元素作为串联的线索，在兰特庄园中是涵盖着叙事和隐喻的功能，从洞府山泉到神话传说中诸神的喷泉，最后奔向一层象征大海的水池，讲述了其基督教文化背景的完整故事性体验。因此，水元素作为串联线索的作用很突出，再一个作用就是与雕塑结合成为点景的观赏和游玩的趣味中心。兰特庄园中的水与其他要素的关系不是很紧密，主要是与雕塑结合强调其独立的观赏和游憩价值。建筑物主要和地形配合，是控制的重点；植物多单独区域配置观赏，未见与水的结合。

整体来讲，兰特庄园的要素相对较为独立和离散，这可能与其强调人工的设计哲学有关，不像中国园林视自然山水为生命。

（三）哈德良别墅

哈德良别墅是古罗马的大型皇家花园，1999年哈德良别墅被联合国教科文组织作为文化遗产列入《世界遗产名录》世界遗产委员会的评价是："哈德良别墅位于罗马附近的蒂沃利，是公元2世纪时由罗马帝国国王哈德良所建造的一处卓越的古典建筑群。它用'理想城市'的形式规划建设，综合利用了古埃及、希腊、罗马建筑遗产中的最佳元素。"

哈德良别墅

水是整个别墅建筑中最显著的主题之一。水流从最南端引入，再通过一个有管道和水塔组成的复杂系统，最后流过整个别墅。每一个建筑都有自己的用水设施，包括大型水池和小型浴场水流系统等一应俱全。整个设计中，水并不缺少，不管是作为自然景观的一部分，还是流动于人造管渠之中，潺潺的流水总是使人为之一振。鱼塘给餐桌提供了美味的食物，水渠给浴场注满了清水，喷泉给空气增添了凉爽。在已知的水利建筑中，有12个莲花形喷水泉，30个单个喷泉，6个水帘洞，6个大浴场，10个蓄水池，35个卫生间。进入别墅大门由大水池西侧穿过小浴室和大浴室后向北走一段路便可以看到一个长方形的大水池，那就是著名的卡诺波，它是柱式建筑灵活运用的杰作。卡诺波长119米，水池旁建有装饰性柱廊，柱廊无顶无盖，像花边一般绕池而建，它的檐部并非一以贯之的横梁，而是横梁和半圆形拱门相见排列，这是"叙利亚拱门"形式在园林中的巧妙运用，这在古典柱式中也没有先例。

　　哈德良别墅是一座规模宏大的行宫，其规模虽不及中国的圆明园，但它在久远的古罗马文明中独树一帜，一直是后世意大利花园风格的典范，可以称得上是罗马的"万园之园"。哈德良别墅曾为后世的欧洲园林提供了典范，也为今日研究西方古典园林提供了丰富的素材。

二、法国园林

（一）凡尔赛宫

　　法国的凡尔赛宫于1979年入录世界文化遗产。世界遗产委员会的评价是："凡尔赛宫是路易十四至路易十六时期法国国王的居所。经过数代建筑师、雕刻家、装饰家、园林建筑师的不断改造润色，一个多世纪以来，凡尔赛宫一直是欧洲王室官邸的典范。"

　　当我们从金碧辉煌的凡尔赛宫出来，眼前顿时一亮。在凡尔赛宫后面，是一个非常开阔、设计精妙的御花园，平缓舒展的翠绿草坪，传神的雕塑，还有远处碧波荡漾的水面和茂密的树林，显得

凡尔赛宫的中轴线

那样协调，堪称欧洲古典园林艺术的杰作。行走在御花园，就仿佛置身一幅优美的欧洲古典油画中。

凡尔赛宫总占地 111 万平方米，分为凡尔赛宫殿和凡尔赛花园两部分，其中宫殿占地 11 万平方米，园林面积 100 万平方米。庞大的宫苑以东西为轴，南北对称，在长达 3000 米的中轴线两侧，有节奏地分布着几百座大小雕像、喷泉、草坪、花坛以及柱廊等。尽管它的设计完全符合严格的几何学原则，但这里的每一处景色并没有单调枯燥的味道，那些众多的花圃、林木、塑像，还有那些将水柱喷射向公园每一个角落的喷泉，都渲染出一个变化多彩的世界。

凡尔赛花园以水景作为整个庭院的灵魂，通过各种形式的喷泉、引水道、叠水、游泳池，将人的视线由近及远，由狭窄到开敞，由人工水景导向远处的自然水景，再配以极具雕塑感、层次感的植物景观及富有法国浓郁文化特色的雕塑、小品，使整个庭院充满了古典、浪漫、优雅的气质。庭院中的植物种类相当丰富，除了当地本土温带植物以外，还有意大利及葡萄牙的橙树和柠檬树欧洲的夹竹桃和棕树，远远望去一片热带风光。树木花草栽种得匀称别致，水池边是修剪得很规整的几何花坛，剪饰成圆锥形的小树散落在四周。

为了解决庭院中水体景观的用水问题，凡尔赛宫的设计师和工程师尝试了多种引水工程，经过多年的失败与巨额的财政投入，最后成功地把凡尔赛和朗布依埃之间的高原水源汇拢起来，通过沟渠送往了凡尔赛的花园之中。

凡尔赛宫的形状基本上是长方形，以宫殿为基准构造强烈的主轴线，从宫殿起到大人工湖延伸了 1 千多米，而人工湖继续向前延伸，消失在地平线上，形成一个无际的深景。主要的道路有着严格对称的布局，在中心轴线两侧围有间断的行列式树丛，将两侧的园凡尔赛的帝王大道，沿中轴林、景物隐蔽起来，引导人的视线向中心轴线的深景方向发展。勒诺特尔的画家的素养，使园林设计者不放弃在单调的轴线几何组织中进行丰富设计的尝试，主要的喷泉和塑像沿着纵深轴线不时地有所变化，而轴线大道旁的小园子也个个妙趣横生。

（二）枫丹白露宫

法国的枫丹白露宫于 1981 年入录世界文化遗产。世界遗产委员会的评价是："枫丹白露宫位于法兰西岛地区广阔的森林中心。从 12 世纪起用作法国国王狩猎的行宫。16 世纪时弗朗索瓦一世想造就一个'新罗马城'，把此宫重又改建，扩大，装饰一新。面貌一新的宫殿被巨大开阔的庭院所环绕，富有意大利建筑的韵味，把文艺复兴时期的风格和法国传统艺术完美和谐地融合在一起。"

枫丹白露宫是法国最大的王宫之一，在法国北部法兰西岛地区塞纳－马恩省的枫丹白露镇。"枫丹白露"的法文原义为"蓝色的泉水"，因为此地有一眼八角小泉，泉水清澈碧透。枫丹白露风景绮丽，森林茂盛，古迹众多，是著名的游览胜地。

在枫丹白露宫周围是面积为1.7万公顷的森林，这里过去是王家打猎、野餐和娱乐的场所。以许多圆形空地为核心，呈星形的林间小路向四面八方散开，纵横交错。

枫丹白露宫

圆形空地往往建有十字架，其中最著名的是圣·埃朗十字架，法国国王习惯到那里欢迎贵宾。森林中橡树、柏树、白桦、山毛榉等葱茏苍翠，浓荫四覆，是避暑度假的好地方。

在园林布局上，黑格尔曾说："最彻底地运用建筑原则于园林艺术的是法国的园子，它们照例接近高大的宫殿，树木是栽成有规律的行列，形成林荫大道，修剪得很整齐，围墙也是用修剪整齐的篱笆造成的。这样就把大自然改造成为一座露天的广厦"。

三、英国园林

英国的布莱尼姆宫于1987年入录世界文化遗产。世界遗产委员会的评价是："牛津城附近的一个浪漫花园中，有一个众所周知的名胜，就是由天才园艺师布朗建造的布莱尼姆宫。它是英国国王为奖赏于1704年打败法国和巴伐比亚侵略军的马德罗第一位公爵约翰·丘吉尔，于1705—1722年建造的公爵府。布莱尼姆宫以折中风格和回归民族根基而著称，是18世纪王宫建筑的杰出典范。"

布莱尼姆宫是一座法国巴洛克风格的花园，雕塑在这里随处可见。从住宅的高处望下看，花园布局整齐有序，其中的植物、通道和装饰物尽收眼底。散落在各个角落的雕像是一种标志，这些雕像象征着军队的英勇顽强和军人的荣耀，因为这座官邸是为纪念英国军队而修建的。布莱尼姆宫西侧充分呈现出花园整体布局的绚丽多姿，远处有布朗设计的体现英格兰自然景色的花园。湖边则有迪歇纳设计的意大利梯田式花园，同时又体现出法国式的几何图形的园林风格。

官邸西侧还有一处修建在台阶上的"水景园",这是建筑大师范布勒在18世纪建造的,共有13个部分。水景园的中间和四个角落各有一座喷泉,黄杨、雕像和装饰墙错落有致地分布在水景园之中。13个喷水池组成小型的阶梯式瀑布,流入水景园的中间。水柱激起层层浪花,显得生机盎然。这些花园是为了进一步美化高处房屋的环境而修建的,绚丽多彩的花朵令人赏心悦目。错落有致的黄杨取代了花卉,

布莱尼姆宫

宛如彩色沙地上的浮雕。水池周围用白色石头砌成边框,将黄杨的轮廓勾勒得格外分明。水的运用使花园充满了动感,同时也体现了人类发明创造的力量。

四、德国园林

(一)波茨坦宫殿与庭园

德国的波茨坦宫殿与庭园于1999年入录世界文化遗产。世界遗产委员会的评价是:"拥有500公顷的公园和150座1730年至1916年期间的建筑物,波茨坦宫殿和庭园共同构成了一个艺术整体,其折衷性强化了其独特性。遗址一直延伸到柏林—采伦多夫区,其间的宫殿和庭园把哈弗尔河和格列尼克湖连接起来。位于无忧宫的伏尔泰宫是1745—1747年期间弗雷德里克二世在位期间修建的。"

波茨坦无忧宫

无忧宫整个王宫及园林面积为90公顷,因建于一个沙丘上,故又称"沙丘上的宫殿"。宫殿正殿中部为半圆球形顶,两翼为长条锥脊建筑。殿正中为圆厅。瑰丽的首相厅,天花板上装潢富有想象力,四壁镶金,光彩夺目。室

内多用壁画和明镜装饰,辉煌璀璨。宫殿前有平行的弧形6级台阶,两侧和周围由翠绿丛林烘托。宫殿前有喷泉,正对着大殿门廊。此喷泉采用圆形花瓣石雕,四周有"火"、"水"、"土"、"气"四个圆形花坛陪衬,花坛内塑有神像,尤以维纳斯像和水星神像造型精美,形象生动。据说整个宫内有1000多座以希腊神话人物为题材的石刻雕像。宫殿东侧还有珍藏124幅名画的画廊,这些绘画多为文艺复兴时期意大利、荷兰画家的名作。画廊宽敞明亮,每逢佳节这里都举办音乐会。在无忧宫的一侧,有一座虽不宏伟但金碧辉煌的亭楼,该建筑被称为"中国楼",采用中国传统的碧绿筒瓦、金黄色柱、伞状盖顶、落地圆柱结构,亭内桌椅完全仿造东方式样制造,亭前矗立着中国式香鼎。无忧宫是18世纪德国建筑艺术的精华,全部建筑工程前后延续时间达50年之久。

(二)维尔茨堡宫、宫廷花园和广场(1981年入录)

德国的维尔茨堡宫于1981年入录世界文化遗产。世界遗产委员会的评价是:"这座金碧辉煌的巴洛克式宫殿是德国最大和最漂亮的宫殿之一,是由两位大主教卢塔·弗朗茨和弗里德里希卡·冯肖·恩伯出资修建的,周围有美丽的花园环绕。18世纪,巴尔塔扎·诺伊曼领导的一个由建筑师、画家(包括提耶波罗)、雕刻家和泥水匠组成的国际团队修造并装饰了这一著名的宫殿。"

这座号称"万宫之宫"的建筑平面呈马蹄形,长宽各为175米和90米,两翼有环绕两个庭院而建的宏大侧楼;其中主楼三层,配楼两层。主楼有大理石雕刻装饰,突出的门厅朝向花园;侧楼中央部位正面也有椭圆形大厅,这些大厅属典型的巴洛克风格,十分庄重,但又明显受法国建筑的影响。

这座德国最大、最漂亮、最奢华浮夸的宫殿,凡到过这里的人,无不为它气势

维尔茨堡宫

恢宏的设计所深深地感染和震撼,主教宫殿前面饰以浅黄色的沙石;站在排列整齐的豪华的房间里,美丽的花园、宽大的楼梯以及富丽堂皇的中央大厅尽收眼底,一览无余:巴洛克式的建筑风格,丰富的雕饰,整体巍巍壮观,而每一部分又是及其精美纤细。

在宫殿的东侧是一片宫廷花园。与法国人不同,德国人在修建宫殿时对于花园的设计并不十分重视,倒是花园里大大小小的雕塑十分引人入胜。19世纪花园重新修缮,改变布局,在东侧增修了一座堡垒式建筑,使得花园和古堡相映成趣,这在宫廷花园的建筑设计中实属罕见。

德绍-沃尔利茨园林王国

(三)德绍-沃尔利茨园林王国

德国的沃尔利茨园于2000年入录世界文化遗产。世界遗产委员会的评价是:"德绍-沃尔利茨园林王国是18世纪欧洲启蒙运动时期园林设计和规划的典范之作。在花园中有各种杰出的建筑、英国风格观景园和花园以及通过精心设计的农田景致,将美学、教育和经济目的融合到了一起,堪称经典。"

18世纪中叶,在欧洲大陆一些以往的几何式花园被改为风景园的同时,一些新建的园林则直接采用了自然风景园的风格,较早的实例便是德国德绍附近的沃尔利茨园。它已不再是简单地模仿英式园林了,而是从观念上和形式上都有了发展。在1763年和1766年,德绍侯爵两次与他的建筑师冯·埃德曼斯多夫及园林师艾瑟贝克去英国考察风景园及历史建筑。后来他们又去意大利,学习文艺复兴建筑,回国后于1769年开始建造夏宫沃尔利茨园。由于受英国与意大利园林及建筑的双重影响,沃尔利茨成为自然与艺术相结合的出色作品。面积110公顷,位于易北河边凹地的沃尔利茨园是河谷式风景,中心是长条形的沃尔利茨湖,通过水面把全园划分为几个景区,有哥特式小建筑、中国桥、人造小火山等。

五、西班牙园林

西班牙巴塞罗那的圭尔公园、米拉公寓等1984年入录世界文化遗产。世界遗产委员会的评价是:"在巴塞罗那市区或近郊的7处安东尼·高迪的建筑作品,见证了他对19世纪末和20世纪初建筑技术的杰出创意与贡献。圭尔公园、圭尔宫、米拉公寓、文森特公寓、神圣家族教堂、巴特里奥公寓和圭尔住宅区的地下教堂,这些建筑物都呈现了折衷主义风格,非常人性化,这对花园、雕塑以及所有装饰艺术和建筑的设计产生了极大影响。"

圭尔公园

圭尔公园建于1900—1914年，原是要设计给六户住家的私人英式花园，在1923年变更为公共公园。高迪以高低起伏的地形为本搭配了蘑菇、糖果屋和七彩大蜥蜴的童话趣味，是高迪最多彩多姿的作品之一。虽然尚未完成，但已广受游客欢迎。从正门开始，高迪将大门口的两座小屋皆设计成加泰隆尼亚式的拱形屋顶，上面再饰以波浪形的陶瓷片，以及细高的螺旋形塔楼和高迪的标志十字架，仿佛童话故事里的糖果屋再现，接着是宽广的楼梯，楼梯上那只彩瓷彩陶拼贴的大蜥蜴，是公园最受欢迎的留影标志。再往上走就是希腊剧场，84根圆柱支撑着一个大平台，圆柱间的回音效果极佳，是街头艺人的最爱。

顶上的平台是剧场兼广场，由高迪和另一位建筑师Josep Maria Jujol共同合作，设计出似长蛇般蜿蜒的长石椅，全由瓷砖拼贴而成，色彩斑斓，营造出极佳的视觉效果，而且弯曲之中又同时营造了数个可以容纳小团体独立聊天的座位，颇具巧思。公园中还有三座特殊的拱形走廊，灵感都来自蒙瑟瑞圣石山，结构则是内部毫无支撑的平衡空间，完全以当地石块自然呈现，浑然天成，奇异的原始感交织着厚重的体积感，更见大师的大胆与巧思，交错叠砌出顽童们攀爬的最爱。

六、美国的国家公园

众多的美国国家公园以自然遗产名义入录《世界遗产名录》，1978年以水景观闻名世界的黄石国家公园列入《世界遗产名录》。

世界遗产委员会的评价是："黄石国家公园中广袤的自然森林占地面积约9000平方公里，其中96%位于怀俄明州，3%位于蒙大拿州，还有1%位于爱达荷州。黄石国家公园拥有已知地球地热资源种类的一半，共有1万多处。国家公园还是世界上间歇泉最集中的地方，共有300多处间歇泉，约占地球总数的2/3。黄石国家公园建于1872年，它也因为其生物多样性而闻名于世，其中包括灰熊、狼、野牛和麋鹿等。"

黄石国家公园（曹德成 摄）

黄石国家公园自然景观分为五大区，即玛默区、罗斯福区、峡谷区、间歇泉区和湖泊区。五个景区各具特色，但有一个共同的特色——地热奇观。黄石国家公园内有温泉3000处，其中间歇泉300处，许多喷水高度超过30米。"狮群喷泉"由4个喷泉组成，水柱喷出前发出像狮吼的声音，接着水柱射向空中；"蓝宝石喷泉"水色碧蓝；最著名的"老忠实泉"因很有规律地喷水而得名。园内道路总长800多公里，小径总长1600多公里，黄石湖、肖肖尼湖、斯内克河和黄石河分布其间。公园四周被卡斯特、肖肖尼、蒂顿、塔伊，比佛黑德和加拉廷国有森林环绕。黄石公园它那由水与火锤炼而成的大地原始景观被人们称为"地球表面上最精彩、最壮观的美景"，描述成"已超乎人类艺术所能达到的极限"。

七、意、法、英、德、美园林比较

《世界园林史》（实际上是西方园林史）把西方园林发展分为：古代园林（公元前2000—公元前1000年）、古典园林（公元前1400—公元500年）、西亚与伊斯兰园林（公元前500—公元1700年）、中世纪园林（600—1500年）、文艺复兴园林（1350—1650年）、巴洛克园林（1600—1750年）、新古典主义和浪漫主义园林（1700—1810年）、折衷主义园林（1800—1900年）、抽象与后抽象园林（1900—2000年）。[2]

相比中国园林水法一脉相承的发展过程，西方园林水法却以意大利水法、法国水法、英国水法为三个阶段的典型。欧洲的造园艺术，有过三个最重要的时期：从16世纪中叶往后的100年，是意大利领跑潮流；从17世纪中叶往后的100年，是法国领跑潮流；从18世纪中叶起，领跑潮流的就是英国。

（一）意大利的造园艺术

在欧洲古典园林中，意大利园林具有非常独特的艺术价值。不管是其丰富多变的园林空间塑造，还是其独具匠心的细部设计，都反映出耐人寻味的造园特质，而这种特质是其他欧洲国家的那些气势轩昂、规模庞大的皇家贵族园林所无法比拟的。特别是意大利文艺复兴园林在世界园林史上的影响更为深远，在现在的欧洲园林设计中，依旧可以在许多地方找到意大利古典园林的痕迹。

意大利的造园艺术就是它的文艺复兴和巴洛克的造园艺术。巴洛克艺术号称"师法自然"，园林却更加人工化了，整座园林全都统一在单幅构图里，树木、水池、台阶、植坛和道路等的形状、大小、位置和关系，都推敲得很精致，连道路节点上的喷泉、水池和被它们切断的道路段落的长短宽窄都讲究很好的比例。因此，意大利花园的美就在于它所有要素本身以及它们之间比例的协调、总构图的明晰和匀称。

意大利台地园建造在真山真水之中，所以又称别墅园。意大利园的突出成就在于因地制宜的水处理手法，如意大利最著名的两个水景园是朗特别墅和艾斯塔别墅。朗特别墅模仿了水流涓集成河，奔腾跌宕，汇流入海的全过程，它抽象地模仿自然，把阿拉伯园中水渠的做法引进之后，加入许多鬼斧神工的变化，例如水的跌落、水扶梯（链式瀑布）、喷泉等等来人工地再现了这个过程。意大利园的水法注重动势，并且其特有的山地为这种做法提供了势能。

（二）法国的造园艺术

法国造园艺术的成熟，时间正好与拉辛和莫里哀的戏剧、普桑和勒勃亨的绘画、勒伏和孟莎的建筑同时。它们的精神完全一致，那就是古典主义的精神。古典主义文化的基本特色是"伟大风格"。这个时期的法国园林有以下三个显著特点：

1. 园林面积

意大利的园林一般只有几公顷，而法国凡尔赛园林竟有 670 公顷，轴线有 3000 米长。巴洛克艺术号称师法自然，园林却更加人工化了。整座园林全都统一在单幅构图里。别墅建筑物占据构图的中心，不但比过去的高大，有的甚至像在城市里一样，门前开辟了三条放射形的大林阴道。植坛方方正正，水池也是简单几何形的，边缘砌着方棱方角的石块。从山坡上奔泻下来的湍急的流水，也要在石渠里循规蹈矩，沿一级一级的石盘等差地落下，在它们的边缘形成厚薄十分均匀的水帘。道路是笔直的，正交成直角，上下平台的大台阶，常常装饰着雕像，围着栏杆。

法国的古典主义花园比意大利的范围更几何化，更人工化。法国古典主义园林还有一个重要特点，就是它的地形比较平坦，虽然也做几层平台，但很不显著。因此，图案式植坛的观赏条件不大好，只好尽可能把它们布置在主建筑物前，使人登高观赏。地形平坦没有落差，造成多数园林里缺少急湍、瀑布、喷泉，只有平静的河湖和水池，叫做"水镜"，像镜子一样反照着建筑、雕像、树木和云天。没有流动的活水，园林缺少生气，所以就用大量压力喷泉来弥补，法国古典主义花园虽然全是几何的，规整的，人工气息极浓，但是，它很开阔，外围的林园更是莽莽苍苍一片野趣，伸展到天边，所以，园林总的景观仍然是很自然的。

2. 园林的总体布局

园林的总体布局像建立在封建等级制之上的君主专制政体的图解，宫殿或者府邸统率一切，往往在整个地段的最高处，前面有笔直的林荫道通向城市，后面紧挨着它的是花园，花园外围是密密匝匝无边无际的林园。府邸的轴线贯穿花园和林园，是整个构园的中枢，在中轴线两侧，跟府邸的立面形式呼应，对称地布置次级轴线，它们和几条横轴线构成园林布局的骨架，编织成一个主次分明、纲目清晰的几何网络。

3. 园林主轴线的强化

花园的主轴线大大加强，它已经不再是意大利花园里那种单纯的几何对称轴线，而成了突出的艺术中心。最华丽的植坛、最辉煌的喷泉、最精彩的雕像、最壮观的台阶，一切好东西都首先集中在轴线上或者靠近它的两侧。没有艺术中心就显得散漫，不符合古典主义者追求构图的统一性的审美习惯；另一方面是，反映着绝对君权的政治理想，构图也要分清主从，像众星拱月一样。它已不再是意大利花园里那种单纯的几何对称轴线，而成了突出的艺术中心。

法国的造园艺术在世界园林史上一直都占有非常重要的地位。17世纪60年代，法国宏大的规则式园林逐渐取代了意大利文艺复兴园林，开始盛行于欧洲大陆。

英国莱汶府邸花园荷兰式剪树

（三）英国的造园艺术

法国园与意大利园相比，特点并不在奇幻多变上，而在比例的和谐、构图的完美、风格的纯净上。意、法园林水法在水形和岸形处理上以规则的几何形为特征，到了英国自然风致园时期出现大的变化，自然风致园推崇自然的浪漫主义思潮，讲究不留痕迹地模仿自然、巧借地形、顺势筑坡，草地斜侵入水，树木杂错间植。自然风致园的代表人物布朗的设计语汇主要是：曲折的水面和小桥、起伏的草地、成簇或带形的树林。

第一代英国风景园的灵感来源于由风景画和"大旅行"所展现的古代风景。意大利的风景是这个景象的主导；第二代英国风景园，被描述为"蜿蜒式"，显示出更少的对古代浪漫的考虑，而更多考虑自然地遵循地形、树林和湖泊的形状，它同样适合于英国的地理特征；第三代英国风景园被描述为"如画式"，如画式园林包含了对"自然之母"的崇拜，展现出她所有的自然的光辉，没有庙宇或其他点景物的装饰，这是一种"自然"类型的景色。[2]

英国早期园林艺术，从文艺复兴时期到君主专制时期，大体是意大利和法国的影子，但由于唯理主义哲学和古典主义文化在英国的根子比较浅，英国人更崇尚以培根为代表的经验主义，所以，造园上，他们怀疑先验的几何比例的决定性作用。

进入18世纪，英国造园艺术开始追求自然，有意模仿克洛德和罗莎的风景画。到了18世纪中叶，新的造园艺术成熟，叫做自然风致园。全英国的园林都改变了面貌，几何式的格局没有了，再也不搞笔直的林荫道、绿色雕刻、图案式植坛、平台和修筑得整整齐齐的池子了。花园就是一片天然牧场的样子，以草地为主，生长着自然形态的老树，有曲折的小河和池塘。18世纪下半叶，浪漫主义渐渐兴起，在中国造园艺术的影响下，英国造园家不满足于自然风致园的过于平淡，追求更多的曲折、更深的层次、更浓郁的诗情画意，对原来的牧场景色加工多了一些，自然风致园发展成为图画式园林，具有了更浪漫的气质，有些园林甚至保存或制造废墟、荒坟、残垒、断碣等，以造成强烈的伤感气氛和时光流逝的悲剧性。自然风致园发展成了画意园，诗人沈斯东把自然风致园分为三类：崇高的、美丽的和忧郁的。崇高的最荒野，有悬崖峭壁的高山，苍苔斑驳的古树；美丽的比较小，温雅而整齐；忧郁的介于二者之间。[4]

（四）德国的造园艺术

古典主义和浪漫主义元素的使用成为了德国园林的特征。从基督教以前的时期开始，对森林和自然的热爱就流淌在德国文化的深处。在浪漫主义运动的影响下，它迅速成长。在德意志民族的性格里好像有种大森林的气质：深沉、内向、稳重和静穆。歌德曾说过，德意志人就个体而言十分理智，而整体却经常迷路。理性主义，思辨精神，严谨而秩序，这已经成为德意志民族精神中的一部分。从20世纪初的包豪斯学派到后来的现代主义运动，我们都能清晰而深切地体会到德国理性主义的力量。

德国的景观设计充满了理性主义的色彩,从第二次世界大战后的城市重建到20世纪末的新柏林的建设,理性的光芒一直照耀在德国的上空。德国到处都是森林河流,墨绿色延绵无际。在保护和合理利用自然资源的同时,他们更尊重生态环境,景观设计从宏观的角度去把握规划。使景观确实体现真正冥想的空间或"静思之场所",它迫使观者去进行思考,超越文学、历史、文化常规,不断地对景观进行理性分析,辨析出设计者的意图及思想,或是从中找出逻辑秩序,感受到思考的乐趣和感官的体验。

生态景观设计中生态主义的思想现在得到重视,形式被搁置一边,追求大片的绿地和高科技天人合一的生态环境。它综合了其他的交叉学科,结合哲学、地理学、植物学、艺术学、建筑学、规划与生态学,以一种更理性全面的思想来对待景观,而不只是过去仅以美学为出发点和评判标准。

德国的景观是综合的理性化的,按各种需求、功能以理性分析、逻辑秩序进行设计,景观简约,反映出清晰的观念和思考。简洁的几何线、形、体块的对比,按照既定的原则推导演绎,它不可能产生热烈自由随意的景象,而表现出严格的逻辑,清晰的观念,深沉、内向、静穆。自然的元素被看成几何的片断组合,但这种理性透出了质朴的天性,来自黑森林民族对自然的热爱,自然中有更多的人工痕迹表达,自然与人工的对比给人的强烈的印象,思想也同时得到提升。

当代德国景观中的静默与沉思,是以数理思考观念来表达的。在数理关系中,用抽象的几何形体来完成线条的交织、转折,图案的重叠、转换与穿入草坡中的巨大石墙对应等。它很少有完美的古典对称构图,如法国式的水池、花坛、喷泉、放射状的路。它遵循理念和关系,直接而明晰,观念不用太多的修饰和衬托,于是我们看到的是不对称的简洁几何关系,一种解读自然宇宙和空间的理念,它给人更多的是静思后思考的愉悦和理性的磨炼,而不是情感上和视觉上的快乐,这也是与美国、东方景观最大的差异。

无忧宫的主人都被风景画、乡间的归隐生活、中国风格、古典主义、理性主义和经验主义所吸引,而在德国通过用风景园环绕巴洛克园林而使之现代化。有很多结合得非常好的优秀实例,歌德在魏玛的伊尔姆园的作品,对于德国浪漫主义园林的普及起了很大作用。在他的思想中平衡了浪漫主义和古典主义,总是去寻找自然的统一和个性。[2]

(五)美国造园艺术

杜邦花园是美国造园艺术的代表,其突出特征表现为:中西合璧,室内、室外景观争奇斗艳,游览与教育并重,体现了美国这个移民国家对外来文化的拿来主义。

美国杜邦花园（曹德成 摄）

美国杜邦花园，又称长木公园。长木公园从1798年起建造，参天的大树，壮观的喷泉，大剧院般的大型温室和管风琴低沉浑厚的音响，构成了长木花园的独特气质。该园占地1050英亩，共涵盖20个室外园和20个温室园，园内共栽培种植着1.1万多种植物。它全年对外开放，每年都吸引着世界各地近百万名旅游者前来参观，杜邦花园是美国最好的花园。树木不是自然状态，而是人工精心修剪成的几何形状，舒展、修剪平整的草地、和着万绿丛中的几点红，令人精神振奋，是典型的欧式风格。门口的两个大石头狮子，来自古老的中国，平添几分神秘、古朴。

杜邦花园的精彩部分在室内，温室内一排十几个树桩盆景，原产地大部分是中国，红果实的色彩艳丽、形状饱满，十分抢眼，盆景的造型动感强烈，它源于自然，而又高于自然，被人们誉为"立体的画、无声的诗、有生命的雕塑"。"枯木逢春"，花的奇形、异彩、娇嫩、文雅、可爱，插在枯木上，别有一番意境。

雨后的花园，人少、空气清新。细腻、如画般的草地，衬托着音乐喷泉，环境设计极有考究：喷泉前面是很平整的绿地，喷泉左右及后面的屏障，是绿色的树木和很有乡村气息的矮石墙，没有其他东西对视线造成干扰。

室外姹紫嫣红（曹德成 摄）

室内"枯木逢春"

长木花园不仅是一个优美的休闲场所，每年它还承办着不少园艺知识讲座、800多个园艺博览会和引人入胜的音乐、表演会等，该园林已成为集园林设计、园艺、教育和艺术为一体的世界一流园林名胜区。

第四节　中西园林水景观比较

水景设计是景观设计的难点，也是点睛之笔。对水的自然形态表现的关键在于用水的特征表现艺术真实，突出"虽为人开，宛若天成"的意境，运用源流、动静、聚分、对比、衬托、声色、光影、藏引等一系列表现手法赢得人们心理上的认同和喜爱。水体可分为静水、流水、落水和喷水。落水又可分为瀑布、水帘、叠水、流水墙；喷泉的控制分为人控、时控、机控、音控四和，其中音控方式有两种比较有趣，一种是通过人叫喊的声音大小来控制喷泉的高低，也叫喊泉，尤为孩子们所喜爱，是一种可互动的水景；另一种是随着音乐的播放节奏来变化水姿的，又称舞泉。水体具有扩大空间、分隔空间、美化空间、虚幻空间、异形空间、动态重组空间的作用。水体占据了各个异形空间，异形的水体柔化了形状的对立，流动的水体导引人们体验整个空间序列，转移了视觉焦点。

一、中西园林水景观理论

《园冶》是国第一本园林艺术理论的专著。明末造园家计成著，崇祯四年（公元1631年）成稿。

《园冶》设计如涧："假山依水为妙，倘高阜处不能注水，理洞壑无水，似少深意。"水的要素是必不可少的。

《园冶》设计曲水："古者凿石槽，上置石龙头喷水者，斯费工类俗，何不以理涧法，上理石泉，口如瀑布，亦可流殇，似得天然之趣。"[1]

在水景布局上，《园冶》根据地域的不同特征作了具体规定。

山林地："园地惟山林最胜，有高有凹，有曲有探，有峻而悬，有平而坦，自成天然之趣，不烦人事之工。入奥疏源，就低凿水"，"亭台突池沼而参差，绝涧安其梁，飞岩假其栈"，"门湾一带溪流，竹里通幽"，"千峦环翠，万壑流青"。

城市地："开径逶迤，竹木遥飞叠雉，临濠蜿蜒，柴荆横引长虹"，"架屋随基，浚水坚之石麓，安亭得景","清池涵月,洗出千家烟雨"。

村庄地:"凿水为濠,挑堤种柳","约十亩之基,须开池者三,曲折有情,疏源正可;余七分之地,为垒土者四,高卑无论,栽竹相宜"。

郊野地:"水竣通源,桥横跨水","开荒欲引长流,摘景全留杂树","溪湾柳间栽桃;月隐清微"。

傍宅地:"开池浚壑,理石挑山。"

济南趵突泉

江湖地:"江干湖畔,深柳疏芦之际啣,略成小筑,足征大观也。悠悠烟水,澹澹云山,泛泛鱼舟,闲闲鸥鸟。漏层阴而藏阁,迎先月以登台。拍起云流,舫飞霞竚。"[1]

《园冶》云:"长廊一带回旋,在竖柱之初,妙于变幻;小屋数椽委曲,究安门之当,理及精微。奇亭巧榭,构分红紫之丛;层阁重楼,回出云霄之上;隐现无穷之态,招摇不尽之春。槛外行云,镜中流水,洗山色之不去,送鹤声之自来。境仿瀛壶天然图画,意尽林泉之癖,乐余园圃之间。一鉴能为,千秋不朽。"[1]水景观建筑与水体的相依相存是中国园林独有的特色。

《园冶》云:"夫借景,林园之最要者也。如远借,邻借,抑借,俯借,应时而借,然物情所逗,目寄心期,似意在笔先。"[1]

"构园无格,借景有因。"[1]

"顿开尘外想,拟入画中行","看竹溪湾,观鱼濠上山容蔼蔼,行云故落凭栏,水面鳞鳞,爽气觉来歆枕,南轩寄傲口","北牖虚阴,半窗碧隐蕉桐,环堵翠延萝藤。俯流玩月,坐石品泉。苎衣不耐凉新,池荷香绾卿;梧叶忽惊秋落彻,虫草鸣幽。湖平无际之浮光,山媚可餐之秀色。寓目一行白鹭彻,醉颜几阵丹枫"。

"池上理山,园中第一胜也。若大若小,更有妙境。就水点其步石,从巅架以飞梁;洞穴潜藏,穿岩径水:峰峦缥缈,漏月招云:莫言世上无仙,斯在世之瀛壶。"[1]

与计成创作《园冶》的同时代,欧洲的园林家也开始自己的探索。1638 年,法国布阿依索写成西方最早的园林专著——《论造园艺术》。他认为:"如果不加以条理化和安排整齐,那么人们所能找到的最完美的东西都是有缺陷的。"17 世纪下半叶,法国造园家勒诺特尔提出要"强迫自然接受匀称的法则"。他主持设计凡尔赛宫苑，根据法国这一地区地势平坦的特点，开辟大片草坪、花坛、河渠，创造了宏伟华丽的园林风格，被称为勒诺特尔风格，各国竞相仿效。

法国艺术理论家丹纳参观了意大利阿尔比别墅后这样评价其审美取向："不许自然有自由，一切都矫揉造作……人对无生命的东西毫无兴趣：他不能承认它们有灵魂和它们自己的美，他只把它们当作为达到他的目的而使用的仆从；它们的存在只不过给他的活动当作背景……树木、水、自然风光，如果要参与到这戏剧里来的话，它们必须人化，必须失去它们天然的形状和性格，失去它们的野性、拘束性和荒僻的外貌，而要尽可能地把它们弄成男男女女们聚会的地方：客厅、府邸里的大厅或者神气活现的殿堂。"这段评论淋漓尽致地揭示了西方一种典型的自然观。

德赛亥出版了一本《园景论》，书里写道："人们不必到意大利或者别的什么地方去看漂亮的花园，因为我们法国的花园已经比别的国家的都好。"说到植坛："这些黄杨树不要种得乱糟糟……植坛要统一。……我们应当注意到，画家总是努力使他的构图左右配称，造园家也应当这么办。……比方说，如果在右边你设计了一个涡卷、一个方块、一个圆、一个椭圆……那么，在左边你必须重复它们，不多、不少也不变化。"

法国古典主义造园理论家布阿依索在《论依据自然和艺术的原则造园》一书中这样论述水在园林中的作用："尤其是河里的流水和盘式喷泉上喷着的水，它们带来的运动和活力是花园最有生气的灵魂。……最大的水面是最美的，不过，最好不要因它的开阔而使其余的水面失色。"论及河溪时，他认为还是小一点好，起到装饰点缀两岸的作用，并用卵石和砂子铺底，这样一来水面清澈，可以欣赏里面的游鱼。至于水渠，可以是直的，也可以是弯曲的（事实上法国园中水渠以直线及规则的曲线居多）。另外他还提出一种水渠、水池与植栽花坛、花圃交叉融合的新形式，可以用水渠将花圃划分为各式图案的格子，可以将水池、花坛杂错间置，甚至在商迪府邸的花园里，全部用水池代替植物花坛，创造出"水的花圃"这样造成的形式及构图的更多变化，成为西方园林水法的另一特色。

尊昂德雷·勒瑙特亥不善写作，终生没有著述。但勒瑙特亥既是古典主义造园艺术的第一个创造者，也是它的第一个突破者，为更新的时代开辟新路的人，欧洲著名园林几乎都是他的实际著作。维贡花园是勒瑙特亥第一个成熟的作品，是法国古典主义造园艺术第一个代表作。它是第一个真正超越了意大利的影响，有了自己的境界。维贡花园大有创新，表现了勒瑙特亥活泼的想象力。它的第一个特点是内容丰富，布置华丽。它在法国最早大量用雕像做装饰。虽然在意大利常见雕像，但用法不同。它大量造植坛、台阶和喷泉，6条水渠形成了横轴线，水池成了重要的造园要素；第二个特点是构图大起大合,用轴统率全局,统一中赋予变化,分主次、起讫、繁简、内外,充满了对比。同时,细节又是千变万化的;第三个特点是中轴线成为艺术中心,雕像、水池、喷泉、花坛均沿中轴线展开,依次呈现,其余部分都来烘托轴线。它不再是打简单方格的花园里单纯的几何轴线,也不是一条简单的林阴道。[4]

园林的总体规划,首要的就是水景规划,中国讲究:"高方欲就亭台,低凹可开池沼,卜筑贵从水面,立基先究源头,疏源之去由,察水之来历,临溪越地,虚阁堪支;夹巷借天,浮廊可度"[1]。经这一番考究,方能达到"相地合宜,构园得体"的效果。

西方传统园林中的水体形态类型相对比较简单,主要有喷泉、瀑布、沟渠、水池。与中国古典园林水景效法自然不同,西方传统园林中的水体基本都被圈在石刻石砌的几何图形里,或利用人工手段约束水体让它按照人们的意愿或喷或涌,与中国古园中不规则水体仿制自然景致形成了鲜明的对比。

二、水景处理手法差异

1. 形态的差异——曲与规则

中国园林水体形态千姿百态,精彩纷呈。在中国园林之中除了西方园林中可以见到的湖泊、池塘等闭合性水体之外,还出现了渊潭、溪涧、瀑布等水体形式。

(1)渊潭。

渊潭因其空间集中而深陷,岸壁较高,水位标高较低,周围环境浓郁荫蔽的特点而含有水深环境荫葱之意。如杭州西湖西冷印社的小型水池四周布置成翠竹浓荫,岸石陡峻,富有渊潭的韵味。

(2)溪涧。

溪涧的特点是溪流弯曲,仿照自然溪流做成土石的河溪岸边景色,弯曲的河流不仅仿照自然而且可以增加水面流程和源远流长之意味,也延长了观赏路线。

(3)瀑布。

《园冶》设计瀑布:"如峭壁山理也,先观有高楼檐水,可涧至墙顶作天沟,行壁山顶,留小坑,突出石口,泛漫而下,才如瀑布。不然随流散漫不成,斯谓'坐雨观泉'之意。夫理假山,必欲求好:要人说好,片山块石,似有野致,苏州虎丘山,南京凤台门,贩花扎架,处处皆然。"人造瀑布为中国古代园林艺术家争相造仿于园林中。如苏州狮子林将水柜设于墙头和屋顶之内,贮水下泄以为瀑布之景。"突出石口",避免"随流散漫",也有把瀑布从假山上洞口之中流出,造成水帘洞景观。

西方在文艺复兴和君主专制时期,园林常建于山坡上,因此沿斜坡上常形成水阶梯、跌水,在山势陡峭、高差大的地方,可形成奔泻的瀑布,在不同台层交界处,可以有溢流、壁泉,在下层台地上利用水位差形成喷泉,各种各样的喷泉或与雕塑结合,或以喷水的图形优美取胜。园中还常常有沿着等高线做成水渠、小运河等。兰特庄园和埃斯特庄园中都有这类水景。

园中瀑布(徐昌蓉 摄)

中国古典园林中在水景的形态处理上主要以"曲"为主,曲则奇,曲则险,"曲"是中国古典园林空间布局中最重要的形态,在水景中素有"曲水"之称。园林中的自然式水体大多是以庭院中的水池为主体而形成的静态水,常见于北方皇家园林局部观赏区和江南私家园林中心观赏区,整体呈圈形环绕分布,贯穿全园的水体以曲折迂回见长,增加了水景的空间层次美,水域面的处理手法松紧有致,园林面积无论或大或小,水面均有聚有散,曲折自然,疏密相间。

西方古典园林中的水的形态和中国园林设计讲究的蜿蜒盘旋有所不同,它表现得更为规则化。在西方古典园林中,水景的形态主要是以方形、圆形、六边形等各种规则几何形为主体。以17世纪法国古典园林为例,在水景的处理方面,造园者有意识地把平原中常见的湖泊、河流的静态水的形式引到园林中来,主要形成静态的水景景观,水面以辽阔、平静和深远的气势取胜,如维贡花园中的"水镜面"。

除此之外,运河的运用显得极为突出,在勒·诺特尔式园林建造中,运河的形态主要是以矩形规则式为主。以维贡花园为例,整个花园中最长的横轴是长约1000米的大运河,它与主轴成垂直布置把全园一分为二;而在凡尔赛宫的设计中运河的运用则达到了极致,它形成了一个十字交叉的运河体系,水域的面积较大,用来引导游人视线和加强空间序列感。笔直的运河延长了轴线,扩大了空间,作为中轴视线的延续,往往也是空间转换界面和道路迂回转折的地方,同时也是开展水上游乐的场所。运河常常位于轴线的远端,长长的笔直的岸线伸向远方,水面反映着天光,使透视线消失在水天交界处,产生无尽深远的感觉。

2. 水景布局的差异——集中与分散

中国古典园林中水景的布局主要是以集中为主，当然，这是和园林面积的大小有着密切的关系，对于中小型庭院来说多是采取这样的布局方式。水面位于庭院的中心，建筑包围水体，如苏州网师园、鹤园、畅园等两种园林中的水景布局都较为集中，水面较为完整和统一，全园呈内聚性布局。"水曲因岸，水隔因堤"，对于大型的私家园林来说，水景的布局看似分散，实则集中，是运用化整为零的处理手法通过曲桥、曲廊、曲堤的运用，把大水面分成若干小块，从而打破水面的刻板与单调，形成多个具有特点的水景景观节点。如北海静心斋的水景，主景区以大水池为中心，水面被水廊和曲桥划分，呈现有散有聚的状态，散处多以曲折取胜，聚处多以开阔见长。大型园林分散水景的示意图，水面虽分散但是相互之间具有连通性。

北海静心斋的水景，以化整为零的方式来分散水面，使整体形成八小块相互连通又各具特色的水景景观。水的面积占据全园的三分之一，总体格局东疏西密，建筑依水而建，四周丛林环绕。

西方古典园林中水的形态和中国园林设计讲究的蜿蜒盘旋有所不同，它表现出西方古典园林中水景的布局方式是以分散为主，以16世纪文艺复兴时期的意大利埃斯特庄园为例分析喷泉、百泉台、龙喷泉、跌水、圆形喷泉，全园的五处水景主要是分散布局在主轴线与横轴线的十字交汇处。

再以17世纪法国古典园林维贡花园为例，可看出水景的布局方式是以分散为主，除运河外，其他各个局部水景的面积并不大且在形态上呈规则式的几何形，点多而散。总体来说，水景并不是全园的中心景观，但在分布上是围绕主轴线依次展开的。

3. 理水手法的差异——叠山理水与喷泉理水

中国古典园林中的"理水"常常和"叠山"联系在一起，画家郭熙说："水以石为面"、"水得山而媚"，陈丛周先生也说："水随山转"，"山因水活"，这些都说明了山和水之间有着相互倚借的关系。

中国古典园林中的理水是以构筑岸形为基础的，水岸的结构和自然地势有关。"入奥疏源，就低凿水，搜土开其穴麓，培山接以房廊"，造园者采取的是因地制宜的方式来规划水岸，而水岸最终的形态又和石料的选择和摆放有着密切的关系。石材的品种丰富，在计成《园冶》中记录的石材用料多达15种，有太湖石、黄石、英石、青石、宣石、房山石等，其中，古典园林中掇山叠石多以太湖石而闻名。

江南私家园林中的水岸主要以自然式的湖石岸为主，讲究的是蜿蜒盘旋，曲折多变的自然形态，造园者往往在岸边或是跌石缝中种植花木苇草用以点缀。山石、花木、水景各要素之间在造园手法上讲究掩映关系，掩既是"藏"，映既是"显"，藏则深，显则浅，为求得自然意境的深邃，水景常常通过山石、花木的遮掩而若隐若现地呈现出来；而只有"显"的存在才能把"藏"凸显出来，所以"显"的景物布局也是极为重要的，两者是相辅相成的辩证关系。

西方古典园林的水景中，喷泉是理水中最为重要的一种形式，早期古希腊园林设计中的喷泉具有十分重要的宗教意义，在喷泉水池的周围建有圣祠，实用功能性排在喷泉的第一位。到了文艺复兴时期，喷泉兼具实用和美观的双重性，成为西方园林设计中必不可少的造园要素。为了加强喷泉的装饰效果，造园者不仅对喷泉砌体表面进行雕刻，使其具有人工美和具象美；还把喷泉和雕塑相结合，进行了各种手法处理，有的在喷泉顶端放置小型雕塑，有的用支柱撑起装有雕塑的水盘，有的把喷泉设计成各种神话中群像雕塑等。

文艺复兴时期的意大利台地园利用地形较大的高差变化来建造各种形式跌泉和喷泉景观，这时期的设计者们对理水技巧的处理已经达到十分成熟的地步，不仅在明暗和色彩上强调水景与背景的对比关系，同时也重视水景带给人的光影和音响效果，造园者有的通过水流挤压管中的空气而达到发出类似管风琴的声音，如埃斯特庄园中"水风琴"；有的利用跌水与机械装置碰撞而产生的声音；有的直接利用喷泉水滴落在水面上的声音。除此之外，造园者也重视喷泉与人之间的互动关系，开始突出水景的趣味性和游戏性，如秘密喷泉、惊愕喷泉等，总之，这一时期的古典园林造园者在理水处理的设计上用尽了各式各样的方法来达到愉悦游人的目的，各种喷泉运用使意大利台地园显得活泼和灵动，和17世纪的法国古典园林的典雅高贵形成了鲜明的对比。

法国古典园林由于环境和地势的变化，喷泉在水景中的重要地位已经逐渐被以静水为主的水池代替。这时的理水手法往往把平静的大面积水景和具有动感的喷泉两者有机地结合成为全园的中心景观，无论是喷泉还是水池，在古典园林中它们在园林的整体布局中一般都位于全园的主轴线上，水面往往是以矩形为主要的几何元素，通过把矩形放大到无限倍，并在中轴线上以对称式手法的布局呈现出来，造园者试图通过水景营造一种无边的空间延伸感和强烈的视线导向性，从而给人带来一种宇宙间恢宏的气魄感。

4. 水体音效的使用

中西方的造园家们都十分注重水给园林带来的音响作用，不过两者在表现形式上又有着极大的差异。中国园林中追求的是幽静、感情细腻、古筝韵律般的效果，如无锡寄畅园中的八音涧和北京颐和园内谐趣园中的玉琴峡。而意大利埃斯特庄园中的水风琴则以水流挤压管中空气发出类似管风琴一般咆哮的轰鸣声，显得十分的热闹，同时还有活动的小雕像的机械装置，表现出设计者精巧的手法。这些反映出东西方人不同的感情表达方式。[9]

三、水体性格内涵比较

中国传统园林和西方传统园林对水这种要素采取了不同的态度，这是由社会历史、文化差别、审美差异等原因，而赋予了不同的性格内涵。本书在第二章中曾概括中西经典水论的特征，核心观点是：儒家"敬水"、道家"静水"、佛家"净水"，西方则是"控水"，这些特征对中西园林水体性格内涵产生决定性影响。

中国传统园林水艺术塑造讲究含蓄，追求"韵趣"，而西方传统园林水艺术塑造更多的讲究张扬，追求一种"玩趣"。在具体的水景建制时表现出"静"与"动"、"藏"与"露"的差别。

中国古典园林中水虽为静，但静而不死，而也正因为静而不死才能凸显韵趣。中国古来造园就讲究引用活水，园林本就近水而建，傍湖引河、深泉凿井，力求水流生生不息，只是这种生气蕴于水清草碧之中并不流于外表。同时，澄澈透明的静水又尽显虚涵之气度，亭台楼阁、草木藤树、山石花鸟皆倒映于水中，微波晃动，涟漪随风之时影像变形变色，虚虚实实，虚实相生，再加上游人缓行于桥间、荡舟于水面，结合活水源头于水下淌嬉，怡情怡性、韵味无穷。

相对于中国传统园林的"静"，西方传统园林的水体性格总体上表现出"动"的特点。尽管法国古典主义园林也流行使用平静的池水做映衬景致的"水镜"，但园中那成百上千的喷泉却更能吸引游人的目光，也成为许多小景点的中心。意大利园林建造者们则对流动的水情有独钟，他们的园林建造在山坡上，地势的落差为水的流动创造了天然的有利条件，尽管池泉、沟渠都是用石头砌成雕以几何图形，表现出程式化，但奔流的水给花园带来了运动，光影的明灭闪烁和水声的高歌浅吟生机勃勃，充满生命感。意大利人在园林且用石雕和想象再现了水在自然中的各种形式：有出自岩隙的清泉，有急湍奔突的溪流，有直泻而下飞珠溅玉的瀑布，还有前面提到的链式瀑、台阶瀑（又称水台阶），与艾斯塔别墅共称意大利最著名水景园的朗特别墅花园就表现了水自出山至入海全过程中的各种动态形式。

西方传统园林中的水艺术在建造时十分注意为观赏它的人们带来新奇和惊叹，这也体现了西方人在动水中追求玩趣的一种游乐倾向，最突出的便是巴洛克风格的园林中稀奇古怪的各种水机关，以及后来在意大利园林和法国园林中广泛流行的水剧场、水风琴、惊愕喷泉、秘密喷水等。

水剧场是利用水力来造成各种戏剧效果的一种设施，通常靠着挡土墙，水配合着雕像以各种方式喷、淋、洒、溅，有的还利用水力驱动飞鸟走兽，并发出风雨之声、雷鸣之声以及鸟兽之声；水风琴是利用水流造成气流，使单个或成组的金属管子发声，犹如风琴在演奏美妙的乐曲；惊愕喷泉是最能体现水嬉玩趣的装置，它有点像恶作剧的小孩，平时滴水不漏，一旦有人靠近便四面喷水，淋湿游人的衣衫，在人群中引起一阵阵惊叫和欢笑；秘密喷水则相对体贴温柔，隐藏在暗处喷洒细细的小水珠，以使四周充满凉爽之意。意大利艾斯塔别墅就因庭园中成功运用了这些水魔术而名扬世界。

中国传统园林中水体的"藏"不仅表现于被掩、被隔的支离和曲折，还体现于它自身的虚涵广纳，园中景物往往绕水而置，山石、花草、建筑、游人尽映于水中，倒影层层叠叠，让幽深的碧水一渲染，便有水上一世界，水下更有一世界，使得看来有限的实物景致无限延展，展现出另一世空间。此外，水在中国古园中的贯通勾连与缓进渐变也在一定程度上体现了"藏"的理念。

西方传统园林中的水却与中国古园大相径庭，喷泉、瀑布、沟渠、水池整齐划一，极力全面展现各自的身段，整体上形成与中国"藏"相对的"露"，这和中西文明的水基因紧密相连。西方传统园林中水艺术采用几何图形形式，注重规整对称的基调首先就决定了它的水体缺少了中国古园中多有的曲折和迂回，对称整齐的几何图形总能让人很容易看穿它的形态结构。再者，让游人能清楚明了地观赏到水涌动流淌等各种形态，也符合西方传统园林为王公贵族娱乐而建造，为游览者提供更大新奇乐趣和玩味的目的。

中国传统园林多数以水体为造景中心，花木、山石、建筑则配水而建，它们彼此融贯一体，相互结合、映称，构成了园林中的重要部分。中国古园由于推崇仿自然之态，因而水体也多配有花草萍箩、山石树木，或杨柳垂岸，或青苔驳岸，或莲荷绽放，或池水立石，龟鲤畅游等，不一而足。

由于中西园林对自然的不同态度，影响了园林的总体布局，使中国园林和西方园林在总体布局上显示出不同的特点和风格。

中国园林的布局在整体上是"山水画"式的，以山水为景区的主体，建筑物只作为点缀山水之用。整个园林设置景中有景，园中有园，峰回路转，曲折幽深，显得很含蓄，很有韵味。西方园林的布局在整体上是"几何图形"式的，以建筑为景区的主体，山水花木常被修整后才作为园林景物，整个园林设置得规整一律、轴线分明、秩序清楚、条块成形，显得开阔、明朗。

法国园林最早可追溯到古罗马时期，但是在古罗马灭亡到文艺复兴这1000年，欧洲在严格古板的基督教神学统治下进入"黑暗的中世纪",这一时期的整个欧洲都没有留下什么大型观赏园林。16世纪末的宗教改革全面、深刻地反思了宗教神学统治形式,从哲学的高度把人从神的脚下扶起,赋予思维与理性以至高无上的地位。在造园思想上,表现为大规模地改造自然现状,反映人对大自然的认识与征服。设计师在园林设计中大量使用几何式构图,透过严谨的几何图形反映欧洲传统的理性主义至上的思维特征。发达的逻辑学、几何学及透视学又为园林设计提供了一整套系统的表达方式和严格的评价标准,形成一种层次缜密和整体完备的结构体系。这种理性至上、改造自然的造园思想在凡尔赛庭院设计中得到了最完美的体现。

台湾学者吴森在《比较哲学与文化》一书中认为:"西方文化三大支柱:科学、法律、宗教;中国文化两大支柱:道德、艺术。"其中最显著的差异是科学性和艺术性的对比。科学和艺术最主要的差别,就是科学重精密的分析,准确的数量和遵循固定的程序和法则;艺术重直觉的体会,正如《文心雕龙》所说"文无定法,神而明之"。

相对于我国"求静"、"淡中求趣"的文化,西方文化是一种强烈的求动、求变的文化。在两种不同倾向之下,中西传统园林一个侧重于模仿,极尽能力去艺术地再创造出泉、潭、溪涧、瀑布等自然景观,提倡和谐美、平和美;一个侧重于改造,推崇发展、竞争、力量,追求人的能力的最大发挥与创造。中西传统园林水景由此在形态上有很大的差异。

中国园林中,水是空间组织结构的灵魂和重要的空间背景,这种作用大于建筑和道路等人工要素,自然山水格局的理论相当于西方对于轴线等理性秩序的重视程度,在这方面,中国的特色是很明显的。中西方不同水景在提供观赏线索方面,有相似的地方,但是形式不同。中国水系一般贯通、串联全园空间,可引导游赏行为序列的展开,西方则在水的表现手法方面丰富多样,形式动静结合,尤其是与雕塑结合,可表现不同的主题,而主题之间是有机联系的,于是水景也成为重要的线索。

四、水体的角色地位

中国古园建筑与水的关系也不例外,中国建筑自古以来讲究依山傍水,在园林中也效仿之,古园建造并不以建筑为中轴核心,反而这许多的水榭、舫、桥、楼阁、小亭等都似乎成为园中水景自然之美的点缀之笔,或架于水上、或立于水边、或倒映水中、或掩映在花草山石之间,即使是较大的建筑,造园师们也往往用树林绿叶将其半掩,以免破坏自然之趣的和谐。而游人游园,则是要面对这山水画般的精巧景致从"有我之境"步入"无我之境",融入其中,成为"画"中一笔。

西方传统园林中的水体则不像中国，并不与岸边山石树木，水上岛屿桥梁，以及泛舟游人交相辉映。西方传统花园中的喷泉池多建于宽阔的道路交叉口或平坦的广场，作为主次轴线上的不同景点，往往只是与置于池水中央的雕像群自成一体。而沟渠作为花园分界同作为"水镜"的大型水池一样，周围基本不种植花木也少立雕像。西方景观设计师往往将建筑作为他们塑造景观的出发点，如皮特·沃克就明确表示他在塑造景观时把握的两个主题中，第一个便是将景观作为建筑形式的延伸，力求为建筑创造一个基础环境。

在西方传统园林中，主体建筑才是全园的核心重点，所有其他要素、景观都以主体建筑为中心统筹，都按照建筑的风格进行处理，讲究对称、整一，水体自然也不例外，要么在主建筑前的广场安置大型喷泉池以衬托建筑的气魄，要么设置巨大的"水镜"以倒映建筑增添其壮丽，要么就用沟渠来规整对称，突出轴线中心。而游人则往往不在园林的景中，而是置身景外来观赏变化多端的水景，亦或感受被恶作剧式的洒水上身的惊奇。

意大利台地园的理水技术发达，不仅强调水景与背景在明暗与色彩上的对比，而且注重水的光影和音响效果，并以水为主题形成多姿多彩的水景。

法国园林的形式表现王权至上的主题思想，主建筑通常位于制高点，花园的规模、尺度和形式都服从于它。贯穿全园的中轴线都加以重点装饰，最美的花坛、雕像、泉池等集中布置其上形成全园视角中心，横轴和次要轴线对称布置在中轴两侧，整个园林秩序严谨、主从分明。水景创作采用法国平原常见的湖泊、河流形式形成镜面水景。高大乔木成林种植，花卉组成刺绣花坛，追求鲜艳、明快、富丽的效果。

英国风景园排除直线园路、几何形水体和花坛，排除中轴对称布局和等距离的植物种植形式，尽量避免人工雕琢痕迹，以自然流畅的湖岸线、动静结合的水面、缓缓起伏的草地、高大稀疏的乔木或丛植灌木取胜，追求广阔的自然风景构图，较少表现风景的象征性。

中西水体的角色地位的差异主要分为三个层次：

第一个层次是表层的造园要素，即最基本和最具象的内容。中国的古典园林以亭、台、楼、阁、曲桥、复廊、漏窗等为要素；西方古典园林以雕塑喷泉、几何式植坛、希腊人物石雕等为要素。

第二个层次是园林中具体的造园手法，即水的空间形态、空间视觉和空间序列的营造和组织等。西方古典园林中讲究的水轴线对称关系和水的直线串联性等；中国古典园林水的环形围合性。

第三个层次则是在造园的过程中，历代的造园者所追求的最高的艺术境界：中国古典园林中"虽由人作，宛自天开"的水的意象美；西方古典园林中追求的"数"的水的几何序列感与具象美。

五、水体的环境塑造

水体的环境塑造与临水、跨水建筑密切相关的，这些建筑围合空间、分割空间、联系空间。中国的水要素与其他要素结合紧密，而西方各要素相对独立，秩序明确，风格也就不同。

（一）中国园林的水景建筑

中国园林常见的建筑有轩，是顶部穹曲、明亮高敞又区别于亭的建筑或空间部分。楼与阁中楼多少带有堂正性、规整性，而阁的形式则往往带有灵活性、多变性。《红楼梦》大观园中省亲别墅的正楼称大观楼，东面的飞楼称缀锦阁，西面的斜楼称含芳阁。可见和楼相比，阁可以具有斜、偏等性格特征。

台主要是层高型建筑，而榭则主要是依水型建筑，水榭临平台，平台依水而构，也是常见的建筑组合。园林中的榭，是开敞性的、体量不很大的个体建筑，它具有供游赏停息的功能和点缀功能。

舫往往指湖上游赏性的构制精美的小船，又称游舫画舫。舫一般存三种类型：写实型的舫、集萃型的舫和象征型的舫。

颐和园舫（徐昌蓉 摄）

廊的游赏功能特别显著，因而被习惯地称为游廊。它还能使游人避免曝晒或淋雨，还能分隔空间、增加景深，其本身又表现为一种形象美、节奏美。廊的游赏功能突出地表现为廊柱的独立性以及其对墙壁的扬弃。中国的廊柱和西方又同又不同。相同的是除支撑屋顶外，都离开墙壁而自由独立。不同的是，希腊神庙的柱式，无论是端庄淳朴的陶立克式，还是轻快流畅的爱奥尼式，或是华丽纤巧的科林斯式,体量都比较高大,都挺然耸立,其着眼点都在"神";中国园林的廊柱,着眼点全在"人",它们都不太高,倾向于轻巧玲珑,而对墙壁不同程度的扬弃,则是为游览者创造更多的观赏空间。

亭也是园林中最为重要、最富于游赏性的建筑,一是体量小,用料少,占地不多,灵活性大,适应性强;二是形式多变,造型多样。亭的主要性格就是"虚"。钟惺《梅花墅记》有云:"高者为台,探者为室,虚者为亭,曲者为廊。"

桥,架空而非空,是水、陆、空三系统的交叉点和聚焦点,是静态的依水体景观中极为重要的类型。堤是两面临水的带形陆地,岛则是三面或四面环水的团形陆地,堤是连接水体两岸的锦带,岛可说是水体之中的美玉。

颐和园桥亭(徐昌蓉 摄)

《金瓶梅》在第十九回设计水景观中同样强调时间的流动、空间的转换:"四时赏玩,各有风光:春赏燕游堂,桃李争妍;夏赏临溪馆,荷莲斗彩;秋赏叠翠楼,黄菊舒金;冬赏藏春阁,白梅横玉。"这里用植物表现四季流转,技法和《水浒传》是一致的,但在刻画空间的变换时却用的是流动的建筑:春堂、夏馆、秋楼、冬阁,建筑的封闭与开放、高旷和低敞,配合时令的变化,显得自然贴切,值得借鉴。

《水浒传》在第一一四回中描写西湖胜景时强调四季流转:"春风湖上,艳桃浓李如描;夏日池中,绿盖红莲似画;秋云涵如,看南国嫩菊堆金;冬雪纷飞,观北岭寒梅破玉。"春、夏、秋、冬各自突出极具特征的物象:风、日、云、雪;景观由地达天,从"湖上"到"池中",从空中静态的"涵如"到动态的"纷飞",刻画出空间的流动;由植物桃、莲、菊、梅的变化,显现出时间的流淌,红、绿、金、玉,色彩纷呈,构成季相色彩的交响。

(二)西方的水与雕塑的交响和中国的水石的交融

在西方的园林水景观中,人体、神话、动物雕塑是主体,位于水景中心。水与雕塑融为一体。为突出人的力量和人工的雕琢,西方花园每每放置许多表现人体美的雕塑。西方雕塑是作为建筑艺术的装饰出现的,但很快它就获得了独立地位。古希腊神话的神人同形同性,人的优美躯体和姿态,就意味着一种神性的光芒,希腊人将青春、力量、健美作为审美主体,并通过雕塑的形式将视觉美升华到信仰层面,因此以人体、人像为主题的雕塑形式占据着雕塑题材的主导地位,涌现出众多优秀的人像雕塑作品。这些雕塑作品有单人的也有组合的,它们的共同特点是动作姿态丰富多彩,注重形体的比例、结构、神态、转折,体现了西方雕塑的科学性与知识性。在建筑主宰一切的西方园林中,雕塑艺术的地位是

凡尔赛王宫的太阳神阿波罗水池

非常突出的。它不仅用于装饰花园中的住宅,还常与喷泉结合、或是独立地布置在花园中,形成局部的景点的构图中心,和自然景色相互渗透。当然这些雕塑表现的形象也主要是人体,造园家把这些表现人体美的雕塑作为风景构图的重点,放在林荫道的尽头、广场的中心或是喷泉水池中。有了人体形象美的点缀,风景就更加完美了。特别是文艺复兴之后,表现人体美的雕塑大量问世,并与园林艺术巧妙地结合,确实给西方园林添上了精彩的一笔。在凡尔赛花园主轴线上的"回旋曲"中,象征河流和水神的铜像成为园林中引人入胜的部分,它的轴线是东西向的,宫殿在东边。轴线的主要段落从拉东纳喷泉开始,拉东纳是阿波罗的母亲,她的雕像坐在几层大喷泉顶上,一手牵着年幼的阿波罗,向西凝望,她面前一条60米宽,300多米长的林荫道,称为王家大道,它的两端,是阿波罗水车喷泉,一个大水池中央,阿波罗赶着马车,风驰电掣般从水底奔突而出,喷起20多米高的水柱,开始他一天的巡行。马蹄之前不远,展开一条1600米长,120米宽的大水渠,每天傍晚,太阳在它的西端下沉,万道霞光映照在水面上,阿波罗结束了他的巡行。

狮子林(徐昌蓉 摄)

区别于西方的水与雕塑的交响,在中国的园林水景观中,则是水石的交融。文震亨在《长物志·水石》中写道:"石令人

古,水令人远,园林水石,最不可无。""石令人古"可远溯到精卫填海、易经,直至孔子的"仁者乐山",中华先民素有爱石情结,代代相传,构成为一种复杂的"集体无意识"之类,绵延、发展成一部石头文化史。石是园林之骨,园林也不能无石。园林中的石,既可用作单点、平列和堆叠,亦可建构磴道、花坛、池岸、石矶、踏步等。而怪石、名品还成为园林水景主题乃至景观主题系列,《园冶》列出种种名石:太湖石、昆山石、宜兴石、龙潭石、青龙山石、青龙山石、灵璧石、岘山石、宣石、湖口石、英石、散兵石、黄石、旧、锦川、花石纲、六合石子等,瘦、漏、皱、透成为奇石的审美标准。陈从周说:"水以石为面","水得山而媚","无石则水无形,无态……若无水,则岩不显,岸无形"[①]。水和山石的相互依存关系构成中国传统水法的重要特点。

六、水体的文蕴展现——文学艺术、书法艺术与园林艺术直接结合

与西方字母文字不同,汉字具有会意、具象、隐喻功能,闪耀着整合思维的光辉,用汉字作题刻、楹联、点题对园林水景观文蕴展现起到重要作用,这又是中国园林水景观独有的特征。

《岳阳楼记》云:"乃重修岳阳楼,增其旧制,刻唐贤今人诗赋于其上。"说明中国历代水景观都非常重视对文脉的发掘与展示。《红楼梦》第十七回中就写道:"诺大景致,若干亭榭,无字标题,也觉得寥落无趣,任有花柳山水,也断不能生色"。水之"文"断不能少,诗心、书骨、画眼、园趣、乐感、塑象、文蕴、哲理,构成水景观的深刻文化内涵。

题刻、楹联可起到通过文字为景点标题、引导之用,词出景生,让人流连光景,细心揣摩。园林中的匾额主要用作题刻园名、景名,或用作陶情、写情、咏景,抑或用作颂人、写事的,典雅含蓄,立意深邃,既能融辞、赋、诗、文意境于一炉,又能系诗情、画意于一词,使物景获得"象外之境、境外之景、弦外之音",人们得以涵咏乎其中,神游于境外,获得灵魂

狮子林"真趣亭"匾额和楹联

---

① 陈从周.园韵.上海:上海文化出版社,1999

和生气。

标题可起到画龙点睛的效果。品题者,先要品赏,触景生情,产生文思,再给以标题。标题可分为三字和四字两种类型。标题既要有典故,又要暗合景观精髓,如《红楼梦》大观园中景观标题从"杏花村"到"杏帘在望"再到"稻香村"的演变,体现编新与述旧、用典与创新的有机结合;品题的位置亦正亦奇,有正上方的匾额,"抬头忽见山上有镜面白石一块,正是迎面留题处",如石牌坊上的"省亲别墅";有侧立的竖石如"稻香村","忽见篱门外路旁有一石,亦为留题之所";有挂立的匾灯,"港上一面匾灯,明现着'蓼汀花溆'四字"。

青城山于右任匾额

大观园内每一景区各具特色,个性鲜明,绝不重复,面面俱异,方方胜景,区区殊致,各有各的独创,各现各的生命。

在诸景中,作者借元妃之口,推崇怡红院、潇湘馆、稻香村、蘅芜院个性突出、最富创意。拟人化的景观紧扣人物性格,是《红楼梦》景观学的独到之处。楹联则如:"绕堤柳僧三篙翠,隔岸花分一脉香","吟成荳蔻诗犹艳,睡足荼蘼梦亦香"等,对于种种物质建构来说,它们或标出季相,或点明时分,或巧写景色,或引人遐想,或发抒性灵,或深化意境,或诉诸审美,或思古幽情……这都足以升华到形而上的、无拘碍的精神空间,使园林艺术得到提升,起到画龙点睛的作用。

题景、匾额、楹联、题刻、碑记、字画等内容或记事、或写景、或抒情。匾额是指悬置于门振之上的题字牌,楹联是指门两侧柱上的竖牌,刻石指山石上的题诗刻字。园林中的匾额、楹联及刻石的内容,多数是直接引用前人已有的现成诗句,或略作变通。如苏州拙政园的浮翠阁引自苏东坡诗中的"三峰已过天浮翠",还有一些园景题名出自名家之手。不论是匾额楹联还是刻石,不仅能够陶冶情操,抒发情怀,也能够起到点景的作用,为园中景点增加诗意,拓宽意境。如西湖一景有匾额"柳浪闻莺",每当烟花三月,万丝垂柳迎风摇曳,宛若碧浪,在那垂柳成荫的深处,不时传来声声莺啼,清脆悦耳,"柳浪闻莺"点题,真可以说是恰到好处。中国古典园林中这样的例子比比皆是,这些匾额、楹联、诗文或蕴含哲理发人深思,抒发情怀令人神怡,成为园林中的重要组成部分,也是中国园林艺术的精华所在。

园中的景象,在诗文的启示下,给予游赏者以情意方面的信息,唤起记忆和联想,把眼前的景象升华到精神的高度，产生物外情、景外意。加上匾额、楹联、诗文通过书法和篆刻这种形式表现出来，书法和篆刻作为一门独特的风格各异的艺术门类，都是以中国文字为载体的艺术，通过线条、字的结体和通篇气韵来表现，其浓淡、快慢、苦涩、饱满等与音乐的节奏与旋律相似，是情感的表达，因此被称为线条的艺术，通过方寸之地也可言事状物，表情传意。匾额、楹联、诗文通过书法和篆刻这种艺术形式表现出来，更增添了艺术的感染力，如一些名人所提的匾额，书法不拘形式，豪放洒脱，充满个性。一旦把文学艺术、书法艺术与园林艺术直接结合起来，园林意境的表现便获得了多样的手法。

园林品题系列是文学艺术、书法艺术与园林艺术直接结合重要的形式，如西湖十景：苏堤春晓、曲院风荷、平湖秋月、断桥残雪、柳浪闻莺、花港观鱼、雷峰夕照、双峰插云、南屏晚钟、三潭印月。

燕京八景：居庸叠翠、玉泉趵突、太液秋风、琼岛春阴、蓟门烟树、卢沟晓月、西山晴雪、金台夕照。

关中八景：华岳仙掌、骊山晚照、灞柳风雪、曲江流饮、雁塔晨钟、咸阳古渡、草堂烟雾、太白积雪。

扬州二十四景：卷石洞天、西园曲永、虹桥览胜、冶春诗社、长堤春柳、荷浦薰风、碧玉交流、四桥烟雨、春台明月、白塔晴云、三过流淙、蜀冈晚照、万松叠翠、花屿双泉、双峰云栈、山亭野眺、临水红霞、绿稻香来、竹市小楼、平冈艳雪、绿扬城廓、香海慈云、梅岭春生、水云胜概。

朱仁民先生设计的银川鸣翠湖国家湿地公园品题系列亦颇具特色：百鸟鸣翠、车水排云、碧水浮莲、千步廊桥、迷宫寻鹭、青纱漏月、绿帐问茶、芦花追日、东堤夕照、白沙落雁。该品题结构，时空交错，音画交融，动静相兼，虚实相生。

标题系列设计，一要符合逻辑，二要对景观的序结构优化，三要对景观文化内涵进行概括、提炼、整合、升华。通过标题对观众、游客进行引导、熏陶，提升文化品位、彰显文化精品。

第五节　日本园林的水景观

日本园林分为：枯山水、池泉园、筑山庭、平庭、茶庭、露地、回游式、观赏式、坐观式、舟游式等样式。其中，枯山水是日本园林中最重要、最独特的样式。

一、日本的枯山水

从汉代起，日本就受到中国深厚文化的影响，园林也是如此。日本园林一直保持着与中国园林相近的自然式风格，但结合日本的自然条件和文化背景，形成了它的独特风格而自成体系。日本所特有的山水庭，精巧细致，在再现自然风景方面十分凝练。并讲究造园意匠，极富哲学意味，形成了极端"写意"的艺术风格。

日本园林以其独特风格在世界上独树一帜，其园林艺术虽源于中国，但经过长期的发展与创新，已形成日本民族独有的自然式风格的山水园。日本园林以其清纯、自然的风格闻名于世。它有别于中国园林"人工之中见自然"，而是"自然之中见人工"。它着重体现和象征自然界的景观，避免人工的痕迹，创造出一种简朴、清宁的致美境界。

在枯山水中，庭园中所用的石头不同于中国的湖石，它不求瘦、皱、漏、透，而求气势浑厚；理石方法也不是叠掇，而是利用石头本身的特点，单独或成组地点布。象征水面的白砂常被耙成一道道曲线，犹如万重波澜，石块根部的砂石耙成环形，似惊涛拍岸。花木疏简而矮小，精心控制树形而又尽力保持它们的自然形态，以求与整个枯山水的风格相协调一致。这种以凝思自然景观为主的审美方式，典型地表现了禅宗的美学思想，同时也反映了日本特有的民族审美意识形态。

（一）日本园林的缩小志向

日本园林的精彩之处在于它的小巧而精致。大者不过一亩余，小者仅几平方米。例如，大德寺龙光院有一著名茶室"寸松庵"，室门上挂有一匾，上题"蜂房蚁穴"就很形象的说明了这一茶室的特征。日本还有一种壶庭，大德寺龙源院方丈与厨房间有一块面积只有13平方米的狭长空间，名叫东滴壶。"壶"内铺满白沙，沙上耙有波纹，并有五块山石分组而置，由于布石巧妙，营造了万千气象，令人神往。该壶庭不仅在日本，在世界也算是"迷你"园的杰作，代表了日本园林的精髓。京都妙心寺桂春院的"清静之庭"仅六七

东福寺

平方米大，庭内有一加竹盖的枯井，井边有三块山石构成枯瀑布，在白墙、白沙、树木的映衬下山石尽显高大，庭园气势磅礴。

日本园林就是用这种极少的构成要素达到极大的意韵效果，尤其在小庭院方面产生了颇有特色的庭园。

（二）日本园林的追求细节心理

日本园林景观布局是优美和谐的，但对具体到构成整体景观的每一个细部进行设计时，同样精心打造。日本人对细部设计表现出其他国家民众少有的关注，从而使得其设计作品更富有魅力，更耐人寻味。对微小的东西如一根枝条，一块石头所处位置，显得极其关心并看得非常重要，这些在飞石、石灯笼、门、洗手钵、培垣处理上都有充分的体现。如京都皇宫仙洞御所园林中南池岸边所铺的大面积鹅卵石，被称为"一升石"。据说这些石头形状、大小基本相同，约有11万块，是由小田原藩主以一升米换一石的代价从百姓手中精选来献给天皇的，可算是精细的极端之作。

日本毛越庭园

还有，在日本的园林中花木皆修剪成各种不同的形状，或呈圆球形、椭圆形或呈扇形，即使是高大乔木，亦不让其自由生长。在京都皇宫和银阁寺看见过园丁修剪花树，其认真精细不亚于手艺高超的理发师。园林围墙多由灌木或乔木修剪而成，造型如叠堆的山石，中间插进修剪成圆球形的杜鹃花，春天繁花齐放，美不胜收。

再如，洗手钵是茶庭中不可或缺的构件，寓意洗涤世俗风尘，清净身心，茶亭主人总会在洗手石钵上大做文章，以便让人触景生情，洗心革面。

日本园林中的培垣多下部用砖石上部用竹木编织，比例都是上三下一，且竹木编织的花纹不同，各地都有自己的编法。

（三）日本园林的恋海情节

日本是一个海洋国家，日本民族对大海充满敬畏、向往和眷恋之情。日本人心中最美的三景——松岛、天桥立和严岛均以大海为主体，被誉为"扶桑第一好风光"。日本人爱海也深深物化在园林中，仿海造景一直是日本园林的主题之一。

潮入式园林，引入海水，利用潮涨潮落，构造景观是日本园林独有特色。《作庭记》在置石手法中提到"大海式置石"，要求在置石时，"应先作石矶。即在岸边置高低不一的突出岩石，从水汀向池中连续置石数块，另外再远处散置数石，这些石块都好像位于浪激之处，被海水冲刷过"。并要求"应在所见之处铺造沙洲和白沙浜，种植松树等。"因为黑松是日本海边常见的树木，而白沙浜也是海滩的再现，所以在白沙上植黑松也是日本造园的主要手法。园林建在海边，园中池水为海水一部分，随着潮涨潮落，园景一天数变，人们在园林中可以欣赏到海潮变化带来的乐趣。桂离宫中的天桥立也是对日本名胜的仿写，中心小岛上立石灯笼，小石板拱桥相缀，沿水岸边用鹅卵石铺成洲浜，这一景称为天桥立。天桥立是日本海边的著名风景。

枯山水园林出现后，本来用来像海滩的白沙直接代表了茫茫大海，散布沙上的山石，便成了汪洋大海中的岛屿。园主们还在白沙上耙出各种水波纹。日本之所以保存、发展了枯山水庭园，也是因为日本人生活在四周被海包围的岛屿上。大海养育着日本民族，因此人们总想与大海同呼吸、共命运，所以发明创造出寓海于石、沙，赋予无生命之物以生命，给不动之物以动之感，用以满足精神上的寄托。

东福寺八相之庭。所谓"八相"乃瀛洲、蓬莱、壶梁、方丈、五山、八海、井田市松、北斗七星。图中假山为瀛洲、蓬莱、壶梁、方丈、五山，圆圈与直线的流沙代表八海。井田市松、北斗七星分别在北庭与西庭中。

桃山时代园林在室町时代有仙洞御所庭园、京都御所庭园、桂离宫、旧浜离宫园、旧芝离宫园。

（四）日本园林的独特风格

第一，源于自然，匠心独运。日本园林充分利用造园者的想象，从自然中获得灵感，创造出一个对立统一的景观。注重选材的朴素、自然，以体现材料本身的纹理、质感为美。造园者把粗犷朴实的石料和木材，竹、藤砂、苔藓等植被以自然界的法则加以精心布置，使自然之美浓缩于一石一木之间，使人仿佛置身于一种简朴、谦虚的至美境界。

第二，讲究写意，意味深长。日本园林常以写意象征手法表现自然，构图简洁、意蕴丰富。其典型表现便是多见于小巧、静谧、深邃的禅宗寺院的"枯山水"园林。在其特有的环境气氛中，细细耙制的白砂石铺地、叠放有致的几尊石组，便能表现大江大海、岛屿、山川；不用滴水却能表现恣意汪洋，不筑一山却能体现高山峻岭，悬崖峭壁。它同音乐、绘画、文学一样，可表达深沉的哲理，体现出大自然的风貌特征和含蓄隽永的审美情趣。

第三，追求细节，构筑完美。对于细节的刻画是日本园林中的点睛之笔，对微小的东西如一根枝条，一块石头所作出的感性表现，显得极其关心并看得非常重要，这些在飞石、石灯笼、门、洗手钵等的细节处理上都有充分的体现。

桂离宫茶庭

第四，清幽恬静，凝练素雅。日本的自然山水园，具有清幽恬静，凝练素雅的整体风格，尤其是日本的"茶庭"，"飞石以步幅而点，茶室据荒原野处。松风笑看落叶无数，茶客有无道缘未知。蹲踞以洗心，守关以坐忘。禅茶同趣，天人合一。"小巧精致，清雅素洁；不用花卉点缀，不用浓艳色彩，一概运用统一的绿色系。

第五，谈佛论法，体现幽深的禅意。宗教在日本一直处于重要地位，而寺院、神社则是日本文化中重要的象征物。日本园林的造园思想受到极其浓厚的宗教思想的影响，追求一种远离尘世，超凡脱俗的境界。特别是后期的枯山水，竭尽其简洁，竭尽其纯洁，无树无花，只用几尊石组，一块白砂，凝缠成一方净土。

日本皇家桂离宫是世界文化遗产，日本园林精神的代表作。桂离宫占地6.94公顷，有山、有湖、有岛。桂离宫的主要建筑有书院、松琴亭、笑意轩、园林堂、月波楼和赏花亭等。在"造景"方面，建筑师着眼于明朗和宽阔。整个景区以"心字池"的人造湖为中心，把湖光和山色融为一体。湖中有大小岛，岛上分别有土桥、木桥和石桥通向岸边。岸边的小路曲曲折折地伸向四面八方，给人以"曲径通幽"之感。

二、日本的茶园

茶庭，在日本是与茶室相配的庭园，是日本庭院艺术中很有民族特色的作品种类。日本气候温润多雨，山明水秀，为造园提供了良好的客观条件。日本民族崇尚自然，喜好户外活动。中国的造园艺术传入日本后，经过长期实践和创新，形成了日本独特的园林艺术。

茶庭不同于其他类型的园林。园内石景很少，仅有的几处置石亦多半为了实用的目的，如蹲踞洗手、坐憩等。整块石块打凿砌成的石水钵，供客人净手、漱口之用，石灯则是夜间照明用具，同时也作为园内惟一的小品。常绿树木沿着路，呈自由式地丛植或孤植，地面绝大部分为草地和苔藓。除了梅花以外，不种植任何观赏花卉，为的是避免斑斓的色彩干扰人们的宁静情绪。具有导向性的道路，蜿蜒曲折地铺设在草地上，并做成"飞白"（中国画中留白的一种技法）路面，好像水上的汀步，以取其自然之趣。

茶道精神是清静和寂，千利休说："须知茶道之本不过是烧水点茶。夏天如何使茶室凉爽，冬天如何使茶室温暖，炭要放得适当，利于烧水，茶要点得可口，这就是茶道的秘诀。"

茶庭格调洗练、简约，并突出其"闹中取静"的山林隐逸气势及平淡恬逸的境界。园林的布局完全依照茶道的仪注要求来安排。一般划分为"外露地"和"内露地"两部分，以"中门"隔开。来客进园后，先在外等候廊整衣，安定情绪，然后沿石铺的小路进入中门。主人在中门迎候客人，陪客人一起走入内露地。在内等候廊再一次整衣、换鞋。然后到石水钵旁用竹勺舀水净手、漱口，以示去邪消灾，最后进入茶室。园中有水井一口，供烹茶洗漱之用。讲究的茶庭，在内、外露地之间，用碎石和白砂铺成一条干枯的小溪，溪上架桥，增加园林气氛。在茶庭中，一切都安排得朴素无华，富有自然情趣，只凭大自然中无形的风云雪月、鸟语虫鸣、水声松籁，以禅宗心身感悟的方法，把人们引入一种淡泊清幽的脱尘境界。同时，禅宗对意象思维的激发，使得茶庭所表现的不是丰富的景色和深远的空间等造园技法，而是"禅"的境界。这是一种"悟境"，远远超过那些山水实景。

三、中日园林比较

（一）文人园与僧人园

中国园林人物以文人多，日本以僧人、武人、皇帝多。中国文人以书画家为多，许多都贵为进士，如王维、白居易、柳宗元、苏东坡等，其中尤以白居易成就最高，他既有园论也有园林实践，其"池上篇及序"和"草堂记"对日本园林影响非常大，他造的园有西湖白堤、履道里、庐山草堂等。明代计成，擅诗文，工绘画，著有《园冶》，造有影园、寐园、东第园等。现存园林中的环秀山庄为戈裕良所设计，狮子林为倪瓒所设计。

日本的造园家以僧人为多，如梦窗国师、相弥阿、雪舟等杨、古岳宗亘、增元僧正、千利休、义演准后、寻尊大僧正、莲如上人、静意、林贤、惠信僧正、阿阇梨延圆、西园寺公经、一休宗纯、东睦和尚、石川丈山等。其中，梦窗国师和千利休的成就最大。[①]

龙安寺

（二）园林类型

中日两国园林按类型所属，都可分为皇家园林、私家园林和宗教园林。中国偏重于皇家和私家园林，宗教园林最弱；而日本偏重于宗教和私家园林。中国皇家园林如现存的西苑、颐和园和承德避暑山庄等，一般地处中原或北方，位高权重，显得庄重典雅、华贵大方。面积规模大，山体高耸，水面开阔，轴线明显，建筑呈现北方风格，屋角起翘小，屋面琉璃瓦多，木构彩画多。私家园林的特点是面积小，文人意味浓厚，山体矮小，水面狭窄，建筑体量小，屋角起翘大。

中国的宗教园林个性最不明显，多为佛家的寺院园林和道家的道观园林。在表达上，较少体现宗教意义，更多地与儒家结合，形成以儒、道、佛结合的特征。江南的寺观园林更多地表现文人的诗情画意，只是通过宗教建筑、香火、香客以及宗教活动来突出其宗教性质。而日本的宗教园林独立于皇家和私家园林，风格明显，讲究禅思枯意，佛意浓厚。

（三）布局结构

从布局形式看，中日两国园林都是自然山水园。但中国园林偏重山性，而日本园林偏向水性。中国园必有山，园可无岛，而日本园必有岛。从园林的构图看，中日园林皆以向心式构图与西方园林规则式形成对比。但两者之间也存在差别：中国园林轴线明显，视觉中心较强，而日本园林的轴线较弱，平面中心意识较强。中国皇家园林和寺院园林受轴线影响较深，私家园林受中心思想影响较小。皇家园林服从于城市规划轴线，处于城市宫殿区的北面节点，一般在轴线的后部。而园林本身也呈现出轴线的关系，如皇家园林颐和园的轴线是北宫门、

---

① 刘庭风. 中日园林人物及著作比较. 中国园林，2003（9）

后湖买卖街、须弥灵境、佛香阁、大报恩寺、南湖岛、凤凰墩。日本园林早期受轴线思想影响深,后期受中心思想影响较深。早期的轴线式园林称为寝殿造园林和净土园林,轴线从南到北依次为堆山—园池—桥—中岛—桥—中岛—桥—广庭—寝殿—后庭。中期后出现弱轴线或无轴线园林,如西芳寺园、天龙寺园、妙心寺园等,有些连轴线对位关系都没有了,如皇家的桂离宫。

从天人关系来看,中日园林共同定位于山水园,但两者存在着差别,中国的山水园偏向"人型",而日本园林偏向"天型"。所谓人型山水园,是指山水园的构成要素中,在天人关系上偏重于人力和人文两种人的因素。

日本古典园林,以山水为骨干的池泉园林一直贯穿于皇家园林和私家园林之中,表现天地成分的山、水、林、石一直是园林的重点。树木的用量远远超过中国园林,使得日本园林显出天然野趣。在置石上,多用伏石,表明臣服于天的思想。建筑多用草顶原木,不加雕饰,极尽自然之能事。

从园林的构成要素和布局特点来看,中国园林的园林建筑较多且密度较大,体量较大,装饰多而华丽,表明人力的伟大;日本园林的园林建筑较少,密度较低,表明人力的弱小。在山水方面,中国园林人工假山高大,人工湖宽阔,人工味浓厚;日本园林假山低矮,人工水面小,人工味淡,自然味浓。正如园林界大师陈从周先生所说:"中国园林是人工之中见自然,日本园林是自然之中见人工。"

(四)园林意境的"崇文"与"尚武"

中国早在魏晋南北朝时期,文人便参与造园。到了隋、唐、宋,文人进一步在园林中施展才华,在园林镌刻文人烙印的程度不断加深,文人的写意山水园在这一时期成为了主流。文人直接参与园林创作成为普遍的现象,文人的山水画、山水诗文、山水园林三门艺术达到了一体化的境界。到了元、明、清,园林往文人化的方向发展得更进一步。这一时期的江南文人辈出,加上得天独厚的水利气候条件,为其园林成就奠定了坚定的物质基础。

而日本园林却充满着武力和杀气。自镰仓幕府之后,日本进入了近千年的武士统治。这一时期诞生的石庭面积狭窄,常常是满庭白砂,一无生物,令置身其中的人始终绷紧神经,如身临战场一般。而大名园林更是让人感受到日本园林尚武的气氛。最突出表现就是大名园林中普遍建筑有马场和射箭场,成为训练武术、展示武功的场所。

（五）动观和静观

从游览方式看，中日两国园林都有动观和静观。中国园林以动观为主，静观为辅。陈从周在《说园》中说过：园有动观与静观之分，小园以静观为主，动观为辅；大园则以动观为主，静观为辅。日本真山水园以动观为主，枯山水园林和茶庭则以静观为主，三者结合的园林则动静结合。

中国园林以回游型为主，日本园林则是舟游型为主。中国园林不论大小，自古以来都以回游为主，只在大园中兼用舟游，就算是巨大的湖区，如颐和园的昆明湖，仍采用回游和舟游结合的方式。而日本园林自古以舟游为主，只是到了镰仓时代末期，发展了回游方式。像桂离宫，所有岛屿和陆地用路桥相连，以利回游，在陆上和岛上有许多茶室可供坐观，乘舟进入湖中也可舟游。

中国园林的建筑和景点多，适于用园路串联或并联，适于回游的形式。而日本园林的景点不多，且以池岛为主，适于舟游式。更值得关注的是，日本园林独特的心游（神游）方式，日本枯山水到室町时代红极一时。赏景不需身动，只要静坐三思即可把园景纳入到心中天地，即所谓的"心游"。

（六）"水净"与"水空"

中国园林的哲学理念是儒释道，而日本园林的哲学理念是禅宗。同样以是禅宗为理念，中国园林的哲学强调的是"水有"、"水净"；日本园林的哲学强调的是"水空"，空到没有一滴水，却还要表现水，这就是枯山水的真谛："性水真空，性空真水，清净本然，周遍法界。"将《坛经》的精髓"无念为宗，无相为体，无住为本"参悟到极致。在禅宗思想的影响下，中国古典园林的禅意更为贴近自然，而日本古典园林则更加浓缩了自然。一沙一世界，一石一佛陀，这样的园林无异于一种精神园林。日本从古至今有很多著名的禅僧，既是虔诚的佛教徒，又是著名的造园家。如在日本庭园历史上写下不朽篇章的梦窗疏石的理念是"作庭的同时是在'作'修道心"，枡野俊明的信念是"在生活的作庭空间里寻找'心灵的表现与寄托'"，他们均在造庭过程中悟出很多深奥的人生哲理。[①]

（七）中日园林差异之深度剖析

第一，从两国地理环境来看，中国位于全球最大的陆地——欧亚大陆的东部。在古代，中国

---

① 章俊华. 日本景观设计师——枡野俊明. 北京：中国建筑工业出版社，2003

的四周都有天然屏障，而在大陆内部则构成体系完整的地理单元。中国辽阔的内陆，为民族生存、发展与创造提供了广阔空间，为中华文化的创造提供了宽阔的活动舞台。日本是亚洲东部太平洋上的一个群岛国家，四面环海，面积只有中国的二十六分之一。气候恶劣，有"火山国"和"地震国"之称。

两国地理环境的天壤之别，形成了中国的"内陆意识"与日本的"崇海"情结。虽然中国也有漫长的海岸线和众多海域，但中国毕竟是个农业大国，农业文明占主导地位，对海洋始终有种敬畏心理，甚至恐海心理。因此，中国园林也表现出若干恐海心理。中国园林中具有很强生命力的海中三神山，其实这些"海"实际都是湖泊。即使有表现"海"情结的，其表现的旨意也已不在海，而旨在表现其"志"和某种情趣。而日本园林则对大海有着特殊的感情，大海是日本人生活不可缺少的一部分。日本人将对大海的深情物化在园林中，仿造海景一直是日本园林的主题之一。这也解释了为何日本园林多为池泉园，凡园必有岛，以舟游为主的特点。枯山水园林出现后，替代池泉式园林中的池泉，直接象征茫茫的大海。

第二，从中日社会政治结构来看，中国是个统一的中央集权制国家，作为文化传统核心的古代哲学，深刻影响并建构了中国人特别是士大夫的思维方式、价值观念、伦理道德等。中国自古以来采取的是"文制"，重视"礼乐"的熏陶教化和情感抒发。作为园林文化主体的士大夫高雅文化，以"文"取士，使中国成为一个"诗"的国家，具备"画境文心"，并容纳了完备的士大夫文化艺术体系。造园艺术家们往往以诗文形式作出概括，再仔细地推敲山水、亭榭、花木等每个具体景点的布置，他们追求的是"境若与诗文相融洽"。正因为是揣摩诗意构园，所以园林各景区意境也就具有寓意深远的诗文意境，且与该园主题相互辉映。中国的园林如同山水诗、山水画，蕴含着浓浓的诗意。

日本天皇在镰仓以前，是集政权、军权、财权于一身的独裁者，镰仓时代开始，天皇和贵族大权旁落到他们的保镖手中，日本从此变成一个由武夫统治的社会。在镰仓以后，始终是武士掌权，文化打上了鲜明的武家色彩，被称为"武治"，而日本自从足利将军开创镰仓幕府到德川将军建立的江户幕府灭亡，经历了近千年的武士统治。靠征伐厮杀而诞生的历代武士政权所推崇的武家文化，对日本文化的形成和发展产生了深刻影响。如这一时期产生的石庭和大名园林正是如此，披上了浓厚的尚武色彩，甚至杀伐之气。这也解释了前文所述的中日两国园林意境上体现的"崇文"和"尚武"。

在宗教信仰上，事实上，在中国没有真正意义上的宗教，皆趋重现世的物质的实利主义和自己主义。宗教在中国政治机制中始终处于从属皇权的地位，其作用是肯定皇权的合理性。因此，中国的寺庙园林形似私家园林。而佛教在日本有着鲜明的政治色彩和特殊的社会地位，在长达千余年的时间里，佛教受皇室和贵族的推崇，始终处在国教的特殊地位，获得了广泛而深入的发展。日本古代寺庙园林的发达也与寺庙特定的文化地位相关。古代的日本，寺庙是大陆文化引进、展示、传播中心，也是日本文化重要的建设基地。

第三，从两国对待神和人的关系角度来分析，中国园林体现了强烈的人本精神，强调人与自然的融合，创造的是最佳的生态环境。而日本则是"神本"，日本园林反映了日本人对大自然虔诚的敬畏心理和远距离欣赏的审美习惯，在大自然面前，表现出强烈的"小我意识"，这层心理障碍，将人与大自然隔开，从而也淡化了人与大自然平等相处的亲和关系。出于传统的"人本"精神，中国古典园林创造了优美的生态环境和舒适的生存环境。园内追求顺应自然，着力显示纯自然的天成之美，实现了真正意义上的"天人合一"。

综上所述，中日两国古典园林虽然有着众多相似之处，因为毕竟是同根所生；但在这众多看似相同的地方，又有着千丝万缕的差异，因为毕竟两国地理环境、哲学思想等都有着很大的差异。

第六节　伊斯兰园林的水景观

伊斯兰是一种宗教，也是一种生活方式。它超越了社会、种族以及国家，并对艺术，建筑与园林设计有着渗透性影响。公元 6 世纪后，伊斯兰文化进入繁荣时期，吸取许多视觉艺术及文学艺术的源泉，包括美索布达米亚、波斯、犹太、希腊、罗马及后来的印度文明。正如戈泰因的评价："历史上很少有一个民族在吸收外来文明上展现出如此的才能，并且在每一种艺术上都留下一种共同的印记。"[2]

一、泰姬陵

位于印度首都新德里的泰姬陵 1983 年入录世界文化遗产。世界遗产委员会的评价是："泰姬陵是一座白色大理石建成的巨大陵墓清真寺，是莫卧儿皇帝沙贾汗为纪念他心爱的妃子于 1631 年至 1648 年在阿格拉而建的。泰姬陵是印度伊斯兰艺术最完美的瑰宝，是世界遗产中令世人赞叹的经典杰作之一。"

整个陵园是一个长方形，长576米，宽293米，总面积为17万平方米。四周被一道红砂石墙围绕，正中央是陵寝。在陵寝东西两侧各建有清真寺和答辩厅这两座式样相同的建筑，两座建筑对称均衡，左右呼应。陵的四方各有一座尖塔，高达40米，内有50层阶梯，是专供穆斯林阿訇拾级登高而上的。大门与陵墓由一条宽阔笔直的用红石铺成的甬道相连接，左右两边对称，布局工整。在甬道两边是人行道，人行道中间修建了一个"十"字形喷泉水池。泰姬陵的前面是一条清澄水道，水道两旁种植有果树和柏树，分别象征生命和死亡。

泰姬陵建筑群总体布局的完善。布局很单纯，陵墓是惟一的构图中心，建筑群的色彩沉静明丽，湛蓝的天空下，草色青青托着晶莹洁白的陵墓和高塔，两侧赭红色的建筑物把它映照得格外如冰如雪。倒影清亮，荡漾在澄澈的水池中，当喷泉飞溅、水雾迷蒙时，它闪烁颤动，倏整倏散，飘忽变幻，景象尤其魅人。

泰姬陵体形洗练，各部分的几何形状明确，互相关系清楚，虚实变化肯定，没有过于琐碎的东西，没有含糊不清的东西，诚朴坦率。比例和谐，大小凹廊造成的层次进退、光影变化、虚实对照，大小穹顶

泰姬陵

和高塔造成的活泼的天际轮廓，使陵墓于肃穆的纪念性之外，又具有开朗亲切的性格。

泰姬陵方形的主体和浑圆的穹顶在形体上对比很强，但它们却是统一的：它们都有一致的几何精确性，主体正面发券的轮廓同穹顶的相呼应，立面中央部分的宽度和穹顶的直径相当。同时，主体和穹顶之间的过渡联系很有匠心：主体抹角，向圆接近；在穹顶的四角布置了小穹顶，它们形成了方形的布局；小穹顶是圆的，而它们下面的亭子却是八角形的，同主体呼应。四个小穹顶同大穹顶际相似之外还包含着对比：一是体积和尺度的对比，反衬出大穹顶的宏伟；二是虚实的对比，反衬出大穹顶的庄重，十分明确的主从关系保证了陵墓的统一完整。

陵园分为两个庭院：前院古树参天，奇花异草，芳香扑鼻，开阔而幽雅；后面的庭院占地面积最大，由一个"十"字形的宽阔水道，交汇于方形的喷水池。喷水池中一排排的喷嘴，喷出的

水柱交叉错落，如游龙戏珠。后院的主体建筑，就是著名的泰姬的陵墓。陵墓的基座为一座高7米、长宽各95米的正方形大理石，陵墓边长近60米，整个陵墓全用洁白的大理石筑成，顶端是巨大的圆球，四角矗立着高达40米的圆塔，庄严肃穆。象征智慧之门的拱形大门上，刻着《古兰经》。中央墓室放着泰姬和沙贾汗的两具石棺，宝石闪烁。

泰姬陵的前面是一条清澄水道，水道两旁种植有果树和柏树，分别象征生命和死亡。陵墓的每一面都有33米高的拱门，陵前水池中的倒影，看起来好像有两座泰姬陵。这些镶嵌的经文中，以"邀请心地纯洁者，进入天堂的花园"这句最负盛名。平静的水面上，泰姬陵的倒影呈现出一个戴着王冠的少女形象。

二、阿尔罕布拉宫

1984年，阿尔罕布拉宫被选入《世界文化遗产名录》世界遗产委员会的评价是："俯瞰着低处的现代城镇，阿尔罕布拉宫和阿尔巴辛坐落在两个相邻的小山上，一直保持着中世纪格拉纳达地区的风貌。阿尔罕布拉堡垒和民居区的东面是风景秀美的赫内拉利弗花园，公元13—14世纪统治着西班牙这部分土地的埃米尔们就曾居住在

阿尔罕布拉宫

这里。阿尔巴辛住宅区保留着大量摩尔人建筑风格的各式建筑，同时在这些建筑中还可以看到传统的安达卢西亚建筑风格被完美地融入其中。"

赫内拉利弗花园建造于14世纪初，迄今仍保持其原有形态，包括若干对称种植的台地花园。这些可爱的花园内，有着不计其数的小水渠、喷泉和喷射水流。经台地花园，场地入口可径直导入内庭——水渠中庭，它是赫内拉利弗中一个典型的精美庭园，也是所有花园的最高点。庭院的中心主要由一个长形的水渠构成，它从主人住宅导向位于庭院另一端的门房。为使该空间更为凉爽，并达到悦目悦耳的功效，水渠两侧还设有若干喷头，产生一道道高射的、连续不断的拱形水流。庭院周边的建筑物底层是一条开放的拱廊，边缘是装饰性的拱门。从观景点俯瞰中庭，映入眼帘的即是赫内拉利弗最为壮观的景致。由于有喷射水流的存在，水渠中庭的环境气氛显得更为活泼、亲近。

水渠中庭北面是另一个水景庭园——罗汉松中庭，该中庭呈规则的几何形态，同样设有喷射的水流及高大的周边建筑物，属典型的摩尔人式匠庭设计。修剪得四四方方的树篱有意凸显了建筑物的形体，并为完全白色的墙面增添了深色。在原始设计中还包含了其他一些较高的平台，不过在后来都经过了修改和重建。在1900年代初，赫内拉利弗的边远地区又增添了大量的园庭，以及壮美的罗汉松林荫道。如今的赫内拉利弗，每年都会开展一次音乐和舞蹈节庆，而花园的场景，便为节庆带来几分神秘的感觉。

三、中国园林和伊斯兰园林比较

中国园林与伊斯兰园林在理水的形式和内容上有着很大的不同。阿拉伯人横刀跃马，从荒瘠的沙漠里冲杀出来，到了两河流域、波斯和地中海东岸。这里的富庶和文明，是他们连做梦都没有想到过的。阿拉伯人渴望的就是无边荒碛之中的一片绿洲，好让他们跨下马鞍，喝一口甘美的乳汁，一口芳冽的酒浆。这就是他们的园林。

（一）水

首先，在水的意象上，中国园林表现的是河、湖、海三种综合景观，因河有源，因湖有岛，因海有神；伊斯兰文化诞生的地区水资源匮乏，在伊斯兰传统园林中有园必有水，以水作为园林的血脉，象征着生命之河。

其次，中国园林里，园林水法在水形和岸形的处理上主要是走一条模仿自然之路，讲究来龙去脉，忌直宜曲，露水藏源。《古兰经》里曾把伊斯兰园林的理想写得十分明确："许给敬慎之人天园的情形：内有常久不浊的水河，滋味不变的乳河，在饮者感觉味美的酒河和清澈的蜜河……"这水、乳、酒、蜜四条河，对伊斯兰园林布局关系很大。伊斯兰园林主要是附属于住宅的庭园，长方形，四面围着柱廊和敞开的厅堂。这种庭园借鉴的是地中海东岸叙利亚一带原来的基督教修道院庭园，跟西欧中世修道院庭园是一样的："十"字形的两条小径把它分成四份，中央有一个喷泉。阿拉伯人根据他们的理想，把"十"字形的小径改成水渠，喷泉的水经它们向四面流去，它们就象征性地成为水、乳、酒、蜜四条河。被它们切割开来的四部分是花池，地面比水渠低几十厘米，接受水渠的灌溉。以喷泉作为局部构图中心，具有很强的装饰性，表现人工之美。但它们都以水作为庭园之灵魂，划分了不同的空间形式。

再次，中国传统园林里，理水以动态为要，无论是池泉溪涧，还是瀑布深潭，都是表现水的流动之美，灵动之感；伊斯兰传统园林中，以少动多静的理水方式来营造宁静安谧的气氛，同时体现出华贵和神圣的意味并引发虔诚的宗教情绪。

最后，伊斯兰园林中水的使用目的更明显，除了分割庭园，纳凉之外，还常常具有灌溉的功能，利用沟渠定时将水直接浇灌到植物的根部，以防叶面水分在烈日下蒸发而被灼伤。

（二）植物

由于审美标准、文化习俗等方面的原因，中国园林和伊斯兰传统园林中常用的植物种类大异奇趣，表现出花文化的明显差异。中国古典园林作为自然山水园，常师法自然，模拟大自然植物景观入园。植物景观主要用拟人化的手法，将植物自身的文化内涵，园主的宇宙观、人格观、审美观互相融合，并使之反映在园林空间之中。如"岁寒三友"、"竹林七贤"等。

在伊斯兰园林中，树木和花卉都是规则式或行列式地分成几何状的种植，把花园作为一个整体，而不是孤立地看待花园中的植物。有的花卉表现的不是花卉本身的自然美，而是展现一种图案美。在并列的小庭园中，每个庭园的树木尽可能用相同的树种，以便获得稳定的构图，波斯人认为："客观世界是形和色的世界"，"有它自己的规律"。他们的建筑盛行琉璃装饰、几何形的图案，色彩辉煌，同样，他们的庭园里很重视花，比意大利和法国的花园都要鲜艳得多。

印度西·沙·苏陵墓

（三）建筑

中国园林建筑与伊斯兰园林建筑相比，由于各自所处的自然环境、社会形态、文化氛围等方面的差异，造园中使用不同的建筑材料和布局形式，表达各自不同的观念情调和审美意识，产生了东西方园林建筑的差异。伊斯兰建筑以石结构为主流，而中国建筑是以木结构作为各类建筑的骨架或框架，再支撑一个外檐伸出的坡形屋顶。这种骨架式构造使人们可以完全不受约束地开窗和筑墙。

中国园林，尤其是明清时期江南的私家园林，面积通常比较狭小，因此取消墙体，打破园林建筑内外空间的界限，便成了扩大视野、开拓构景空间的重要手段。而伊斯兰的庭园多半是围合的一片绿洲。在建筑形象特征上，中国园林建筑的审美追求与多种艺术形式是相互贯通的。建筑空间适应游观的欣赏过程，并为观者在游览建筑时提供视觉内容，使人目之所及，可玩可赏。

印度西·沙·苏陵墓建于16世纪中叶，在大水面中矗立高50米，把陵墓造成园林是印度莫卧儿王朝的习俗。伊斯兰建筑的平立剖面构图中较多地使用了几何构图手法，主要表现了实体的重量感，如厚实的墙体、拱券和梁柱等。在外轮廓处理中，强调纯几何形的造型元素，如矩形、三角形或圆形，强调凹曲面或凸曲面的外张力，赋予建筑一种向上腾起和向四周扩张的性格。

（四）装饰物

在中国传统园林中常运用匾额、楹联、诗文、碑刻等形式来点景，中国园林重视立意，表现园林的艺术境界，引导人们获得园林意境美的享受。在面层设计时，有意识地根据不同的主题和环境，采用不同的材料和纹样来加强意境的渲染。组成四方灯锦、海棠芝花、攒六方、八角橄榄景、球门、长八方等多种多样图案精美和色彩丰富的地纹，形如织锦，称"花街铺地"。如中国园林中传统的各种"宝相"纹样铺地，用荷花图案象征"出淤泥而不染"的高洁品德；用忍冬草纹象征坚韧的情操；用兰花象征素雅清幽、品格高尚等。

阿尔罕布拉宫努加纳斯穹厅外望

与中国园林中的装饰不同，伊斯兰园林中的装饰更注重图案本身之美，最常见的形式是采用饰有花草图案、几何图案或书图案的中楣，这些图案以差不多是无限延续的方式被运用，并且其形状的变化几乎是无穷无尽的。

道路常用有色的小石子或马赛克铺装，以简化的植物花叶和几何图样为主，仅作为漂亮的装饰图形。在水盘和水渠底部，池壁及地面铺砖的边缘，装饰台阶的踢脚及坡道，园亭内部，围绕庭园的墙面上都用马赛克与彩色陶瓷贴面，组成色彩艳丽的景象。

（五）空间结构

从空间营造上看，中国园林在布局上似乎并不强调明显的、对称性的轴线关系，而实际上却表现出精巧的平衡意识和强烈的整体感。在空间处理上，中国古典造园"命意在空不在实"，显现的是活泼、动态、多点透视的空间。

中国园林力求从视角上突破园林实体之有限空间的局限性，运用了延伸空间和虚复空间的特殊手法，从而组织空间、扩大空间，强化园林的景深，把园内空间与自然空间进行融合和扩展，使之融于自然、表现自然，丰富美的感受。

伊斯兰庭园大多呈矩形，最典型的布局方式便是以"十"字形抬高的园路，将庭园分成四块，园路上设有灌溉用的小沟渠，或者依次为基础，再分出更多的几何形部分，使伊斯兰园林更显主从分明、重点突出，各部分关系明确、肯定，其边界和空间范围一目了然，空间序列段落分明，给人以秩序井然和清晰明确的印象[8]。

此外，伊斯兰建筑体块之间的光影对比也创造了一种迷离梦幻的空间效果，即通过光元素产生了一种附加的图案层次使空间得到转换。伊斯兰装饰通过使用反射发光的材料和釉面、图案重复、纹理对比和平面处理等创造了不同平面的错觉。

归纳起来，可以看到中国园林是写意的、直观的、重自然、重情感、重想象、重联想、重"言有尽而意无穷"、"言在此而意在彼"的韵味[6]，伊斯兰园林是写实的、理性的、客观的、重翌形、重人工、重秩序、重规律，它是多民族文化融合的产物，以统一的宗教信仰为纽带，发展成为以"十"字形水渠划分空间，严整独特的建筑中庭形式，具有天然、朴素、沉静、内敛的风格特点。

参考文献

［1］ 张家骥.园冶全释.太原：山西古籍出版社，1993.
［2］ 特纳 著.世界园林史.林箐，等 译.北京：中国园林出版社，2011.
［3］ 金学智.中国园林美学.北京：中国建筑工业出版社，2000.
［4］ 陈志华.外国造园艺术.郑州：河南科学技术出版社，2013.
［5］ 陈奇相.西方园林艺术.天津：百花文艺出版社，2010.
［6］ 周武忠.理想家园中西古典园林艺术比较.南京：东南大学出版社，2012.
［7］ 林箐."理性之美"——法国勒诺特尔式园林建园艺术分析.中国园林，2006（10）.

［8］ 唐燕.中国园林和伊斯兰园林的景观构成要素比较.山西建筑，2007（11）.

［9］ 刘雪芳.中西传统园林水艺术比较.湘潭大学硕士论文.

［10］ 许自力.中西造园水法浅比.中国园林，2002（9）.

［11］ 周建萍.中日古典园林美学之比较.徐州师范大学学报（哲学社会科学版），2008（1）.

［12］ 刘亭风.中日古典园林比较概述.中国园林，2002（1）.

第九章 中外典型的水雕塑

第一节　水利雕塑概述

一、雕塑和水利雕塑

什么是雕塑？雕的过程，就是删繁就简的过程，是减法，减得只留下筋骨、灵魂。塑的过程就是添加的过程，是加法，加上原本属于作品的那部分。雕塑是指雕、刻、塑造的具有一定寓意的、象征或象形的观赏物和纪念物，可分为圆雕、浮雕和透雕（镂空雕）。

圆雕是和被表现对象相似的、占有空间的实体构成的雕塑个体或群体。它是在各个可视点都能感到其存在的可视实体。圆雕一般不带背景，它主要通过自身的形象和与之相协调的环境，构成统一的艺术效果，通过集中、简练、概括地表达主题思想打动观众。圆雕一般放置在可供四面观赏的环境中，也有出于宗教等原因和环境本身的限制，只允许或要求有一个或几个观赏面的，如石窟艺术和庙宇中的佛像和壁龛等建筑雕刻中的圆雕。

浮雕是只有一个面向（观赏面）的雕塑形式，通常是指有一块底板为依托的，占有一定空间的被压缩的实体所构成的雕塑个体或群体。去掉底板的浮雕叫做镂空雕（透雕）。

吴为山将中国传统雕塑风格大致分为八类：原始朴拙意象风、商代诡魅抽象风、秦俑装饰写实风、汉代雄浑写意风、佛教理想造型风、宋代俗情写真风、帝陵程式夸张风和民间朴素表现风。[①] 这八类中既有抽象、具象，又有写意。

水利雕塑是指以水立意、以水利为题材、以水利人为对象、以水利工程为内容的雕塑。水利雕塑是营造水文化的重要手段，是实施人文水利的教化、休闲、娱乐功能的主要载体，具有强大的意化、情化、美化环境功能。

水利雕塑可分为三类：抽象、具象、介于抽象和具象之间的亦幻亦形的写意。具象雕塑让人一看就懂，突出文韵，象形于外，动情于中；抽象雕塑让人思考，突出哲理，象形于里，理蕴其中。写意，处于写实与抽象之间，它既不会使人产生一览无余的简单，也不会令人有望而却步的深奥，它引导人们在一种似曾相识的心理作用之下，去把玩、体味、感觉艺术作品的整体及每个局部、细部的"意味"。[②]

---

① 吴为山．写意雕塑论．艺术研究．2004（1）
② 吴为山．我看中国雕塑艺术的风格特质——论中国古代雕塑的八大类型．湖北美术学院学报，2013（4）

二、水利雕塑的四大心理要素

水利雕塑的四大心理要素分别是：象、意、情、境。无论具象雕塑还是抽象雕塑，均以"象"示人，南朝宗炳《世说新语·巧艺》里这样评析"意象"："夫象者，出意者也。言者，明意象也。尽意莫若象，尽象莫若言。言生于象，故可寻象以观象。象生于意，故可寻象以观意。故言者所以明象，得象而忘言；象者所以存意，得意而忘象"。

王昌龄《诗格》提出"三境说"："物境"、"情境"、"意境"，已论及雕塑的四大心理要素的关系。梅尧臣《答韩三子赠述诗》云："诗有内外意，内意欲尽其理，外意欲尽其象。"这里的内意，可谓意境，外意可为意象，内藏于外，自然境生象内。境象关系可分为：境生象外，境大于象；境在象中，境满于象；境生象间，境藏于象。对雕塑而言，具象雕塑对应实境，抽象雕塑对应虚境。雕塑的写意的特征是形态的夸张意象，形体的质感意象，人物瞬间神态的意象。所谓"意象"，"意"在形之上，"象"在形之下，非具象亦非抽象。它依附于客观的现象，但绝不是事物的表象。它既离不开对物象的长期感悟，更在于内心对生命意念的升华。意象，是一种心路中的图景，只能情之所至，心知所向，意之所归，方能显象于形，达到"超乎象外，得以环中"的境界。

形与神是中国传统美学的精髓，东方艺术历来追求形神兼备，以形写神，就是要求艺术形象外观与内涵的统一。形是直观的外在表达，神是形的内在体现。谢赫在著名的理论文章《画品》中提出了六法。其中第一法就是气韵生动。五代山水画大家荆浩说："凡数万本，方如其真"，就是指在充分的观察后，才能把握对象的精神本质，在创作时才能有充分深刻的表现。不求表似实际上就是超出一般表面的形似，追求不似之似，雕塑由于其装饰性的特点决定，更多突出形式与神韵，要求其艺术的外观与内涵的统一，自然与环境的统一，在感受和欣赏外形的同时，领悟到雕塑的神韵。大与小是一对统一体，以小见大，以大观小，形神是直观的外在表达，神是形的本质，神通过形给予展现。造型是为了传神，只有传神才能使形象充满活力，富有个性，使形态多姿多彩。在形式上不论是写实或抽象，实质上都是运用形式美的法则表达作品。

"一般来说，雕刻所抓住的是一种惊奇感，这就是精神把自己灌注到完全物质性的材料里去，就这种外在的材料造成一种形状，使自己从这种形状里看出自己就摆在面前，认出这种形状就是符合自己内在生活的形象所感受的惊奇感。"［黑格尔《美学》（卷三）］。好的雕塑要耐看，应做到引人入胜、动人心弦、发人深省。有"象"无"意"，不引人，以象尽意，方能引人入胜；有"意"无"情"不动人，由意生情，方能动人心弦；有"情"无"境"，不度人，由"情"入

"境"，方能发人深省。

三、水利雕塑的四大物理要素

水利雕型的四大物理要素分别是：力、形、光、色。

《庄子·天地》云："泰初有无，无有无名；一之所起，有一而未形。物得以生，谓之德；未形者有分，且然无间，谓之命；留动而生物，物成生理，谓之形；形体保神，各有仪则，谓之性。性脩反德，德至同于初。同乃虚，虚乃大。合喙鸣；喙鸣合。与天地为合。其合缗缗，若愚若昏，是谓玄德，同于大顺。"庄子在这里提出"形"的生成过程，"动而生物，物成生理，谓之形；形体保神，各有仪则，谓之性"，阐述"物"、"理"、"形"、"神"、"性"各要素之间的相互关系，这恰恰是水利雕塑要解决的根本问题。

在任何一自然的形体结构中都能发现到某类具有相似因素的局部系列形体。正是这种相似重复、形成秩序的系列形体主宰着物体的基本形象，才使人类有限的知觉能力能够运用自如地把握住整个外部世界的形象特征。

控制形是雕塑家带着一定的创作意图，有意识地进行积极处理后在雕塑中居于主导地位的形体。它运用的范围比较广泛，其中包括相似重复的系列形体控制、总形体控制和雕塑类别形象控制。

生命形式概括起来有机统一性、运动性、节奏性和生长性几大特征。这种生命体有机统一性在雕塑中被体现为凹和凸的关系，实体和空间的关系，光、时间、色彩和雕塑的关系，雕塑和环境的关系等都是密不可分的，它们之间的关系是力的相互作用，相互连结的，雕塑各个因素不能独立分开，雕塑人体塑造要讲究力的节奏分布，形体有节奏的转折等。因此，节奏性也是雕塑艺术中必不可少的因素。

在雕塑中，生长性体现具有方向性运动的力的产生、重复、加强的过程，阿尔普的雕塑《无题》运用三个近似形互相垒加，产生生长的幻象，给人一种生机勃勃的特征。罗丹雕塑作品《青铜时代》通过形体之间转折和富有节奏的变化，使其产生从后脚跟直至头和臂向上生长性的力，从而使作品主题得以完美体现。

形体是通过自身的起伏、转折、运动来表现生命特征的。形体最基本的形式体现为凸和凹之间的关系，凸和凹的不同变化产生了不同形状特征。雕就是减的过程，它体现了凹，塑是加的过程，它体现了凸，自然界的形态就是由"雕"与"塑"相互作用产生的，自然界的形态正是通过事物内在力和外界阻力对抗的不同结果体现了这"雕塑"的过程。

传统的雕塑是让形体充满张力，凸往往大于凹，这样能产生从里到外的一种膨胀力。我们都知道，圆是形态中最完善的，因为它体现了内力和外力作用达成一种均势。老子说："大曰逝，逝曰远，远曰返"，"损有余，而补不足"。所谓空间，空是其特征，间是其限度，如何能让空间产生力感呢？首先空间有形化，我们都知道"空"是无法触知的，我们要通过"间"来做限定以求空间有形化，空间力的构造主要追求间的不同方式。间的方式包括两个方面：一个是中心限定，另一方面是分隔限定。中心限定能使空间产生聚焦的力一般以纪念碑雕塑为主。分隔限定的空间比较活泼，通过对空间阻隔和包围，使空间有形化。中心限定和分隔限定常常是交织在一起，故"有之以为利，无之以为用"《老子·道德经》。无和有是辩证统一的，"有"是其形体，而"无"是空间不实质。因此，只有形体和空间完美结合，才能使得雕塑力变得更加丰富多彩。

《生之欲》

《生之欲》则体现了吴冠中在自己探索的艺术领域里，所具有的深厚人文修养和充沛的艺术激情，以及对真善美抽象概括的敏锐性。吴冠中在科学家发现的蛋白基因里找寻着尽善尽美的艺术语言，来表达我们不曾看到过的生命形态。生命除开它的物质形式之外，还有一种精神的、情感的形式。吴冠中紧紧抓住生命主题的本质和蛋白基因的形态结构特征，按照中国哲学思想对生命认识的境界，把中华民族艺术表达哲学思想的形式——寂静之中的激动，激动之中的寂静，全部倾泻在《生之欲》上，这就是"穷元妙于意表，合神变乎天机"的意境。那狂草般飞舞、转折、起伏的线条，展示着生命的韵律、节奏、秩序。线的表现力既有狂草的"舞"，又有音律的"美"，使生命在天地之间充满无限生机。为了加强生命的张力和音乐性的色彩表现，使线的空间变化表现得更具浪漫性，吴冠中以中国民族民间的传统色彩粉绿、桃红、淡黄、银灰依次作为主色调的色标，并用红、黑线贯穿这生命之春的明快色彩，使人产生心理暗示和审美联想：生命源自于太极，又将回归于太极，没有个体的死亡，便没有生命的生生不息。于是，人类发生、成长、回归的终极状态，全部展现在我们面前。吴冠中以充沛的情感和诗人的浪漫，为《生之欲》注解："似舞蹈，狂草；是蛋白基因的真实构造。科学入微观世界揭示生命之始，艺术被激励，创造春之华丽。美孕育于生之欲，生命无涯，美无涯"。

佛罗伦萨的统治广场

光线的利用对室外雕塑十分重要。室外的光源主要是太阳。一日之间，上午、下午、中午光线有很大的变化，晴天和阴天的效果也不同。一年四季的阳光位置也都有移动变化。光源不同，光线的强弱不同，雕塑的形体与形象都会发生变化。因此，室外雕塑忌朝北的方向位置。因为它终年背光，主要的形象在暗部，看不清，会影响雕塑的形象。雕塑表达最充分的角度，最好朝南偏东，利用光线与雕塑形体的处理不同，可以出现多种不同风格的作品。如法国雕塑家马约尔的作品，避免阳光强烈的阴影，把雕塑形体结构底凹处适当填满些，在不同阳光照耀下都感到造型柔和、流畅、饱满而富有弹性。正由于塑造细腻柔和，在强光下总感到闪闪发光。另一位法国雕塑家布尔德尔的作品，强调形体起伏，大体大面，在阳光下受光面和暗部对比鲜明，显出强烈的体积感，具有粗犷奔放的艺术效果。印度古代雕塑采取夸张概括的手法，很有分量。意大利文艺复兴时期著名雕塑家贝尼尼的雕塑都以形体生动，精巧细腻，追求局部细节的质感、量感而闻名。现代一些外国雕塑家趋向简练变形。总之，许多形式风格多样的雕塑作品，都是利用雕塑形体造型和利用光的不同而形成各自的艺术特色。中外许多雕塑家处理好适应室外光线的艺术形象，在解决光线问题方面，采取"反光"、"明光"、"柔光"处理等办法，创造出许多优秀作品。

比如意大利佛罗伦萨的统治广场宽阔的喷水池，池中央矗立着白色大理石海神像，海神像基座和水池边上还布置着一座青铜铸造的小塑像作陪衬，形成广场的重要景观。海神像垂直的形象与它背后高耸的建筑角部的线条呼应，这两者结合在一起，如同是这空间的转轴，雕像造成了有趣的视角错觉，因为它明亮的色和自然的形，使人的视线集中，并有助于缓和美第奇宫墙角高而锐利的线条。

四、水利雕塑的位置设计

黑格尔指出："雕刻作品可以摆在各种不同的地点，例如柱廊的入口、建筑物前面的广场、台阶栏杆、神龛等。雕刻作品的内容和题材也可以随各种不同的地点和建筑的性质而有无穷的变化。

地点与建筑性质和人类情况和关系有千丝万缕的联系，这就使得艺术作品的内容和题材有无穷的变化。"〔黑格尔《美学》（卷三）〕

水利雕塑的位置设计、布局设计与人们的视角有关，可分为中心布置和边缘布置。雕塑的视角，是指人们视点与雕塑之间的距离所造成的角度。不论室外大小型雕塑，一要考虑四面八方各个角度的构图和艺术形象；二要考虑雕塑大小、高低及位置的决定是否适当，这些对创造雕塑艺术形象有重要作用。同样一件雕塑作品，摆在不同位置，就会产生不同的效果。放置在广场的雕塑，要有远看的距离，一般视角较小接近平视，容易产生亲切感。近看时要仰看，视角大容易产生雄伟高大感。如龙门卢舍那大佛，一般在平台欣赏，距离近，要仰视才能看到大佛的面部，此时你会感到佛像的雄伟高大。雕塑大小与视点的距离，以 2～3 倍为最佳。太近只看到局部，看不到整体大效果。所以雕塑设置大小一定要与环境相呼应。如在一块不大的广场，设置一件大型群像雕塑，就会感到太闭塞。好像大人穿小孩的衣服，会感到不舒服，显得大而不当。如雕型太小，会被周围环境所"吞没"，不能引起人们注意。所以雕塑家要到实地进行考察，然后进行精心设计，做到"量体裁衣"。

水利雕塑的位置设计可分为广场位置设计和园林位置设计。

1. 广场位置设计

广场中心布置，雕塑以巨大体量凝聚着向心力，给观众带来的视觉冲击力和心灵震感，持续向周围散发着艺术的气息和历史的余韵，成为广场空间的主导及这一地段的地标性景观。

雕塑置于广场边缘，可分为三种情况：

一是以数座雕塑构成广场的一个侧界面，既使广场空间有开敞的远景效果，同时又保持封闭感。越靠近中央的就越高越大、越复杂，使构图集中，轴线突出，加强了广场的空间结构感，而这样的尺寸变化对它们发挥围合广场的作用也极为有益。中央入口是人们的必经之地，高大雕像可以更好地遮挡人们视线，同时也让人有门户的感受，而越往两边，越接近高大的建

巴黎协和广场水景雕塑（杨秀芬 摄）

筑物，借着建筑的厚势，雕像的尺寸不用那么大就可以起到同样的心理阻隔作用，不会与建筑产

生视觉的对抗。

二是把雕塑安置在广场与建筑间的周边位置，避开主要的交通且有利于创造较宽而集中的活动空间，这样就使雕塑的数量可大量增加，而不会沮碍交通与视线，并有可能使每座雕像都有一个良好的背景，而且这些雕像还可以在建筑与地面之间形成一个"灰空间"使它们的过渡显得更自然和谐。广场周围主要建筑物入口的装饰性圆雕的布置也属这种类型。

三是以广场建筑立面上的浮雕或建筑结构雕塑的形式出现。这种手法在西方古典建筑中很常见。雕塑是属于建筑的部件，也是广场艺术景观的不可少的组成部分。

雕塑在广场入口处布局，对空间起着围合和导向作用。如果空间进深较大，这类雕塑不宜作为主雕；如果空间较浅，则可能会突出建筑。

都江堰离堆公园的伏龙观前堰功道左右对称安置着两组群雕，在它们之间形成了一个小型的入口广场。由于群雕对人们的视线起着收束、吸引作用，可使参观者强烈地感受到都江堰的厚重的治水历史。

在"L"形广场（群）的拐角处（与喷水池一起）设置雕塑，形成两部分广场的共有空间焦点，加强他们之间的相互联系。当雕塑与广场拐角处的建筑物角线较接近的时候，可从视觉上起"软化"其墙壁外角线的作用，并与之一起充当空间的转轴。

雕塑像与突出的建筑物角部把这个"L"形广场虚分为两个空间。雕塑像起着既分隔空间又使空间聚合的双重作用。但由于塑像距离建筑物外角较远，不能产生与之一起构成空间之转轴的作用。

把广场主体雕塑看成前景，其余的空间环境看作背景时，应使雕塑有鲜明突出的视觉地位并在与环境的交互映衬中相得益彰。能以天空为背景布置广场雕塑当然是最为理想，但是必须要求广场有较大的空间，而且周围建筑物不能太高。现代城市寸土寸金，能有一片广场已是不易，周边楼宇越建越高而且天际线常常是参差不齐，要得一片蓝天何其之难。从建筑背景之中谋求一片较好的底景，这才是实际的举动。

2. 园林位置设计

雕塑是一种环境艺术，它介于绘画和建筑之间，它的表现需要衬托和依附。展厅雕塑或广场雕塑、园林雕塑实质上就是两种不同类型的美，前者是独立美，后者是依附美。

中国园林雕塑与中国的水墨画一样，以泼墨淋漓的大写意来表现意境，它蕴含着几千年的东方文化沉积、人文习俗和山水灵气。中国园林中最早的雕塑就是园林之石、太湖石、黄石等，从石峰形体的凹与凸，透与实，绉与平，高与低来看都具有强烈的抒情韵律感，正是绝好的后现代派雕塑作品。

园林雕塑的表现主题是使环境空间美化，以满足人的心理美感需求。所以园林雕塑有别于纪念性雕塑。它的主要功能是使作品更富有美感和丰富多彩，赏心悦目，强调装饰的一面。所以我们现在所看到的园林雕塑大多是以装饰为题材的抽象或半抽象作品。形式上突出它的工艺性、趣味性，使之在绿地中形成一种点缀。如果脱离了园林的功能性而一味强调其中的思想性、政治性，从装饰功能中分离出来，那它很有可能会进入到一个认识问题的误区，干扰所表现的物体，从而创作出与环境不和谐的作品。

艺术家不应该先把雕刻作品完全雕好，然后再去考虑把它摆在什么地方，而是构思时就要联系到一定的外在世界和它的空间形式和地方部位。雕塑家、欣赏者、作品三者意念的共鸣融合，除雕塑自身给予人们美的感受之外，还依赖于雕塑自身的形式和置放的环境，雕塑作品在园林环境中的功能一是点缀，二是点题。只有优美的环境，雕塑的形式才能令人产生美感，长期置身于这种艺术环境中，潜移默化的感染力能唤起人们对美好理想的憧憬。雕塑家应在努力适应环境的同时强调和突出自我的个性特征，挖掘材料的美，结合具体的环境功能，集知识、艺术、趣味于一体，成为虚实空间与意念想象并存的实体。使雕塑在园林中随处可见，成为园中的点睛之笔，形成美的焦点。

用雕塑讲故事，用空间营造氛围。雕塑是语言、是符号，雕塑的构形、雕塑系列的组合，应该有一个主题，设计者总要告诉人们一些东西，这就是故事。故事就要有人物、场景、情节。雕塑可以拟人化，有各自的表情和性格，这就是人物；场景可以通过空间的分解、围合、变换来实现；情节可以通过雕塑在空间中的联系，从而实现时间的过程。故事讲得浅才能抓住人，让人觉得雕塑有品位，使人读得懂；故事

大足石刻牧牛证觉道场

讲得好，才能感动人，使人过目难忘；故事讲得深，才能使雕塑有看头、有想头，使参观者成为回头客。总之，故事要讲得言简意赅，有穿透力。

世界文化遗产——重庆大足石刻宝顶山雕塑就是讲故事的典范：牧牛证觉道场是一组10幅长达27米的组合雕刻，经"未牧、初调、受制、回首、驯服、无碍、任运、相忘、独照、双忘"十个场景刻画了牧童辛苦驱牛耕地到最后解脱忘我的"证觉"全过程，而十个场景则用一条线索串成有机的整体，即"缰绳"由"直缰"到"弯缰"，再到"信缰"，最后变成"无缰"。

五、水利雕塑的时空转换

雕塑是时间和空间的统一，静止的雕塑如何表现时间，雕塑应该选择动作的瞬间，这个瞬间必须能解释事件的前因后果，给出某种暗示。暗示性必须通过欣赏者的精神活动来完成，它可以通过暗示来表述这种先后的承续性。雕塑空间二重性表现为实际空间和精神空间，雕塑的暗示性形成假定空间，它们的假定空间给观众提供了创造精神空间的诱导和依据，观众与物质空间的暗示性结合，从而使暗示的运动得以实现。有暗示性才有运动的可能性，而动感正是雕塑的魅力所在。

罗丹解释雕塑的时空转换时说："你要记住：所谓运动，是从这一个姿态到另一个姿态的转变，画家或雕塑家要使人物有动作，所做的便是这一类的变形。他表达从这一姿态到另一姿态的过程：他指出第一种姿态怎样不知不觉地转入第二种姿态；在他的作品中，还可以识辨出已成过去的部分，也可以看见将要发生的部分。有时，当它们在同一张画面上或同一组群像表现着几个连续的场面的时候，绘画和雕塑能做到和戏剧艺术相等的地步。"①

这是罗丹创造动象的秘密。罗丹认定"动"是宇宙的真相，唯有"动象"可以表示生命，表示精神，表示自然背后深藏的不可思议的东西。

雕塑形体的"转变"，也就是唤起观众思维活动的"转变"。雕塑这种空间性形体借姿态的转变和变形通过空间性的形体表现时间性特征。陆机对包孕片刻的论述"观古今于须臾，抚四海于一瞬。"所谓"古今"、"须臾"、"一瞬"，可以说是对时间的无限性和有限性的体现。《画荃》里所说的"一收复一放，山渐开而势转；一起又一伏，山欲动而势长"和"山之厚处即深处，水之静处即动时"这段话探讨的正是虚实关系与造型表现运动的关系，这里所说的虚实非外形的虚实，而是存在于人的观念中的东西，是观众心理中的文化历史积淀对固定形的想象补充。

雕塑有暗示性的固定形体给观众一定想象的诱发，造成幻觉的产生，幻觉形成幻象，幻象是空间和时间交织在一起的。这种虚幻的空间和时间是观赏者欣赏的中心，对雕塑的实体来讲是有

---

① 罗丹．罗丹艺术论．沈琪 译．北京：人民美术出版社，1978

一定的独立性，雕塑的内外两种运动。外在的运动指"直接诉诸视觉感受，只需在主体的意象中加以补充、延伸和扩张。"内在的运动指"对象内在的精神活动，虽也可能诉诸视觉感受却有不确定性。""只有当它引起观赏者的体验才有意义。"这种内在运动才是有时间性的。运动在雕塑美学中的地位，不仅仅属于如何反映生活，即形象的空间性与时间性的互相依赖，更重要的是关系作品的思想内容。

雕塑的魅力、雕塑的审美价值得以实现的关键是"观众"，只有在观众的想象中，雕塑才得以实现它的美。正是作品的暗示性和观众的想象力的呼应使雕塑艺术具有时空的完整性和完善性。

第二节　中西雕塑文化比较

一、题材差异

中国社会是一个农业社会，中国田园牧歌式的乡村文明，使人与自然及生态系统始终保持着和谐的关系。因而中国早期雕塑题材以动物为主，《四羊方尊》《莲鹤方壶》等就是其中的杰作。自佛教传入中国以来，宗教佛像也成为中国传统雕塑的表现对象之一，最有名的当推云冈石窟、龙门石窟、麦积山石窟和敦煌石窟这四大雕塑群，此外还有大量的寺庙造像。同时在中国厚葬习俗的影响下，君主及达官贵族修造陵墓及陪葬品，使得陵墓雕塑成为中国雕塑艺术上的又一珍宝，最具代表性的当属秦始皇陵的兵马俑。

西方的社会基本上是一个宗教性的商业社会，城市化的生产培养了西方人的外向性和冒险性的性格，海上、陆路交通发达，同东方交流广泛，这一切都有利于科学、文化和艺术的发展。神话传说是西方雕塑题材之一，如希腊人认为每一种自然现象都是神的力量显现的结果，人和神是同源的，神就是人最完美的体现，神同人一样有血有肉，有喜怒哀乐，不同的是他们长生不老、神通广大而已。对人体美的表现也是西方雕塑家们的又一题材如《米洛斯的维纳斯》等。

二、精神追求

在中国人看来，主体与客体相通、感性与理性共融，视"天人合一"为宇宙观核心，相信天人感应、天人相类。这种思想的必然结果即自然的人化和人的自然化,"天人合一"的例子在中国雕塑艺术中不胜枚举。而西方则在征服自然的过程中突出了人的意志。

《莲鹤方壶》

西方雕塑的表现题材基本上是以人体为主,就算是神话人物也是以人为衣钵,体现人体的美。古希腊雕塑体现着神性与人文的统一,理想与世俗的统一,理性与神秘的统一,古希腊文化是泛神文化,"神人同形同性"对文化雕塑产生深刻、广泛的影响,始终贯穿人文主义、理想主义、理性主义。神既是尽善尽美的存在物,又是人类观念的化身。

黑格尔曾说:"希腊民族性格的特点在于他们对直接呈现的而又受到精神渗透的人身的个性具有高度发达的敏感,对于自由的美的形式也是如此。"这就使得他们必然要把直接呈现的人,即人所特有的受到精神渗透的躯体,作为一种独立的对象来雕塑,并且把人的形象看作高于一切其他形象的最自由的最美的形象,西方人体雕塑在"理念"世界的支配下具有了自身的独立价值,它不是凭借自然景物的烘托,而是凭借光线与阴影的变幻以展现形体的空间实在性,因此西方人体雕塑是严格意义上的空间艺术,在中世纪以前,希腊雕塑的物理性的立体空间概念,成为西方雕塑家共同参照的范式。

三、表现手法

中国传统艺术追求写意和象征,西方传统艺术注重再现写实,这就是中西传统雕塑中最大的差异。中国雕塑不求形似,只求神似的特征。不讲究描摹写实,在塑形上注重写意传神,气韵生动,虚实相生,"神似胜于形似","遗其形骸尚其神",这种中国式的美学观念可以说贯穿了整个古代雕塑史,即使有时表现出一定的写实性,也只是比较细微而已,在本质上依然属于意象性造型。

中国美学突出强调情景交融,虚实相生,艺术家们共同追求着那种"天地浑溶一气,明暗高低远近,不似之以似之"的境界,营造着"往不复,天地际也"的独特空间。北京天坛的圜丘面对着一片虚空的天穹,以整个宇宙作为自己的庙宇,反映出中国人与生存方式密切相关的时空互渗的空间意识。中国的传统雕塑由于注重"写意"及对"气韵"的把握,所以在形式上不是完全写实的。在人物的刻画上,并不注重人物的解剖关系,不强调作品与现实对象的统一,而强调神似。从秦汉雕塑、中国石窟造像、陵墓雕塑中可以看到，中国传统雕塑在创作手法上偏向于装饰写实，非常注重整体体量的空间感，形体上"宁方勿圆"，在雕塑上有非常明确的上下、左右、前后六个面，每个面上的形体尽量压缩，使之保持整体的立方体造型之内。特别注重左右的对称、平衡关系，给人以大气、雄健、中正的感觉，这一点深深体现出了儒家的美学价值特点，在饱满充实的形体上运用线刻、浮雕来刻画细节，一带而过、点到为止。在人物衣纹的处理上，多运用"曹衣出水"的手法，浅薄的衣纹以线的形式附在形体之上，加强了形体的体量感。整个雕塑强调"线"的运用，从轮廓线到细节，无论是五官、头饰、衣纹都是以线的形式表现的，这一点和中国画的处理方法达成一致。

中国传统雕塑特别重视与环境的关系。在雕塑与环境的处理上是非常考究的，无论是陵墓雕塑、陪葬俑还是石窟造像，雕塑作品都与环境融为一体，充满了宇宙的灵气。例如霍去病墓的雕塑、大门前的石狮。在内容上，中国的传统雕塑有宗教题材的佛像、道庙人物造像以及陵墓雕塑、陪葬雕塑等，也有一些地方的民间雕塑反映了民俗生活。

这种"以形写神"充分运用自由的空间造型的手法，使得艺术形象体感强烈、块面整体，往往比写实的雕刻更威风、更勇猛、更生动、更具有生命感。

西方雕塑则始终围绕事物结构精确地塑造物象，直到近现代才弃写实为变形，不为客观现象所役使，追求雕塑空间的自由性。在西方，就雕塑而言，它们建立了人类历史上独一无二的写实性雕塑。这种写实性雕塑风格的产生是由于"模仿说"的明确提出。古希腊的哲学家亚里士多德认为最好的艺术必须"照事物的应当有的样子去模仿"，而模仿是人的"一种自然的本能"。强调对外事物的模仿和反映是发端于古希腊的西方艺术传统。西方的传统雕塑无论是从古希腊、古罗马、文艺复兴到巴洛克和罗可可都是非常重视人体的写实基本功，以写实的语言精准地刻画出人体的解剖关系，研究人体肌肉的拉伸，探寻人体动势变化而产生的内在生命力。与中国传统雕塑重"写意"相比，西方雕塑更重形式带给人的"视觉"感受，如大地艺术，人体通过有节奏的形体变化给人以音乐般的旋律感。此外，随着时代的发展，西方的艺术家也能放弃对人体的精准刻画，把形体抽象、概括为几何形式，解构再建构，这也是西方现代主义的主要手法之一。

四、造型设计

中国古代雕塑和绘画都来自于原始实用美术，从彩陶时代起，绘塑便相互补充，紧密结合。中国雕塑不仅吸收了绘画的线条色彩的特点，而且还习惯在雕塑上绘色描线。中国古代长期绘塑不分家，而且对绘画更为重视，因而雕塑具有了明显的绘画性。中国雕塑这种绘画性导致有别于西方雕塑追求团块和体积的特质。线条在中国雕塑中发挥重要的造型辅助作用，雕塑家"运刀如运笔"，通过富有弹性而又丰富多变的线条，表现飞奔的情态。中国的传统雕塑由于注重"写意"及对"气韵"的把握，所以在形式上不是完全写实的。在人物的刻画上，并不注重人物的解剖关系，不强调作品与现实对象的统一，而强调神似。整个雕塑强调"线"的运用，从轮廓线到细节，无论是五官、头饰、衣纹都是以线的形式表现的，这一点和中国画的处理方法达成一致。

西方那种净素妍雅、强调光影感的大理石刻雕塑则长期占据主导地位。西方雕塑家大多尽力排除利用绘画的色彩性的辅助方法。法国雕塑家法尔孔奈说过："如果雕刻能保留在自己确定的范围之内，它就不会丧失自己任何一项优点；但是，如果它要使用绘画的全部手段，它就会受到失败的威胁。这两种艺术各有各的表现手段，色彩不是雕刻的手段。"

五、雕塑材料

在雕塑材料的使用上，中国雕塑较之西方尤为丰富，如土、木、石、玉、铜等，其中以与自然密不可分的土木居多。从仰韶文化的人像陶塑到长沙汉墓中的彩绘木俑，从秦陵兵马俑到唐代木雕迦叶像，从敦煌莫高窟的彩塑菩萨到明清时代的小品雕刻，皆体现出中国人对土木的依赖性和对大河文化的亲切感。

西方由于工商文明的发展而较早地摆脱了人对自然的依附性，在雕刻材料的选择上也较早地扬弃了土和木的利用，在雕刻材料的选择上创造了以石雕为主流的雕塑艺术史。

从雕塑的发展上看，又分为传统雕塑和现代雕塑，传统雕塑是用传统材料塑造的可视、可触、静态的三维艺术形态，其制作手段有雕刻、塑、堆、贴、焊、敲、编等；现代雕塑则用新型材料，利用声、光、电等制作的反传统的四维、五维雕塑、声光雕塑、软雕塑、动态雕塑等。

总之，中西方历史与文化背景的不同特征，决定了西方艺术注重写实性和中国艺术崇尚写意性的两种不同审美取向。同时，在造型手法和材料等运用上也造就不同程度的差别。中西雕塑艺术虽有风格特征之别，但无优劣高低之分，均是这一艺术领域的奇葩。

六、审美意识

中国审美意识的特点是以味、触觉作为感知方式，而西方审美是以视、听觉作为感知方式。

正是因为中国的这种以味、触觉为基础的审美感知方式，在某种程度上导致了审美主体在与美术作品发生审美关系时，有一种内在的交融，也决定了一种天人合一的宇宙观。以味、触觉为原型的中国审美意识也决定"味"和"品"成为它的基本范畴之一，而特别强调"淡乎寡味"、"澄怀味象"、"韵味"、"意味"等。这在中国古代雕塑上都有所体现，魏晋雕塑的"秀古清像"，秦俑所体现出来的雄浑气质，汉代雕塑传达的柔静神韵都是以中国传统的感知方式为基础的。

西方的感知方式主要是以视、听觉作为主要依据的，德国哲学家康德把视、听作为"近于智慧的官能"，视、听的对象与主体要保持一定的距离，主体要在客体之外，而中国传统的以味、触觉为先的感知方式要求主体必须接近对象并与对象融为一体。

中西雕塑在美学观念、造型方式以及艺术效果上都有很大的不同。中西雕塑与空间观念相联系的媒介分别是绘画和建筑，中国雕塑和绘画、西方雕塑和建筑的紧密关系表达了各自的雕塑的空间观念。通过比较我们发现，西方古代雕塑以物的结构、实体化地把握空间，而中国古代雕塑则根据万物内部充满和谐与节奏的宇宙秩序来把握空间。在中国传统哲学中以平面方式表现空间，空间采用"东、西、南、北、中"五个方位表示，这种表达方式说明了人是把握时空的主体。表现在雕塑上则强调形体的上下左右的空间观念，而不像西方是强调前后进退的空间观念。在对空间的利用和表现上，西方传统哲学中对空间的概念是直线性的，将空间从初始点引向无限。由于"摹仿说"的美学目的使雕塑艺术总是尽量再现物体在真实空间中的微妙变化，对人体的理解是无限个朝向的不同的面，而且排斥线在雕塑中的运用，因为线在空间中是不存在的。

不同艺术追求，使中西艺术走在写意、写实不同的道路上，西方的写实观使其艺术注重三维空间和体积感，而中国的写意观则注重对意象、神韵的追求。所以中国雕塑不如西方雕塑体积感强，局部大多平面性很强，在雕塑表面运用阴刻线条来表现肌肤和衣服的皱褶，没有立体感，只有绘画的平面效果，通常雕塑表面光滑，没有西方雕塑那么多明暗起伏的细微变化。从本质上说，中国雕塑可谓是绘画的立体扩展，西方雕塑则是结构的外观。在这一点上也充分体现出中国雕塑和西方雕塑在空间观念上的重大区别。

在西方传统中，雕塑被看成是在一个空间包围下的连续体量，以相对封闭的造型、全方位地排除空间。不管是单个人体，还是群像结体都尽力压制形体与形体之间的空当，即使留空当，也是为造成一种均衡的韵律关系，服务于体量实在感与形象之间都留有很大的空隙，任由空间环绕体积或与之相互渗透。

西方文化传统肯定人的力量，注重科学实践和对天地自然充满征服的欲望。体现在雕塑上，题材多以人、人的活动为主体，人和神"同形同性"，空间造型注重解剖、结构比例准确，讲究体量，追求形准、形真。

中国雕塑不是按照实体结构原则来组织群像的，而凭借的是空间呼应关系。中国社会文化既受儒家思想影响，重礼教，又受道家黄老神话学说影响，重鬼神，雕塑多宗教神话题材，且以动物和神佛故事为主，神人分离，神是帝王样貌，且无所不能，目的是为了体现皇帝"天之子"皇权神授，"教化"百姓。儒家思想讲究入世，道家思想讲究"消隐"，体现在雕塑造型上，求"神似"、讲"气韵"。

中国提倡"传神写照"、"以形写神"，重视人物的性格特征和精神面貌的塑造。因此，中国传统雕塑注重表现内在气质和神情特征，而西方雕塑注重外在的形象和比例结构的精细研究，从而形成了中国古代雕塑意象造型与西方传统雕塑模拟造型两种不同的方式。

第三节 具象雕塑

一、自然界的水雕塑

水有气态、液态、固态，气态为云，液态为水，固态为冰、雪，千变万化的云彩，神奇莫测的水形，晶莹剔透的冰雕，充分展示水的魅力。

1. 水雕

美国马丁·沃的水滴雕塑设计是从观察雨滴落入湖面形成的水花四溅的图案得到启发，开启一个充满灵性的想象力探索旅程。他将艺术和科学相结合捕捉大自然造化的神奇。马丁创造性地利用高速摄影技术，实验过各种材料如染料、肥皂和甘油等，通过改变液滴的大小、速度、颜色、黏度、表面张力来塑造造型。代表作《活佛出世》、《天狗逐日》、《天鹅戏水》、《仙女出浴》等均动感十足。

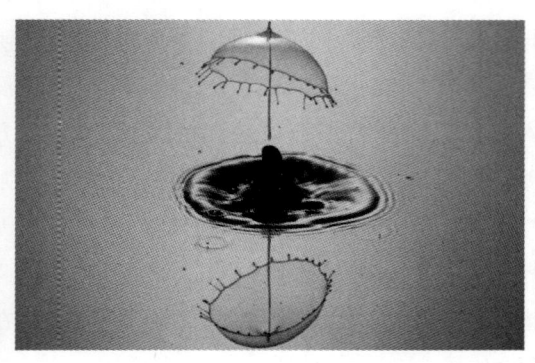

《雨伞》

本是家庭妇女的加拿大创意摄影师科里·怀特受马丁科学研究的启发，创作出水滴雕塑作品《水趣》，展现的是液滴溅起的瞬间。在高速摄影下，对水体进行扰动，溅起浪花，捕捉瞬间造型，犹如大海中的水母，森林中的蘑菇，晶莹璀璨的钻石……名为《雨伞》的照片中，两滴经甘油稀释的水滴从一定高度连续滴下，怀特在它们发生碰撞时从后方隔着一层毛玻璃打上闪光灯，得到由蓝转青的背景下，一把"撑开"在水面涟漪上的玫红色雨伞。

2. 冰雕

日内瓦湖的冰雕，仙鹤亭亭玉立，自然天趣。乍暖还寒辽河口的冰雪雕，未加雕琢，自然形成，酷似随时准备出击的武士，似与不似之间，给人以遐想的空间，可令仁者见仁，智者见智。

3. 云雕

云是指停留大气层上的水滴或瓦斯或冰晶胶体的集合体。云是地球上庞大的水循环的有形的结果。太阳照在地球的表面，水蒸发形成水蒸气，一旦水汽过饱和，水分子就会聚集在空气中的微尘（凝结核）周围，由此产生的水滴或冰晶将阳光散射到各个方向，这就产生了云的外观。云雕是大自然的杰作，云的运动和颜色的变化构成千奇百怪的造型，匪夷所思，光怪陆离，令人叹为观止，极大地激发了艺术家的灵感。

麒麟奋蹄

井底之蛙

4. 雪雕

雪雕，是雕刻艺术的一种形式，主要就是将雪当做塑形的材料，把它捏成固定的形状，再组合起来并修整细节，跟沙雕的原理颇为相近。冰雕有晶莹剔透之美，雪雕则是不透明的白色，有朴实造型之美。

《井底之蛙》以横向逐渐放大的螺旋线作为井壁，一人双手抱膝，安坐底部，头部上扬，怡然自得，通过渐放的井壁窥视外部精彩的世界。螺旋线井壁内侧打光，井圈平面背光，通过光线设计凸显时空隧道之感。

5. 雾凇树挂雕

雾凇俗称树挂，是我国北方冬季里一种特有的自然景观，它是温度较高的雾气遇冷急骤凝结在树枝上形成的。雾凇似冰非冰，似霜非霜，附在树枝上的形态犹如玉树琼枝，可使景物的形态在一夜之间变得异常优美，风姿格外迷人，一些建筑物在雾凇的装扮下，好似天工巧匠用白玉琢成，如同水晶宫中的琼楼玉宇。特别是树

雾凇雕塑

木花草，更是奇异多姿，妩媚动人。不同种类的树木在雾凇的装扮下会出现不同的外观，它们有的像昙花盛开，有的似玉菊怒放，有的如梨花攀枝，有的若珊瑚丛丛，一株一棵，株株不同，棵棵有异，百态千姿，这一景象在我国吉林市的冬季时常出现。图中的雾凇树挂雕似沙漠之舟骆驼负重而行，似鸵鸟狂奔，趣味盎然。

二、中国的具象雕塑

1. 黄河母亲

以黄河母亲为题材的雕塑较多，构思雷同，均为一母一婴，可分为站、坐、卧三种形态。小浪底雕塑，母婴视线同一，母亲乳房丰满外露；柳园口雕塑，母婴相向，视线交流；兰州雕塑，母婴视线方向各异。

柳园口雕塑

小浪底雕塑

兰州雕塑

2. 李冰雕塑

1974年修建都江堰外江闸，开挖外江三号桥基至4.5米时，出土一尊东汉末雕造的大型李冰圆雕石像。石像为灰白色砂岩琢成，高2.9米，肩宽0.96米，厚0.46米，重约4吨，底部有一方榫，残长0.18米。石像戴冠，冠带系至颈下。面部丰满，神态和蔼。宽衣重袖，两手袖在胸前。两袖和前襟上有内填朱色的浅刻隶书题记三行，中行为"故蜀郡李府君讳冰"；右为"建宁元年闰月戊申朔廿五日都水掾"；左行为"尹龙长陈壹造三神石人珎水万世焉"。中

李冰父子像　　李冰石像

国古代雕塑较多的是动物像、佛像，却鲜见纪念性人物雕像，李冰石像的出土打破了这种惯例。

"李冰父子像"是青铜雕像，位于都江堰市要冲，底座浅浮雕刻画蜀人农耕、治水活动。李冰父子立于激流中的孤石之上，极目远眺，孤石上翘，赋予动感。

大禹神话园入口

两个李冰雕塑显示古人与今人的审美标准的差异，今人塑造李冰往往昂首挺胸、意气风发、指点江山、高瞻远瞩，是英雄形象；古人塑造李冰，慈眉善目、双手拱起、闭目沉思，是准佛形象。李冰石像的题记表明地方水利官员"都水掾"、"都水长"，代表国家力量直接参与了李冰的造神运动，在治水活动中利用宗教引导舆论、组织群众、协调社会、统一思想，所谓"珎水"者，即包含"镇水"和"珍水"的两重含义。

3. 大禹神话园

一个会讲故事的江滩，使江滩建设进入一个新的层次。从晴川阁步入汉阳江滩，在观景平台

上眺望，大禹神话园映入眼帘。

大禹神话园是武汉市汉阳江滩的一部分，位于汉阳晴川阁与武汉长江大桥之间的长江江滩之上，是以大禹神话雕塑为主题的景观园。大禹神话园长约 400 米，宽约 60 米，分上、中、下三区和中国洪水文化展示馆共四个部分。

上区：从长江大桥汉阳桥头北侧，至大禹祭祀台（现江堤箱式防水墙）南侧，由玉面人像、双龙门、"应龙画河海"青铜雕和禹父鲧治水透雕组成。入口处黄色巨石，上面醒目地镌刻着"大禹神话园"五个红色大字，字体端庄古朴，专门从唐代大书法家颜真卿的书法作品中摘拼而成。龙门以代表红山文化的玉猪龙，对称布置，形成开放的空间，并以龙点题，与中心广场的大禹御龙雕塑相互呼应，对观众的文化欣赏进行心理引导。龙门形成的椭圆形景框，借景波涛滚滚的长江，框住一个雄奇的雕塑作品——《应龙画江河》。

上区以一组四幅"鲧治水图"透雕石刻形式浓墨重彩地展示了大禹的父亲鲧治理洪水的悲壮历程。从洪水滔天、天帝委鲧以治水重任，到鲧用尽办法、偷用息壤、被天帝处死，这四幅透雕打破传统的石刻手法，两面可观，让鲧的主要活动在洞穴式的环境中进行，人物均具有原始社会的沧桑感，别有一番风味。

鲧治水临危受命图

中区：以大禹祭祀台及相连的圆形九鼎广场为中心，由"剖鲧禹生"、"搏杀相柳"、禹阅九鼎铜雕和"三过家门不入"圆雕，以及大禹北方治水神话传说系列高浮雕组成。作为中心广场的背景，"大禹治水图"巨幅石刻，长 87.1 米、平均高度 5.1 米、浮雕厚度达 0.8 米的大禹北方治水神话高浮雕，放眼望去，一种国内很少有的乳黄色石料，显得高雅、华贵。上面以长卷式构图、接近圆雕的高浮雕方式精心雕刻大禹治水的 10 个故事："与虎为友"、"受命治水"、"驱逐共工"、"河伯献图"、"伏羲赠圭"、"擒锁水怪"、"力开伊阙"、"变熊惊妻"、"接受禅让"、"神马自来"，综述了大禹自幼年到治水成功的整个过程，个个惟妙惟肖，活灵活现，仿佛随时会走下石壁，与你恳谈，让人如临其境，如闻其声。这是当时全国最大的高浮雕，也是神话园内最具震撼力的作品。

其中，神话园最令人叫绝之处，还在于"大禹治水图"巨型石刻的正中，面对浩浩长江，冲出"大禹乘龙马车检阅九鼎"巨型铜雕，隔着圆形广场，与对面成弧形排开的九兽驮九鼎石雕形成完美的呼应关系，成为整个神话园的核心区域，是神话园的灵魂所在。"大禹乘龙马车检阅九鼎"铜雕，高8米，长13.5米，从气势非凡的巨型浮雕中破壁而出，一往无前。龙腾虎跃的龙马车，载着已接替王位的大禹，一

搏杀相柳

日千里，巡视八方。大禹神色庄重，饱经风霜的脸上写满了治水的沧桑，一手持耒，一手牵缰绳，站立车中，雄姿英发，意气昂扬。车前4匹坐骑，龙头马身，双翅微张，剽悍灵异，或昂首奋蹄，追风逐云，或张牙舞爪，威风八面，显得大气、灵气，具有强烈的艺术震撼力。车下设置的喷泉，喷出浓密的水雾，形成一片白云，顿时，龙马车腾云驾雾，更显气象万千，与"大禹治水图"巨型浮雕珠联璧合，浑然一体。

大禹治水图

九个神奇的鹰鼎分别用代表九州的龟、鳄鱼、猪、鹿、羊、虎、熊、象和犀牛共9种动物驮起，迎着龙马车和"大禹治水图"巨幅浮雕，成弧形散开，接受大禹的检阅。九鼎的构思，完全与众不同，用的是十分少见的鹰鼎。《文物中国史》画册中描述，陕西华县距今5000年至7000年仰韶文化遗址出土的陶器里，有一种鹰鼎，又名枭鼎，以鸟身为鼎，嘴尖爪利，目光凶悍，造型古朴，是中国最早的鼎。在材质上，考虑到铜鼎系由陶鼎发展而来，既是陶鼎，就可以石代铜，

雕成石鼎，反而更有原始社会意境。

大禹乘龙马车检阅九鼎

谏鼓

由于九鼎面对的巨幅浮雕过宽，在九鼎两边，又各摆放一个名为"谏鼓"的铜雕，为神话园增色不少。谏鼓外形奇特，鼓下4只兽脚，鼓上4个翅膀，神话味道十足。谏鼓的设计，基于先秦古籍《管子·桓公问》中有"禹立谏鼓于朝"的记载，参考了《山海经·西次三经》中"帝江"气囊上有4翅下有6腿的造型。大禹登上王位后，认为治理天下如治水，最好的办法是直接听取老百姓的意见和建议，便在朝廷设置谏鼓，听到鼓声，马上出来，冬不避寒，夏不避暑，是大禹亲民作风的充分体现。

镇江柱

下区：从大禹祭祀台北侧至晴川阁景区外墙江滩边，以大禹南方治水神话等散点链式石雕、印章蓝田石刻，以及6米高的镇江柱等组成。南方治水神话分别为"巫山开道"、"填云梦泽"、"衡山刻碑"、"龟蛇锁江"、"设防彭蠡"、"震泽移山"、"杀防风氏"、"教民鸟田"、"群仙庆功"、"万民拥戴"，10块巨石中，每块两面都刻有浮雕故事，计

20幅浮雕,错落有致的摆放在小道上,近距离观摩时,犹如置身"巨石阵"之中,使人顿生新奇之感。

最后一块"印章石"是"镇江柱"。只见石柱正面底部,压着一只名叫"巫支祁"的猴头怪物,铁链捆身,鼻穿铜铃,头罩青石镯,背面上部有浮雕,反映的是张之洞任湖广总督时,见地摊上有青石镯子,听说是某渔夫偷偷地从一个猴头怪物头上取下来的,怪物被锁在龟山山洞的石柱上,他知道怪物就是因兴风作浪被大禹锁住的巫支祁,赶紧嘱咐渔夫将石镯还原,并立镇江柱以绝后患。该故事取材于《武汉掌故》。

三、西方的具象雕塑

1. 美国胡佛大坝

胡佛大坝雕塑被美国土木工程师学会列为美国七大现代土木工程奇迹之一。胡佛大坝雕塑以刀砍斧凿的红色花岗石作为大背景,高9米的两个青铜双翼男天使,彰显人类战胜洪水的意志和智慧,底座黑色的花岗石与背景形成鲜明对比。该设计方案与奥运奖牌正面图案——插上翅膀站立的希腊胜利女神意趣相通,只不过将女神换成男天使。

《逝去者》

《攀岩者》

挪威艺术家奥斯卡·汉森在大坝内外设计了许多雕塑作品,包括奉献广场的著名的"共和国之翼",护卫着国旗的高大的青铜雕像昭示"永恒的警惕,自由的代价",从广场所见的星图,保留大坝专用的确切时刻。

汉森设计的牌匾,纪念在建造水坝中死去的工人。画面中,逝去的建设者傲然屹立在汹涌的波涛之上,双手托起丰收的麦穗。纪念词说:"他们去了,但却绽开出沙漠之花,美国将永远记住他们。"《攀岩者》雕塑由本地雕塑家史蒂芬设计,这个比真人还大的塑像建于 2000 年。这尊雕像代表乔木根,曾去除松动的岩石,飞行在山水之间,攀岩者脚蹬岩石,身飘高空,双手紧握保险绳,表情坚毅有力。

在电梯井中用混凝土做成的浅浮雕,左浮雕形象地描述胡佛大坝的五大功能:

灌溉、防洪、发电、蓄水、航运。右浮雕描绘很久以前居住在山区和平原的印第安人的形象,插图题词是"我们与他们一起在和平中创造一个世界"。

值得注意的是,美国的科学家在对胡佛大坝的设计检讨时,进行二次设计,在结构优化上除了将两岸的 4 个导流隧洞减为 2 个,将坝高增加 45 米,同时减少重力拱坝的体积外,在水工程文化上,充分利用坝下游面作成整体双鱼浮雕,极具震撼力。

2. 丹麦《海的女儿》

《海的女儿》创意出自是丹麦童话大师安徒生的童话。海的女儿。一般清秀隽永,充满对无限生命的热爱、对真挚爱情的颂扬,唤起我们对于真、善、美的恒久共鸣。童话《海的女儿》中,小美人鱼为了能将鱼尾变成双腿,以能接近王子,不惜求助于海巫婆,甚至失去自己的声音,承受巨大的痛苦,却义无反顾。在得知王子被迫与别国公主结婚时,在她的姐姐们用长发向海巫婆换来刀子,让她用王子的生命换回自己的人鱼之身时,她斩钉截铁地说不。作者似乎与童话的创作者心心相通,他创作的小美人鱼静静地坐在海边的岩石上,鱼尾正在变成双腿,她正在承受犹如一把尖刀插入身体的痛苦,然而她的神情中没有丝毫恐惧,有的只是一种淡淡的、高雅的忧伤,寄托着无限的哀患,又饱含对未来的无限希望。波罗的海

《海的女儿》

湛蓝如许,哥本哈根美丽如梦,海的女恬静似朝露,爱德华·爱立克森留下的不是一尊小小的雕像,而是一个不朽的象征。

3. "布鲁塞尔第一市民"小于连

在比利时首都布鲁塞尔中心广场附近的"埃杜弗"街口,有一座引人注目的撒尿小孩。一个小孩蓬松的头发,翘翘的鼻子,光着身子,笑眯眯地站在一个约2米高的大理石雕花台座上,旁若无人地在撒尿。他的"尿"像涓涓细流,长年不息地浇注在下面的水池里,他那天真活泼的姿态,栩栩如生的神采,十分逼真,惹人喜爱!这就是被比利时人民称誉为"布鲁塞尔第一市民"的小于连。据传说,14世纪时外国侵略军准备炸毁布鲁塞尔这座城市,小于连急中生智,用一泡尿浇灭了正在燃烧的导火线,从而挽救了布鲁塞尔古城,使全城百姓幸免于难。比利时人民以小于

"布鲁塞尔第一市民"小于连(徐昌蓉 摄)

连引为自豪,盛赞他那勇敢机智、不怕牺牲的崇高精神。

4. 荷兰《劳动者》

《劳动者》

荷兰海堤上的《劳动者》雕塑仅有1米多高,面对浩瀚的大海、巨大的堤防,显得如此渺小,体量对比的巨大反差,却显示在自然界人真真切切地存在着,自强不息地地奋斗着。与胡佛大坝的攀岩者环顾四周的造型相比,这个劳动者心无旁骛,正专心致志、低头弯腰抬起一块石头,而他的脚下的长长的堤坝,却是由亿万个石头干砌而成,一与亿万的对比,本身就具有强烈的震撼力。

5. 美国自由女神像

自由女神像（曹德成 摄）

世界遗产委员会评价："自由女神像由法国雕塑家巴托迪和古斯塔夫·埃菲尔（他负责雕像的钢架）共同完成，这个象征着自由的雕塑是法国于1886年赠送给美国的，以祝贺美国独立100周年。从那时至今，这个矗立在纽约港口的自由女神已经迎来数以百万到美国来的移民。"

自由女神像是在法国建造的。1884年7月4日，它作为法国人民赠予美国人民的礼物在法国正式交给了美国大使。随后，女神像被拆散装箱，用船运往纽约，再重新组装在贝德娄岛（现在自由岛），由美国出资建造的巨大基座上。

美国建筑师理查德·莫里斯·亨特设计的基座高47米，女神像本身高46米，因此使火炬的尖端高出地面93米。女神像重229吨，腰宽10.6米，嘴宽0.91米，高擎火炬的右臂长12.8米，单独一个食指就有2.4米长。女神像的脚上有象征推翻暴政的断铁镣，左手握着一本美国《独立宣言》，她头冠上象征自由的七道射线遍及七大洋、七大洲。女神像体内的螺旋形阶梯使游客能登上头部，相当攀登一栋12层的楼房。

女神像基座内设有介绍美国移民历史的博物馆。1972年开馆。第一部分介绍美国印第安人的先祖，从亚洲漂越大西洋来到这块未被勘探的大陆。接着介绍了现代的大规模移民情况。通过播放影视、展示模型、摄影图片、绘画、服装，提供翔实的材料，介绍来到新大陆的每一个群体，包括作为奴隶被用船贩来的西非人、19世纪大量移民而来的爱尔兰人、意大利人和犹太人。

第四节　抽象雕塑

一、中国的抽象雕塑

1.《智者乐水，仁者乐山》（清华大学）

这座用石材和流水型不锈钢管构成的"人"字形雕塑：山石体现刚强，流水体现灵性，两种造型共同构成的"人"字。它体现着人与自然的和谐共处。一边用矩形元素的石材,一边用流线型的不锈钢材建造,体现着传统与现代、过去与未来;一边象征山,一边象征水,代表着水利工程,体现着山水情。"智者乐水,仁者乐山",现代人既是智者,又是仁者。从五行的相克相生关系看:土生金,金生水,构成顺序相生关系。

《智者乐水,仁者乐山》

2.《水电交响》(四川大学)

《水电交响》雕塑整体坐落于一个 5×5m 的浅灰色花岗石平台上。雕塑全高约 4.0 米。下部为一直径约 2.8m 的圆柱台体,材质为浅灰色花岗石,内部设有水泵。圆柱外表面为光面,刻有水纹。圆柱内水泵可将台体内水泵出,沿圆柱面形成漫流。由两道分别代表拱坝和重力坝的剖面组成,水流从坝面泄下,象征水资源的开发和利用。圆台上座放一块"人"形纯黑色花岗石。花岗石正、反两个面打磨成镜面,而其余面则呈现原始粗糙和起伏,5×5m 平台面上设有射灯等照明。镜面和糙面表达水电人对大自然独具匠心的雕琢。

《水电交响》

圆台上流水寓意为"水利",上部"人"形既象征了"电"也代表了"人才"。整体意义上表达出了"水电人"、"人才库"的创作理念,既表现了水电学院的行业特点,也表达出了学校是一个教书育人,培养水利人才高地的这一特征。"人"形结构上糙面与镜面强烈对比,圆台的浅色与"人"形的深色形成对比,寓意为水电人对粗犷大自然的精心雕琢,圆台上弧形寓意溢流坝泄洪。另一侧面拱坝形小结构,则指代水电工程和水资源利用。如果说"发电"为兴利的话,则两个坎型即为"除害"。

将象征"水"的圆台置于最下端,象征了水利的"基础地位",特别是对四川这样的水电资源大省，没有"水"这一基础，则万物失去依托，百业无从兴旺。总之，"水电交响"雕塑表达了如下主体：水为生命之本，生命之源；教书育人，培养水利人才高地；兴利除害，供水供电。

《黄河风》

3. 开封《黄河风》

开封市标志雕塑——《黄河风》位于开封经济技术开发区，整个雕塑的构成由汉字"开"变形及开封二字的汉语拼音的第一个字母"K"、"F"变形而来，寓意"开封"。该雕塑造型似顺风鼓张的风帆，寓意开封像一艘巨轮，开足马力，勇往直前，以开放、改革、进取的姿态，展示在世人面前，象征着黄河古称——开封光辉灿烂的明天。

雕塑造型又由三个大写英文字母"C"变形而来。"3C"是计算机、通信、自动控三个英文单词的第一个字母，是现代技术的象征，寓意着开封经济技术开发区发展高科技的现代化建区战略思路。

雕塑基座由七级台阶的黄色花岗岩组成，寓意开封曾是七朝古都，象征着开封市传承历史，具有深厚的历史文化底蕴的特色。

雕塑造型具有动感，像风从远方吹来。"忽如一夜春风来"，这风是改革开放的春风，吹绿了开封大地；这风是黄河风，就像黄河母亲，世世代代滋养着开封儿女；这风是世纪风，象征着开封市各项事业乘风而动，顺风起航，一顺百顺，前程无限。

4. 北京《密之水》

这座名为《密之水》的雕塑坐落在北京密云县城西新建成的奥林匹克健身公园的中心位置。雕塑约有五六层楼高。它的底座是长方体的，四周由暗红色带花纹的大理石砌成。底座之上，绿、红、黄、蓝四色抽象

《密之水》

的"叶子"向上生长,这四片"叶子"代表春、夏、秋、冬四个季节,这四片"叶子"又如同亿万群众的手,托起了雕塑顶端那一颗璀璨的"明珠"——密云水库地理位置及交通路线示意球。球采用了环保原料,直径约为 5～6 米,球面上凹凸不平,色彩鲜艳,以绿色、红色、蓝色为主。绿色代表植被茂密,红色是交通干线,最显眼的则是那一片蓝色,那便是首都的"生命之水"——密云水库。

5. 成都沙河水雕塑

以甲骨文中的"水"字为造型的独特雕塑出现在成都沙河上游王贾大道附近。在汉字元素上,标志看上去像一个"川"字,主要体现成都是天府之国,乃四川首府之意;另一方面,甲骨文中的"水"字标志,体现了古蜀先民逐水而居、治水而利、因水而兴。这一雕塑除了造型独特之外,上面还雕刻了书法名家及著名碑刻上"水"字的各种造型。三条约 6 米高的方

《甲骨文水》

柱并排立在地上,弯曲地呈现出流水状,正好是甲骨文中的"水"字。该雕塑由钢材制成,表面漆成绿色,上面雕刻有从商代至清代"水"字的写法,以及各个时期著名书法家及碑刻中有关"水"的书法,共十余种,如周代的金文、石鼓文,汉代的《礼器碑》、《西狭颂》,唐代欧阳询、柳公权,明代董其昌,清代吴让之等的书法。

6. 济南《泉》

济南泉城广场中心为大型钢制异形曲杆主体雕塑《泉》,它是泉城广场和泉城济南的标志。"泉标"雕塑在广场主轴与榜棚街副轴的交汇点拔地而起,高 38 米,重 170 吨。它取古篆书"泉"字之神韵,三股似清泉的造型辗转上升,恰与济南市市标的创意相和。地面铺装图案源自史籍对城池的描述,并配置七十二股涌泉及四组泉群,让人感觉凝固的"泉"与喷涌的"泉"自"城"中磅礴而出,极大丰富了泉标的形象和艺术感染力,体现了泉城的风采。泉标下面有展现济南市 72 名泉的铜牌。泉标周围的绿地内设置了 8 个磨光石球,仿"大珠小珠落玉盘"之意境。三股清泉的造型昭示着泉城淳朴的地方特色,悠久的历史文化;颐天园和童乐园环绕主体雕塑,绿荫花丛,错落其间,是老人、儿童的休憩乐园;《泉城揽胜》大型浮雕面西斜卧在"泉标"的一侧,绮

丽的济南风光尽现其中。

7. 都江堰水文化广场

广场主体构思是天府之源，投玉入波；鱼嘴竹笼，编织稻香荷肥。在广场之中心地段，设一涡旋型水景，意为"天府之源"。中立石雕编框，内填白色卵石，取古代"投玉入波"以镇水神之象，又为竹笼搏波之形，同时喻古蜀之大石崇拜之要旨。石柱上水花飞溅，其下浪泉翻滚，夜晚彩灯之下，浮光掠金。水波顺扇形水道盘旋而下，扇面上折石凸起，似鱼嘴般将水一分为二、二分为四、四分为八……，细薄水波纹编织成一个流动的网，波光淋漓，意味深远，令人深思；蜿蜒细水顺扇面而下，直达太平步行街，取"遇弯裁角，逢正抽心"之意。广场的铺装和草地之上是三个没有编制完的、平展开来的"竹笼"。竹篾（草带、水带或石带）之中心线分别指向"天府之源"。中部"竹笼"为草带方格，罩于平静的水体之上，中心为圆台形白色卵石堆；东部"竹笼"则以稻秧（后改为花岗岩）构成方格，罩于白色卵石之上，中置梯形草堆（后改为卵石堆）；西边"竹笼"则是红砂岩方格罩于草地之上。

《泉》

该水文化广场由俞孔坚领衔的土人设计公司设计，但因都江堰市地铁建设，已拆除，故录以备考。

8.《小浪底雕塑》

《小浪底雕塑》应属抽象雕塑，底座均标以参与小浪底工程建设的部门与公司。雕塑是一根黄色大铅笔加曲线；FFT组合体的雕塑干脆就用扳手加螺丝帽象征F和T；主雕塑为"三叉石"，即三根圆柱托住一块石头，三根圆柱表示设计、施

都江堰水文化广场

工、监理，大石表示工程。不少人看后赞誉有加，以大石落下寓意"落实"，但也有人不以为然，认为巨石没有落地，是"落不实"。整个雕塑群，创意散乱，各自为战，真是仁者见仁、智者见智，不像大禹雕塑园那样具有鲜明的主体逻辑和宏大的总体设计。

《小浪底雕塑》

《黑河源》

9. 祁连县城黑河源雕塑

《黑河源》顾名思义是黑河之源。黑河源主体造型由宝盆、龙碗、水流、如意组成，其寓意是黑河作为母亲河孕育了祁连山麓的生民、万物、自然之灵，是毋庸置疑的文化源头，漂浮的宝盆和龙碗表示滥觞，也赋予了祁连山生生不息的发展之本。

《水分子雕塑》（张智英 摄）

10. 天津《水分子雕塑》

用圆柱和圆球图解水分子式 H_2O，5 根圆柱在平面上错位布置，4 个不锈钢的圆球在水的"冲击"下，可沿圆柱侧面的条型槽上下浮动，形成动态雕塑。如 4 根圆柱和 3 个圆球可视为一组 H_2O，5 根圆柱和 4 个圆柱球可视为二组 H_2O 相互嵌套。这里圆球既可视为氧—O 的构形，又可看作氢—H 的横向连接。圆球实际为机械提升，在对位喷泉冲击时，会造成水力托起钢球的假象。

二、西方的抽象雕塑

1.《水火环》

美国野口勇的《水火环》喷泉创作于 1971 年，位于底特律的哈特广场，由一个圆形花岗岩水池和经过高度抛光的不锈钢、铝结构组成,水柱在电脑程序控制下从水池中咆哮而出,穿过金属环,直插天际,时而获如水雾一般弥漫缥缈,变幻不已,作品宛如高科技的交响乐,奏响了向宇宙进发的最强音,用野口勇自己的话来说:"一台机器成了首诗"。而对一件20世纪70年代的作品来说,它属于未来。

《水火环》　　　　　　　　　　　　　　《水翻坝》

2.《水翻坝》

《水翻坝》雕塑位于美国拉克罗市威恩大街的拐角处,美国艺术家杰夫·威特曼的创作灵感来源于1993年的一场洪水。两个混凝土的高矮圆柱是钢结构的支座,四个交错的半圆弧寓意拱坝,两层的波浪线表示大浪过坝时的前赴后继,两个螺旋线,一个简单,一个复杂,表示涡流的不同形态,波浪线和螺旋线的嵌套演绎出水翻坝的惊天动地、摄人心魄的气势。

3.《飞向永恒》

上海月湖公园入口设计精致简约,正中央耸立的巨型雕塑《飞向永恒》,也是一座具备功能性的现代化艺术造型日晷,为保加利亚籍旅意雕塑家吉沃吉·菲林所创作。雕塑采用两个反向三角形的造型,一厚一薄,主体轻巧,倾斜向上,箭指太空,不规则的孔洞和乳突,将三角形的平面解构,寓意宇宙黑洞,揭示天体构造,表示空间;黑色花岗石装饰的圆形底座上,标有刻度,表示时间,时间、空间的统一,诠释"飞向永恒"的主题。上海的月湖公园用雕塑展示春、夏、秋、冬,创意独特,只是用以表示夏的沙滩水浴的人物塑造过于粗糙,略显美中不足。

《飞向永恒》

《父子情》

4.《父子情》

世博园雕塑《父子情》的作者日本藤井浩一郎以造型简洁明快的椭圆形结构、用两根类似水的丙烯材料透明柱来表达山水与城市成长的关系，体现水和人类相依的生命力。两柱一高一矮，高下相倾，一大一小，大小呵护，晶莹剔透，似水非水，非水意水，令人玩味。

5.《铁分子雕塑》

《铁分子雕塑》（徐昌蓉 摄）

布鲁塞尔有一处景点，就是这个巨大的原子球塔。它高约102米，重达2200吨，由九个巨大的不锈钢圆球连贯而成。每个圆球直径约18米，圆球内又分为上下两层。圆球和圆球之间由长26米、直径约3米的不锈钢管相连接。这是比利时政府为当年在布鲁塞尔举办的世界博览会而兴建的一座标志性建筑，比利时著名的建筑大师昂·瓦特凯恩在设计这座建筑时，独出心裁、别具匠心地根据一个铁分子是由9个铁原子组成的这一原理，专门设计了9个圆球。在这里每个圆球都象征着一个铁原子，圆球与圆球之间又严格按照铁分子的正方体晶体结构组合在一起，从而形成了一个巨大的铁分子。从地面到顶端最高的圆球之间设有快速直达电梯，而在其他各个圆球内都装有自动电扶梯，人们在每个圆球之间都可以自由往来。据介绍，整座原子球塔可同时接纳250人参观游览，另有一个可容140人同时用餐的大餐厅。位于原子球塔最高端的圆球是一个专供游客们观赏风景的观光区，它高约92米，大体与巴黎埃菲尔铁塔的第二层观光区在同一个高度上。游客在此可以通过四周的有机透明玻璃，俯瞰布鲁塞尔的市容市貌，尽情领略周边的迷人风景。

雕塑寓意取自当时的欧洲刚从第二次世界大战的阴影中走出来，正进入经济高速发展时期的背景。创作者选择用庞大的建筑来展示原子结构的微观世界，目的既表达了人们对发展原子能美好前景的一种展望，同时也象征了人类进入了科学、和平、发展和进步的新时代。9的寓意不是中国的"九五之尊"，而是当时的欧共体共有9个会员国，比利时又刚好有9个省，这样原子球塔的整个造型正好成为比利时和欧共体的象征。

主体雕塑不锈钢的亮色与喷薄而出的水景，相得益彰，巨大的金属球在水幕的映衬下，反射着四周变了形的景物，别有另一番情趣。

6.《海盗船》

冰岛人把海盗船的艺术模型视为太阳和精神的力量源泉。《海盗船》的作者是冰岛雕塑家阿尔纳森。相传古代海盗到达冰岛首都雷克雅未克时，在这一带登陆安家。海盗船俯视着大西洋，目睹着海洋文明的兴起和扩张。雕塑似船非船，似鱼骨非鱼骨，又似古埃及的太阳船，都有5对桨，太阳船是古埃及法老由生到死的引渡。

《海盗船》

7.《纪念碑》

香港西贡区万宜水库东坝的锚形石纪念碑很独特,它的造型不像方尖碑那样高耸入云,而采用加固海岸堤防的锚形构件形式,实际上它由正四面体的解构,剥离出两条相互垂直的边,正四面体是重心最低的多面体,也是最稳定的多面体。

一条是底边,一条是棱边。棱边斜指天空,寓意逝去者魂归天堂;底边水平布置,寓意逝去者作出的贡献构建了最稳定的社会结构。雕塑通体的蓝色和蔚蓝色的天空融为一体,显得格外肃穆。

8.《混沌》

澳大利亚的考特大坝后面的用15吨混凝土做的雕塑,乍一看像一个两头翘的元宝,实际上它是混沌理论的物化模型。混沌理论是美国麻省理工学院教授洛伦兹研究"长期天气预报"问题时,在1960年提出的。经典动力学的传统观点认为:系统的长期行为对初始条件是不敏感的,即初始条件的微小变化对未来状态所造成的差别也是很微小的。可混沌理论向传统观点提出了挑战,它说明了混沌系统处于不稳定的平衡点上,小的变化可以非线性地放大为大的变化,即蝴蝶效应。然而混沌运动的变化又非任意而为,非周期性背后隐藏着有序性,其轨迹在一定区域内折叠、压缩、扭曲,进而形成在不同尺度下具有相似结构的奇异吸引子。

《纪念碑》　　　　　　　　　　　　《混沌》

9.《水滴》

《水滴》雕塑是澳大利亚考瓦若大坝的公共艺术项目之一,该项目委托当地土著艺术家创造公共艺术作品,以表示对原住民文化遗产的关注和尊重。公共艺术项目的目的是营造"和谐"氛围,是过去和现在的对话,加强不同族群之间的信任和理解。

不锈钢雕塑"水滴",由科普艺术家彼得埃里森设计,位于大坝的进水口附近,雕塑用不锈钢丝编织而成，呈镂空的"梨形"，向上的"梨尖"表示巨大的水滴自天空坠落，揭示天上水与地表水的循环，构成自然界的水生态，体现水对生命的重要性。

10.《圆融》

矗立在金鸡湖畔的《圆融》雕塑，是新加坡著名雕塑家孙宇立先生的作品。该雕塑由两个动态扭转的圆紧密相叠而成，外圆内方，是一张象征中新友谊的国家名片，旨在表达传统与现代、科技与人文的互融与共生，蕴含着中国与新加坡双方的密切合作、相辅相成、相互交融，是金鸡湖景区代表性雕塑。简单的外圆内方是铜

《水滴》

钱造型，妙在扭转，表面刻意的水平纹路，寓意换个角度审视外圆内方，会有新的诠释。

雕塑，作为城市形象的标志和城市品位的象征，在很大程度上反映了一座城市的管理水平。苏州工业园区城市雕塑精致、大气，将浓郁的人文气息、生活情趣用艺术化的手法生动再现，展现了"洋苏州"的独特魅力。它们既是现代苏州城市化建设的重要组成部分，更为苏州2500多年历史文化古城增添了很多新元素、新景观、新地标，使城市更添魅力、更显活力、更具吸引力。

改革开放以来，越来越多西方的艺术家，到中国来大展拳脚，他们的作品在吸取中国元素同时，又融入西方的理念和手法，成为中西合璧的别有一番风味的景观。

金鸡湖《圆融》

第五节 意象雕塑

一、中国的意象雕塑

良渚文化存续之间约为距今5300年至4200年前，中华先民对"意象"的艺术的研究就已经

开始，表现出极高的悟性和造诣，令今人叹为观止。

良渚文化中天地人合一的玉雕，鸟代表天，栖于树枝和鼠嘴之上；松鼠代表地，攀援于枝；人头像位于下方，高冠化枝，臂成鼠尾，天、地、人巧妙地沟通和连接，幻化一体。

1.《黄河魂》

滨州《黄河魂》雕塑高 27.2 米，宽 15.2 米，重 110 吨，采用异型钢材和不锈钢材料，全部焊接组成，手工制成，工艺复杂。在设计理念上，取抽象概括的水滴作为创作元素，缔造整体晶莹剔透的视觉感受；采取主体波纹线条的表现形式，糅合了漩涡的汇聚、浪花的飞扬和激流澎湃，展现了黄河的魂魄与精神，使作品呈现强烈的动感和生命力。一滴水能激起千层浪，在这瞬间的动感形态，如同滨州这滴闪耀的黄河之水，激起城市的璀璨文明，表达出黄河精魄弘扬千秋之意，也是对黄河母亲的深情讴歌。

良渚文化玉雕

《黄河魂》

在动与静的完美结合之中，"水滴"既是一个城市新地标，又是一个不断变化之中的棱动体。环绕"水滴"而动，你可以惊奇地发现这个雕塑体折射出来的不同变化。或圆形、或椭圆形、或半圆形、或扁形。静态的艺术产生了动态的美感。凝固的水滴意象体现了人工与自然之间的"交互性"，"中空"与"折射"象征对于传统城市空间的颠覆和再造。

环绕雕塑，不同的角度将呈现不同的形态，反映出"水滴"雕塑的灵动与多变。无论是在晴空万里的阳光照射下,还是在大雨磅礴的倾泻里,"水滴"雕塑巨大的不锈钢体在湖水的簇拥下散发着不同的光彩。或光焰夺目、或暮色苍茫。在广阔的湖面上似风帆、似贝壳、似钻戒,能给人美好遐想的艺术品是具有生命力的。

"水滴"雕塑集圆、棱、奇、特与一身,多彩的造型寓意着湖的多样性和广泛性。天色与水色通过折射,交汇造成人造景观与自然景观相得益彰的效果。

2. 三峡雕塑

三峡坝区坛子岭风景区位于三峡大坝左岸,是国家首批 AAAA 级景区,因其顶端观景台形似一个倒扣的坛子而得名,该景区所在地为大坝建设勘测点,海拔 262.48 米,是观赏三峡工程全景的最佳位置,不仅能欣赏到三峡大坝的雄浑壮伟,还能观看壁立千仞的"长江第四峡"双向五

大江截流石

万年江底石

《纤夫》

竹笼与马杈

级船闸。整个园区以高度的递增从上至下分为三层，主要由模型展示厅、万年江底石、大江截流石、三峡坝址基石、银版天书及坛子岭观景台等景观组成。

利用截流"功臣"——四面体作雕塑，朴素至极；块体倒置，上大下小；斜面向上，动感顿生；简约而不简单。物理学告诉我们，在所有的多面体中，只有正四面体重心最低，为高度的四分之一，而且任何一面着地，重心都不会改变。正四面体倒置加之斜面上扬，大大提高了物体的重心，使得最简单的构图具有最强的动势。万年江底石为大自然的雕塑作品，江流就是最高明的雕塑家，两个石雕，一个是人造物，一个是自然物。

三峡截流公园的写意雕塑用大坝施工材料裁剪而成，《纤夫》用废旧槽钢组合，构成长江的纤夫团结一心、奋力向前的意象。截流公园的透空围栏设计也有讲究，中部倒三角的卵石框栏板代表竹笼，蔚蓝色的圆柱上下用三道白色圆环装饰，代表三个马杈铰接在一起，栏柱与栏板之间以三道白色 S 形水波纹连接，隐喻三峡，彰显长江文化内涵。

潍河水利雕塑

3. 诸城潍河水利雕塑

山东诸城市潍河国家水利大型雕塑分为"潍水之灵"、"潍水风帆"。"潍水之灵"以诸城恐龙为创意题材，取其外观大致，重其内涵神韵，借助几何块面不同向度的构成，塑造双龙腾跃、仰空长啸的审美形象，远古色彩与现代气息融会，给人一种奋发向上、锐意进取的震撼和启示。"潍水风帆"雕塑，高 43 米，寓意一帆风顺。两个大型雕塑相映成趣，壮美而有视觉冲击力，俨然龙文化与水文化穿越时空的对话，成为潍河国家水利风景区的特色景观。"潍水之灵"和"潍水风帆"是潍河水利风景区的标志性建筑，寓意丰富而又深刻。

《豫江情赞》

4.《豫江情赞》

豫江友谊园由河南对口支援四川江油抗震救灾建设。豫江友谊、两地灿烂的文化作为一条主线，贯穿于整个园林设计中。豫江友谊园内的主题雕塑——《豫江情赞》就是其中典型的代表。雕塑从每个方向看都会形成"人"字，三人为众，相依鼎立，反映出河南、江油两地亲如兄弟，更象征中国人众志成城。雕塑主体又如同"Y"、"J"两个字母相扶而立，"Y"代表豫、"J"代表江油，体现出河南与江油人民万众一心、携手共渡难关的深厚情谊。雕塑上方的黄色飘带交织成同心结的形状，表现了河南人民千里驰援、江油人民自强不息的伟大抗震救灾精神和豫江两地在共同抵御地震灾害中树立的牢固友谊。雕塑以其气势恢弘的造型和深厚的寓意，迅速成为江油市新的地标性建筑，备受瞩目。

5. 成都活水公园雕塑

流水雕塑

活水公园紧依府河，既有功能性又有艺术性，其功能表现在用府河水经净化塘人工湿地系统处理后淌入流水形式的雕塑池内，通过模拟大自然中宽窄不等的河床进行自然曝氧，进一步净化水质。

流水形式的雕塑，是活水公园自然净水系统中的组成部分，是贝特西·达蒙女士引进的国外专利技术与中国雕塑艺术家共同创作出的，具有现代审美情趣相结合的雕塑作品。流水雕塑集充氧作用和美化环境功能于一体，是千姿百态的流水造型艺术的再现。螺旋状的水，对流形式的水，纵横交错，上下跌宕的水，在水流雕塑中穿越、迂回。每个承接启落的水流雕塑首尾相接，流动的活水演绎出大自然的美景。由整石雕塑而成的一串形似花瓣、叶子的池组成，它巧妙地引入水力学原理，利用落差产生的冲力，使水在一个个石雕池中活泼欢跳，绽放出无数水花，极富动感和观赏价值，也是雕塑在环境中与人产生互动，同时在回旋振荡中曝气充氧，增加水中溶解氧的含量，加强水的活力。"流水形式"的雕塑就是在这样的构思中结合环境创作出来的。

艺术化景观创造了奇特功效，功能艺术化是城市景观建设应该提倡的，它体现城市的文明程度、艺术化水平，用智慧使无生命的石材赋予艺术生命，在满足功能的同时彰显艺术欣赏价值。流水雕塑就是通过取自府南河的水依次流经厌氧沉淀池、水流雕塑池、曝氧池、植物塘、植物床、养鱼塘等净化系统，无形的水经过有形的池，或涓涓细流，或激情跌宕，变换出多姿多彩，并发生了质的变化。向人们演示了水在自然界由"浊"变"清"，由"死"变"活"的生命过程，故取名为"活水"。

公园的设计体现了城市园林自然的生态特性，其内的中心花园，雕塑喷泉，自然河堤，自然风景和几十种水生植物，观赏鱼类巧妙地融入自然的过程中，充分体验到人造景观的美妙与神奇，并唤起人们热爱自然、保护自然的激情。活水公园给人们带来美好的、人性的、艺术的公共环境。流水形式荡漾的水势，滑如绸缎，飞花碎玉溅起朵朵银白色的水花，层层叠叠，拾级而下。水的表现给人们带来好的心情，好的愿望，人们在水流雕塑旁自然与水亲近，产生互动。活水公园流水雕塑是最吸引孩子们的地方，每到周末与节假日，那里成了他们的乐园。孩子与水有种天然的亲和力，玩水自然就成了他们的天性，再加上水流雕塑的新颖形式。水流的哗哗声，孩子们的欢笑声，构成一幅幅动人而美丽的画面，这也是环境与雕塑的交流和融合。

鱼眼就以一滴山泉在显微镜下形态表现洁净水的原始自然状态，使水如清泉、活跃、多层、清晰的越过叶形旋涡，形成了一串有韵律，有结构，和谐的玫瑰花形。一点一滴的水，汇成溪流，孕育着生命，引申涵盖了整个生命的全部形式。《一滴水》雕塑置于公园的鱼眼，材料用绿花岗石，直径 3.8 米，厚度 0.5 米。

《一滴水》

6.《钱江龙》

该雕塑创意源于"钱王射潮治水"的传说故事，雕塑总高度 48 米，花岗岩基座上托举起青铜铸造的钱江龙，龙高 27.1 米，重 110 吨，龙身蜿蜒、龙首东望，注视着

《钱江龙》（王良生 摄）

钱塘江水东流入海,环绕龙身的线条象征翻卷的钱江潮水,一支支利箭飞射而来,艺术地再现了钱王射潮的壮观历史画卷。

抬头仰视,花岗岩的底座上盘绕着4条小龙,翻腾起一阵浪花;中间一颗金珠夺目,金珠上,钱江龙龙首东望,龙身蜿蜒,龙尾高高翘起,张牙舞爪的样子犹如在空中飞腾盘旋;而环绕龙身的圆形线条似汹涌的钱江潮水。雕塑下面,是三层花岗岩台阶,简约大气,中间可供游人浏览。台阶的南面,镌刻着韩美林手书"钱江龙",北面镌刻着韩美林书写的吴越国王的诗作《钱江借取著钱塘》。

宋代郭若虚提出"龙有九似":角似鹿、头似驼(马)、眼似兔(龟)、项似蛇、腹似蜃、鳞似鱼、爪似鹰、掌似虎、耳似牛。龙的前额代表聪明智慧;鹿角表示社稷和长寿;牛耳寓意名列魁首;虎眼表现威严;鹰爪表现勇猛;剑眉象征英武;狮鼻象征宝贵;金鱼尾象征灵活;马齿象征勤劳和善良。融合而生的中国龙,充满力量,英姿勃发,是中华民族情感融合的重要纽带。

7.《运河魂》

2014年京杭大运河入录世界文化遗产名录,是杭州一个响亮的城市品牌、一张珍贵的世界名片,更是一条哺育杭州成长的母亲河、维系城市兴衰的生命河。京杭大运河不仅是"国之瑰宝",更是杭州的"城之命脉"。京杭大运河的自然是有形的,京杭大运河的文化是有魂的。开凿千年的京杭大运河始终与漕运相关。漕运事关国计民生,大运河无疑是国家的一条命脉。

《运河魂》

所以有了诠释漕运的经典名句:"半天下之财富,悉经此路而进"。

历史通过艺术塑造才能变活,艺术有了历史元素才能勾魂。2005年5月,杭州运河人在对运河历史资料的收集整理中,发现一幅由美国传教士于1891年拍摄的运河货船过坝旧照片十分激动,刹那间艺术构思油然而生,在运河边建设以运河、坝、船、牛、人五要素组合雕塑:船,昂首向上;牛,埋首奋蹄;人,肩驮背扛;雕塑《运河魂》反映运河上劳动人民"顽强、不屈、团结、进取"的不朽精神。中国当代实力派书法家孙大愚先生还亲自题写"运河魂"三个遒劲有力的大字。

8.《黄河结》

大型雕塑《黄河结》雄浑壮观,重达240吨,高达27米,堪称"万里黄河第一锁"。该"同心锁"由黄河水利工程建设者们精心创造,利用当年水利枢纽实施除险加固工程时拆除的6扇废旧闸门,建造起这座大型雕塑《黄河结》,其主体由三把锁构成,分别叫永昌锁、永固锁、永恒锁,象征天下所有人永结同心、事业永昌、爱情永恒、婚姻永固;黄河及其水利工程安

《黄河结》

澜永固;以永恒的黄河母亲为见证,祈愿国家昌盛,江山永固;表达水利人同心同德,共筑安全永固的水利工程,造福一方的心愿。

这座巨大钢铁艺雕的永固锁安装有电动液压装置,可用特制的大钥匙启动锁环,实现开锁和闭锁。游客还可通过锁内阶梯上到顶部登高远眺,大河风光、沙漠奇观、田园景色、小城风貌尽收眼底。这里还准备利用锁体内空间开设"中华锁文化展览馆",展示中国古今锁具,以弘扬中华传统文化。

9.《三山一水》

《三山一水》雕塑:福州城内于山、乌山、屏山"三山"鼎峙,闽江宛如绿带穿城而过。史载:五代梁开平二年,闽王王审知扩建城池,将风景秀丽的于山、乌山、屏山圈入城内,形成了福州"山在城中、城在山内"的独特风貌。"三山一水"成为榕城主要标志,故福州亦称"三山"。

10.《天地交泰》

雕塑整体造型由浙江珊溪水利枢纽的"珊"、"水"、"枢"三个字的第一个字母"S",将平面构形的"S"的上半部分扭转90°,构成一个立体造型的阴阳符号,寓意"山水涅槃、天地交泰、国泰民安"。雕塑选用不锈钢蔚蓝烤漆,载有白鸽的不锈钢的五线谱对主体形成螺旋式的环绕,在青山绿水的映衬下,奏响一曲动人的水电工程交响乐。

《三山一水》（施仲光 摄）　　　　　《天地交泰》

11.《南珠魂》

北部湾广场是最具北海特征的城市广场，其中最引人注目的是广场中北海城雕——《南珠魂》，可以说是北海的标志性建筑。《南珠魂》雕塑以水池、珠贝、人作素材，表达大海、珍珠、劳动者的主题。是由四川美术学院院长叶毓山教授花了三个月时间设计，创作出十几个方案中挑选出来的。三面一体的珍珠贝高 15 米，竖立于水池中央，高耸云天。贝壳向三面张开，当中镶嵌着的那颗珍珠直径为 1.4 米的不锈钢珠，象征着北海人的老者、青年、少女三尊高 3.5 米大铜像，围绕着三面巨大的珠贝。

三尊铜像各具特色、各有寓意：一个是特地骑着海马前来欢迎远道而来的朋友的老渔翁，他象征着大海之父；一个是背北向南的姑娘，她手持一颗夜明珠，仰卧在一条大鱼上，似乎刚从海底采珠上归来，她象征着珍珠神女；还有一个精力旺盛、体魄健壮的汉子，脚跨神龟，口吹海螺，一副阳刚气，正容光焕发地召唤着美好的前程，他象征着大海之子。

《南珠魂》

12.《南海风帆》

海南三亚亚龙湾海边的《南海风帆》雕塑以大海为背景，水天一色，融为一体，六块蔚蓝色的不锈钢片，向同一方向弯曲，寓意乘风破浪。六片风帆，高低错落，大小相宜，形态各异。雕塑背后，无其他遮挡，形成海帆一体，这是涉水雕塑环境设计的典范。雕塑设计者必须将环境因素考虑进来，可以设想，如果此雕塑背景有其他遮挡物，则雕塑设计则是失败的。

13. 扬州水文化博物馆的门厅

扬州水文化博物馆的门厅以水的历史文化为背景，空间造型及用材都与水息息相关，顶面的造型源于天圆地方之说，中心圆中的玻璃水纹展示了水的来源，四周的墙均采用微晶石贴面，用材体现出水轻盈剔透的本质，其中间用青砖拼砌，体现出一种古文化的韵味，在人造水池中间竖立刻着"水"字的石墙，醒目的"水"字将石墙一分为二，暗示水这种天然资源的有利有弊的两面性。水池中间用大理石制作前言台，上面摆放水雕塑，地面三条黑块寓意水的源远流长，切实做到了形式与内容的自然结合。

《南海风帆》

水字墙

14. 泰州引江

近年来，泰州引江河管理处在创新中发展，在发展中创新，以水文化宣传和绿化美化为突破，营造了人水和谐新环境，提升了水工程文化品位和文明层次。总高度18米的工程纪念碑雕塑，由不锈钢和花岗岩贴面制作而成，由草书"水"字演化而来，又形似"引江"二字，突出工程名称，基座为波涛浩渺的江水，加强了"水"语汇的表现力。雕塑整体外形犹如一条乘风破浪

引江巨碑接云天（董文虎 摄）

花园口界碑

的帆船在水中航行，又如蛟龙破江而出，呈现出水利事业腾飞之势，象征治水人积极进取的精神风貌。

15. 黄河花园口

河南黄河花园口风景区位于郑州北郊15公里处的黄河南岸，是黄河下游之首，历来是黄河防洪的重中之重、险中之险。

界碑雕塑以黄河大桥为背景，黑色的基座为与白色的雕塑构成强烈对比和反差。雕塑上大下小呈悬臂状，老者的头像内嵌，表情刻画极为生动，满脸沧桑，眼神悲愤、悲伤、悲怆，头像外侧以螺旋浪花纹浮雕寓意决口时的黄河怒涛。

16. 三门峡的中流砥柱

"中流砥柱"

"中流砥柱"位于三门峡大坝下方的激流之中。黄河上的艄公又叫它"朝我来"，距市区约三十公里。冬天水浅的时候，它露出水面两丈多；洪水季节，它只露出一个尖顶，看上去好像马上就被洪水吞没，惊险万分。千百年来，无论狂风暴雨的侵袭，还是惊涛骇浪的冲刷，它一直力挽狂澜，巍然屹立于黄河之中，如怒狮雄踞，刚强无畏，自古被喻为中华民族精神的象征。公元638年，唐太宗李世民来到这里，写下了"仰临砥柱，北望龙门，茫茫禹迹，浩浩长春"的诗句，命大臣魏征勒于砥柱之阴。著名书法家柳公权也为它写了一首长诗，其中有"孤峰浮水面，一柱钉波心。顶住三门险，根连九曲深。柱天形突兀，逐浪素浮沉"等佳句。

相传砥柱是大禹治水时留下的镇河石柱，又说是一位黄河老艄公的化身。很久以前，一位老艄公率领几条货船驶往下游，船行到神门河口，突然天气骤变，狂风不止，大雨倾盆。刹那间，峡谷里白浪滔天，雾气腾腾，看不清水势，辨不明方向。老艄公驾船穿越神门，眼看小船就要被风浪推向岩石。老艄公大喝一声："掌好舵，朝我来"。他纵身跳进了波涛之中。船工们还弄不清是怎么回事，就听到前面有人高呼"朝我来，朝我来"，原来是老艄公站在激流当中为船导航。船工们驶到跟前正要拉他上船，一个浪头将船推向下游，离开险地。船工们在下游将船拴好，返回去找老艄公，见他已经变成了一座石岛，昂头挺立在激流中，为过往船只指引航向。因此，人们把这座石岛的"中流砥柱"也叫"朝我来"。

中流砥柱本是黄河中的孤石，是大自然的鬼斧神工，经文人和民众的解读，赋予了深刻的文化内涵，便形成中国特有的石文化。

二、西方的意象雕塑

1.《波浪》

西班牙著名建筑师卡拉特拉瓦以其流动性的建筑和工程设计，线性排列的功能结构而闻名。目前，在美国达拉斯博物馆前完成了名为"波浪"的雕塑。这个 8×21 米的雕塑由 129 块空心钢片、青铜条组成，钢片和铜条有规律的上升、下降，形成波

《波浪》

浪似的动感。作为平衡，雕塑横跨一个有黑色花岗岩砌成的大型、浅底水池，池水缓慢流动。雕塑在水面上创造了一个有 4 个峰、谷的波浪形状，但不与水面接触。每个铜条重约 220 公斤，高低落差约 1.8 米。夜间，水池中的灯光从下面照亮雕塑。卡拉特拉瓦在谈到这个雕塑时说："铜条的坚固被化作某种流动性。严格，僵硬的东西具有了弯曲的表现；沉重的材料变得没有重量，仿佛它是水中的倒影。也许，通过这种转化，表达了一个西班牙建筑师在达拉斯感受到的家的感觉。"

2.《地球、人与水》

欧洲荷兰小镇的雕塑《地球、人与水》富有哲理。雕塑基座是三层螺旋上升式圆盘，地球

上的人或立或倒，从球体中向外伸出或向球体插入的树状肢体，四条水柱呈抛物线射向球体，构建地球、人、水的生态平衡。

《地球、人与水》（徐昌蓉 摄）

《海豹起舞》

3.《海豹起舞》

日本釜口水闸雕塑恰似两只舞动银环的海豹，又像速射击发的手枪。雕塑的精髓是神似和形似的度的把握，众说纷纭的"形"，千面万象的"形"，就是无形，大道无形，无形胜有形。

《千帆竞发》

4.《千帆竞发》

印度马哈拉施特拉大坝一侧是安比谷静谧的湖水，另一边是风帆雕塑。这个独特的风帆雕塑由 24 块膜块组成。每个膜块高 14 米，宽 15 米，支撑的拱梁是钢制结构。三角帆指向下游，静止的大坝顿时充满动感，千帆竞发，逆流而上，使人想起刘禹锡的名句："沉舟侧畔千帆过，病树前头万木春"。入夜,风帆反射的灯光,在湖水的衬托下为山谷平添了几许亮色。

5.《河流》

美国威斯康星州密尔沃基市的55岁摄影师杰克发明了一种拍照的新技术,即用特殊设备把水与燃料的精确混合物喷射到空中,瞬间按下快门,从而拍摄下一种极具生命力与美感的照片。杰克将这些照片放在画廊里展览,这些从底座上喷洒出来的"雕塑"让观赏者以为是真的玻璃艺术品,大加赞赏,还有人表示如果该雕塑是真的,自己就会买下来。要拍摄这样的照片,相机的快门要非常快,而且还需要可以在水下使用人工染料,并配备特制的机器来把在这些液体喷洒成恰当的形状。

《河流》

6.《云门》

《云门》雕塑被放置在芝加哥千禧公园内,该公园是密歇根湖湖畔重要的文化娱乐中心。截至2009年,千禧公园是全芝加哥人气第二高的旅游景点,仅次于海军码头。它被称为是"后现代建筑风格"的集中地。露天音乐厅、云门和皇冠喷泉是千禧公园中最具代表的三大后现代建筑。

《云门》

该雕塑由英国艺术家安易斯设计,整个雕塑由不锈钢拼贴而成,虽体积庞大,外形却非常别致,宛如一颗巨大的豆子,因此也有很多当地人昵称它为"银豆"。由于表面材质为高度抛光的不锈钢板,整个雕塑又像一面球形的镜子,在映照出芝加哥市摩天大楼和天空朵朵白云的同时,也如一个巨大哈哈镜,吸引游人驻足欣赏雕塑映出的别样的自己。

《云门》雕塑远远看去就像是一滴刚刚落地的水银,它采用抛光不锈钢外表制成,因此无须任何的花纹修饰即可将周围的景色映入其中,不同时间不同角度所看到的"豆子"都是不同的。

通过这种独特的设计使得一个原本"单调"的外表拥有了非常丰富的内容。《云门》可谓是最成功的后现代主义城市雕塑，与芝加哥这座城市的前卫之风相得益彰，寓意一滴水珠可以映射人间万象，可谓一水一世界，人在镜中游。

7. 费城马拉杨克的运河景观公园雕塑

该雕塑用水泵的出水管做成恐龙造型，当游览者通过雕塑时，一系列隐蔽的水泵被路人的运动激活，开始工作，水被抽出，形成动态的雕塑。该雕塑将造型与科技结合，不但解决水的循环利用，又使雕塑活动起来，有型、有声、有动，不再是死的雕塑、静态的雕塑。艺术品的目标是通过一系列对运动极为敏感的送水泵使运河的

费城马拉杨克的运河景观公园雕塑

水进入视野，提高市民的公众意识。

8.《塞纳河之龙》

法国艺术家菲利普·帕斯卡在巴黎塞纳河边，设计并制造了一个与真实尺寸相同的恐龙雕塑，这件3米×6米的作品由350个铬合金骨骼组成。霸王龙是一个十分受欢迎的文化标志，它拥有特点鲜明的巨大头骨，长而有力的尾巴，所有这些特点都表现在帕斯卡的雕塑作品中。这个高耸的银色骨骼将作品的艺术性与冲击力相结合，抓住了人们的眼球。巨龙后肢弯曲，随时准备腾空而起，同时又构成一个取景

《塞纳河之龙》

框，著名的埃菲尔铁塔安坐其中，水面的镜像，形成一个完整的高脚杯闭合构图，妙不可言。

9.《音乐》

《音乐》雕塑位于智利北奇科地区埃尔基山谷的帕克拉坝上。当风吹过雕塑的悬臂之间绷紧的细金属丝时，引发整个结构的共振，并奏出悠扬的音符，风不断改变自身的方向和强度，

曲调随之变化。雕塑造型简约，但构件的尺寸是经过声学设计仔细考量的。

《音乐》

《五季树》

10.《五季树》

美国锡达拉皮兹市位于美国爱荷华州东中部，又称"五季城"，其第五季归因于该市四季变换分明的气候特点。市民认为，享受四季的美好生活，就几乎像每年增添了一个季节。在第五季里，人们抽出时间来欣赏四季，享受生活。18米高的不锈钢树雕塑，作为城市标志屹立于城中心的雪松河北岸。树以石台为基座，可俯瞰雪松河。树是四季分明的植物，春日发芽，夏日成荫，秋日落叶，冬日凋零。《五季树》雕塑将树的季相理念进行拓展，为呼应五季，每季均由七片叶组成，分成两种造型：V形和U形，两个V形顶部以圆弧连接构成心形图案，表示五季城的居民心有所属，心向往之。

11.《天鹅情侣》

德国黑森林马诺岛花园的《天鹅情侣》雕塑，头颈相交，长颈呈心形造型，相依为伴，情意绵绵，如胶似漆，相思相守。水景设计服务于主题设计，水池的水面营造静谧的氛围，四处的喷泉增加动感，天鹅的喷嘴向下的喷水，戏剧化了情爱亲密的主题。①

12.《夏娃的苹果》

底特律河雕塑公园的《夏娃的苹果》雕塑，一只人手的食指和拇指捏着一个有缺口的苹果。背景是美国通用汽车公司总部大楼，雕塑造型极为简单，寓意却极为深刻。竖起的三指隐喻人类与苹果的三次邂逅、三次机缘。

---

① 陈奇相. 西方园林艺术. 天津：百花文艺出版社，2010

《天鹅情侣》　　　　　　　　《夏娃的苹果》（毛野 摄）

人类欲望自苹果发萌，从夏娃摘下苹果的那一刻开始，人类从此就和苹果牢牢地绑在了一起，驱动她的只是人类永恒的好奇心和逆反心态，却未想到开启了新世界的大门。从此苹果已被符号化，代表着一代又一代的人类叛离固定模式的努力。

人类的探索心自苹果发端，一个苹果击中了牛顿的这颗人类最具智慧的头颅，万有引力被发现，苹果在人类探索世界的历程中上留下了光辉的一页。

人类的创造力与苹果息息相关，接下来是乔布斯的苹果。这个完美主义者和偏执狂，给人们设计了一个全新的感知世界，让一种产品成为一个宗教，一部分人类开始思考新世界的可能性。

苹果诱惑了夏娃，砸醒了牛顿，激励了乔布斯。夏娃的苹果造出了人类的性，牛顿的苹果解释了自然的性，乔布斯的苹果扩展了科技的性。夏娃的苹果带我们看到这个新世界，牛顿的苹果带我们了解这个新世界，而乔布斯的苹果则带我们体验这个新世界。

一个苹果带来的新世界和新的世界观，三个苹果改变着世界，夏娃、牛顿、乔布斯分别代表欲望、知识、激情。不仅如此，它们为人类开启了一扇通向未知世界的门，在接过那个苹果的时候，我们都在期待去探索一个未知而充满诱惑的世界。苹果亦是最伟大的媒体，以极具亲和力的方式启发和沟通着人与人、人与自然、人与物质的关系。它远不止是一种水果，它是寓言、宗教、神话、文化、艺术、科技的载体，两千多年来与人类发展进程一路同行，直到今天。

13.《晨飞》

底特律河雕塑公园的《晨飞》雕塑是运用分形学的典范。通过基本元素海鸥的自相似变换，自我复制，变换方向、颜色、态势形成组合造型，每只海鸥以不同的姿态、向四面八方展翅滑翔，这种静态造型，衬托着蔚蓝色的天空中振翅飞来的鲜活的海鸥，静动相宜，真假相应，"假作真时真亦假"，雕塑的作者解释创作意图是："一景一世界，一界纳万景。"画面的构图体现摄影者的再创造的苦心。

《晨飞》（毛野 摄）

14.《四河喷泉》

《四河喷泉》雕塑由意大利贝尼尼在1648～1651年间建造完成，坐落在纳沃纳广场，为罗马篷·腓力教皇的宫殿设计的喷水池。"四河"指人类征服的四条大河：多瑙河、恒河、尼罗河、拉普拉塔河，同时这四条河流又代表了人类文明的四块大陆：多瑙河表示欧洲，恒河代表亚洲；尼罗河代表非洲；拉普拉塔河代表美洲。中间是假山和一个埃及式的方形花岗岩尖塔，寓意着天主教在全世界的胜利。

《四河喷泉》

多瑙河伸出它的双臂迎向一面盾牌，盾牌上刻有圣彼得的钥匙和三重王冠，还有象征英诺森十世的徽章，三朵百合和一只代表圣灵的鸽子；恒河是个身材魁梧的老人，手持长长的船桨，斜身侧坐，目视远方，象征恒河之水源远流长；尼罗河的头上罩了一块面纱，暗示当时的欧洲人还不清楚尼罗河的源头，认为它充满了神秘；拉普拉塔河的身边有一些钱币，象征新大陆充满了巨大的财富，他的眼睛注视着方塔塔尖上的鸽子，似乎表明天主教必将统治美洲。在喷泉出水口附近有一些小动物的雕塑，马、狮子、蛇、还有一只隐匿在泉眼里的犼狳一种类似于独角兽的奇怪动物,也分别象征了多瑙河、尼罗河、恒河和里拉普拉塔河。池内上又分置几条石雕大鱼,像是在大海上遨游,静止的池面因点缀了这些游鱼使人产生联想,水池仿佛真的成了不时掀起巨浪的大海。

四个巨人像是随便坐在假山上,神态自然,水柱从各个假山缝隙和泉眼中不规则地流出,有的急速,有的舒缓,在日光照射下,色彩璀璨夺目,使整个喷泉显得活泼而富有情趣。它是贝尼尼发挥他的艺术想象力和巧妙利用泉水进行整体构思的典型作品。从这山上流下的四条河流,意味着以基督的名义救济万众。这样的构思,深受当时教皇的赞赏。

四条河各自显出不同的形貌体态与个性:尼罗河浮躁;恒河悠闲,多瑙河斯文,拉普拉塔河惶恐,各具特色,耐人寻味。

据研究,这四尊寓意像的造型是受米开朗基罗在美第奇礼拜堂的《昼》、《夜》、《晨》、《暮》四个寓意像的影响,连斜倚的姿势都可以看出渊源关系,只是贝尼尼更加具体,他通过假山上所刻的树木、动物、矿产以及巧妙导引的映泉,来象征世界的丰富性,假山的隧洞又进一步显示宇宙的神秘性,这种构思,特别是以人体寄寓某种意义的手法,后来对法国雕刻产生过极大影响,随后在卡尔波、马约尔的作品中也能看到这种影响。

15.《涅槃宫》

吴哥龙蟠水池又称"涅槃宫",建于12世纪下半叶,为供奉观音的佛教建筑。位于北池(已干涸)中央的龙蟠寺内。由一大四小5个水池构成,四个25米见方的小池子按十字架形状排列在中央70米见方大池子的四边。在中心大水池中有个圆形小岛,岛中多级台阶上建有一石塔,台阶下边是两条盘绕在一起的蛇,柬埔寨语叫NeakPean,意为缠绕的蛇,这也是它名字的来历。两条蛇的蛇头在东,蛇尾在西,环绕在岛边。四小池按方位布置,分别有象、马、狮、人四座喷泉。北方的象代表水,西方的马代表风,南方的狮子代表火,东方的人代表土,龙蟠水池象征着佛教教义中四大河流之源"无热池",它的水因浸泡草药,故具有治病消灾、洗去罪恶的功效。涅槃宫是一座寺庙休养所,供奉婆罗门教,在当时是一个大医院,草药于水中自然分解而成药池,水由大水池流入小室中代表器的扁平凹槽,再由各出水口流出。由于四座小水池具有不同的功效,先由神僧对病人病症诊断,然后病人遵循指示去做药水浸泡。1939年,在吴哥圣剑寺附近发现一石碑,碑中称龙蟠水池:"一岛屹立,绿水环绕,风景宜人,凡接触之人,所有罪恶之泥,皆将荡涤洁清,慈航普渡",由此可见,龙蟠水池的水有涤秽去疾之效果。

一些历史学家认为龙蟠水池代表阿那婆达多,佛教中它是世界中心的一个湖泊,坐落在喜马拉雅山，它的水可以治愈各种疾病。阿那婆达多也是湖中龙的名字，最后这条龙变成了菩萨。这个湖是四大河流的发源地：东部的恒河、南部的印度河、西部的阿姆河和北部的黄河。

东西方的两个《四河喷泉》雕塑的创意构成鲜明对比：吴哥的"四河喷泉"分别代表了印度教的水、土、火、风的"四大"，目的在于治病祛灾、普度众生；意大利的"四河喷泉"代表欧、亚、美、非四大洲，目的在于以基督的名义救济万众，昭示天主教将一统天下。

三、中西水利雕塑比较

在本章第二节中已对中西雕塑文化进行了初步的比较，随后各节展示了中西水利雕塑（或称涉水雕塑）的具象、抽象、意象雕塑的具体案例，从中我们可悟出两者文化内涵的差异。

从具象雕塑看，中西都致力于水利人物的刻画，中国的雕塑注重于"意"，西方的雕塑注重于"形"。如两个时代的《李冰》雕塑，刻画了李冰的不同气质，汉代李冰慈祥如佛，现代李冰奋发激昂。《黄河母亲》的不同造型背靠黄河，寓意黄河是中华民族之母，借物抒情，在中国传统哲学中认为宇宙是人的放大，万物是心的外化，因此人心之性与天地之道同一。武汉大禹雕塑园强调创意的系统性和整体性，上区展示了大禹的父亲鲧治理洪水的悲壮历程，中区展示大禹北方治水事迹，下区展示大禹南方治水活动。以空间展开时间，强调表现客体的整体性风貌，并以此作为处理客观审美对象的根本立足点，对整体美的表现也表达出了对整体真的追求。

西方的具象雕塑受宗教影响，常以宗教之形示人，圣经中说："神就照着自己的形象造人，乃是照着他的形象造男造女。"胡佛大坝的具象雕塑延续这种传统，注重神人和普通人的写真刻画，给人安装翅膀，让神人合体。荷兰的《劳动者》直立弯腰的"形"，刻画其专注性；胡佛大坝的《攀岩者》环顾四周的"形"，刻画其勇敢自如。《海的女儿》以似鱼尾的脚"形"，演绎出安徒生哀伤动人的童话。

从抽象雕塑看，中国的雕塑致力于哲理的抽象表达，如清华大学的《仁者乐山，智者乐水》是对孔子著名哲理"智者乐水，仁者乐山；智者动，仁者静；智者乐，仁者寿"的诠释，抽出"山"、"水"的要素，彰显"仁"、"智"的内涵。中国的抽象雕塑充分发挥汉字的象形功能，将汉字抽象成雕塑，如成都沙河《水》和济南的《泉》是对象形文字的展开，而《黄河风》将"开"字、"K"字母、"F"字母及三个"C"字母，融成合风帆之象，这是西方抽象雕塑所不具备的。

西方的抽象雕塑是对科技的抽象表达，如澳大利亚的《混沌》是对混沌理论的外在诠释，如不深究，我们不会想到这个雕塑是对蝴蝶效应的蝴蝶翅膀的模拟；如底特律河的《晨飞》基于分形论的原理自我复制而成，整体由部分组成，部分均是自相似的个体，体现部分与整体的对称，突破传统美学的对称理论；而《飞向永恒》是将三角形的平面进行解构，赋予宇宙星图演化的场景，从而凸显"永恒"的意蕴。卢森堡《铁分子》雕塑把铁分子模型做成雕塑型建筑，将科技内涵物化成地标性景观；澳大利亚的《水滴》雕塑寓意天上水与地表水的生态循环。抽象雕塑往往过于深奥，常常令观众望而却步，大呼看不懂，这就需要作者做好雕塑铭牌的简介，引导观众理解设计者的创作意图。

从意象雕塑看，西方的写意重视造型的外在形式，他们在理性的千锤百炼中塑就一个精神的实体，西方写意雕塑在意义上是由"形而上"进行形体塑造的，远离或解构对象，重组一个主观的意象作品，在形态及意念方面均接近抽象。如《夏娃的苹果》，手指和苹果的外形毫无夸张和变形，均是真实的摹写，却重构了一个链接夏娃、牛顿、乔布斯的组合意象；《塞纳河之龙》利用水面的反射把实像和虚像组合在一起，构成新的意象；芝加哥《云门》雕塑利用光滑表面的反射，纳世态万景于其中，水银珠的外形与反射的诸象，构成一个奇特的意象。

中国写意雕塑注重生活的原型，所谓"外师造化，中得心源"是中国写意雕塑的理论表现，注重主体对生活对象的感受，并把感受渗进作品。

中国意象雕塑的精神特征是神、韵、气的统一。所谓神，应包含三个方面：首先指对象的内在精神本质，如唐代张怀瓘《画断》云："象人之美，张得其肉，陆得其骨，顾得其神"；其次指作者之精神，创作时的艺术思维活动，创作时的精神专一，如《文心雕龙·神思》云："神与物游"、"神因象通"；再次指作品所达到的境界，如《沧浪诗话·诗辩》所云："诗之极致有一曰入神"。

韵是通过线条来表达的，中国的传统艺术不仅主动地以线为造型，而且尽可能地发挥线条独立的审美表现力，表现线条的韵味和意趣。线是赋有诗性、神性、巨大的超越性。它有着道家思想的元素象征——水的特性，与物推移、沛然适意、彰隐自若、任性旷达，也有着禅家灵性的元素象征——风的特性，不羁于时空、自由卷舒、触类是道，更禀着儒家中和、阳刚、狂狷之气——神与韵的物质化生发出之"气"，它是无处不在，无处不可感的文化与宇宙气象，空灵宏宽，寂静缥缈。古气、文气、大气、山林之气、宏宇之气，这气场的存在，使得中国雕塑的感染力量——情感辐射、先声夺人、涵蕴沁心，看不到体积、材质、手法，恍惚窈冥，只有无可抵御的感染力量，它聚散、絪蕴、升降、屈伸、浩浩然充塞于天地之间。

诸城的《潍水之灵》和《潍水风帆》注重神韵、意境，讲究形意相依、神情并茂，力求自然和谐、天人合一，在似与非似、人工与天然之间找到了巧妙的结合，充分发掘地域、历史文化要素，完成龙文化与水文化穿越时空的对话。

从水电工程雕塑看：三峡的万年江底石、大江截流石、三峡坝址基石、银版天书等雕塑体现自然的原生态，截留纪念公园利用各类施工材料的写意雕塑像《纤夫》等体现工程的绿色环保，以天人合一为主题，显示灵动之美，将中国文化中时间与空间相统一，并以时间为主，强调时间的作用，因而在刻画艺术形象时追求事物运动中所呈现的美感，并在形式上显示出强烈的动感和顽强的生命力。

《运河魂》雕塑是根据一张老照片创作而成，其"神"的写意，集中体现在对船工和牛的瞬间表情的捕捉，并把这种表情理想化、夸张化、诗意化；韩美林创作的《钱江龙》龙身蜿蜒、龙首翘望东海，显露出磅礴的气势，大有"一览众山缩小"之气概；《大禹乘龙马车检阅九鼎》雕塑表现出君临天下、横扫一切的强大气场，夺人心魄，这些意象雕塑充分体现着神、韵、气的高度统一。

雕塑与绘画的结合更加强雕塑的意象性和动感，如都江堰的水街民俗绘画雕塑，以黑白老照片为背景，将照片的核心部分做成雕塑伸出画面，活灵活现、呼之欲出，让你深切地感觉到，画面上的人物正向你走来，如《岷江马帮》头马、《攀索过河》中的人物、部分索道及立柱均做成雕塑突出画面，不仅凹凸有致，而且动感十足。

《岷江马帮》　　　　　　　　　　　　《攀索过河》

第六节　建筑的雕塑化和雕塑的建筑感

一、雕塑和建筑的共同点

雕塑和建筑的共同点是都具有一定"空间"，因此雕塑与建筑以具有三度空间的立体形态区别于仅有两度空间的绘画艺术。在创作设计中，比例、重心、质感和形体的空间穿插，以及相互间的对比、均衡等关系，是建筑与雕塑共同把握的形式美的尺度。生命和人文精神则是雕塑文化与建筑文化共同拥有的精神内核，所以雕塑和建筑无论在形式上还是内容上都拥有共同点，历史上很多著名的雕塑家同时又是建筑师，如意大利的米开朗基罗，既是文艺复兴时期著名的雕塑家，还是全世界第一大教堂圣彼得大教堂的著名设计师。雕塑和建筑在人类文明史上互相补充、互相影响，成为超越时空的历史见证富。

雕塑和建筑都以一定的形态呈现出一个三维空间，形体及其空间结构是雕塑和建筑立体造型的基本特征，是雕塑和建筑艺术语言的基本词汇。雕塑的造型因素对建筑设计与实践影响深刻，雕塑化建筑的出现不仅是建筑自身发展的必然要求，也是社会文化发展所带来的人类精神需求在建筑上的反映。悉尼歌剧院犹如蓝色海洋中的片片白帆，印度马赫伊莲花教堂直接采用圣洁的莲花将西方雕塑与建筑完美融合，中国国家大剧院犹如天外水滴，中国国家体育场"鸟巢"的造型等，其外观无不深受雕塑造型的影响。设计师更多采用造型的角度，点线面的搭配，外空间的分割，轮廓的整体性，表面肌理的处理，无不与雕塑艺术的审美原则相似。

阿斯旺大坝的莲花塔

二、雕塑的建筑感

室外雕塑要强调建筑感，特别是大型雕塑，这就要求雕塑整体的基本形达到近似建筑之简练、明快，完整的造型。它又通过雕塑形式感来体现，要求雕塑作品给人们视觉印象产生宏伟、奔放、刚毅、厚重、强壮、勇猛、典雅、灵巧、稳定、秀丽感，也就是说，运用这些形式，使室外雕塑更加丰富多彩。

材料和叙事方式的改变使得雕塑具有建筑感。现代雕塑的体量感和各部位受力关系使雕塑具有建筑感，可进入的空间使得雕塑具有建筑感。可进入的空间最典型的是纪念碑雕塑，雕塑虽采用写实造型，但其内部都有可供游人进入的空间。

（一）阿斯旺大坝的莲花塔

莲花塔雕塑是埃及和俄罗斯合作修建阿斯旺大坝的象征。莲花是埃及的国花，变了形的五瓣莲花以锐角直指云霄，上部用圆环相连，圆环周边呈齿轮状。圆环象征合作，圆环与花瓣紧密相连，构成稳定的整体。莲花瓣形状采用古埃及特有的方尖碑，突出地域民族特征。莲花塔的体量和高度极大地强化了雕塑的建筑感。

（二）宁夏青铜峡 108 塔

青铜峡 108 塔整体布局

青铜峡 108 塔位于青铜峡水电站西侧陡峭的山峦上，背山面河，依山势凿石分阶而建，始建于西夏。这 108 塔除最上面的第一座塔较大之外，其余均为小塔。塔全部用砖砌成，抹以白灰，属于喇嘛式的实心塔。塔的结构为砖泥结构，内为土坯，外为青砖垒砌。所有的塔均由塔座、塔身、塔刹组成（塔刹又分为华盖、相轮、宝顶三部分），整个塔群布局合理、错落有致，层次分明。塔群的总体布局别具匠心，风格独特。民间相传，108 塔是穆桂英的"点将台"，"天门阵"，其实它是佛教的纪念塔。佛教认为人生有 108 种烦恼，只有全部灭除掉才能成佛，进入无忧的佛国净土。为了去掉人生众多的烦恼，善男信女要戴 108 颗贯珠，念 108 遍经。山门前多有 108 级台阶，也是为了使人踏灭烦恼而设。敲钟 108 次为的是警示世人不要为不明的苦恼所迷。

塔身的不同造型

这 108 塔，自高而低按奇数一、三、三、五，五、七、九……十九排列，共 12 排，构成一个等腰三角形塔群，最上面的塔与众不同，高 5.5 米，塔基是方形的，是一个八角束腰须弥座，塔身为覆钵式，塔顶也是宝珠式，正面有个挺大的龛门，可以钻进一个人。其余的均为 2.5 米高。就空间分布看，后 11 排塔的顶点构成一个整齐的三角平面阵，头塔远远高出这个平面，就像一个大将军在排兵布阵。

就塔体形制看，大致可分为四种类型：第一层塔，形体较大，塔基呈十字交叉的方形，收放有规律：自下而上收2（1/2砖）、直2、悬2（1/3砖），变为收1（1/2砖）、直1、悬1（1/3砖）塔身为覆钵式，面东辟有龛门；二至四层的塔为八角鼓腹尖锥形，基础为正八边形，自下而上依此收1/2砖，共三阶；直3阶；外悬3阶（1/2砖）；又收3阶（1/2砖）；五至六层的塔形为葫芦状，七至十二层的塔身呈宝瓶装。宝顶形状以葫芦和圆球交替出现，相轮形状以八角形和圆形依此变化。青铜峡108塔是国内现存惟一的大型排列规则的塔群，也是雕塑建筑群。

如果说，阿斯旺大坝的莲花塔雕塑以个体显示其建筑感，那么宁夏青铜峡108塔则以群体显示其建筑感。

三、建筑的雕塑化

建筑具有雕塑性，使本来具备建筑审美情调的物体，注入了新的生命活力。

这时，建筑与雕塑的界线瞬间消失，这样的建筑犹如一座巨大的雕塑，展示着建筑美以外的人性魅力。人们对多样化和个性化的追求，使建筑呈现出雕塑气质。新技术、新材料的运用，开辟了建筑多样化的无限空间。建筑的雕塑化可分为形体的雕塑化和装饰的雕塑化。

本书第五章，在分析东西方世界建筑大师的水概念设计时，所列举的建筑大师的作品充分揭示了建筑形体雕塑化的神奇魅力。

建筑外部空间的运用在雕塑化元素的合力下被升华和扩充，建筑的雕塑化无疑为建筑的发展提供了一条切实的发展路线，建筑艺术在构图原则上和雕塑是相通的，只是建筑是空间构图，雕塑是形体构图。以古希腊建筑的代表作帕台农神庙建筑群为例，这一时期的建筑与雕塑处于一个相对独立的状态。正是由于这一时期建筑与雕塑相对独立的关系，所以帕台农神庙的遗址非但没有给人缺失感，反而增加了建筑的纯粹美。因此这一时代的建筑主要以建筑本身的造型，比例以及构造感来传达建筑的精神，雕塑只起到了表面的装饰和必要的叙事作用。由于这一时期建筑本身造型的重要性，雕塑的空间影响被建筑本身所抑制。雕塑和建筑的关系在哥特时期发生了微妙的变化。一是大量的圆雕开始出现在建筑上，标志的雕塑对空间塑造的能力加强；二是哥特风格对高度的极度推崇使得哥特式教堂对结构的塑造达到了无所不用其极的地步，结构中每一块石材都要达到受力最大化，多余的体积和结构都要受到最大限度的消减。这种夸张的材料减法恰恰赋予了建筑更多的塑造感。因此哥特式建筑较之古希腊建筑迈出了走向雕塑化的一步。

（一）建筑形体的雕塑化

1. 打开的画轴

欧洲前卫的摩天大楼"打开的画轴"位于瑞典马尔默。大厦高度189米，是由西班牙建筑师圣地亚哥卡拉特拉瓦设计的。它共有9层，各阶层都有点旋转，使整个建筑变成90度。

圣地亚哥卡拉特拉瓦说建筑设计是由一个转折点人体躯干雕塑的启发。灵感来自转动的躯体雕塑，摩天大楼每层旋转一定的度数，以至整栋楼转动90度，像打开的画轴。

2. 旋转水滴

广州最高楼的广州珠江新城双塔（西塔）的建筑12种设计方案各具特色，具体有：生长之树、壮志凌云、太空飞船、成长竹笋、鲜花绽放、腾空飞箭、钻石雕塑、通透水晶、螺旋水滴、折叠摩天、网状的鱼和水的意象。

"旋转水滴"方案高度514米，131个同样形状的水滴，按不同角度从高空紧连着落下。该设计的每一层外观都完全相同，呈水滴状，只是在下一层楼的基础上顺时针旋转1.364度。三个景观层可360度观赏城市美景。而对于弧线的外观，设计单位称是赋予了"龙"的意向。

打开的画轴　　　　　旋转水滴　　　　　水的意象

3. 水的意象

该方案高度390米，以水为主题进行设计。通过对建筑形态的塑造，将"塔顶流出的水流沿外壁漫流至用地整体，并融入周边环境"这一意象概念具象化。三股从天而降的水流漫溢出来，进而向四面回旋、飞散，逐渐漫溢到环境中，形成光影交织的奇妙景象。

4. 南水北调博物馆

在建的南水北调博物馆是十堰生态滨江新区核心区建设的标志性工程。选址位于郧阳汉江大桥桥头，汉江大道与天马大道交叉口处以北，毗邻汉江，与老城区、政务新区遥遥相对。

南水北调博物馆

南水北调博物馆组团规划总体布局分为四个部分，即滨江观光休闲区，观光步道，南水北调博物馆主体，遗址保护区。规划布局暗含武当文化"龟蛇合一"的形态，寓意四季风调雨顺，国泰民安的美好愿望。

滨江观光休闲区由江边望江阁开端，犹如一片玉环镶嵌在悬崖峭壁中。通过观光步道，与南水北调博物馆主体连接，最后至遗址保护区收尾。观光步道以水渠为主线，暗示库区艰辛的移民历程，沿途设置五个水池，象征南水北调工程流过的五个省市，池壁上雕刻有各省市的人文历史。

南水北调博物馆主体建筑造型犹如一颗运动中的水滴，在平静的湖面上旋转喷涌，充满了生命的激情和活力，依此暗喻十堰市在南水北调中线工程中"源头活水"的特殊地位。同时，连续多变的圆形形态，也暗合了中国传统的"生命周而复始，生生不惜"的哲学思想。

（二）国内水工建筑的雕塑化

国内不少水工建筑在造型设计和装饰设计上，对雕塑化进行了积极的探索，不仅极大地丰富了水工美学的理论与实践，也成为所在地标志性建筑和一道亮丽的风景线。

1. 秦淮河闸

该闸不仅以其创新的弧形结构和别具风格的双镜造型给人以曲线美的感受和秦淮风月的诸多联想。而且，又根据秦淮河最早曾称"龙芷浦"，闸址附近有龙江小区，并有龙的传说以及500年前明朝皇帝朱棣下令郑和造龙船的"龙船遗址"等与龙的传说相呼应的文化要素，于是对三个闸墩上工作室的造型设计，采用了抽象的龙头造型，闸室的支撑框架采用直与弧结合的造型，赋予随时要腾空冲天的动势。

该闸以龙元素文化内涵,展示了秦淮河悠久的历史文化和民俗文化。夜晚灯光设计充分利用夜间的黑幕作为大画布,对龙形重塑,龙头的外形用灯光勾勒,龙头的嘴和眼透出耀眼的光芒,格外生动,闸室和闸门的一静一动组合,夜幕中龙形的腾动,较白天的秦淮河闸更透出另一种风情。

龙形闸墩工作室

彩灯映闸 酷似腾龙

2. 成都梁江堰闸

李渔在《闲情偶记》中说:"房屋忌似平原,须有高下之势,不独园圃为然,居宅亦应如是"。清水河梁江堰节制闸在天际线的处理上,一扫火柴盒式的平顶、呆板模式,将正立面的设计与天际线的布置结合起来:灰白相间的大鹏鸟造型,既突出屋顶,形成动感天际线;又置身正立面,丰富了正立面的表现力;对称的双曲线托出蓝白色水徽,色调清新、格调高雅。与淡雅的节制闸相对比,调度中心采用别墅型,以绿色、铁锈色团块为中心,以肉、杂色石材为连接过渡,白色门柱黄色屋顶,显得格外醒目。

梁江堰造型

蚌埠闸

3. 蚌埠闸

闸室与楼梯间高下相倾，屋顶呈弧形并用突出的弧板对闸室进行分割，楼梯间顶部用镂空框架装饰，天际线起伏错落、极富表情，居楼梯间外侧的办公室造型亦采用弧形，使得蚌埠闸的整体造型象征乘风破浪的巨轮，驶入现代水利的大潮。

4. 泰州凤凰河百凤桥装饰浮雕

泰州凤凰河百凤桥主侧面：中孔两侧凿大型飞凤浮雕各一只，舒展自如，动感十足；边孔外侧以牡丹花朵为主，整个背景立面均以牡丹的花茎叶衬托，虚实相间，疏密得当，要有茎叶少许覆盖局部凤体，以示飞凤穿插花间，并显层次感。

栏杆柱身，凤为立凤，栖于梧桐树枝叶之上，南北两面各刻一凤，桥之东西相偶；柱头，飞凤穿插于祥云之中，凤首在桥内侧，凤尾舒展，凤长绕圆周 3/4～4/5，桥之东西相偶。桥的整体色彩取暖色调，金碧辉煌、富贵高雅。

桥栏板孔洞轮廓勾勒成凤凰形即可，桥栏抱鼓石设计随形就势。以外形勾勒凤与凰，每头各一只，桥东西两头相偶。桥头步行平台布置直径为 1.8 米圆形飞凤和云彩。总计有凤凰 998 只，故定名为"百凤桥"。这是我国第一座侧立面全景浮雕景观桥梁，也是全国雕刻凤凰数量最多的桥梁。

百凤桥百凤晴云（董文虎 摄）　　　　　　　　北京转河立面雕塑墙

桥之装饰，多在扶栏。此桥所饰，意在创新。桥之立面，全景浮雕，桥栏、扶梯，饰凤三九，百数最大，在中国桥梁装饰史上亦属未见，意含"凤留泰邑而不迁"。遥观之，一派凤飞鸾腾、花团锦簇的盛世景象，给人以清心、舒展、祥和、喜庆的气氛。

5. 生态河道的立面装饰浮雕

北京转河群龙雕塑墙垂直于水边，充分利用水的镜面反射，风吹拂水面，造成群龙戏水的动感。水利景观入夜，形、光、声、色更有神奇的变幻，真实、虚幻、变形是水中倒影的三美，灯光、倒影、波浪，亦真亦幻，似实还虚，浮光耀金，生灭莫测，变化不已。

济南黑虎泉河道立面用铜浮雕镶嵌，展示济南的历史、神话、水文化，在岸柳的拂煦下，棕色的浮雕与灰白色的石墙构成奇妙的色差，倒影在静谧的水面上，微风轻拂，聚彩成文，妙不可言。

济南黑虎泉河道浮雕　　　　　　　《螺旋形防波堤》

四、大地的雕塑艺术

（一）西方的大地雕塑艺术

1.《螺旋形防波堤》

尽管大地艺术的代表人物是克里斯托，但如果追寻最早使大地艺术蜚声世界并得到承认的人，则当属美国艺术家罗伯特·史密森。1970年，罗伯特·史密森在犹他州大盐湖创作了《螺旋形防波堤》，直到克里斯托1995年创作《包裹德国国会大厦》之前，它一直是最经典的一件大地艺术作品。

这件作品的形态不同于人类历史上任何一种艺术，罗伯特·史密森把大自然当成自己巨大的美术馆，把湖泊当作画布，用石块、带有腐殖质的水等纯天然的材料作颜料和画笔，在大盐湖上建造了一个460米长的巨大的防波堤形构造物。这件大地雕塑呈螺旋形伸入湖中，盐分很高的湖水经年累月地拍打着它，留下一道道白色的盐结晶痕迹。随着时间的磨蚀，这件作品终有一天会淡化，恢复它最初的形态，好像什么也没发生过，但不管我们对大地艺术理解也好，反感也罢，其巨大的价值在于，为观念、行为、材料、自然这四个因素的结合找到一个突破口。

第一，表现观念不必非要如某些装置艺术那样缺乏美感，疏远大众，《螺旋形防波堤》的视觉美感与冲击力就令人赞叹不已。

第二，行为艺术的过程不再是艺术家单枪匹马的奋战，而是各方面协调的结果。宏大构想的实施需要巨大的财力支持。

第三，雕塑材料的选择不像传统材料钢、铜那样完全永久化，而是可以拆卸、搬运和消失，当然也不必非像早期大地艺术那样过于追求可降解。

第四，就艺术与自然的关系而言，千百年来，在室外公共雕塑的创作与安装中，在人展现自我力量的过程中，大自然总是被伤害的一方，大地艺术的出现则彻底扭转这一事实，具有突破性和高尚感。

罗伯侍·史密森的创造不但启发了雕塑家，也为景观设计师、城市建设部门、文化部门打开了一扇面对未来艺术的大门，这也是罗伯特·史密森与《螺旋形防波堤》奉献给世界的最宝贵财富。[3]

2.《细胞生活》

由美国艺术家卡里斯·杰克完成的《细胞生活》是由八个景观地貌、四个湖泊还有连通它们的长堤一起组成的大地景观雕塑。绿色流体几何形状的漩涡用抽象的方式体现出细胞的有丝分裂，细胞膜与细胞核等关系。这件艺术作品位于英国一座占地百亩以上的庄园。

《细胞生活》

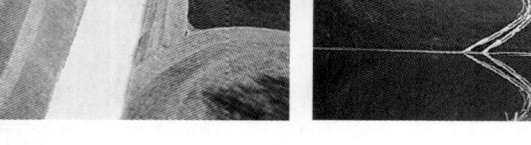

《风坝》

3.《风坝》

《风坝》雕塑跨越在俄罗斯西北地区拉戈达湖峡谷之上，由建筑师切特伍德设计，他利用一个悬挂在山间巨大的三角帆漏斗将风汇集入涡轮进行风力发电。风坝的造型酷似一只巨大的水鸟从水面上腾空而起的瞬间，充满张力和动感。它的造型是完全由自然力塑造，除满足功能要求外，还成为大地艺术的杰作,极具观赏价值,充分体现了力学与美学绝妙的统一。

(二)中国的大地雕塑艺术

鸣翠湖国家湿地公园画家、雕塑家、景观艺术家朱仁民长期以来醉心于水工程文化内涵的发掘及提升,他在1.3万亩的沙漠上营造鸣翠湖国家湿地公园时,从理论上提出完整的构思:生态与艺术的互动是园区的重大创意。生态、文脉是西部景区建设的灵魂,遵循"生态优先、最小干预、适度利用与持续发展"的原则。还原生态,还原历史,与河套平原中的一切生物链重归于好,是营造此园的首要宗旨。艺术是体现文脉的最佳手段,在每个园区的建设中,文脉通过各种手段体现,而艺术是最理想的承载物。通过艺术的处理、传达或隐喻或装饰或夸张或拟物,从历史文脉的深层结构上建立与民众的需求功能关系。将园区的每一角落都充满艺术之光,思想之光、文化之光。

芦荡景观不仅仅是生态和美的问题,它的庞大和出奇可以成为某种艺术思想的载体,它可以表现出多样的形式。它还能为园区带来艺术化的地形设计、广告形象设计,为园区争取更多更广的艺术、文化理念。

迷宫寻鹭

芦苇迷宫是鸣翠湖最有特色的一大景观了,它是根据道家的八卦艺术设计而成的,迷宫水道总长十余公里,由芦苇、水道组成,整个迷宫蜿蜒曲折、变幻莫测,可谓是天人合一的创举。

在第一期的迷宫基础上因物成形,在迷宫的四周,朱仁民设计了每个长宽约一公里左右的五个鸟类图形,围绕迷宫周而复始地展翅飞舞。为西部、为园区、为生态、为旅游创作出"虽有人作,宛若天开"独一无二的世纪生态图案是西部宏大的《芦苇礼赞》。迷宫在园区中区的北面,芦苇荡的中心部位,与千步廊桥相交,是水鸟飞禽栖息寄生的好去处,也是游人通向水生世界的路。

(三)中西大地雕塑艺术比较

席卷世界的生态主义不断地使设计师、规划师将"生态"列入创作的首要条件。比较中西的大地雕塑艺术,美国的《螺旋形防波堤》《细胞生活》等案例,是以大地行为艺术为原则设计并实施的,它用土石或草木的建构给人们提供的仅仅是一个供人观赏的艺术品,而《风坝》则具有风力发电的功能价值。

朱仁民的鸣翠湖国家湿地公园设计,不仅贡献了一个用芦苇做成的艺术品,而且是生态修复的杰出案例。朱仁民高屋建瓴提出的"人类生态修复学",包括自然生态、文化生态、心灵生态三个部分。自然生态探讨的内容包括东方的自然观、西方的自然观、自然的形成、自然的处境等;文化生态探讨的内容包括人类艺术发展史、当代艺术与心灵变迁、宗教与艺术的互补等;心灵生态探讨的内容包括人类的宇宙意识、人类的道德观与现状、人类的天下意识等。

朱仁民的十大修复案例包括荒岛、荒滩、荒沙、湿地、裸崖、运河、黄河、残礁、修路、桥梁等,其中大多属水工程的范畴。

艺术家介入、参与水工程文化规划、设计、施工各环节,为水工程文化注入了强大的生命力。朱仁民是一个充满传统人文思想的艺术家,设计水工程作品时采用先绘画、后设计的独特手法,通常用中国画来传达他的思想,他的所有的项目方案都是从一张中国的水墨画开始的,然后再解剖、解构这张绘画,而后再做出一个思想方案来,再做文本。他几十年来所沿用这个方法,能使思维非常敏捷,条理非常清晰,因画成像,可视性强,方案的生发力极强。

世界建筑大师贝聿铭说得好:"建筑和艺术虽然有所不同,但实质上是一致的,我的目标是寻求二者的和谐统一。"1999年普利兹克奖获得者英国的诺曼·福斯特在设计伦敦千禧桥时专门请雕塑家设计造型,这为水工程文化设计提供前瞻性的范例。

参考文献

[1] 刘冠美 编著.水工美学概论.北京:中国水利水电出版社,2006.

[2] 王朝闻 著.雕塑雕塑.长春:东北师范大学出版社,1992.

[3] 王家斌,王鹤.世界雕塑名作100讲.百花文艺出版社,2007.

[4] 黄宗贤,吴永强.中西雕塑比较.北京:五洲传播出版社,2008.

[5] 孙振华.中国当代雕塑.石家庄:河北美术出版社,2009.

[6] 焦兴涛.新具象雕塑.重庆:重庆出版社,2010.

[7] 陈培一.写意雕塑概论.北京:中国建筑工业出版社,2009.

[8] 吴少湘.雕塑艺术.北京:人民美术出版社,2008.

[9] 胥建国.精神与情感:中西雕塑的文化内涵.北京:商务印书馆,2003.

第十章 世界名曲的水旋律

第一节　中西音乐比较

一、文明基因对音乐的影响

大海潮汐的规律性表现为由于地球的自转距月球的远近，使一天之内海洋会出现两次高潮，两次低潮。西方交响乐第一主题、第二主题或主部、付部式的曲式结构均源自于海潮的这种两次的日变化、月变化。

小潮时海浪轻吻海沙，窃窃私语，浅吟低唱；大潮时风暴潮撞击礁石，砰然炸响，夺人心魄。晋代左思《招隐》云："非必丝与竹，山水有清音"，山水的音乐清柔、清新、清脆、流水潺潺、温柔悦耳。海浪的音响特质与山水的音响特质有很大的差异，对中西音乐产生重要影响。

中西方节奏的区别在于西方节拍是数学定量，中国节拍是弹性定量，其原因则在于中国人的思维常规是逻辑式的，弹性节拍是逻辑语言促成的，按照语言的逻辑，该强调的字或句，就要加长、加重、加高，或者相反，放低、减轻、缩短，长此以往便使"板眼法"成为弹性节奏。这种差异和哲学上的重自然与重人文有着直接的联系。刚性节奏是折线型的，其轨迹挺直而且有棱角；而弹性节奏则是曲线型的，其轨迹柔和而且圆婉。

水流动力学中的主控因素单一化与多元化，对中西曲式结构的影响表现为：统一中求对比和对比中求统一的差别。

在曲式结构上，中国传统音乐具有多种形态的变奏体系和以联曲体为代表的多种曲式，是在统一中求对比，中国传统音乐形态的影响表现为形成以声乐为主的音乐体系、器乐多采用象征隐喻手法、器乐多采用象征隐喻手法，存在缺乏功能性的结构特点和一曲多用的结构体制。常见的曲式有：单牌体、联曲体、变奏曲、循环体和套曲体，如古琴曲《潇湘云》就是一首具有展衍性的变奏曲式。它以一个核心旋律贯穿整首乐曲，主音乐和它的变体是以不同的手法数十次出现在曲中九个段落，以真正达到了统一中求对比的目的。

西方传统音乐多以奏鸣曲为代表，是在对比中求统一，其主要乐章（第一乐章）的典型结构由呈示部、展开部、再现部组成。在呈示部里，有第一主题和第二主题，形成调性对比。展开部是在呈示部的基础上展开，并进入高潮。再现部类似呈示部，且两个主题的调性得以统一。

西方音乐主张自然是客观存在的，人身居于自然之中，享受、品味自然万象。而东方音乐则强调天人合一，人和自然是完美和谐的一体，人融于自然之中。西方音乐的中心是人，中国音乐的中心是人与自然的完美结合。西方音乐追求真实而精微，带给人的直观感受；中国音乐追求虚而空灵，带给人宁静以致远的深度感受。西方音乐主要采用模仿手段，不同于中国音乐所融合的山水精神。如《田园》中用长笛来表现夜莺，用双簧管描写鹌鹑，用两个带弱音器的独奏大提琴的三连音音型和法国号的持续音提供了伴奏背景，有如和风吹拂下的微波在荡漾。贝多芬对于鸟鸣、溪流等自然事物的描写主要是模仿的手法，他用音乐叙述了一个完整的故事，给人一种很直白的感觉。而中国的传统音乐中讲究的是内涵，必须用心去品味，融入到音乐中去，才能体会到音乐的真正内涵。比如在古筝名曲《春江花月夜》中，它没有模仿江水的音乐，没有模仿夜归游船的音乐，只是用古筝塑造出一种美妙的意境，让人仿佛置身于其中。

从美学的角度比较调式，中国的五声体系和西方的七声体系确实存在着一定的差别，前者比较单纯、质朴、简洁，后者比较复杂、丰富、精致；前者适合于表现明朗、刚劲、粗犷的风格，后者适合于表现细腻、婉曲、华丽的色彩。

西方人的音乐审美之所以追求细致、缜密，中国人的音乐审美之所以追求简朴、单纯，是因为这两种倾向各有其不同的文化本体。简单地说，西方文化是以知识为本体，中国文化是以生命为本体；西方艺术的功能张力是娱人，中国艺术的功能张力是娱己。前者是以理性来处理外部世界，是外向的；后者是以感性来把握内部世界，是内向的。前者是对世界的认知，是有待其真实性来支撑它；后者是对生命状态的体验和感受，是完全个人的，它不需要一个外部世界来支撑来证明，而是自己支撑自己，自己证明自己。

中西音乐旋律和声的审美差异主要表现于中国音乐注重的是情韵，而西方音乐注重的是和谐。而对于"和谐"的概念，中西方也不尽相同。如纯指对感官的刺激来说，中国人认为单音是最和谐的（指乐音），八度叠置其次，然后是四五度叠置。这从中国传统民间乐器上也能看到，胡琴的定弦一般是四五度，特别值得一提的是笙，它的传统发声指法决定了一个"主音"和两个"辅音"同时发声，从而形成一个四五度叠置的和弦。对于和弦，西方人则认为，三度叠置才是最和谐的，而四五度叠置的和弦反而是不和谐的。

在音组关系中，中国传统音乐的旋律趋向自然，如古琴曲《流水》，采用滚、拂及吟、揉、绰、注笔一演奏方法，自然模进，形象地再现了一种胸襟开阔、百折不回的精神境界；而西方传统音乐的旋律人工痕迹较重。中国传统音乐通过"渐变"形式，通过旋律实现乐曲的进行；西方音乐通过和声，调性实现乐曲的进行。西方音乐是和声音乐，中国音乐是曲调音乐。

二、中西音乐的审美思维方式

中西先哲们在认识自然、认识社会上的角度、着眼点各不相同，中国立足于万物的形成，古希腊立足于万物的生成。在音乐的思维方式上，中国音乐重视辩证逻辑，西方音乐则重视形式逻辑。

中国现代音乐中也有大量使用标题音乐，作曲家根据某些文学作品、戏剧、民间诗歌、历史传说或作曲家自己预先拟定的文字情节进行创作，这些非音乐因素给予作曲家创作灵感，在不同程度上成为作品的主要构思框架并决定作品的式样的结构，极大地促进了音乐艺术在表现形式上的发展。它还积极推动作曲家努力表现具体生动的艺术形象，将音乐与生活十分密切地联系在一起，开阔了创作领域和表现内容的更大空间，极大地增强了音乐艺术的感染力和表现力。虽然，它在音乐演奏及欣赏方面有时会稍稍束缚人们的想象力，但由于它有通俗易懂的标题诊释，欣赏者可以获得某种意义上的提示，通过想象，产生出栩栩如生的艺术形象，从而得到艺术的享受。毫无疑问，标题音乐还将继续成为中国作曲家的重要领域。

相对于中国音乐而言，作为西方音乐的标题音乐更多是哲理型，标题体现出作曲家对社会状态、发展、变革做出的思考、评价与认识，对人生处世的感慨、觉悟等等，如贝多芬的《命运交响曲》、李斯特的《理想》、理查·施特劳斯的《查拉图斯如是说》、《死与变形》、勋伯格的《净化之夜》等等。

中国民族器乐曲《春江花月夜》，全曲又有10个小标题，如"江楼钟鼓"、"月上东升"、"风回曲水"、"花影层台"……真可谓用诗的语言来诠释音乐，目的是引导听众去体验"步移景异"的一种"画中游"。

西方音乐总是倾向于表现一个明确的观点、一种鲜明的情感等单一性的主题，很少去追求弦外之音、题外之意。因此，西乐的乐思总是实体的、固定的、明晰的，很少有空灵的效果。西乐纵横交叉、网状铺叠的织体，更加强调和突出了它的实在性。西方音乐包括整个西方艺术，多以"真"为旨归，除此鲜有别的追求。西方艺术如抒情诗、浪漫派音乐，感情表达强烈真实，"真实"几乎是它的终极目标。

中国音乐则不同，即使是一个实在的主题，也是通过旋律表现发生出特殊的韵味。中国文化尚"虚"，佛教的"空"，道教的"无"，儒教的"仁"，都体现了中国人的浑圆归一、物我相融、天人相合的人生旨趣。中国文化中的这种致虚、求同，表现在音乐上，就产生了艺术"空白"，有了"空灵"的意境，追求"无中见有"，"虚中见实"，"声"外之"味"，使自然界中的空灵之境与人的内心的空灵感受融为一体，达到意味深长的美学效果。

在力度的表现上，西乐体现强度，具有强烈的震撼力和不可遏止的汹涌之势，使听者的身心受到强烈冲击。中乐体现深度，使人身心陶醉、玩味不已，其特有的疏阔、空灵的意境常使人有一种荡胸涤腑，身心俱爽的感受。中国传统音乐，风格柔美，宁静和谐，沉淀着华夏古老国度代代相传的民族感情和民族气质，体现着"天人合一"和"尚和"的审美观念，总是给人以无限的愉悦、慰藉和鼓舞。中国古人崇尚美与善的和谐，"和"是音乐的最高审美理想，要求情须合理，声须有度，欲须有节，强调人与自然的亲近融合，达到物我情感互相感发、物态人情交融的审美境界。

西方传统美学重理智、重思维，强调人对命运、对自然的冲击和搏斗，如贝多芬的《第五交响曲》鲜明地表现了人与命运的抗争和搏击。因此，西方音乐审美观，强调音乐审美是主观意识的反映，注重主观审美想象；中国音乐审美观，则比较强调音乐是自然美、社会美及生活美在音乐作品中的反映；西方音乐审美观过分强调纯音乐和无标题音乐的美感和快感，否定音乐表现本身以外的美，而中国音乐审美观则比较注重现实性美、思想性美、自然性和教育性美。

在审美取向上，在西方音乐中体现出西方宗教崇拜的庄严、宏伟的音响结构和超越现实的神秘色彩，并作为一种内在的精神价值，始终渗透在各个时期的西方音乐中。西方重对比的美，中国重统一和谐的善；西方强调善与美的区别，中国强调美与善的统一；所以西方的思维方式注重分析，"以我观物"趋向于"分"，中国的思维方式注重综合，以"以物观物"趋向于"合"，这种"真"与"善"、"分"与"合"对比与协和的状态形成了中西音乐审美取向的差异。

西方音乐传统是重哲学的概括，对生活的包容性和渗透性，所以西方古典音乐喜用动机与动机的发展，成为他们音乐的主要模式和风格，音乐有强烈的动力性和戏剧性，真正现实主义和浪漫主义的精神。

而中国音乐重诗意的宣泄，传统音乐乃至民间器乐对现实的超越和映射，往往并不直面生活，主张艺术的空灵与充实，而不似西方音乐或文学上的现实主义与浪漫主义精神。

在西方的音乐中凝练性、展开性很大，令人感情激荡，而中国音乐则是追求着在音乐中透射出的人格和人的追求精神。

在乐器上，西方乐器的音色追求共性，而中国乐器追求个性。前者注重各种乐器音响的互渗性与融合性，后者则注重其穿透性与特异性。西方乐器所追求的"器声"的"器"，即为一种非自然的，人为造成的物具。这种物具具有这样的特点，它不同于任何一种具体的物具，但又能够与任何物体的音色相融合。与之不同，中国乐器则特别强调自身音色的独特性和个性。中国乐器的"近人声"也决定了它必然以其音色的独特性与个性见诸与世。中国乐器中如编钟、编磬、琴、瑟、筝、三弦、琵琶，乃至二胡、板胡、坠胡等，每一种都有自己独特的音色，它们之间也因其各自独特性而很难完满地融合为一个绵密的织体。中国乐器的出音则千变万化，姿态各异，所发的每个音大多数都像正在下落的水滴，一头圆、一头尖，造成一种动势。

海与河的水流形态使西方音乐和中国音乐的织体思维有着很大不同，前者为纵横交叉、网状铺叠，后者为单线伸展、蜿蜒起伏。这个不同中西乐器的音色、音型有着直接的影响。西方音乐的织体思维是以纵向的和为基础，形成纵横交叉的立体效果，追求音响效果的丰厚饱满、绵密结实。中国音乐的织体思维则以横线的旋律为基础，制造单线游动的线型效果，追求响的虚淡空灵、幽婉深邃。

和谐这个概念在《国语·郑语》被史伯提了出来："夫和实生物，同则不继。以他平他谓之和，故能丰长而物归之。若以同裨同，尽乃弃矣。"史伯把"同"跟"和"两个概念区别起来分析。"同"是同质事物量上的增加；"和"乃是不同种类的事物以统一的规律结合起来。不同的色、声、味和谐统一，才能够产生美感。而相同之物的简单重复，则只能是毫无美感的雷同而已。这里面的"和"就包含着矛盾统一的辩证关系。

他们认为宇宙、人体美、音乐的美是最高的美，而且美就在于宇宙、人体、音乐中的和谐。但在毕达哥拉斯的和谐中，更多的是指一种数的和谐。他说："什么是最智慧的呢？是数。什么是最美的呢？和谐"，认为和谐是一种数学的数量的体系，它取决于数、尺度和比例。他们认为，凡物皆数，数是事物的原型，也构成宇宙的秩序。如果想认识周围的世界，就必须找出事物中的数。一旦数的结构被抓住，就能控制整个世界。"和谐"和"美感"也是由一定数的比例关系组成的。

大海的夺人心魄的涛声使西方特别追求音响的厚实、丰满和立体感，追求一种对人心的震撼力，音色上不追求乐器的独特音色，而重视乐器音色上有较好的渗透力和融合性，使乐曲的音响更为绵密厚实；在配器与乐队组成上，也少用小型乐队，而是为大型的交响乐、奏鸣曲式、协奏曲等。在合奏中，西方音乐也很少有由单乐曲独奏的机会，而总是以合奏中的强弱来表达特别的情绪需要。

长江、黄河的线性流态，使中国音乐的织体不是纵横交叉、网状铺叠的，而是横向线型的延伸、展开、其旋律的抑扬起伏如同一条蜿蜒的蛇。中国音乐不仅不追求音响的立体效果，不追求合奏中的音响的厚实、丰满，而且还尽量地避免它。

在材料上，西方乐器的制作倾向于采用人工的，且经过标准化了的材料，而中国乐器则倾向于自然的，而且是特性化了的材料。西方乐器的制作材料是以金属和各种标准化了的木料为主，特别实际吹奏乐器，几乎全部是用金属或金属加胶木（或各种天然硬木，乌木、红木、色木等）制成。诸如管、号、笛，大部分为金属质地小部分以胶木或天然硬木为体。

在音色上西方乐器在音质上倾向于远离人声，而中国乐器则接近人声。前者是一种个性化的富有质感的音色，后者是一种抽象的、富有共性的音色。

中国人讲意境，西方人讲形象；中国人讲中庸，西方人讲典型；淋漓尽致的高潮是西方艺术追求的目标，藏而不露的含蓄是中国艺术的上品；西方人的革新在离经叛道，中国的创意是厚道宗经，这些都是中西方音乐审美中的差异所在。

在音乐的审美对象上，中国认为人与自然的关系是永恒的主题，人们在作品反映的大自然中寻找自我；而西方人相信"人是万物的灵长"，人是艺术的永恒主题。在审美理想上，中国人追求的和谐或是人与社会的统一、克制、中庸，或为人与自然的统一、空灵、淡泊。

中国的长江、黄河以线性展开，河流的线状贯通、方向上的单向性体现历史感、时间感，在思维方式上倾向整合，这就决定了中国艺术是线的艺术，线也是东方艺术的主要特征。

由于有共同的自然环境，在中国这块土地上，众多的艺术门类都形成了相同的审美追求，即线性化的艺术，在中国的各个艺术种类中，不仅绘画、书法是线的艺术，其他诸如雕塑、篆刻、音乐、舞蹈，乃至戏曲、古典小说等都可以称之为线的艺术。

因此，中国传统音乐呈线性发展不是孤立的，与中国其他艺术的线性发展相辅相成，相互渗透，相互影响。讲究音乐美的书法、绘画艺术，将"线"的艺术化发挥到极致。中国特有的书法艺术，在"线"的千变万化中体现其独特的意蕴，完全是以"线"为载体。与书同源的中国画，与西方完全不同，不讲求厚重、丰满、色彩、光、影、体、面等，而是像书法一样利用和谐的曲线来作为载体，以线条的粗细、刚柔、浓淡等来传达作者的心境，也体现出一种音乐的律动。古代诗词艺术极为发达，也为"线性"音乐提供了生存、发展的土壤。《诗经》是能歌咏的，唐诗、宋词、元曲等既是诗词作品又是声乐作品，诗人们写了诗后希望有人歌唱，而且常以有没有人歌唱作为衡量诗词流传程度的一个标准。在歌唱中，强调的自然是音与字词的配合，讲求的是音乐如何才能更好地传达词意，渲染气氛。而由于种种原因，诗词的传唱多是以独唱方式进行，也为线性音乐的发展提供了条件。

中国传统建筑是以曲线美为主要特征的，小桥流水的苏州园林是我国典型的园林建筑，风格崇尚顺应自然，依山傍水，翘檐回廊，在微缩山水的蜿蜒曲折中形成变化。因此，不论是我国传统的哪种艺术，主要表现方式都选择了"线性"。这既与我国特有的地理环境、封建集权统治，儒家宗法观念，以及小农经济的生产方式不无相关；同时也是各种艺术互相渗透、互相影响的结果，是一种特定的社会关系和特定的精神倾向的形象体现。

中国艺术是线的艺术，线也是东方艺术的主要特征。中国音乐体系体现为单纯的横线性织体思维，其原因是和中国音乐文化的审美意识分不开的。中国音乐注重多声部旋律自身的横向线性展开，是一种线性旋律音乐。

西方人谈论的和谐是形式美的精致，在内容上大抵是主人公与世俗的矛盾冲突。东方人的审美和哲学正如李泽厚先生所言："中国线条中的美是'有意味的形式'，它是活生生的、流动的、富有生命暗示和表现力量的美。"（李泽厚《美学三书》）西方音乐和西方文化强调的是一种"聚焦式"的经典文化。对他们而言，树立典范的观念使他们乐于把一切即兴中发挥的美固定下来。而中国人的兴趣更在于"散点式"的即兴变化，在于"移步换景"，我们往往更能从每一次的细微变化中体味出莫大的乐趣。

中国艺术，在趋同思维的影响下，不以鲜明个性取胜，不以对比成形，结构意识淡薄，而以思维的渐变演进为原则。西方音乐中的曲式，它们各段个性鲜明，结构独立，全曲通过调性、织体等方面系统的有机展开构成。但中国传统乐曲具有连续性，如宋代的唱曲或诸宫调等套曲形式，主要是素材的并联与速度的变化，如散—慢—中—快—散的程序。渐变式的线形思维，反映了我们祖先对实践流动的连续不可分的认识，与西方的时间可分割为阶段予以认识的思维方式相异。如古琴曲《流水》从旋律与和声的发展特点看中国传统音乐多采用单一旋律节奏自由。[7]

第二节　河流曲

一、西方的河流曲

（一）贝多芬的《第六交响曲》

这部作品是真正的标题交响乐，全曲标题和每一章的标题均由作者所题，贝多芬在扉页上特别注明:"主要是感情表现,而不是音画",由此表明在描绘园林时音乐和绘画的区别。

第一乐章题为"初到乡村时的愉快感觉",为不太过分的快板、奏鸣曲式。乐章开始,小提琴奏出朴实明朗的第一主题,充满浓郁的乡村风味,把人引入鸟语花香、清新愉悦的氛围。第二主题宽广舒展,补充延续了第一主题。它先由大提琴奏出,而在高音部为分解和弦,有连续不断的流动感。展开部由第一主题发展而成,通过调性转换形成音乐色彩的变化,暗示大自然万紫千红的无限多样性。再现部依此再现呈示部主题,结束时变以三连音型的旋律,体现大自然旺盛的生命力。整个乐章恬淡、安详,抒发了乡间漫步悠然自得的心境。

第二乐章题为"溪边小景",是稍快的行板、奏鸣式。低音弦乐奏出流水潺潺的音型,第一小提琴吟唱出优美动人的第一主题,音调断断续续。第二主题由大管奏出,而后加入长笛和弦乐,乐音甜美而圆润。尾声中,长笛、双簧管和单簧管分别模仿夜莺、鹌鹑和杜鹃,奏出美妙的三重奏。

第三乐章为"乡民欢乐的聚会"。曲调进行的幅度很大,充分表现了乡民们兴高采烈的舞蹈场面。正当近乎半醉的狂喜情绪激荡在乡民胸际之时,突然从远处传来一声雷鸣,将这场狂欢打断,欢聚着的人们开始四处走散。

第四乐章是"暴风雨"。暴风雨由孕育到实现,由征兆到高潮,全过程被贝多芬描绘得神乎其神,直到最后一次微弱的雷声消失在牧歌声中。

最后的乐章是"暴风雨过后的愉快和感恩的情绪"。当暴风雨过后,大地归于清新和宁静,感恩之歌随之而来。这一牧歌曲调贯穿了全乐章的主题,使整个乐章始终保持了这种愉悦和幸福的情绪,它犹如春日的杲杲之阳普照着,它在感谢上苍,感谢大自然,感谢宇宙间的仁爱力量。

(二)斯美塔那的《伏尔塔瓦河》

斯美塔那是捷克著名的作曲家、指挥家和钢琴家。《伏尔塔瓦河》是斯美塔那晚年创作的标题交响诗套曲《我的祖国》中的第二乐章。作者通过情节性连续发展的手法,近似回旋曲的形式,描述了捷克民族的摇篮——伏尔塔瓦河从发源地舒马瓦山的两条小溪,汇合后成为伏尔塔瓦河,流经森林、田野、峡谷、布拉格,最后流向易北河出口的全过程,以此为主线,贯穿其他生活画面,表达对祖国、对人民深厚的爱。

乐曲的开篇分别用长笛与单簧管两种乐器,形象地表现了伏尔塔瓦河源头的两条山泉。一条清凉,一条温和,他们交织在一起,仿佛两个充满欢声笑语的孩童一样沿着道路奔跑跳跃,紧接着又加入了清脆的小提琴和弦和晶莹剔透的竖琴声音,让我们刹那间感觉到溪水的水面上的那些晶莹的浪花,在光的反射下闪烁着点点银辉。不仅仅悦耳动听,同时那种形象的画面感油然而生。

随着音乐的发展,两条小溪汇合后向前奔流,慢慢变得强大,形成巨大的洪流。这时候很多的弦乐器开始演奏了,他们奏出宽广、抒情的基本主题,充满了迷人的诗意,以及史诗般的壮观,这时候我脑海中的画面已经不仅仅是浪花和溪水了,广阔的平原以及美丽的蓝天,一个更加广阔和壮观的景象呈现在我的面前,使我的心情也是激动了起来,一股喜悦和豁达的情感在心底舒展开来。

音乐的流水继续向前奔腾,穿过回响着猎人号角的森林。在这个部分我听到了圆号和小号的声音,他们将相呼应表现着穿越森林的过程以及沿途的景象。一条大河在山门沟壑中翻腾、奔跑,一往无前。

接下来,乐曲再次由气势宏伟变得舒缓怡人,仿佛已经到了一天中的黄昏时分,而这是伏尔塔瓦河的河水也恰巧流过了村庄。乐曲也变成了轻盈欢快的舞曲风格,一片村民在载歌载舞、欢声笑语的快乐景象。这时单簧管与小提琴配合着由弱渐强,又由强渐弱,给人一种由远而近,又由近而远的很奇妙、很缥缈的感觉,似乎欢乐的村庄正在渐渐的远去。

在大管柔和的鸣响中,夜幕徐徐降临了。此时的音乐也呈现出神秘的色彩。单簧管奏出流动的音符,就像朦胧的月光倾泻在静静流淌的沃尔塔瓦河的河水之上。接着长笛以及小提琴缓缓地奏出,仿佛顿时出现了一群美丽的精灵在皎洁的月光下,在粼粼的波面上翩翩起舞。

主题曲再次响起,预示着黑夜将逝,但逐渐紧张起来的旋律却预示着即将遇到一些险恶。此时的音乐越来越强,乐队的全奏,铜管乐器的喧嚣、木管乐尖锐的声音还有打击乐疯狂的击打,描绘着河流经过险峻的地方时骤然形成的汹涌激流,惊涛骇浪猛烈地撞击着陡崖峭壁和河流中的拦路石,发出雷鸣般的轰响。这惊心动魄的画面,使整部乐曲达到了高潮。

接下来的画面仿佛滔滔的河水迎着初升的太阳冲出了险境,景色也慢慢的豁然开朗,沃尔塔瓦河变得波澜壮阔。乐队的全奏使得河水显得更加宽广妩媚而感人至深,充满了欢乐的力量,沃尔塔瓦河充满着胜利的喜悦与自豪。

乐曲的最后,小提琴上奏出波动的旋律,音乐逐渐平息,伏尔塔瓦河从容地流向天际,流向远方……

(三)小约翰·施特劳斯的《蓝色的多瑙河》

该曲由五首圆舞曲组成。序奏弱起,表现从晨曦中慢慢苏醒,通过不断转换,逐步引导出第一圆舞曲的主题；尾声中把序奏效果放在第一圆舞曲主题之后，刻意表现多瑙河蜿蜒流淌而去的意境。圆舞曲的设计巧妙运用三个层次的松紧对比：第一圆舞曲的 a 主题前半是抒情的，后半是跳跃的先松后紧，体现一个主题旋律内的张弛之道；第一圆舞曲的 b 主题前半是跳跃的，后半是抒情的先紧后松，两个旋律之间构成对比；两个圆舞曲之间的松紧关系正好相反，从而构成更高层次的对比。该曲用这种循环嵌套的松紧对比，描述多瑙河水或急或缓、或欢快戏耍、或流连忘返的场景。

序奏开始时，小提琴在 A 大调上用碎弓轻轻奏出徐缓的震音，好似黎明的曙光拨开河面上的薄雾，唤醒了沉睡大地，多瑙河的水波在轻柔地翻动。在这背景的衬托下，圆号吹奏出这首乐曲最重要的一个动机，连贯优美，高音活泼轻盈，它象征着黎明的到来。接下来是五首连着一起演奏的小圆舞曲，每首小圆舞曲都包含两个相互对比的主题旋律。

第一小圆舞曲描写了在多瑙河畔，陶醉在大自然中的人们翩翩起舞时的情景。主题 a 抒情明朗的旋律、轻松活泼的节奏，以及和主旋律相响应的顿音，充满了欢快的情绪，使人感到春天的气息已经来到多瑙河；主题 b 轻松、明快，仿佛是对春天的多瑙河的赞美。

第二小圆舞曲首先在 D 大调上出现，第一部分旋律跳跃、起伏，层层推进，情绪爽朗、活泼，给人以朝气蓬勃的感觉；突然乐曲转为降 B 大调，显得优美委婉，与第一部分形成对比。巧妙而富于变化的第二圆舞曲描写了南阿尔卑斯山下的小姑娘们，穿着鹅绒舞裙在欢快地跳舞，富于变化的色彩显得格外动人。

第三小圆舞曲属歌唱性旋律，主题 A 有优美典雅、端庄稳重的特点；主题 B 具有流动性特点，加强了舞蹈性，呈现出狂欢的舞蹈场面。这段音乐采用了切分节奏，给人以亲切新颖的感觉。

第四小圆舞曲的主题 A 优美动人，富于歌唱性；主题 B 强调舞蹈节奏，情绪热烈奔放，与主题 A 形成了对比。在开始时节奏比较自由，琶音上行的旋律美妙得连作曲家本人也很得意，仿佛春意盎然，沁人心脾。

第五小圆舞曲是第四圆舞曲音乐情绪的继续和发展，只是转到 A 大调上。主题 A 旋律起伏回荡，柔美而又温情；主题 B 则是一段炽热而欢腾的音乐，形成了全曲的高潮。起伏、波浪式的旋律使人联想到在多瑙河上无忧无虑地荡舟时的情景。

最后是全曲的高潮和结尾。乐曲的结尾有两种：一种是合唱型结尾，接在第五小圆舞曲之后，很短，迅速地在热烈的气氛中结束；另一种是管弦乐曲结尾，较长，依次再现了第三小圆舞曲、第四小圆舞曲及第一小圆舞曲的主题，接着又再现了乐曲序奏的主要音调，最后结束在疾风骤雨式的狂欢气氛之中。

（四）舒曼的《莱茵》

德国罗伯特·舒曼降 E 大调第三交响曲《莱茵》完成于 1850 年，是他旅居莱茵河畔的杜塞尔多夫时所作，所以得名《莱茵》。这部作品是舒曼智慧的结晶，也是他思想的总结。这是一部描述性很强的作品，歌颂生活，歌颂莱茵河畔的美景：屹立于河岸的宏伟的科隆大教堂、神话般的罗列莱城堡等，为人们描绘出一幅莱茵河风光的浪漫画卷，使人们随着乐曲的进行，移步换形，饱览莱茵河畔的迷人景色。

第一乐章，生动活泼的降 E 大调，3/4 拍，奏鸣曲式。没有序奏部，而直接以全体乐器有力的强奏呈示第一主题，急骤而又庄严，充满蓬勃向上的活力。整个乐章色调明朗、欢欣鼓舞的开头充分表现了舒曼对新环境的信心和愉快心情。第二主题则由双簧管和单簧管奏出，风格柔弱纤细，与威武雄壮的第一主题构成鲜明对比。两个主题交织进行，平行发展，并一直保持着均衡。

第二乐章，谐谑曲，非常平稳的，C 大调，3/4 拍，原有副标题"莱茵河的早晨"。虽为谐谑曲，但有回旋曲风格，主题来源于德国民间古老的饮酒歌，具有朴素单纯的民谣风味，温暖舒展，质朴而充满动力，仿佛是一场乡村舞会，描绘的是莱茵河的早晨。

第三乐章，不快的速度，降 A 大调，4/4 拍。木管奏出颇有感伤情调的浪漫曲，舒缓流畅，平和深沉，是一首典雅而抒情的间奏曲。略带感伤的慢板基本主题由单簧管和大管奏出，以安详柔顺的音调展现莱茵河缓缓流淌的河水。

第四乐章，庄重的，降 e 小调，4/4 拍。这是赞美科隆大教堂的颂歌，回荡着管风琴的旋律，庄严深沉，充满神圣气氛。主题由法国号与乐章中首次出现的长号演奏，表现出科隆大教堂庄严、凝重的风格。

第五乐章，生动活泼的，降 E 大调，2/2 拍，奏鸣曲式。直接由第四乐章转入，曲调欢快，描绘的是莱茵河畔节日庆祝活动的欢乐气氛。第一主题欢快活泼，第二主题坚定而有活力，乐章结束时辉煌明亮，充满力量，在一片欢乐气氛中结束全曲。

（五）柴可夫斯基的《六月·船歌》

《六月·船歌》刻画的是俄罗斯夏日 6 月的情景，这时候俄罗斯人民常在河上泛舟，细致地表达了俄罗斯人民的生活情景。

全曲旋律缓慢，抒情优美。开始由弱位起，随着音乐旋律的级进上行，力度也渐强变化。旋律声部与低音线条相互呼应，像是两个人对话一般，淋漓尽致地表达了作者对逝去生活的思念之情。首部的中段暂时转为大调，色彩进行了对比，音乐在听觉上变得热情奔放，但这时的调式调性变化只是暂时的。当音乐发展到中部时，音乐彻底转为大调，加上旋律节奏的变化使音乐变得激昂有力。

全曲的高潮产生在中部的最后，这是由三小节上升的琶音组成，音符力度强，多用复合和弦，音响丰富，在这时既达到了高潮又使得音乐具有调式调性的倾向性———经过中部的强烈对比后，再现部的感情会变得更为突出，也会显得更加优美。①

二、中国的河流曲

（一）古琴曲《流水》

一讲到古琴曲《流水》，就不得不让人联想起那千古流传、感人至深的故事：战国时期有一位杰出的音乐家，弹得一手好琴，他叫俞伯牙。有一次路遇风雨，他的船停靠在汉阳江口的一座山脚下，有感于风雨后江上美丽的景色，俞伯牙抚琴抒怀，钟子期也因雨在山岩下避雨，琴声使他驻足聆听，不忍离去，于是，俞伯牙便邀他上船，为他弹了一曲，子期听毕，赞叹曰："巍巍乎！志在高山。"俞伯牙又抚一曲，子期赞曰："洋洋呼志在流水。"伯牙万分惊喜，至此，两人成了知音，并约好再见之日。到了约定的日子，伯牙如期前往，子期却已长眠地下，伯牙痛失知音，碎琴坟前。

这个故事使得《高山》、《流水》广为人知，也由此可推断古琴曲《高山》、《流水》的历史。或许早期此曲只是琴艺相传。现代所能见到的《流水》一曲最早的谱本是明代朱权编纂的《神奇秘谱》(1425年)。朱权（明太祖朱元璋第十七子）认为："《高山》、《流水》二曲本只一曲，至唐分为两曲，不分段数，至宋分《高山》为四段，《流水》为八段。"《流水》一曲在长期的流传过程中有多种演奏风格，也有多种谱本，我们现在所听到的《流水》一曲，已远非俞伯牙当年所弹奏的《流水》了。但其主题是相同的，其意境之深邃，胸襟之开阔，意志之坚强，曲调之抒情，风格之朴实深沉，令闻者怦然心动，尤为文人骚客所推崇。

19世纪川派琴家张孔山对《流水》一曲作了加工，在曲中加进了描写湍急水势的摄拂手法，被称为《七十二滚拂流水》。目前，我们听到的即是根据张孔山加工后的《流水》弹奏的。琴谱刊

---

① 江澎. 论柴可夫斯基《六月·船歌》的创作特征. 科教文汇，2003（8）

于《天闻阁琴谱》(1876年)，本书的赏析也以此为据。

《流水》九段构成，可以分为五个部分：

第一部分即第一段，乐曲的引子，是散板式的，较自由，旋律线不明显，但已预示了全曲的主题音调。音乐给人一种空旷幽深的感觉，似乎置身于暗藏着流水源头的深山里；

第二部分即第二、三两段，细流以其自身的顽强，冲破阻拦它的顽石，汩汩而出。这两段重复同一旋律，采用的是泛音指法，清新活泼，富有跳跃性，将空谷流泉报幕得惟妙惟肖；

第三部分即第四、五段，这两段是展开部，涓涓细流在此终于汇成滚滚江河，势不可挡，一泻千里。主题音调不断交化发展，旋律富于流动性，完成了细流汇成洪流的描写过程。第三部分连续下行的模进音型，使音乐具有一泻千里之势；

第四部分即第六、七两段，是乐曲的华彩部分，也是高潮部分，这就是张孔山增加的"滚拂"段落，描写了水流的湍急、险峻。在第六、七两段中，"摄拂"手法由疏而密，渐渐连成一片，再配以大绰技法，形象有力地刻画了惊涛骇浪汹涌澎湃的流水之势；

第五部分即第八、九两段，再现部，也是尾声。再现了第四、五两段的主题，似乎告诉人们，冲破大风大浪、艰难险阻，流水正在从容不迫、充满自信地涌向大海。尾声即第九乐段，速度渐慢，再度出现了泛音乐句起第一部分小溪的低吟，首尾呼应。

在这首曲子里，经过作曲家艺术的加工、创造，流水的形象不单纯是流水了，它已具备坚忍不拔、百折不回的人格力量。

由蜀派古琴大师张孔山传谱的古琴曲《流水》作为东方音乐的代表，随同其他一批世界名曲，由美国宇宙飞船"旅行者二号"载入太空，与外星文明沟通。张孔山在《流水》琴曲中，创用"大滚圆"、"七弦大绰"、"滚拂"、"隐复伏调"，描绘流水的各种态势："起首二、三段叠弹，俨然潺湲滴沥，响彻空山。四、五段，幽泉出山，风发水涌，时闻波涛，已有汪洋浩瀚不可测度之势。至滚拂起段，极腾沸澎湃之观，具蛟龙怒吼之象，息心静听，宛然坐危舟，过巫峡，目眩神移，惊心动魄，几疑此身在群山奔赴，万壑争流之际矣。七、八、九段，轻舟已过，一势就淌洋，时而余波激石，时而漩伏微沤，洋洋乎！诚古调之希声者也！"

（二）《春江花月夜》

《春江花月夜》分十个小段：江楼钟鼓、目上东山风回曲水、花影层叠、水云深际、渔舟唱晚、洄澜拍岸、桡鸣远濑、欸乃归舟、尾声，以琵琶、箫、筝等乐器描绘出山水及建筑物的诗意境界。① 真可谓用诗的语言来诠释音乐，引起人们产生共鸣。

从音乐结构看，这是一个复杂的"起、承、转、合"模式，由引子、起（1段）、承（2段）、小转（3、4段）、铺垫（5、6、7段）、大转（8、9段）、合（10段）组成音乐链，环环相扣，循环变奏，气韵生动。起段主题本身由循环变奏构成，主要音调有两种：一是音程跳动较多的、起伏较大的A音调；二是相对平缓、小范围内级进的B音调。两种音调有一定的对比性，但又不是截然分开的对立面，而是构成你中有我、我中有你的可随时转化的关系，各段以A、B音调为基础，进行循环变奏。

每段音乐均以非常相似的因素统一起来，每段起首以琵琶演奏承接上一段结尾音调，但却有细微变化。而每一段结尾基本以琵琶、箫泛音的组合鸣奏相同音调，造成换头合尾又环环相扣的循环变奏的效果。其中多次的合尾及强弱、快慢与连续推进的音响动力相交织，将音乐不断引申向写意式的升华，带来虚实相生的特点，琵琶音色贯穿全曲，5、6、7三段以琵琶、箫、筝三种主奏音色对比，将音乐导向高潮。

《春江花月夜》犹如长幅画卷，山、水、花、楼、月、夜、舟等丰富多彩的各种形象、意境有机的联系在一起，音响的虚实、动静、远近的交融结合，使乐曲非常富有层次感，表现出引人入胜、空灵清远的诗情画意。

（三）《渔舟唱晚》

类树华的古筝《渔舟唱晚》作于20世纪30年代中期。是根据古筝《归去来辞》的素材改编而成的，并引用唐朝诗人王勃的《滕王阁序》里的诗句："渔舟唱晚，响穷彭蠡之滨"的佳句作为乐曲的标题，全曲描绘了夕阳西下时渔民归舟的情景。

乐曲主要描写夕阳西下、渔人载歌归来的动人情景，用音乐手法展现《滕王阁序》中的名句"潦水尽而寒潭清，烟光凝而暮山紫"和"虹销雨霁，彩彻区明，落霞与孤鹜齐飞，秋水共长天一色"的山水诗情画意的境界。

乐曲分为两大部分，第一部分为起、承段，速度较慢，音乐清远幽静，表现悠然自得的情趣，为唱晚之意，音调呈前密后疏的特点，给听众留出想象空间，以便营造虚实相生的境界；第二部分为转、合段，仍采用前紧后松的音型，速度慢到渐快，旋律围绕升降，连续上下起伏，在越来越快的速度中，古筝的刮奏也越来越急，第三次起伏中转为扫弦，最后变成大幅度的全弦刮奏，

---

① 闫姝宁．浅谈琵琶曲《春江花月夜》．音乐天地．2014（1）

掀起层层波浪，表现出百舸争流，千帆竞归的情景，结尾为合部，音乐转回慢速、简洁、疏淡，渐渐消失在幽远的意境中，给人以江上万籁俱寂、唯有波光粼粼的无限感怀。

（四）《二泉映月》

《二泉映月》是阿炳对命运的控诉，表现了痛苦、郁闷和呻吟，也蕴含着悲愤、思考和反抗。《二泉映月》着意于整体而虚拟地描述，更多地强调和抒发乐曲蕴藏的内在情感和生命意兴。

引子是一个简短的下行哀叹式的音调构成。这种哀愁与凄凉的音乐形象，犹如内心万千思绪的无限感慨和叹息，好像用奔泻而出的音流，诉说埋藏在心底的无穷的忧伤和痛苦，又仿佛是描写阿炳带着沉重忧苦、徘徊步履的拉琴形象。下句突然用移高八度旋律奏出了明亮而强有力的、积极向上的短句，似乎宣泄一种激情，又似乎表现了阿炳悲愤、抗争、挣扎情绪的形象这一音调贯穿全曲，并在各个段落中引伸展开，跌宕回旋，使整个乐曲在优美、深沉的旋律中充溢着狂风骤雨般的激情，似乎是阿炳用难以抑制的情感在叙述自己不幸的人生。

在第四次变奏中，第三乐句作了较大变化后，反复强调了最高音而形成了全曲的高潮。此时音调激越高亢，铿锵有力，仿佛是控诉中的呐喊，思索后的反抗。虽然全曲没有具体而逼真的形象，却透彻详尽地将阿炳一生的倾诉、历尽人生的辛酸与苦难、命运的坎坷与抗争，用纯旋律的形式在音乐的深层次中给听众留下了无限的愁绪、联想和思考。

《二泉映月》形成的是一气呵成、环环相扣、气势流畅、密不可分的整体，是从整体乐思的角度，采用逻辑关系和定格式框架和大量的同头、合尾式的重复，使音乐在同中求异的渐变原则中发展，是在音乐的相同面和差异面并存中运动。曲调一直向新的境界发展，音乐材料却非常节省。

《二泉映月》的乐思表现构成的是幽婉深邃、韵味悠长、令人回肠荡气、销魂摄魄的旋律美。它虽没有音响的立体感和交响性，却以纯旋律的独特魅力承担了乐思表现的全部，情味十足，感人至深。[①]

（五）《黄河》钢琴协奏曲

《黄河》钢琴协奏曲取材于抗日战争时期的救亡歌曲《黄河大合唱》，1969年由殷承宗、储望华、刘庄、盛礼洪、石叔诚和许斐星六人改编为协奏曲。这部钢琴协奏曲在创作中虽大量运用了欧洲经典钢琴协奏曲的表现手法，但结构则采用的是典型中国传统的启、承、转、合的组曲形式，

---

① 陈思.同题材中西名曲评骘.艺术百家，2006（6）

又融入了船夫号子等中国民间传统音乐元素，而没有用西方传统的奏鸣曲式和三乐章结构。该曲不仅在当时的国内引起了强烈的反响，还因为其史诗的结构、华丽的技巧、丰富的层次和壮阔的意境，成为世界音乐史上最为著名的一首中国协奏曲。

全曲共分四个乐章：第一乐章《黄河船夫曲》。引子一开始，小号与小提琴便以磅礴的气势奏出号子似的动机，木管乐快速的半音阶上行和下行，刻画了船工们同惊涛骇浪殊死搏斗的情景，这时乐队出现了"划哟，冲上前！"的音乐语言。由钢琴急骤的琶音掀起巨浪，引出了坚定有力的船工号子，表现了船工们万众一心同狂风巨浪顽强拼搏，象征着中华民族不屈不挠的斗争精神。随着音乐的不断发展，推出了钢琴的华彩乐段，描绘黄河激流汹涌澎湃，船工们冲过了激流险滩。这时，出现了一段悠扬抒情的旋律，仿佛艰难险阻的斗争中见到了胜利的曙光，音乐更加充满自信。最后，在钢琴有力的刮奏中，音乐再现了激烈的主题音调，全曲回到船工们与惊涛骇浪搏斗的紧张情景之中。

第二乐章《黄河颂》。深邃的大提琴奏出缓慢庄严的旋律，引出独奏钢琴的反复呈述，这是对中华民族悠久历史的追溯：在黄河两岸住着善良勤劳的民族，千百年来，他们在这块富饶土地辛勤地劳动、生活、斗争。钢琴铿锵有力的和弦奏出了乐曲雄伟的结束部分，铜管奏出的义勇军进行曲动机，象征着觉醒的中华民族已屹立在世界东方。

第三乐章《黄河愤》。音乐素材源于原作的"黄水谣"和"黄河愤"两段。从曲式上大致可分为四个部分：引子、呈示部分、展开部分、再现部分。引子是一段由笛子吹奏出的带有陕北信天游风格、明亮辽阔和充满生机的音调。接下去呈示部，钢琴模仿民族乐器奏出了一段欢快明亮的黄水谣音调。展开部则形成了鲜明的对照，黄水谣后半部的音调与黄河怨连接，钢琴深沉的和弦及铜管乐器的阻塞音，表现出敌寇的铁蹄践踏了祖国的大好河山，钢琴的轮指演奏，表现人民正遭受着沉重的苦难。紧接下去，钢琴华彩乐段，控诉之声如同即将爆发的火山，情绪激昂怒不可遏。再现部中的黄水谣音调一改原貌，如同激荡的黄河之水，波涛翻滚、汹涌澎湃，势不可挡，表现出中国人民奋起反抗的斗争力量。

第四乐章《保卫黄河》。以铜管乐奏出短促庄严的引子，带出钢琴的华彩乐段，铜管乐发出警号。钢琴奏出《保卫黄河》的主题曲调，各种乐器分别配合钢琴反复予以变奏、轮变，造成了此起彼伏，层层高涨激越之势，犹如咆哮的黄河，后浪推前浪；犹如觉醒的民众，万众一心，举起了土枪大炮、挥动着大刀长矛保卫家乡，保卫全中国。在声势不断加强之中，乐曲一次次推向高潮，营造出了一个气势恢弘的音乐场面，预示着在辽阔的黄河两岸乃至整个中华大地上，这场民族保卫祖国的抗战必将取得最后的胜利,全曲在揉进《东方红》和《国际歌》的旋律声中结束。

钢琴协奏曲《黄河》让我们在音乐里回想起了当年戎马倥偬的峥嵘岁月,从中华民族受到外来侵略的时刻到不断面对各种挑战的时期,雄壮、自豪、勇于斗争的精神在"黄河"中得到了继承和升华。也正因为如此,"黄河"对于我们才有了更为不同的意义。

(六)朱践耳的《江雪》

朱践耳先生是我国第一个采用放送事先制作好的录音和大管弦乐队共同演奏交响曲的作曲家,他在乐曲的录音部分要求人声用中国唱法,以吟、诵、唱相结合的方式表述,这都通过尚长荣的演唱,得到完美的体现。乐曲的第一部分呈示乐思,尚长荣主要用的是老生唱法;乐曲的第二部分是乐思的展开,用黑头的唱法抒发激情、表现气魄;乐曲的第三部分尚长荣用青衣唱法,但并不模仿青衣的音色来表现潇洒、清高的气质。

《江雪》录音部分的古琴声部,不仅直接采取琴曲《梅花三弄》的主题来象征孤傲、清高的品格,充分运用了古琴散、按、泛三种音色,吟、揉、绰、注的按弦法,擘、托、抹、挑、勾、剔、摘、打、滚、拂等指法,还创造了双音、泛音走弦、泛音到实音的走弦等韵白化的技法,又以左手按在一弦近龙吟处、右手用大食指掐提一弦发出琴弦碰弹板面的声音,和用大指扫弦的奏法来表现狂放的豪情。并寻找出一系列泛音用在第二部分结束处,以表现意境的深远。

作曲家在《江雪》大管弦乐队的写作时,也与人声和古琴声部保持统一的风格,充分使用了吟哦、韵白式的音乐语言,在乐队作引述、呈示、展开、陪衬、烘托、引申、补充时都大量运用了微分音以及频率渐变的奏法,同时弦乐的细致分部、泛音奏法、加弱音器奏法以及管乐的一些特殊处理,也和人声及古琴完成了融洽的衔接,使之成为统一体。其中对打击乐作了精巧的选择和安排,将数种乐器作为打击乐分成四组,细致地增强了全曲的交响性。在这里,他既有对中国传统打击乐的继承运用,如用板鼓急促的节奏表现激情澎湃,将展开部推向富有戏剧性的高潮,又有许多创新

明袁尚统《寒江独钓图》

和开拓，如在乐曲进行中，我们甚至可以感受到打击乐所提示的人的心脏跳动和脉搏节率，感受到大自然的韵律，也可以想象到大自然对人的语言、声韵、叹息、呐喊的延伸和呼应。

乐曲丰富的音色和饱满的音响，给人提示的是一种高科技时代才有的音乐形象，它所提示的联想，已不是一幅山水画、一首抒情诗，也不是某个具体的人物，而是一部在三维空间中，用各种形象和色彩组合成的现代画式的"影片"，是一种内在的精神力量，一种宇宙形象和人的感情融合的力量。就以第一部分的四句唱腔来说，第一句"千山鸟飞绝"，在乐队的引导和烘托之中，人声和古琴完全合为一体地从高处、远处传来；第二句"万径人踪灭"，人声和古琴声迂回至低处；第三句"孤舟蓑笠翁"，古琴、小号、双簧管为人声作了铺垫和提示，颤音琴成了人声的呼应，这时有一种镜头快速推近，主题在正前方呈现并得到回响的效果，但我们并没有看到具体的人物，而是感受到了一种内在的精神力量；第四句"独钓寒江雪"，低起高扬又突然回落，豪放而又深沉。①

（七）谭盾的《水乐》

曾获得世界音乐最权威的奥斯卡最佳原创音乐金象奖、格莱美大奖、格威文美尔作曲大奖的中国音乐大师谭盾，在交响乐的创新方面，独辟蹊径，其中《永恒的水》被认为是一贯前卫实验色彩的重要作品。首先，他把大自然中各种"水"引入音乐，并非用管弦乐模仿流水的音乐效果，而是通过盛水的装置，以水的滴落、流淌、碰撞的声响作为独奏乐器。谭盾的这种尝试对水工美学关于形、声、光、色的最优配置的课题的解决，对水工美学设计中关于声音的配置、调动应遵循的原则的确立具有指导意义。

《水乐》是纽约爱乐乐团的作品，在乐团首演时曾引起极大轰动，被认为是谭盾最具前卫实验性色彩的作品。它将与人们生活息息相关的"水"作为重要乐器，通过半球形透明水盆、水管、摇水器、水锣、水音琴以及漂浮在水中的木制碗等50多种有关水的装置，以及控制水流速度等多种手段，让水发出各种不同的声音，并演奏出丰富美妙的旋律。创作《水乐》的目的并非制造稀奇古怪的声音，而是通过"水"的音乐使人获得内心的自由，并希望人们提高环保的意识。

据说，谭盾有一天在朱家角的河上，听到河对岸圆津禅院的僧人吟唱，感觉美极了。宁静中他有了一种幻觉，好像听到了音乐圣人巴赫在唱歌。这种"天人合一"、"东方与西方"的幻觉，使他产生了把建筑和音乐溶于"水乐堂"的想法，于是他找来矶崎新工作室驻华首席设计师胡倩

---

① 黄白. 当代中国交响乐巨鼎——朱践耳的第十交响曲《江雪》. 音乐爱好者，2000（2）

和高桥邦明,要把河水引入屋里,再流出去,让观众和演出者犹如获得洗心的经历。朱家角的圆津禅院和水乐堂隔河相望。水乐堂演出时,正是僧人做"晚课"的时辰。水乐堂的两层结构展现了上层木质"明豪斯"和下层钢结构"包豪斯"的极简禅思,也把室内变为室外,室外变为室内,把心灵环境带入水乐堂。流进、流出水乐堂的河水是连接彼岸的禅声和室内观众心声的声音桥梁。只有听到彼岸的禅声时,"建筑音乐"的实景水乐才能有机地和观众分享。

"水乐堂"本体由朱家角古镇的老宅修整而成,将河水引入室内,再流出,使室内室外天然融合,你中有我、我中有你,而"水乐堂"的天顶上则用重达半吨的纯银打造了一轮明月,上面可以释放出一吨的水,可以当水琴演奏。演出开始的"钢铁摇滚"是敲击水乐堂的钢梁和铁梯,由中引出了彼岸圆津禅院禅颂。接着弦乐四重奏奏出巴赫,同时,"水乐堂"内还设有水池,打击乐手可以以水面为鼓来演奏水乐和水摇滚。天顶被设计成了一个"水琴"乐器,水滴从天而降时,如同一个巨大的交响乐队,正如陶渊明所说"大音自成曲,但奏无弦琴"。

"水乐堂"

在《水乐》的演出过程中,高潮迭起,令人窒息的精彩画面频频出现。演出结束时,当打击乐独奏家 Thomas Sherwood 将一个水漏沉进一个透明的大水盆中,进而突然伸展双臂、高高举起水漏,刹那间呈现出一座小型瀑布,观众立即为此起立报以热烈欢呼。在长达 20 分钟的演出中,这段表演构成了最引人注目的剧场视觉效果,可谓是这部独特而又令人着迷的作品中的画龙点睛之笔,这场演出把协奏曲、剧场表演、视觉空间和音乐欣赏融合起来,以此改变了观众对音乐欣赏的传统认知。

对水、纸的声音拟态,其实都来自谭盾童年对故乡自然风光的印象。无论是水还是纸,都只是一种材质,承载的却是普通而又难以名状的民俗传统。谭盾说,自己对于大自然的兴趣很大部分来自家乡的傩戏和巫师,他从中解读出音乐的成分并加以改造——傩戏和巫师如今依然在家乡表演,而谭盾的音乐却已经登堂入室。他认为:"有机音乐不光以我们生活中的自然物质为基础,更体现了外自然与内心灵的共通。我相信,任何物质都可以互相对话,纸同小提琴、水同树、月亮同鸟……总之,宇宙万物中任何一个微小的物质都有自己的生命和灵魂。正如我们祖先所曰:

'天地与我为一'。"谭盾曾在《纸乐》首演式上说:"宇宙万物中的所有物质(包括人)都有一种相互依赖的生存之道。而我的有机音乐从第一步去大自然寻找自然之声,到第二步用心去排练、对话自然之灵,到第三步面对观众和大自然在人文、人性、人道层面上的沟通,都是对当今环境污染与心灵污染的疾呼。这些音乐是大自然的眼泪。"

三、中西河流乐曲的比较

中国著名河流乐曲有一部分是用传统乐器演奏,另一部分是用西方乐器演奏。从音乐织体的差异看,西方音乐体系在处理多声部关系时,倾向于纵向的立体思维,即特别注意主调旋律与其他声部的和声关系,以主调音乐体系为主干。音乐的织体思维主要是以纵向和声为主的网状立体性织体思维。而中国音乐体系体现为单纯的横线性织体思维,注重多声部旋律自身的横向线性展开,是一种线性旋律音乐,有伯牙子期故事的《高山》、《流水》,也有八段或九段规模,注重的是流水的各种动态——淙淙的山泉、潺潺的小溪、滔滔的江水。结构顺"意"而展,一气呵成。古琴曲《潇湘水云》共有十八段加一尾声,大致可分五个部分,但并没有严格的曲式章法。

西乐的主题往往趋向于表现"实有",制造"意义",中乐则趋向于展示"虚无",消融"意义"。

中西音乐都同样具有深度与力度的美感。不同的是,西方音乐的深度主要表现为"深刻",中国音乐则表现为"深邃"。西方音乐的深刻主要是指音乐思维中所体现出的情感内涵即主题;中乐的深邃则主要是指音乐思维中所体现出的感悟、情韵、意境。中国民族音乐,风格柔美,宁静和谐,沉淀着华夏古老国度代代相传的民族感情和民族气质,体现着"天人合一"和"尚和"的审美观念,总是给人以无限的愉悦、慰藉和鼓舞。在力度的表现上,西乐体现强度,具有强烈的震撼力和不可遏止的汹涌之势,使听者的身心受到强烈冲击。中乐体现深度,使人身心陶醉、玩味不已。其特有的疏阔、空灵的意境,常使人有一种荡胸涤腑,身心俱爽的感受。西方音乐采用纵横交叉、网状铺叠的立体状织体思维,着力追求绵密厚实、紧凑和谐的音响效果。中国音乐不重音响的浑厚、结实,而是多采用单线延伸的横线性织体思维,追求旋律在线性游动时所作的抑扬起伏、强弱虚实、高低快慢等方面的变化所生的节律感,努力追求单纯婉曲、深邃渺远的富有韵律感的音响效果。[①]

---

① 刘承华. 中西音乐美感特征的比较. 中西音乐,1994(2)

贝多芬对于鸟鸣、溪流等自然事物的描写主要是模仿的手法，《田园》中用长笛来表现夜莺，用双簧管描写鹌鹑，用两个带弱音器的独奏大提琴的三连音音型和法国号的持续音提供了伴奏背景，犹如和风吹拂下的微波在荡漾。他用音乐叙述了一个完整的故事，给人一种很直白的感觉。

古筝名曲《春江花月夜》中，作者没有模仿江水的音乐，没有模仿夜归游船的音乐，只是用古筝塑造出一种美妙的意境，让人仿佛置身于其中，使听众用心去品味，融入到音乐中间，才能体会到音乐的真正内涵。西方音乐的和谐美是冲突的、动态的，西方所强调的"和谐"是一种激越的、冲突性的、不断运动变化的，和谐之美就在于对立面之间斗争、冲突与抗衡。而中国音乐则是柔顺的，更倾向于静态的和谐美。

西方音乐追求实而精微，带给人的直观感受。中国明末徐上瀛有《溪山琴况》二十四论，对乐品进行分类总结：和、静、清、远、古、澹、恬、逸、雅、丽、亮、采、洁、润、圆、坚、宏、细、溜、健、轻、重、迟、速。在琴乐"二十四况"中，具有理论核心意义的就是"和"。徐上瀛在卷首便提到"二十四况"中，"其所首重者，和也"。对于"音与意合"，徐上瀛在书中点出，这是言外之意、弦外之音。他说："其有得之弦外者，与山相映发，而巍巍影现；与水相涵濡，而洋洋徜恍。暑可变也，虚堂凝雪；寒可回也，草阁流春。其无尽藏，不可思议，则音与意合，莫知其然而然矣。"这里实际上是肯定了人在音乐审美中借助于内心的想象、联想等情感体验，使审美感受变得更为丰富和充实。

西方音乐是动机思维逻辑，用"动机"的不同变体贯穿全曲，形成"动机"变奏框架下的展开格局。而中国传统音乐是整体思维逻辑，乐思在自然状态中发展，在渐变中延伸，在同中求异中形成不可分割的音乐整体。西方音乐重娱人、重技巧、重对比，追求形象的真实和音响的强度与厚度，与中国音乐侧重自娱、重情味、重线条，追求韵味的深邃和音响的圆转无穷大相径庭。[①]

中国著名河流乐曲即使用交响乐形式，也没有照搬西方的曲式，而是加入大量中国元素，如《江雪》的作曲者在交响乐中加入京剧唱法，正如作曲家在《江雪》的演出诠释中写道："这首交响曲，并非单纯为一首诗谱曲，也不再写柳宗元的个人遭遇，而是借助于诗的意境，以吟、诵、唱相结合的手法，赋以古琴新韵，站在今人的立场上给以交响化、现代化的表述，以弘扬浩然正气的独立人格精神。"而中国的谭盾对水乐的开创性探索，更是独树一帜。

---

① 刘燕．中西音乐和谐审美观之比较．贵州民族学院学报（哲学社会科学版），2012（3）

第三节 海洋曲

一、西方的海洋曲

（一）门德尔松的《芬加尔洞穴序曲》

本曲以生动的音乐形象勾勒出苏格兰西海岸壮观景色，德国音乐家瓦格纳听了这首序曲后，赞叹作者是"第一流的风景画家"。

序曲采用奏鸣曲式写成。主部第一主题由大管、中提琴和大提琴奏出。稳定的音型一而再、再而三地出现，表现大海拍击岩洞时浪花翻涌、此起彼伏的情景；主部的第二主题旋律舒畅悠扬，音色明朗，犹如海浪在洞穴内所引起的美妙回声；序曲的副部主题由大管和小提琴奏出，旋律从主部的第一主题演变而来，乐音优美动人，表现出阳光照耀下海面波光粼粼，微风瑟瑟的动人景象；随后，狂风大作，惊涛翻滚，巨浪拍打着岩洞，发出隆隆巨响，狂潮退后，海面又恢复到往常的平静。最后，乐曲在主部主题的反复中平静地结束。

（二）拉赫玛尼诺夫的《第二钢琴协奏曲》

本曲调动各种手段描写大海，首先用弦乐队的中低音区与大海深蓝色的亮度及大海的深度进行对应；音乐舒展、宽广的节奏与大海汹涌的波涛的律动构成联想；旋律音高上下起伏的线条、钢琴大幅度的波浪型琶音与大海上下涌动的波浪线条形成音和形的对照；弦乐队强奏的巨大力度与人对大海的无与伦比能量的感受发生联系；具有绵延性的连贯节奏和发音速度与大海波浪的无穷无尽的连续性在时间上造成同构联觉。

（三）德彪西的交响素描《大海》

德彪西是法国著名的作曲家、评论家，德彪西酷爱大海，认为大海是自然界中最能使人得其所哉的东西，而音乐理应表现水的运动。

这部作品包含三首乐曲。第一首题为："在海上，从黎明到中午"。引子由低音提琴和竖琴持续低音奏出，配以定音鼓的颤音，描绘出黎明前平静安详的海面，表明夜幕即将消失，光明即将来临。长笛和单簧管奏出由五声音阶组成的第一主题，表现大海渐醒、海浪轻摇的诗境。接着，双簧管、第一竖琴和中音提琴奏出第二主题，它和第一主题彼此对答，逐渐发展。短小的节奏片段与多变的和声相互渗透，配器的色彩也相应变换，从而表现出旭日东升、金蛇狂舞的梦幻景致。

第二首题为："波浪的嬉戏"。引子由长笛、单簧管和带弱音的小号奏出，模拟海浪的翻滚，竖琴的琶音犹如海面粼粼的波光。英国管奏出乐曲短小的第一主题，表现浪花飞溅，海水的永不停息地涌动。接着，第一小提琴、第二小提琴奏出第二主题，音调明快开朗，仿佛浪花发出阵阵的欢笑。两个主题随即进行了多种多样的变化和发展，表现无数浪花在阳光下尽情地跳跃、撞击，形象千姿百态，色彩层出不穷。

第三首题为："风和海的对话"。乐曲开始，由低音弦乐器奏出海的动机，旋律线呈波浪起伏。接着，由木管乐器奏出半音阶进行的风的动机，微风拂醺，两组乐器交替进行，两个动机彼此呼应，犹如微风掠过海面，进行着对话。双簧管奏出风的主题，威严内敛，含有肃杀之气；而由长笛和大提琴奏出海的主题，温柔宽广，有着浩瀚的胸襟，两个主题分别发展和再现，显示对话时的两个状态：时而窃窃私语，娓娓动听清谈；时而碰撞冲突，发出惊天动地的怒吼。最后，乐曲在狂风巨浪的声响中达到高潮，铜管乐以强烈的不协和的颤音结束全曲。

巴托克对德彪西的交响素描《大海》高度评价："德彪西在《大海》中，构思出一套新的发展方式，其呈示和发展的观念共同存在于不断涌出之中。这种涌出使作品无须乞灵于预先设定的任何形式，只凭借它本身的力量向前推进。"

（四）柴可夫斯基的《暴风雨幻想曲》

1873年的夏季，柴可夫斯基是在西欧的旅行中度过的。后来他回忆道："我的心境宁静而愉快，白天在树林里漫游，傍晚在深谷中散步，夜间则坐在敞开的宙旁，倾听着庄严的寂静，这种寂静时而被自然界中模糊不清的声音打破，这两个星期仿佛有某种神奇的力量在引导我，使我毫不费力地拟出了我的《暴风雨》序曲。"

乐曲的创作灵感源自英国作家威廉·莎士比亚的同名戏剧《暴风雨》所改编。当中的题材包括：轮船在寂静的海上航行，性格怪诞的凯列班、米兰公爵之女米兰达与那不勒斯王子费迪南之间的爱情故事。其中有关"爱情"的主题较为突显，令人联想起柴可夫斯基另一首作品《罗密欧与朱丽叶》幻想序曲。这个作品洋溢着欢乐，表现了人类的美好情感，柴可夫斯基只用10天功夫就写完了这首曲子。这一年的12月19日由尼·鲁宾斯坦指挥，在莫斯科举行了首次演出，但听众的反映很冷淡。柴可夫斯基对自己的作品经常处在一种偏爱和失去信心的矛盾之中，他始终认为《暴风雨》是一部失败的作品："我自己就很不喜欢《暴风雨》。太长了，太插曲化了，不能平衡，插曲本身也不能连续……这就是我伤心的道理，我不能归咎于演奏不好，更不能归咎于听众的了解不够。"

在这首乐曲中柴可夫斯基用非常形象的音乐手法描绘了一幅暴风雨中的大海波涛汹涌的壮观图画。一望无际平静的、祥和的、蔚蓝色的大海，转瞬间因为听从了术士普罗斯佩罗的指令而刮起了暴风雨。大海在怒吼，并咆哮与呼啸着掀起万丈的巨浪，天海合一变成了漆黑一片的无底深渊，恐怖异常。当一切都过去之后，大海又逐渐恢复了平静，此时它又显示出亲切可爱的一面。在这首管弦乐中，柴可夫斯基虽然只是用音乐描述了戏剧中的暴风雨与自然界的场景，但在音乐的背后他却揭示与鞭挞了人类权势争斗中最阴险与最龌龊的丑恶嘴脸，具有深刻的思想内涵。

幻想曲一开始，弦乐织体描写了辽阔、变化莫测的大海，圆号和木管乐器的音形庄严而神秘，仿佛是遥远的大海在呼唤，碧波荡漾，一望无际。当节奏加快以后，音乐变得动荡不安，稍作间隙后，狂风暴雨、惊涛骇浪、大海在咆哮，所有各组乐器各显其能，各音区的力度、层次鲜明，色彩变化丰富，极具张力，到最强音后，风浪逐渐平息，大提琴奏起了抒情、甜蜜、温暖而富于幻想的爱情主题，令人心潮起伏，陶醉不已。爱情主题进入高潮后，弦乐队把乐曲发自肺腑的感情推向顶点，一泻千里，催人泪下。最后，大海的动机再现，直至远去消失。

这部作品以动人心弦的爱情主题与令人震撼的普罗斯彼罗岛海面上风云变幻的鲜明对比，征服了梅克夫人的心灵，她在给柴可夫斯基的信中这样写道："《暴风雨》在我身上初次造成的那样一种印象呵，使我那样的感动，处处都对我亲切异常……"梅克夫人不愧为柴可夫斯基的知音，她真正感觉到了此曲的内涵和魅力。

（五）瓦格纳的《漂泊的荷兰人》

一艘永不靠岸的幽灵之船，一段注定漂泊的命运之旅，当狂风暴雨都已经历，真爱却在那瞬间来临。《漂泊的荷兰人》是瓦格纳艺术开始走向成熟时期的第一部歌剧代表作，也是他向"乐剧"迈出的第一步。瓦格纳根据自己在海上遭遇暴风雨的真实经历并结合流传已久的北欧传说，创作出了这部波澜壮阔的浪漫主义神话史诗作品，该剧的音乐与歌词均由他本人独立创作完成。《漂泊的荷兰人》因其阴郁迷幻的色彩中掺杂着偶尔流露出的轻松优雅格调，人声与管弦乐完美融合的创作手法，爱情与命运交织的情节冲突，牺牲与拯救的深邃哲学命题，使得自问世之日起便成为了瓦格纳作品中制作及上演率最高的歌剧之一。

《漂泊的荷兰人》全剧结构比较紧凑，一共分为三幕，每一幕又分为二至三场，属于编码歌剧或称为分曲结构。尽管像传统歌剧一样，全剧由咏叹调、宣叙调等相对独立的乐曲组成，但瓦格纳通过宣叙调式的旋律和发展动机的手法，成功地塑造了一种"逐渐紧张，贯穿到底的戏剧气氛"。

序曲由歌剧中的几段包含主导动机的材料构成，其中最主要的是荷兰人动机、森塔动机、水手号子动机三部分。序曲一开始，弦乐器在高音区上奏出一个神秘和狂暴的和弦，紧接着圆号和大管奏出荷兰人的主题，表现出海中漂泊的孤苦和沮丧的心情，随后以弦乐组半音阶的进行来表示海上风浪和暴风雨来临之前的情景。之后出现森塔的动机，是温柔优美的行板。稍后荷兰人的动机和暴风雨的动机再次进入，在略有平息的时候传来了水手们的合唱。最后，乐曲在三个动机的纠缠和交替中达到高潮，以坚定的森塔动机结束，预示着爱的力量终将战胜诅咒和灾难。

《漂泊的荷兰人》中瓦格纳在管弦乐的色彩和表现力上进行了新的尝试，由典型德国色彩的圆号来描绘大海的茫茫无极，以弦乐组的半音阶来表示波涛的高峰和暴风雨即将来临的情景，强大的管弦乐队表现海面上暴风骤雨的场面，并且还特地配置了模仿刮风效果的机械装置，形象地展示了航海途中的壮阔场面。[①]

（六）柯萨科夫的《大海与辛巴达的航船》

李姆斯基·柯萨科夫的管弦乐杰作《舍赫拉查达交响组曲》（又称天方夜谭组曲）作于1888年，同年在彼得堡首演。这一组曲取材于著名的阿拉伯民间故事集《一千零一夜》（即《天方夜谭》）。全曲共分为四个乐章，第一乐章"海洋与辛巴达的船"；第二乐章"卡伦德王子的故事"；第三乐章"王子与公主"；第四乐章"巴格达的节日，大海，船在耸立着青铜骑士的岩石旁遇难，终曲"。

组曲的第一乐章"海洋与辛巴达的船"。乐章的序奏为庄严的广板，序奏的第一主题为苏丹王沙赫里亚尔主题，显得威严而冷酷；序奏第二主题为山鲁佐德主题，由优美抒情的小提琴奏出，具有浓郁的东方色彩。接下来，乐章便进入辛巴达的故事氛围之中，首先呈示出大海主题，其旋律悠长而且带有起伏性，给人以浩瀚、宽广的海洋形象；然后是一组带有东方色彩的上行音，由木管乐器奏出，仿佛辛巴达的小船在大海上轻轻飘行，紧接着，由长笛奏出柔和的辛巴达主题。

---

① 李莉．爱与救赎——瓦格纳漂泊的荷兰人．歌剧，2011（4）

二、中国的海洋曲

（一）王酩的《交响组曲海霞》、长笛协奏曲《与海的对话》

1.《童年》单主题的奏鸣变奏曲式

$$\underline{5}\ 1\ |\ 2\ —\ |\ 2\ \underline{6}\ \underline{5}\ —\ |\ 1\ 2\ |\ 2\ —\ |\ \underline{6}\ \underline{5}\ |\ 5\ —$$

沉缓、弱奏的铜管旋律导出和声，揭开了黑夜茫茫的序幕：在旧中国，夜雾茫茫无边，月色朦胧无光，百姓带着沉重的镣铐，长夜难明赤县天：上述旋律，摘自电影《海霞》的主题，它是全曲的主导主题、贯穿全曲成为诸种乐思感情发展的种子。木管奏重复主题，弦乐组演奏海浪的音型，单簧管和竖琴营造清淡平静起伏的氛围，点染出夜晚海上的银光粼粼的水波；圆号奏起了海的主题，并有大管忧伤应和着。刻画着霞光对夜海的叙说一种盼望、期待的心境。

"再现部"：中音板胡奏起一段"哭腔"音乐，表现海霞父母双亡、悲痛欲绝的心境。加弱琶器的弦乐，从F徵调式朦朦胧胧再现首部海霞主题，雾海茫茫，幼女的身影消失在晚霞之中。

2.《解放》三部曲式

小号主旋律是"海的主题"的变型，并含有东方红音调，示意在中国共产党和毛泽东的领导下，推翻了三座大山，解放了全中国。中间部将主题派生发展，刻画军民载歌载舞的连欢场景。再现部提高了一个大二度在D调上展现，情绪更加热烈。结尾的切分节奏旋律在数个声部中竞奏相欢，最后由小号在全奏中充任主角，高奏海霞主题，欢庆之势响彻云霄。

3.《织网》变奏曲式

$$\underline{3\ 2\ 1}\ \underline{6\ 5}\ |\ \underline{5\ 5\ 6}\ |\ 5\ —\ |\ \underline{3\ 2\ 1}\ \underline{6\ 5}\ |\ 1\ 2\ \cdot\ \underline{3}\ |\ 2\ —\ |\ \underline{5\ 3}\ \underline{2\ 3}\ |\ \underline{2\ :\ 6\ 5}\ 1\ |\ \underline{3\ 2\ 1}\ \underline{1\ 6}\ \underline{2}\ |\ 5\ —$$

熬过冬夜的百灵，最懂得春天的温暖，跳出苦海的渔家女最热爱太阳的光辉。晨光熹微，爽风拂面，近观渔姑巧手，飞梭织网；远看百舸争流，破浪扬帆。钟琴的点缀，使人联想到海面上涟漪，海峡和女伴唱起优美的渔歌，抒发她们对祖国、家乡、生活的无限热爱和向往。随后，一系列的变奏，形体更加丰满，回到大海的主题作了诗意的收束。

4.《丰收》变奏式三部曲

$$5-|\widehat{1\ 3}|\widehat{2\ 6}|5-|\widehat{1\ 23}|\widehat{53}\ \dot{6}|5-|5-|\widehat{3\ 56}|\widehat{1\ 6}\ \dot{6}|\widehat{50}\ \widehat{5\ 3}|2-|$$

图式为A（变奏）BA（再变奏），A的变奏，主要表现出江南金稻、塞北银棉，渔村则是渔船满仓、场房换新的盛况，中间部B音乐抒情优美，旋律悦耳动人。第三小节是再现部，经两次变奏后，便进入高峰域的结尾，海的主题，伴以附加六度的下属分解和弦解决到E高调升三度和弦上而终止。此两个大三和弦，显得明亮光彩，夺人心魄。

5.《胜利》单主题的奏鸣曲式

海霞主题成了一个庄严地颂歌，海霞主题又化为女民兵主题，一个个、一群群飒爽英姿、意气风发，矫健威武，向前挺进的形象。展开部中的密接模仿的技巧犹似漫山遍野围歼敌人的紧张画面，结尾部中的海霞主题特用上铜管乐高场，发出凯旋时的欢呼。

王酩作曲的《渔家姑娘在海边》富有南国民歌风味，安谧、柔和、不疾不徐，优美动听，勾勒出一幅充满诗意的音乐图画。

（二）《奔向蔚蓝色》海港大合唱

珠海港合唱团邀请国内外作曲家陈国权、韩永、姚峰和著名词作者郑南、秦庚云等汇聚珠海，在深入了解珠海历史、现状和未来发展的基础上，创作了我国第一部以海洋文化为主题的大型原创音乐组歌《奔向蔚蓝色》海港大合唱。特邀国内著名指挥家、上海歌剧院首席指挥、中国交响乐团合唱团常任指挥曹丁为珠海港合唱团艺术总监和常任指挥，特邀著名歌唱家戴玉强、廖昌永和青年歌手姚贝娜参加演出。

《奔向蔚蓝色》以珠海港特别是以高栏岛摩崖石刻和珠江流域文化为创作背景，力争展现人类从古至今一直在渴望走向海洋的梦想。随着改革开放，融入海洋的探索和中国南方大港的建设，这个梦想正在变为现实。从4500年前传来的《摩崖船歌》中，南中国第一艘船驶向大海，到现在一代一代港口人，为了蓝色梦想付出艰辛与努力，通向未来和富强的航船再次鸣笛……整个组歌相当于一部长篇小说，整个交响大合唱分为五个段落，三个章节，即序、追梦、出发、跨越和尾声。序是来自"海的呼唤"，展现珠江与南海的交融，营造走向蔚蓝海洋的整体形象。

第一章，《追梦》涵盖了两首作品，即《摩崖船歌》《沧海桑田》，向观众倾诉，人们对大海的眷恋和向往早在远古时代就已经开始。《摩崖船歌》的歌声从4500年前传来，从摩崖石刻的画卷中传来，南中国第一艘驶向大海的船，从这里启航。经过《沧海桑田》的历史变迁，曾经的渔港、小港已经变成通向世界的大港。

第二章《出发》，立足于三十年改革开放已经取得巨大成绩，为实现大港梦和强国梦，中国人再次站到新的历史起点上。该章节包含《大港口》、《海恋》和《快乐出发》三首作品。《大港口》通过描述三十年改革开放的历史发展，展现了珠江口西岸现代港口的气派和港口引领区域经济发展的龙头作用；《海恋》通过描述海洋与陆地、海洋与港口和船舶的关系，表达港口人实现梦想的情操和精神境界；《快乐出发》则表达了当今年轻一代在使命的旗帜下集结，奔向未来、走向海洋的豪迈。

在第三章《跨越》中，观众可以充分感受到当代港口人不畏困难、只争朝夕的大无畏精神和时代紧迫感，为实现大港梦和强国梦的美好期待和奋斗精神。而《让梦站起来》展现的是经过几代人的努力特别是改革开放三十年的奋斗，中国正在崛起于世界东方，大港之梦、强国之梦正在变为现实。

尾声《启航中国船》深深的寄托和表现了一代一代港口人为了蓝色梦想，付出了艰辛与努力。今天，通向未来和富强的航船再次鸣笛，中国——这艘东方巨轮再次启航，驶向复兴时代。

"百舸争流的珠海，从这里走向南海，走向太平洋；千帆竞发的南中国，从这里走向世界，走向辉煌……""太平洋上，涛声呼唤；你也听见，我也听见——东方大港哟，水涨船高；众志成城哟，勇往直前……"《奔向蔚蓝色》海港大合唱展现给观众一场气势恢宏、形式多样、极具时代气息的视听盛宴。

（三）吕远的《西沙，我可爱的家乡》

《西沙，我可爱的家乡》是一首男女声二重唱歌曲，也成了西沙的第一张名片。作为电影《南海风云》的插曲，由著名军旅作曲家吕远作曲，著名军旅歌唱家吕文科、卞小贞首唱。

吕远到海南和西沙采风，去当时的通什了解黎歌，去儋州了解调声，去临高了解渔歌，找到灵感，歌曲吸收了海南临高渔歌《哩哩美》的精华，高潮部分渐快，富有节奏感，伴奏中运用了京胡这一特殊的乐器，使歌曲更加精彩。

"哎罗哎罗哎罗，在那云飞浪卷的南海上，有一串明珠闪耀着银光，绿树银滩风光如画，辽阔的海域无尽的宝藏。西沙西沙西沙西沙，祖国的宝岛，我可爱的家乡，祖国的宝岛，可爱的家乡，我可爱的家。是我祖祖辈辈生长的地方，汗水洒满座座岛屿，古老的家乡繁荣兴旺，西沙西沙西沙西沙,祖国的宝。我可爱的家乡,祖国的宝岛,我可爱的家乡,我可爱的家乡。"

这首歌曲旋律优美流畅,高亢嘹亮,表达出了军民对西沙群岛由衷的赞美。这首歌曲为七声商调式,具有浓郁的南海渔歌风格。开始是3小节的引子,其中衬词"哎罗"是南海渔歌中最有代表性的衬词。这个引子中包含了一个"re-fa-mi-re-do-re"的"音调模式",可以看作全曲旋律的骨架。紧接着的"在那云飞浪卷的南海上"一句,与前面悠扬的引子相呼应,仿佛使人感到阵阵海风掠过美丽的西沙轻轻飘来,其中切分音与大、小连线相结合,如同滚动的海浪与连绵的岛屿;其中"海上"二字对应的正是这个固定的"音调模式"。再接下去的"有一串明珠闪耀着银光"一句与前一句构成一个"re-sol"的四五度关系,出现一个较完整的终止。"绿树银滩风光如画,辽阔的海域无尽的宝藏"则是第一部分这个类似于"起承转合"乐段的后两句,其音区下移,使旋律从高亢明亮变得低回婉转。这一部分以自由的速度、如同海浪起伏跌宕的旋律,对美丽的西沙群岛进行了尽情的赞美。第二部分从"西沙,西沙"开始。开始的两个"西沙,西沙"对应的旋律正是这个"音调模式",接着的两个"西沙,西沙"与开始的两个"西沙,西沙"形成一种调性上的呼应。再接下去的"祖国的宝岛,我可爱的家乡"及其重复,则是一个较快的音乐段落,音区从低到高,再由高到低,起伏相当自由,表现一种即兴咏唱的感觉。最后一个"可爱的家乡"的速度、节拍、音高都处理得较为自由,呈现出一种戏曲唱腔的风格。尤其是"家"字上的拖腔及其中休止符的运用,给人一种浓郁的"戏味",采用了戏曲中的甩腔的手法来润色旋律,将南"腔"与北"调"巧妙、自然地糅合在一起,手法新颖,韵味别致。最后,又回到衬词"哎罗"上,并对应的旋律仍是这个固定的"音调模式",保持着首尾呼应。

这首歌曲作为一种抒情歌曲,用优美动人的旋律和词句将西沙的美景和人们对西沙的热爱,充分体现了吕远旋律创作上的较高技巧。

三、中西海洋乐曲的比较

广袤无垠的海洋是地球生命的摇篮,是孕育世界文明的重要的襁褓,是大自然赐予人类的庞大资源宝库。不仅如此,大海的广阔、深邃、沧桑悠远,大海的磅礴、恢弘,气象万千,自古以来就是人类精神文化创造的丰富源泉。

在古代,中国人一方面在大海之畔,借大海之利,劳动、创造;一方面以神奇的想象和热烈的感情描述和讴歌海洋。沧海桑田、海阔天高,这是大海在时空上的庞大体量,精卫填海、梯山航海,这是先民面对自然的无畏勇气,"海上生明月,天涯共此时"这是大海升腾的浪漫,"乘风破浪会有时，直挂云帆济沧海"这是大海激发的豪情。大海，对西方人来说，是对财富的欲望，是对未知的探险，是勇猛厮杀的征服，是变动无常的命运，是五彩缤纷的梦想。西方的文学家和艺术家，精心地记录和反映了那个时代西方精神世界的好奇、梦幻、骚动、激烈、炫耀、幽昧和光明。

在西方音乐史上，莫扎特、贝多芬、海顿、肖松、孟德尔松等音乐巨匠，都曾经以大海为主题，创作了各种迷人的音乐时空。如果说《暴风雨》、《大海和辛巴达的航船》都把传奇故事，放置在变幻莫测的大海背景上，映衬人生命运的绮丽多姿，那么，在德彪西和瓦格纳则以更加富于力量和节奏感的音响，更加迷醉的心态，展示海洋世界的博大、丰富和人类心灵世界的神秘应和。从这些作品中，我们可以深切地感受到，西方人在精神上和大海之间存在着多么亲密和复杂的关系，这种关系需要用整个西方文明史，特别是工业革命的历史感受来聆听和理解。

中国还十分缺乏海洋主题的规模宏大的史诗性作品，这当然不仅仅是一个音乐创作的状况，而是中国人和海洋的实践关系和精神联系的历史状况使然。海洋音乐创作还远远落后于西方，凤毛麟角的作品如吕远作曲的歌曲《西沙，我可爱的家乡》、王酩的电影《海霞》作曲《织网》等，精灵剔透，脍炙人口，颇具民族特色，表达了现代中国人对大海的赞美。

参考文献

［1］ 柳良．音乐之旅．成都：四川文艺出版社，2002．
［2］ 胡企平，刘鸿模．交响乐．上海：上海人民美术出版社，2002．
［3］ 刘冠美．水工美学概论．北京：中国水利水电出版社，2006．
［4］ 刘承华．中国音乐的人文阐释．北京：人民音乐出版社，2002．
［5］ 杨士菊．试论吕远声乐创作的艺术特色．东北师大学报（哲学社会科学版），1987（5）．
［6］ 徐程．柴可夫斯基的《六月船歌》作品分析．大众文艺，2010（20）．
［7］ 李姝．中西音乐美学的比较研究．四川大学，2007（3）．
［8］ 黄冰漫．德彪西交响素描《海》的结构分析．西安音乐学院学报，2008（4）．
［9］ 王红霞．中西音乐审美意识之比较．美与时代，2006（9）．

后　记

2006年中国水利水电出版社出版了拙作《水工美学概论》，至今已过去八年，其间水文化研究如火如荼，水文化著作层出不穷，唯独水工美学无人问津，未免形单影只。"空前"尚可窃喜，"绝后"未免悲哀。《中外水文化比较》可视为《水工美学续论》，深入探讨了诗心、书骨、画眼、园趣、塑象、乐感、文蕴、哲理等范畴在中西水工美学中的诠释和应用，愿借这次水文化丛书出版机会，再次为水工美学鼓与呼，愿更多有志之士参与这门学科的研究和应用。

目前国内做中西美学比较，大多从中外美学文献中厘清美学范畴，如意境与典型、写意与写实、表现与再现、模仿自然与心师造化等方面一一比较。这种比较是必要的，但也应开辟新的途径，在科学与艺术的结合、定性与定量的结合上下工夫。已有学者提出生态美学、分形论美学、突变论美学、耗散结构美学、协同学美学、系统论美学、模糊美学、信息论美学、图论美学、天体美学等，值得我们去探讨，开辟水工美学和中西美学比较研究的新思路。

生态美学。实际上在《诗经》开篇"关雎"中就已经提出来了，河流形态的多样性、物种的多样性是生态美学的重要基础。人类在与自然的关系上经历了三个阶段：自在阶段，人类畏惧自然、顺应自然；自为阶段，人类战胜自然、改造自然；自觉阶段：人与自然友好相处，适度干预，维持生态平衡，过度干预，破坏生态平衡。中国的朱仁民提出"人类生态修复学"包括自然生态、文化生态、心灵生态，对构建生态美学极具理论和实践价值。

分形论美学。分形美学颠覆了传统美学的轴对称性和中心对称的概念，它的自相似性又揭示了一种新的对称性，即局部与整体的对称，并具有无限精细的结构层次，以此获得整个图形的和谐和均衡。分形美学的线条美也具有新的内涵，它们具有自相似性以及数学上连续但不可导的，尽管曲线十分复杂和奇异，生成规则却极为简单，无序中蕴涵着有序，复杂中蕴涵着简单，变化中蕴涵着统一。分形美学研究的对象是自然界和线性系统中出现的不规则的几何形体，水工程和环境空间的穿叉、缠绕及不规则的边缘和丰富的变换，给人一种层次美感，这种美感是传统美学所无法描述的。分形美的最大特征就是奇异美包含着精细的层层嵌套体系,形式十分丰富,给人以启迪和联想。国内外在水工美学领域已有分形美学的应用,如雕塑等,也可将其运用于对古典园林中典型的大师掇山、叠石作品的解析。应首先确定基本形元素,然后通过自相似变换、自我复制,最终复现大师的设计过程。

突变论美学。突变论则研究跳跃式转变、不连续过程和突发的质变。突变论的基础是结构稳定性。结构稳定性反映同种物体在形态上千差万别中的相似性。它是关于奇点的理论,它可以根据势函数而把临界点分类,并且研究各种临界点附近的非连续现象的特征。长期以来,关于质变是通过飞跃还是通过渐变,在哲学上引起重大争论,历史上形成三大派观点:"飞跃论"、"渐进论"和"两种飞跃论"。突变论认为,在严格控制条件的情况下,如果质变中经历的中间过渡态是稳定的,那么它就是一个渐变过程。质态的转化,既可通过飞跃来实现,也可通过渐变来实现,关键在于控制条件。对美学而言,突变论可以解释水工美学中灵感的激发及顿悟的生成规律。

耗散结构美学。美学是一种事物自组织的序结构的呈现,而耗散结构理论和协同学研究的正是自组织理论。远离平衡态的开放系统,通过与外界交换物质和能量,可能在一定的条件下形成一种新的稳定的有序结构,在平衡态和近平衡态,涨落是一种破坏稳定有序的干扰,但在远离平衡态条件下,非线性作用使涨落放大而达到有序。水工美学价值系统具有开放性,社会心理环境、工程环境等外部因素不停地与之交流信息,审美环境系统受传统文化和民族心理等支配。水工美学价值系统处于非平衡状态,水工美学价值具有非线性系统的特点,水工美学价值系统也存在涨落和突变。

协同学美学。协同学研究协同系统在序参量的驱动下和在子系统之间相互作用下,以自组织的方式在宏观尺度上形成空间、时间或功能有序结构的条件、特点及其演化规律。协同系统的状态由一组状态参量来描述,这些状态参量随时间变化的快慢程度是不相同的。每个序参量决定着一个宏观结构以及对应的微观组态,一个系统中的慢变量克服快变量,为数众多的参数为一个或几个序参量所代替,是各种矛盾斗争的结果。系统的结构要由序参量的合作与竞争的结果而定,系统通过自己内部协同作用,自发地出现时间、空间和功能上的有序结构。对水工美学而言,"形"则是美的快变量,而"意"则是美的慢变量。

牛顿的万有引力描述一个无始无终按规律运行的美学的理想世界,而热力学第二定律描述的是一切终将走向灭亡的美学的绝寂世界。相较之下,耗散结构描述在一个远离平衡态的开放系统中,通过与外界能量、物质的交换的美学的新生的机制。

系统论美学。它用系统哲学的思维和方法审视美学，把水工美学价值看作是由构成水工美的各部分要素在动态中相互作用、相互联系而形成的系统，从系统与要素、整体与部分、结构与功能的辩证关系上去把握美学价值，从而能够把微观与宏观，还原论和整体论结合起来，以解决复杂的水工美学问题，是解析当代美学问题的一种新的哲学思维和方法。传统美学的思维方式的一个根本特点就是按照"孤立因果链的图式"思考对象，其结果就形成了偏重审美的各个构成要素、各个组成部分、各种表现形式，进行分离的、孤立的分析，或者简单地把某个构成要素的性质当作审美整体的性质。在水工程文化学中把决策、规划、设计、施工、管理等环节视为系统工程，如"卷前语"所说"明晰逻辑主干、逻辑关系、逻辑过程，直奔主题"。

模糊美学。美学是一种模糊思维现象，模糊数学是对美学的定量分析。模糊数学中"隶属函数"这个概念来描述现象差异中的中间过渡，从而突破了古典集合论中属于或不属于的绝对关系。模糊美学的新思维使水工美学冲破了传统美学的限制，将人们的审美思维从线性导向非线性思维，由简单化走向复杂化，由收敛走向发散。模糊美学它是既确定又不确定、既有序又无序的充满活力的美学，旨在探究隐藏在确定性、清晰性中的不确定性、弗晰性的模糊美。

信息论美学。美学给人传达的是美的信息量，如人体的身体、五官比例、色彩、气质等，而水利景观的形、光、声、色或形、景、情、理更是美学的信息量。信息量多且有序则是美的标志，而这些信息量要最大程度为人所接受。信息论美学既强调信息的新颖性、独创性及其信息量，也重视信息的可理解性。艺术作品美的精髓在于优化审美信息，信息论美学认为，信息发送者和接收者的视觉、听觉等感觉系统都是信息的传递通道，通道是否畅通至关重要，如某些抽象雕塑，创作者寓意深刻，但观众却茫然不知、百思不得其解，这时美学的信息量就归零，值得艺术家反思，必须在独创性和可解读性上寻找契合点。

图论美学。图论起源于著名的柯尼斯堡七桥问题，图论中的图是由若干给定的点及连接两点的线所构成的图形，这种图形通常用来描述某些事物之间的某种特定关系，用点代表事物，用连接两点的线表示相应两个事物间具有这种关系。图论的极值问题包括最短路、最大流、最小边覆盖、最小树形图、任意图的最大匹配等。20世纪80年代，笔者曾用最大流理论解决网状水系统防洪问题，图论可作为美学定量分析的工具，如园林中的园路设计、水利景观的游览路线设计可归结为最大流等。

天体美学。区别于地球美学，人们习惯了在地球单一重力环境作用下形成的形与色的美学欣赏，但是哈勃望远镜的横空出世，大大开阔人类的视野，宇宙的大爆炸、星体的膨胀、碰撞、塌陷、逃逸、黑洞所生成的绚丽的画面匪夷所思，超出人类的想象，任何天才的画家也无法创作。在宇宙力（引力、电磁力、强核力、弱核力）作用下的天体的奇异之美、联想之美、无限之美、潜藏之美、神秘之美，开辟了美学的新领域。如果说中国的山水画雄浑巍峨、清逸通灵，那么天体美学则是抽象画，神秘深邃、发人幽思。

开拓水工美学研究的新领域，将这些美学新的分支理论应用到提升水工程文化品位及内涵的实践中，还需付出极大的努力。

本书的核心理论的英文论文《The Flow Dynamics Mechanism of Human Givilizations》，收录在2013年成都召开的第35届世界水利论坛论文集中，一些外国学者给予较高评价。责任编辑周媛女士为本书倾注了大量的心血，谨致诚挚的谢意。同学及亲朋好友无私地为本书提供了大量精美的图片，一并致谢。